60 साल

राजकमल प्रकाशन

सबसे आगे...

अर्थात्

अर्थात्

रघुवीर सहाय

संपादक

हेमंत जोशी

राजकमल प्रकाशन

नयी दिल्ली पटना इलाहाबाद

मूल्य : रु. 275.00

पहला संस्करण : 1994
पहली आवृत्ति : 2008

प्रकाशक : राजकमल प्रकाशन प्रा. लि.
1-बी, नेताजी सुभाष मार्ग
नई दिल्ली-110 002

शाखाएँ : अशोक राजपथ, साइंस कॉलेज के सामने, पटना-800 006
पहली मंजिल, दरबारी बिल्डिंग, महात्मा गांधी मार्ग, इलाहाबाद-211 001

वेबसाइट : www.rajkamalprakashan.com
ई-मेल : info@rajkamalprakashan.com

मुद्रक : बी.के. ऑफसेट
नवीन शाहदरा, दिल्ली-110 032

आवरण : चंचल

ARTHAT
by Raghuvir Sahai
Edited by Hemant Joshi

ISBN : 978-81-7178-376-2

अपनी बात

जिस समय पूरे विश्व में विचारधारा के अंत की घोषणाएँ की जा रही थीं उस समय रघुवीर सहाय पूरी प्रतिबद्धता से अपने लेखन में आधुनिक राजसत्ता के चरित्र, समाज में न्याय और समता, व्यक्ति और उसकी अभिव्यक्ति की स्वतंत्रता जैसे विषयों पर गंभीरता से विचार करके समाजवादी विचारधारा को और समृद्ध कर रहे थे। इस दौर में पत्रकारिता और संचार के अन्य तंत्रों द्वारा संस्कृति और भाषा पर हो रहे हमले रघुवीरजी की चिंता के महत्त्वपूर्ण मसले थे।

इस पुस्तक में रघुवीरजी के उन लेखों को संगृहीत किया गया है जो 'जनसत्ता' में उनके नियमित कालम 'अर्थात्' में प्रकाशित हुए थे और जो उन्होंने 1984 से 1990 के दौरान लिखे थे। इस दौर में उन्होंने 250 से ज्यादा लेख लिखे, पर उन सभी को इस किताब में संगृहीत कर पाना संभव भी नहीं था और ऐसा करना यथोचित भी नहीं होता। अत: यहाँ उन्हीं लेखों को लिया गया है जो उनके राजनैतिक और सामाजिक चिंतन को उसकी सभग्रता में पाठकों तक पहुँचाते हों, क्योंकि ये सभी लेख समय-समय पर पढ़े तो गए होंगे, लेकिन इन्हें एक साथ पढ़ना लेखक और तत्कालीन समाज को नए सिरे से पहचानने में सहायक होगा। एक अर्थ में यह पुस्तक हिंदी पत्रकारिता का महत्त्वपूर्ण दस्तावेज़ भी है क्योंकि इसमें आधुनिक भारत के इतिहास के उस संक्रमण काल पर लेखक की चिंताएँ व्यक्त हुई हैं जिसमें आपातकाल के बाद कांग्रेस में परिवर्तन हुए, पत्रकारिता के तेवर बदले और समाज और भाषा पर ऐसी शक्तियों का दबाव बढ़ता चला गया जिनके हाथों में संचार माध्यम हैं और जिनका एकमात्र उद्देश्य समाज को एक बड़े बाज़ार में परिवर्तित करना है।

अर्थात् में रघुवीर सहाय ने जो विचार और लेखन किया उसकी एक विशेषता यह भी है कि वह हिंदी पत्रकारिता में कॉलम-लेखन की नई शैली की तलाश करने वाला लेखन है। इसमें लेखक अपने आसपास के यथार्थ को उसकी जटिलता में देखता है और अपने को उस सरल भाषा के ख़तरे से भी बचाता है जिसके नाम पर पत्रकारिता में विचारहीनता पैदा की जा रही है। इसीलिए पत्रकारिता की बात करते समय, समाज और भाषा की और संस्कृति की बात करते वक्त राजनीति का

उसमें शामिल किया जाना लेखक को अनिवार्य जान पड़ता है। यही वजह है कि लेखों को किन्हीं विषयों में बाँटकर नहीं रखा गया है। महज दस्तावेज़ बनाने के लिए उन्हें तिथिवार देना भी विशेष फलदायक नहीं था। अत: लेखों में जिस विषय को विचारों के केंद्र में रखा गया है उसके आधार पर ही राजनीति, समाज, संस्कृति, भाषा और पत्रकारिता पर लेखक के विचारों को एक जगह एकत्र कर दिया गया है। इसी क्रम में संचार, फिल्म, साहित्य और उनके संस्मरणों के चुनिंदा लेख भी पुस्तक में शामिल किए गए हैं।

इस पुस्तक का महत्व इसलिए भी है कि हिंदी पत्रकारिता में, व्यंग्य को छोड़कर, कॉलम-लेखन प्रचलित शैली नहीं बन पाया। रघुवीरजी जब 'नवभारत टाइम्स' में विशेष संवाददाता थे तभी से वह नियमित रूप से कॉलम लिखते रहे। 'राजधानी की चिट्ठी' और बाद में कुछ दिनों तक 'गीली स्याही' ('नवभारत टाइम्स'), 'दिल्ली की डायरी' ('धर्मयुग'), 'लेखक के चारों ओर' और 'गीली स्याही' ('रविवार') और 'बात' ('इतवारी पत्रिका') उनके कुछ उल्लेनीय स्तंभ हैं। लेकिन 'जनसत्ता' के लिए छह वर्षों तक 'अर्थात्' लिखते समय रघुवीरजी अखबारों के लिए लिखे जानेवाले स्तंभों की नई शैली तलाश रहे थे, बना रहे थे, ऐसा प्रतीत होता है।

यों तो रघुवीर सहाय के लेखन में भाषा और पत्रकारिता पर निरंतर विचार होता रहा है, लेकिन पिछले एक दशक में इनमें दूरगामी परिवर्तन हुए हैं, विशेषकर संचार क्रांति ने जिस गति से नए-नए माध्यम अवतरित किए हैं उसी रफ़्तार से भाषा और संस्कृति को भी पीछे ठेला गया है। हिंदी राजभाषा होते हुए भी पिछले 45 वर्षों में अपनी प्रतिष्ठा नहीं पा सकी, लेकिन राजनैतिक नेतृत्व के नए वर्ग-आधार ने हिंदी की लड़ाई को नए तेवर दिए हैं। इसी वजह से इन सवालों पर नए सिरे से विचार की आवश्यकता थी। रघुवीरजी ने इस बहस के कुछ प्रारंभिक मुद्दे तय किए हैं।

इस पुस्तक के लिए लेखक के स्तंभ के अनेक अनुपलब्ध लेख जुटाने में जिन मित्रों का सहयोग हमें मिला उनके हम आभारी हैं। आशा है कि सुधी पाठक इस पुस्तक के माध्यम से लेखक से पुन: मुलाकात कर पाएँगे और समाज में समता और न्याय के लिए, शोषण और विचारविहीन कठमुल्ला समाज के खिलाफ अपने संघर्ष के लिए ऊर्जा पाएँगे।

प्रेस एन्क्लेव, साकेत **हेमंत जोशी**
नई दिल्ली
14 जून, 1994

अनुक्रम

क्या कठमुल्ला हिंदू राज करेगा ?

एक रचनाकार जब यथार्थ को समाज में सत्य और न्याय की अभिवृद्धि के उद्देश्य से पहचानने का प्रयत्न करेगा तो उसे कुछ परंपरागत मूल्यों को स्वीकार करना और कुछ परंपरागत मूल्यों को अस्वीकार करना होगा। आज इन दो मूल्य वर्गों की पहचान कैसे की जा सकती है, इस प्रश्न पर विचार करते हुए एक अद्भुत तथ्य प्रकट होता है। वह यह है कि हम हिंदू समाज की जांच करें और देखें कि वह कितना हिंदू रह गया है और कितना हिंदू नहीं रह गया है। परंतु पहले तो विद्वानों से अपनी अल्पज्ञता के लिए क्षमा चाहते हुए मैं यही पूछना चाहूंगा कि हिंदू क्या है, उसकी कोई पहचान है या नहीं और क्या वह कोई जड़ व्यक्ति या वर्ग है जो कभी बदलता नहीं और दकियानूसी बना रहता है।

पहली बात तो यह कि हिंदू से ज़्यादा लचीला और परिवर्तनशील आदमी और वर्ग मिलना मुश्किल है, दूसरी यह कि उसकी कोई बाहरी पहचान नहीं है जो प्रामाणिक हो। (ऐसे अपने-अपने छापे तो लोग लगाया ही करते हैं, चाहे चेहरे पर लगाएं चाहे माल पर।) और आख़िरी बात यह है कि हिंदू के लिए धर्म उसके बाहर किसी नियमाचार से नहीं आता, वह उसके जीवन से ही निर्धारित होता है और अंतःकरण में सिद्ध होकर स्वधर्म कहलाता है। और इतनी विशेषताएं काफी न हों तो यह भी समझ लीजिए कि इस बात का सच्चे हिंदू के लिए कोई महत्व नहीं है कि वह ईश्वर को मानता है या नहीं मानता। महत्व इस बात का है कि यदि उसका कोई ईश्वर है तो उसके और उसके ईश्वर के बीच सिवाय उसके अपने प्रतिरूप के कोई मध्यस्थ नहीं है।

ऐसे आदमी को आज के संसार में बड़ी मुश्किलों का सामना करना पड़ता है। धर्म के अनुसार राष्ट्र का रूप निर्धारित किया जाए तो सारा मानव समाज एक राष्ट्र हो जाएगा। यह आज के विश्व में शक्ति का 'संतुलन' गड़बड़ा देगा क्योंकि जिसे संतुलन कहा जाता है उसमें समन्वय तो कहीं है ही नहीं। निरा सहअस्तित्व है जिसके मूल में विषमता है। जब पड़ोसी राष्ट्रों में टकराव होगा तो सहअस्तित्व का महत्व माना ही

जाएगा परंतु विश्व के जिन भागों में राष्ट्रों का अस्वाभाविक बंटवारा किया गया है वहां यह सहअस्तित्व उस अस्वाभाविक बंटवारे को स्थायी ही नहीं आदर्श भी बताकर प्रस्तुत करेगा। भारत और पाकिस्तान का मामला इसी तरह का है। 1947 से अब तक हमारी सरकार की राष्ट्र की आवधारणा में भारी परिवर्तन हो चुका है और वह पाकिस्तान को भारतीय राष्ट्र की अस्मिता के लिए ज़रूरी मानने लगी है। इसी तरह शासक-तंत्र मुसलमान से तनातनी को हिंदुत्व के लिए ज़रूरी मानने लगा है और यह तनातनी इस कारण से नहीं है कि मुसलमान मुसलमान है और हिंदू हिंदू है, बल्कि इस कारण से है कि मुसलमान आधा मुसलमान है और आधा हिंदू। यह स्थिति उस हिंदू के लिए क्लेशकर है जो खुद आधा मुसलमान नहीं है। पाकिस्तान में हालात क्या हैं, मैं ठीक-ठीक नहीं जानता पर भारत में दिन-ब-दिन ऐसे हिंदू को जो आधा मुसलमान और आधा हिंदू है, सत्ता के दरबारों से धकेल कर बाहर किया जा रहा है। वैसी संस्कृति जो मानवीय मूल्यों के प्रमाण से मिलीजुली कहा सकती है, 'राष्ट्र' के लिए और राज्य के लिए जो राष्ट्र का नया पर्याय बनता जा रहा है, घातक मानी जाने लगी है क्योंकि हिंदू को, जो भारत को अपनी संस्कृति मानता है, मानवीय मूल्यों को सबकी संपत्ति नहीं मानता, इसमें अपने राष्ट्र का विखंडन दिखाई देने लगता है। विश्व संस्कृति इस तरह के भीरु हिंदू के लिए भारत पर अपने कब्ज़े में बाधक प्रतीत होती है और वह तुरंत हिंदू संस्कृति की इस तरह दोहाई देने लगता है जैसे इसी हिंदुत्व ख़तरे में है के नारे से हिंदुत्व बचा रहेगा। हिंदुत्व को असली ख़तरा भारत को हिंदू संपत्ति मानने से है, यह राज्य को राष्ट्र माननेवाला हिंदू समझ नहीं पा रहा है।

पिछले दिनों पाकिस्तान से सतर्क रहने की, उसके विरूद्ध लैस होने की और यही नहीं, उन समस्याओं को जो पूरे महाद्वीप की हैं, पाकिस्तान के कारण पैदा बताने की हवा चली है। यह मानसिकता पहले भी ख़तरनाक थी और इसने हिंदू को बेसिरपैर का एक सिद्धांत प्रचारित करने को बाध्य किया। वह यह था कि हम भारत-पाकिस्तान की जनता में एका नहीं होने देंगे, दोनों सरकारों में एका की कोशिश करते रहेंगे। अब सिख समाज के संदर्भ में यह ज़हर फैलाया जा रहा है कि ये हिंदुओं से अलग कोई चीज़ हैं और अलग ही रहेंगे क्योंकि यही हिंदुओं के लिए धर्म है। यह प्रचार सिखों में ऐसा ही माननेवालों को ताक़त दे रहा है और ऐसा न माननेवालों को कमज़ोर कर रहा है। जो हिंदू सिखों से आशा करता है कि वे समाज में हिंदुओं से अलगाव के समर्थक भी बने रहें और इस अलगाव को सहअस्तित्व के अधीन मान लेने को तैयार भी हो जाएं वह बेचारा खालिस्तान का अनजाने ही समर्थन कर रहा है। सिखों से दोस्ती होगी तो इतिहास के अनुसार पूरी दोस्ती होगी। शांतिपूर्ण बंटवारा जैसी कोई चीज़ होती नहीं है, यह हम पाकिस्तान के बंटवारे के मामले में देख चुके हैं। मुसलमान, सिख, हिंदू तीनों का मुंह बंटवारे की ओर हो जाएगा तो 'हिंदू राष्ट्र' अपने भीतर सैकड़ों बंटवारे करता पाया जाएगा। सच्चा हिंदू कम से कम इसके लिए राज़ी नहीं है। पर क्या वह यह बात दृढ़ता से

कह रहा है या स्वधर्म भूल कर कठमुल्ला बनने को तैयार हो रहा है ? इक्कीसवीं सदी में क्या यही जड़ हिंदू टुकड़ों में बंटे हिंदुस्तान यानी भारत पर राज करेगा ?

राजनीति प्रबंध

काफ़ी समय से देश पर आए संकटों का नाम ले-लेकर चिंताएं प्रकट की जाती रही हैं। इनमें से स्विस बैंक, हथियार ख़रीदी, सीमा सुरक्षा ये नाम अक्सर डरावने जान पड़ते हैं। पर देश के भीतर राजनैतिक दलों की हालत को कोई संकट नहीं माना जा रहा है। असल बात यह है कि संकट की पहचान शीर्ष पर आए संकट से की जा रही है, आधार पर आए संकट को कोई देखना नहीं चाहता। इसी उल्टी दृष्टि के पीछे कौन-से प्रेरक तत्व काम कर रहे हैं ?

राजनैतिक दल नाम की चीज़ का नाम बहुत बदनाम हो चुका है। कानवेंट में पढ़कर आए बड़े अफसरों के बेटे राजनीति का उपहास करते घूमते हैं और भारतीय राजनैतिक पद्धति को बदलने की बहस उठाते हैं। यह वर्ग राजनीति में दल की संरचना के विषय में इतना ही जानता है कि प्रधानमंत्री के पद की रक्षा के लिए किसी और व्यवस्था के अभाव में दलीय व्यवस्था बनी रहनी चाहिए। पर दल को बने रहने के लिए ऐतिहासिक और राजनैतिक आधार की ज़रूरत है, इसकी पढ़ाई कानवेंट में नहीं हुई है। व्यापार प्रबंध विद्यालय की पढ़ाई के आधार पर ही यह युवा वर्ग राजनीति को पहचानना और बरतना चाहता है।

राजनैतिक दल के विषय में प्रबंध विद्यालयी सोच परंपरा से टूटा हुआ ही नहीं बल्कि राजनीति के ही विरुद्ध है। राजनीति से अगर पाठक अभी तक दांव-पेच, उखाड़-पछाड़ का मतलब लगा रहे हों तो निवेदन है कि यह राजनीति नहीं। राजनीति तो समाज में सत्ता के द्वारा मनुष्यों के जीवन में प्रभावी परिवर्तन लाने का ही दूसरा नाम है। राजनैतिक दल सत्ता के स्रोतों का नियमन, अधिग्रहण और इस पद्धति द्वारा समाज का मनुष्य के जीवन में परिवर्तन लाने का काम संगठित करने वाली संस्था है। उसका जनता से सत्ता के केंद्र तक और केंद्र से जनता तक आना-जाना समाज के स्वास्थ्य के हित में बहुत ज़रूरी है। आज यह गतिविधि बहुत धीमी और वक्र हो गई है। पर इस राबको उन संकटों में नहीं गिना जा रहा है जिसको दृष्टि में रखकर आज राजनीति हो रही है।

राजनैतिक दलों के दफ़्तर बने हुए हैं। पर दल सारा का सारा दफ़्तर में तो नहीं बैठ सकता। वह खुले में बैठता है। जब कभी किसी विषय पर उसे खुले में आने को कहा जाता है तब उसकी संख्या भी दिख जाती है। पर किसी दल की पहुंच

का सही अंदाज़ करना हो तो देखना चाहिए कि दल की आयोजित सार्वजनिक सभा में दल के बाहर के कितने लोग आए हैं। अगर हम हाल की कुछ सभाओं का ब्यौरा प्राप्त करें तो पाएंगे कि नतीजे निराशाजनक नहीं हैं। फिर भी कुछ और प्रमाण हैं जो आरोग्य के प्रमाण नहीं हैं और उनके रहते स्वस्थ राजनीति की आशा नहीं की जा सकती।

एक तो यही है कि कोई राजनैतिक दल आज़ादी के बराबर महत्व की घटना विभाजन के बारे में अपनी नीति को निरंतर घोषित और व्यवहृत नहीं कर रहा है। ग़ैरबराबरी के विषय में भी एक किताबी बयान से अधिक कार्यक्रम-आधारित कोई विचार सामने नहीं है। यही बात शिक्षा नीति के बारे में लागू होती है और धर्म प्रतिष्ठानों के विषय में भी। दरअसल धर्म एक ऐसा विषय है जिस पर राजनैतिक दल चुप हैं। धर्म के नाम पर होनेवाले दंगों पर बयान दे दिए जाते हैं जो धर्म की समझ में न कुछ जोड़ते हैं न घटाते हैं, यथास्थिति बनाए रखते हैं।

इस तरह के यथास्थिति-मानस के भविष्य को न समझा जा सकता है न संभाला जा सकता है। जनता की यह शक्ति भी राजनीति की ज़रूरी शर्त है कि वह भविष्य को पहचान सके और उसे संभालने की ताब ला सके। बार-बार यह याद दिलाने से कि विदेशी हस्तक्षेप से ख़तरा है, क्या हम विदेशी हस्तक्षेप को बर्दाश्त करने के लिए तैयार हो जाएंगे ? तैयार तो हम तभी होंगे जब हम निश्चय कर चुके होंगे कि स्वाधीनता के मानदंड अडिग हैं और उनके बारे में कोई समझौता नहीं हो सकता।

परंतु कुछ भयानक लक्षण दिख रहे हैं। एक विचार ज़ोर पकड़ रहा है कि कुछ पुरानी मान्यताएं ग़लत थीं जैसे ईमानदारी। ईमानदारी बुरी चीज़ है, वह ग़रीबी लाती और दुख देती है, यह तो मेरे पुरखों के वक़्त से ही कहा जाता रहा है। पर तब वह सुविधा भी दी जाती रही है कि चाहो तो दुख उठा लो और ईमानदारी निभा लो, अधिक से अधिक ग़रीबी के बोझ से पिसना पड़ेगा। आज की संस्कृति में विकल्प इतना सरल है कि पसंद से चुन लिया जाए। आज का प्रचार यह है कि नैतिकता राष्ट्र की शत्रु है और उसको बहुत आवश्यक मानकर चलना राष्ट्र को ग़ुलामी के गर्त में ढकेलना है। इस तर्क के अनुसार सूरत यह है कि नैतिकता का विकल्प केवल ग़ुलामी है और कोई स्वाभिमानी व्यक्ति अनैतिकता और ग़ुलामी में से एक चुनने को मजबूर होगा तो वह दोनों में से कोई नहीं चुनेगा। इसी से सिद्ध है कि यह तर्क ही ग़लत है कि नैतिकता के रहते आज़ादी नहीं रह सकती। जो स्वाभिमान के लिए आवश्यक है, वही नैतिक है और स्वाधीनता भी उसी में है।

[7.6.87]

जातिप्रथा की कसौटी

'अंग्रेज़ी में लिखनेवाले बुद्धिजीवी लोग सोचते हैं कि जाति के बारे में बातचीत न करने से जातिप्रथा ख़त्म हो जाती है।'

यह वाक्य समाजवादी आंदोलन के अग्रणी नेता किशन पटनायक का है और यहां *सामयिक वार्ता* नामक प्रसिद्ध मासिक पत्र से उद्धृत किया जा रहा है जिसका किशन जी संपादन करते हैं। परंतु यह एक वाक्य उद्धृत करने का कारण यह है कि इस वाक्य में हमारे बौद्धिक पतन और पाखंड का सारांश छिपा हुआ है। समाज के, विशेष रूप से बहुमत के बल से संपन्न हिंदू समाज के मन में अपने को पहचानने की प्राचीन भारतीय परंपरा का अर्थ आत्ममंथन करना नहीं, केवल गर्व से यह कहना रह गया है कि हम हिंदू हैं। *सामयिक वार्ता* के संपादकीय से कुछ बातें और पढ़ने लायक हैं। इनसे अपने को बदलने की प्रेरणा मिलती है। जैसे—

'जातिप्रथा ख़त्म हो रही है या जमी हुई है, इसके बारे में जिसको संदेह है वह दो कसौटियों पर आसपास की जांच कर ले (1) शिक्षित आदमी की मित्रमंडली में कितनी जातियों के लोग हैं ? ऐसे दोस्त जो घर में जाकर खाना भी खाते हैं या परिवार के लोगों के साथ घुलमिल जाते हैं, सिर्फ दो या तीन जातियों के होते हैं—अपनी जाति के ठीक ऊपर की एक-दो जाति या ठीक नीचे की एक-दो जाति—इसी दायरे में 99 प्रतिशत शिक्षित लोगों की दोस्तमंडली सीमित रहती है। (2) भारत के कितने गांवों में एक कुएं से द्विज और हरिजन मिलकर पानी लेते हैं ? क्या पांच प्रतिशत भी गांव ऐसे हैं ?'

किशन पटनायक के ये विचार पढ़कर एक साथ बहुत-सी बातें समझ में आने लगीं। कुछ समय से देख रहा हूं कि कुछ जाने-पहचाने लेखकों के नामों में एकाएक उनका जातिसूचक विशेषण प्रकट हो गया है। कमलेश जी कमलेश शुक्ल हो गए हैं या स्व. सोमदत्त जी सोमदत्त गर्ग हो गए थे। क्यों उन्हें एकाएक अपनी पहचान अधूरी जान पड़ने लगी जबकि अपने कृतित्व के बूते उनकी अस्मिता प्रकट हो चुकी थी ? मुझे यह भी याद आया कि यह घटना इस समय चाहे कुछ व्यापारियों के मन में अपने और समाज के परस्पर संबंध को अपने-आप नए ढंग से बताने की घटना हो, परंतु इसके पीछे एक समय एक निश्चित उद्देश्य था। खुशवंत सिंह नामक एक संपादक ने अपनी साप्ताहिक पत्रिका में भारत की विभिन्न जातियों के नामी आदमियों का सचित्र परिचय छापना शुरू किया था और हर सप्ताह पाठकों को बताया जा रहा था कि अमुक रससिद्ध वादक या गायक या विचारक वास्तव में अमुक जाति का सदस्य है : इन्हीं संपादक की विद्या या विचार के जातिगत टुकड़े करनेवाली पत्रकारिता की बदौलत मुझे पहली बार ज्ञात हुआ कि रविशंकर जिन्हें मैं अपने चारों ओर की जातियों

से ऊपर 'कलाकार' की जाति का सदस्य मानता था, और कुछ नहीं केवल रविशंकर मुखर्जी हैं। रविशंकर का मुखर्जी या भट्टाचार्जी होना मेरे लिए तब भी निरर्थक था, अब भी है। पर तब भी मुझे अपमान लगा था कि मुझे यह सूचना देने की टुच्ची हरकत खुशवंत सिंह ने क्यों की जबकि रविशंकर ने अपने सितार में एक बार भी 'मुखर्जी-मुखर्जी' नहीं बजाया था।

किशन पटनायक ने जातिप्रथा के जमी रहने या खत्म होते जाने की एक कसौटी यह बताई है कि शिक्षित आदमी की मित्रमंडली में कितनी जातियों के लोग हैं। यह क़सौटी उन्होंने यह सोच कर रखी है कि 60 प्रतिशत शिक्षितों का कोई न कोई मित्र अपनी जाति के बाहर ही होता है। इस कसौटी पर वास्तविकता को कसते ही मुझे हिंदू-मुसलमान रिश्तों के बारे में वह बहस भी याद आई जो कुछ दिन पहले कुछ साहित्यकारों ने साहित्य अकादमी की पत्रिका *समकालीन साहित्य* में उठाई थी। बहस यह थी कि हिंदी में कथा-कहानी आदि में मुसलमान पात्रों का कोई विशेष स्थान नहीं है तो क्यों ? मैं सोचने लगा कि क्या इस प्रश्न का उत्तर यह है कि हिंदू लेखकों के घर मुसलमानों का आना-जाना नहीं होता है। मगर ग़ौर किया तो समझ में आया कि घर ही क्यों कहीं भी मुसलमानों का आना-जाना इस तरह नहीं होता है कि घर के आदमी के आने-जाने जैसा लगे। एक तरह का हिंदू सजग रहता है कि वह देखो मुसलमान जा रहा है। फिर भी एक और तरह का हिंदू है जो मुसलमान को वस्तु नहीं व्यक्ति मानता है और उसके लिए कथा-कहानी का पात्र होना व्यक्ति के एक नया मनुष्य होने पर निर्भर है, हिंदू या मुसलमान होने पर नहीं। साहित्यकारों की उस बहस में सुना है किसी ने स्वीकार किया कि यह पतन का लक्षण है कि हिंदू लेखक मुसलमान पात्रों का चित्रण नहीं करते। पतन का लक्षण तो वास्तव में यह है कि हिंदू लेखक और मुसलमान लेखक इस विषय पर बहस कर रहे हैं जबकि नई सभ्यता, नई संस्कृति, नए समाज और नई भाषा की समझ फैलानेवाला साहित्य किसी ऐसे मुसलमान या किसी ऐसे हिंदू को स्वीकार नहीं करता जिसकी बस यही पहचान है। मेरे लिए यह एक अजब-सी बात है कि हम हिंदुओं या मुसलमानों को उनके मज़हब का विज्ञापन करने के लिए साहित्य में लाएं। पर साहित्य के साथ सत्ता के तंत्रों का संबंध इंसानों को बदलनेवाली भाषा से नहीं बल्कि खानों में बांटने और बिक्री के लिए पैकेटबंद करनेवाली भाषा से बनता है। इसलिए यह बहस उन साहित्यकारों के मतलब की है जो भाषा, साहित्य और मनुष्य का यही इस्तेमाल करना चाहते हैं।

जो हो, यह यथार्थ है कि हम-से वे लोग जो एक विशाल बहुमत की छत्रछाया में अपने को सुरक्षित समझते हैं और अपनी भाषा के माध्यम से समाज से संबंध बनाने के दायित्व से अपने को मुक्त रखे हुए हैं—यही मानते रहेंगे और अंग्रेज़ी में या उस हिंदी में जो वास्तव में अंग्रेज़ी का काम कर रही है, लिखते

रहेंगे कि जातिप्रथा ख़त्म हो रही है। अंततः यह पतन और पाखंड हमारे समाज में एक ऐसे गर्व को जन्म देगा जिसका कोई लोकतंत्रीय आधार नहीं होगा, सिवाय सर्वसत्तावाद के।

[30.12.90]
(रघुवीरजी का अंतिम लेख)

भारतीय साम्राज्यवाद

पिछले दिनों जब आज़ादी की चालीसवीं वर्षगांठ मनाई जा रही थी तो मुझे याद आया कि 1947 के बाद के लगभग दस वर्षों को छोड़कर बाक़ी समय आज़ाद भारत के मुखर नेताओं की मुख्य चिंता यह रही है कि भारतीयता क्या है। पहली बार यह बात सुनकर एकाएक हंसी आती है कि हम भारतीय हैं और हम भी नहीं जानते कि हम क्या हैं। परंतु बात हंसने की नहीं समझने की है। स्वाधीनता संघर्ष के किसी दौर में गांधी ने कहा था कि पहले अंग्रेज़ यहां से चले जाएं फिर हम देख लेंगे कि हमें राज कैसे करना है। ठीक ही कहा था क्योंकि अपने को पहचानना स्वतंत्र भारत में ही संभव है और अपनी व्यवस्था भी हम ही बना सकते हैं। इसलिए यह ठीक है कि आज वह बहस सैकड़ों बार दोहराई जा चुकी है कि भारतीयता क्या है, भारतीय समाजवाद क्या है, भारतीय एकता क्या है और भारतीय साहित्य क्या है। यदि इन बहसों से हम किसी ऐसे नतीजे पर पहुंचते हैं जो भारतीयता के उन प्रमाणों को पुष्ट करते हों जिन्हें हमने आज़ादी के पहले गुलामी के दिनों में आज़ादी की लड़ाई के मैदान में सार्थक पाया था तो तय होगा कि यह बहस सही रास्ते पर जा रही है।

परंतु भारतीय स्वभाव और परंपरा के अनुसार एक नई राजनैतिक व्यवस्था बनाने का विचार जब-जब इस नकली मुखौटे के पीछे से उठाया गया है कि वर्तमान लोकतंत्री व्यवस्था पश्चिम से उधार ली गई है और हमारे अनुरूप नहीं है, तब-तब वह कोई न कोई खोट लेकर आया है। जैसे यही खोट है कि हर बार हर बहस में एक स्वर यह उभरा है कि भारत में एक विराट साम्राज्यवादी परिकल्पना ही भारतीय हो सकती है और इस स्वर के पीछे कहीं यह चिंता भी है कि विश्व में किसी देश के भीतर विराट साम्राज्यवादी परिकल्पना को स्वाधीनता की ही आवश्यकता सिद्ध किया जाए। दूसरे शब्दों में यह समझाया जाए कि यदि भारत अपने देश की सीमाओं के भीतर साम्राज्यवादी हो जाता है तो विश्व की साम्राज्यवादी

शक्तियों से उसको स्वाधीन रहने में मदद मिलेगी। यह साम्राज्यवाद के सारे तर्कों के विपरीत धारणा है। इतिहास के सारे प्रमाण भी यही बताते हैं कि साम्राज्यवाद किसी एक देश की योजना नहीं रही है। इस योजना के पालन में छोटे साम्राज्यवादी देशों को बड़े साम्राज्यवादी देशों की नक़ल करनी पड़ी है। यानी बड़े साम्राज्यवादी देशों का गुलाम होना पड़ा है। उन छोटे देशों में सरकार भले ही स्वाधीन रहे परंतु राष्ट्र स्वाधीन नहीं रहा है।

प्रश्न यह है कि यदि हम नई भारतीयता की यह नई अवधारणा मान लेते हैं तो क्या हम 1947 के चालीस साल बाद आज़ाद सरकार को बनाए रखने के लिए राष्ट्र को गुलाम बना रहे हैं? क्या आज़ादी की चालीसवीं वर्षगांठ का यह अर्थ होगा ? ये प्रश्न हैं जिनका उत्तर राजनीति के विद्वानों को देना है।

यह कोई किताबी बहस नहीं है। मानव समाज के दो व्यावहारिक कार्यों से इसका संबंध है जो अंततः आज़ादी के ही काम हैं : वे हैं, लोकतंत्र और राष्ट्रीय एकता। पहले तो यही देखें कि क्या लोकतंत्र विफल हो गया है ? विफल लोकतंत्र का अर्थ यही होना चाहिए कि समता और समृद्धि दोनों एक साथ नहीं चल ही हैं। मज़बूत, कमज़ोर को दबा रहा है। कमज़ोर अपने अधिकारों के लिए लड़ रहा है। शोषण संगठित रूप से हो रहा है जबकि अधिकार का संघर्ष करनेवाले बिखरे हुए हैं। जो दमन कर रहे हैं उनमें आपस में भी संघर्ष है—अपने स्वत्व को अपने ही वर्ग के भीतर बनाए रखने का संघर्ष। अधिकार के लिए संघर्ष करनेवाले संघर्ष को संकुचित कर देने के प्रलोभन में पड़ रहे हैं क्योंकि इसमें उन्हें विजय दिखाई दे रही है। पर यह विजय नहीं है, बंटवारा और अलग्योझा है। वास्तव में देश के विभिन्न क्षेत्रों की एक-दूसरे के प्रति आर्थिक निर्भरता ही एक स्वाधीन एकता का सूत्र बन सकती है और यही लोकतंत्र का सूत्र भी है। इसलिए राष्ट्रीय एकता की चिंता को लोकतंत्र की चिंता से अलग रख कर शब्दजाल गढ़ना व्यर्थ है। जब तक समता और समृद्धि की नीतियों के अनुसार नियोजित समान आर्थिक विकास नहीं होगा तब तक स्थायी राष्ट्रीय एकता नहीं होगी। हां, एक साम्राज्यवादी तानाशाही हो सकती है जिसमें देश के भीतर उपनिवेश हों और उन उपनिवेशों के मानव संसाधन और उनकी प्राकृतिक और भूमि संपदा एकता की परंपरा का उदाहरण देकर एकत्र रखी जाए ताकि उसका आर्थिक शोषण आसानी से होता रह सके। हर भारतीय अपने राष्ट्र की एकता की प्राचीन परंपराओं को पूजनीय मानता है। वर्तमान में क्या हो रहा है, यह पूरे राष्ट्र के फलक पर देख पाना उसके लिए बंटे हुए संवेदनों और स्वार्थों के रहते हुए सरल नहीं है। इस भारतीय कमज़ोरी के कारण प्राचीन एकता का नाम लेकर वर्तमान भारत को विचार के मामले में लंबे समय तक धोखे में रखा जा सकता है।

पर आंखें खोलकर देखने से वर्तमान भारत को कोई नहीं रोक सकता। देश-भर

में बिखरी हुई प्राकृतिक संपदा के शोषण और विशाल भू-क्षेत्रों में उनके कारण उजड़ी हुई बेरोज़गार आबादियां दिखती हैं। ये प्रमाण यथेष्ट रूप से सिद्ध करते हैं कि वास्तविक एकता यही है। प्राचीन एकता के मोह में न पड़ कर हमें आज निर्मम होकर जांचना पड़ेगा कि क्या हम देश के विशाल भूखंड को, जिसे हमारे ही आर्थिक तरीक़ों ने विषमताओं से ऊबड़-खाबड़ कर दिया है, एक में बांधे रहने के लिए उन्हीं सब राजनैतिक तरीक़ों का समर्थन कर सकते हैं जिनके कारण हम साम्राज्यवाद के गुलाम हो गए थे।

[20.3.88]

इमरजंसी की औलादों की राजनीति

देश की राष्ट्रीय एकता और लोकतंत्री परंपरा पर कल मेरे घर में घुसकर कुछ लोगों ने हमला बोल दिया। ये लोग बता रहे थे कि सारे देश में कोई राजनैतिक दल ईमानदार नहीं रह गया है। दलों के नेता नौजवानों को झांसा देकर अपने स्वार्थों के लिए उनका दुरुपयोग कर रहे हैं। राजनीति से वैसे भी कोई परिवर्तन नहीं हो सकता और काम तो डंडे से ही हो सकता है। डंडा माने स्टेनगन। यह तो बच्चा-बच्चा जानता है कि स्टेनगन सेना के पास होती है, मगर ये लोग जो मेरे घर में घुस आए थे, बता रहे थे कि हमारे पास भी है। स्टेनगन से ही हर समय हम काम लेते हों, ऐसा नहीं; लात-मुक्के, पेट्रोल, आग, चाकू, साइकिल की चेन, लाठी, हाकीस्टिक (यह खेल का एक औज़ार हुआ करती थी—किसी ज़माने में और भारत ने इसमें किसी वक़्त नाम भी कमाया था) से भी काम लेते हैं। जहां तक नौजवानों का सवाल है, वे समाज में भ्रष्टाचार बढ़ता देखकर उसके अड्डों को नेस्तनाबूद करने पर तुले हुए हैं, मगर यह काम सरकार नहीं कर रही है इसलिए वे ख़ुद करने लगे हैं। इसमें उन्हें किसी सहारे की ज़रूरत नहीं। समाज मर चुका है। उसके अंदर अन्याय से लड़ने की शक्ति मर चुकी है। यहां तक कि एक आदमी भी अन्याय के विरुद्ध नहीं बोलता, सिवाय इन नौजवानों के जो मारपीट करके ही समस्या को सुलझाने को तैयार हैं। इन्होंने न्याय के लिए गुंडा बनना स्वीकार किया है, क्योंकि न्याय की लड़ाई में अब कोई और रास्ता नहीं बचा है। नौजवानों में जो देश को एक नया नेतृत्व देने की शक्ति रखते हैं, वही हैं जो मुक्के में ताक़त रखते हैं। यह ताक़त इन नौजवानों ने मेरे घर में प्रदर्शित करके मुझे जता दिया कि यदि मैं बोलूंगा कि 1929 से यानी जिस साल पैदा हुआ था, तब से लेकर अब तक मैंने

अपने माता-पिता से और माता-पिता ने पुरखों से जो सीखा था, वह मेरे ख़ानदान की, मेरे पुरुखों की और मेरे गुरुओं की कायरता और मूर्खता थी। मिलजुलकर, तर्क से, प्रेम से, समाज में न्याय की परंपराओं के दबाव से, कोई शक्ति नहीं पैदा होती, वह केवल ऐसे नौजवानों के हाथों हुए ख़ून-ख़राबे से पैदा होती है जिन्होंने न राष्ट्र की किसी जन-परंपरा को जाना है, न किसी परंपरा को पहचाना है, न किसी विद्यालय में गुरुओं के पास बैठकर कुछ सीखा है, न माता-पिता से कुछ ग्रहण किया है। दरअसल इन नौजवानों में जो बार-बार कह रहे थे कि हम कुछ करना चाहते हैं, एक ऐसा भी था जिसके मां-बाप उसे समाज को बदलने नहीं दे रहे थे। उन मां-बाप और बेटे के बीच कोई बातचीत ही नहीं हो रही थी। बेटा गुंडागर्दी में शामिल होकर राष्ट्र को उन्नति के पथ पर चला रहा था, मगर बाप गुंडागर्दी से डरकर राष्ट्र की उन्नति के पथ में बाधा डाल रहा था। बेटे ने हर सामाजिक समस्या पर—जैसे मटका, सट्टा, बेरोजगारी, चुनाव में पैसे के ज़ोर पर ताक़त जमा करना आदि पर आक्रमण किया और हर बार आक्रमण करते हुए वह धमकी देता रहा कि मैं तुम्हें जान से मार डालूंगा। यह वाक्य और इसके अनेक साहित्यिक रूप मैंने दो घंटे में बीस बार सुने।

ये लोग एक फ़िल्म में से होकर मेरे कमरे में टेलीविज़न के ज़रिए आ घुसे थे। मैं सोचने लगा, ये वे नहीं हैं जो नक्सलपंथी कहलाते थे। इनके पास कोई विचारधारा तो दूर, विचार तक नहीं हैं। ये किसी भी आतंकवादी दल के लिए अच्छे कार्यकर्ता बन सकते हैं। सिर्फ़ इंतज़ार करने और भांपते रहने की देर है कि परंपरा, परिवार और सच्ची राजनीति का विनाश काफ़ी हो गया कि नहीं। जब यह दिखे कि हो गया तो अमेरिका, पाकिस्तान, चीन या किसी भी साम्राज्यवादी देश को बस इतना करना रह जाएगा कि नौजवानों को हिंसा के नए-नए तरीक़े सिखा देने होंगे। भारतीय राष्ट्र को भीतर से जोड़े रहनेवाली शक्तियां बिखर जाएंगी। विदेशी शक्तियों की घुसपैठ हमारी सीमाओं पर होगी तो हमारी सामाजिक एकता अदृश्य हो जाएगी।

यह एक फ़िल्म थी जो मैं देख रहा था। परंतु यह केवल फ़िल्म नहीं थी और मैं इसकी कला की आलोचना नहीं कर रहा हूं। मैं इसकी राजनीति की आलोचना कर रहा हूं। काश कि फ़िल्म के क्षेत्र में क्या हो रहा है, इसकी उत्सुकता से भरकर फ़िल्म और जनता के संबंध में लिखने और पढ़नेवाले अब यह समझ लेते कि राजनैतिक संगठन और विचार को मिटाकर एक ऐसा प्रचार का साधन देश के दिमाग़ को अपनी तरह का बना रहा है। वह प्रचार कर रहा है कि तोड़ो-फोड़ो—मकान को, शहर को, समाज को और इंसानी हिम्मत और ईमानदारी को तोड़ो। साथ ही मसीहा बनकर हिंसा करो। यही भारत का भविष्य है।

यह एक राजनीति है जो सब राजनैतिक दलों को भ्रष्ट और नाकारा बताती है। फ़िल्म इस राजनीति के प्रचार का सबसे बड़ा साधन है। और राजनैतिक दल, राष्ट्र की एकता या लोकतंत्र की परंपरा के विषय में नौजवानों को कुछ सिखा नहीं

रहे हैं। फ़िल्म की समीक्षा करने से कुछ हासिल नहीं होगा। जो राजनीति इन फ़िल्मों को बना रही है, वही समीक्षा का विषय है और उसका जवाब हमें राजनीति के पैमाने पर देना है। यह राजनीति जो राजनैतिक विचार और संगठन को रद्द करती है, एक बार हम दस बरस हुए देख चुके हैं। इस बार उस राजनीति की नई पीढ़ी सामने आ रही है।

कार्यकुशलता बस इतना ही ?

आम चुनाव के बाद के माहौल में हारे लोगों की परेशानियां समझनेवालों की बड़ी कमी दिखाई दे रही है, परेशानियां बतानेवालों की इफ़रात है। 'चुनाव में बूथ कब्ज़ा किया गया; वोट पड़ जाने के बाद मतपत्र का डब्बा खोलकर बदला गया; इंका के पास बेतहाशा पैसा था; जीप-वीडियो-लाउडस्पीकर सब कुछ ज़बर्दस्त था; हां, हम भी बंटे हुए थे; मिलीजुली सरकार का विचार किसी वोटर को जमा नहीं; दोस्तों ने वादा ख़िलाफ़ी की; सहानुभूति लहर काम कर रही थी : हिंदू वोट हमसे छिनकर इंका के पास चला गया ···' इस तरह की दस और व्याख्याएं एक साथ सुनते-सुनते आप किस नतीजे पर आते हैं ? शायद यही कि हार के कई कारण थे और सब एक-दूसरे से जुड़ गए थे। मगर हार के सब कारण जुड़ क्यों गए थे? इस पर किसी विश्लेषक ने अभी तक ग़ौर नहीं फ़रमाया है। ऐसा क्यों हो गया कि जितनी कमज़ोरियां चुनाव के पहले तक एक परिस्थिति का स्वाभाविक रूप दिखाई दे रही थीं और जिनसे ऊपर उठकर किसी एक बड़ी भारी भावना के अधीन थोड़ी-बहुत जीत हो जाना निश्चित था, वे सब हराने में ही जुट गईं ?

यहां शास्त्रीय विश्लेषण का न स्थान है न विशेष प्रयोजन। अभिप्राय केवल यह सुझाना है कि हमारे समाज में संसदीय चुनाव पिछले दो दशक से एक असंतुलित लोकतंत्र में हो रहे हैं। इसमें बाक़ी आज़ादियां कम होती गई हैं, वोट की आज़ादी का समारोह बढ़ता गया है। वोट से हम क्या करेंगे, यह प्रश्न भी इन्हीं बरसों में कुछ बौद्धिक और राजनैतिक रूप धरकर उठा और उठाया गया है। 1967 एक दृष्टांत है। तब बड़े पैमाने पर वोट ने बहुत-से दायरों में सत्ता का परिवर्तन कर दिया था। वह परिवर्तन जिस रूप में हुआ था, उसी में उसको टिकाए रखने की कोई ज़रूरत न थी, कोई फ़ायदा न था। उसे तो एक ज़्यादा मूलभूत परिवर्तन के राजनैतिक तरीक़े निकालने और इस्तेमाल करने का सामान मुहैया करना था। बहुत-से विश्लेषकों ने यहां तक तो माना है, मगर इसके आगे बड़ी चतुराई से यह कहकर किस्सा ख़त्म कर दिया है कि 1967 के चुनाव के महीने के बाद लोहिया

मर गए। हाय-हाय ! तब परिवर्तन की इच्छा झूठी साबित हो गई न ? ये विश्लेषक यह बात छिपा जाते हैं कि लोहिया ने भारतीय राजनीति को समाज-परिवर्तन की ओर उन्मुख करने के लिए चुनाव के बाद के कार्यक्रम में अगले परिवर्तनकारी क़दमों की तैयारी करते रहने और सत्ता का इस्तेमाल उन परिवर्तनों को यथार्थ और संभव प्रमाणित करने के लिए उपाय बताया था। किसी नेता के मर जाने पर उसके बनाए कार्यक्रम आगे नहीं चल पाएं, तो यह कार्यक्रम में निहित दोष नहीं, कार्यक्रम के पीछे तैयारी की कमी और नए कार्यक्रम बना सकने की अक्षमता है। 1967 के बाद वह कमी पूरी करने की इच्छा बिखरी, इसमें भी कोई शक नहीं, पर यह भी यश-अपयश, जीवन-मरण विधि के हाथ होने के कारण नहीं, किसी और कारण हुआ। वह कारण क्या था ? और 1977 में एक बार फ़िर परिवर्तन की इच्छा पैदा होने और अभिव्यक्त होने पर फिर 1980 में क्यों वह पलटकर परिवर्तन का नहीं वोट का समारोह बनकर रह गई जिसका परिणाम आज अंतर्राष्ट्रीय दबावों, भीतरी फूटों और लोकतंत्र में समानांतर सत्ता के उफानों के रूप में हो रहा है ? इसका कारण क्या है ?

वोट यह बताने का साधन है कि नागरिक सत्ता चाहता है। सत्ता का वह क्या करना चाहता है, यह मोटे तौर पर नागरिक यह कहकर ही जता सकता है कि जीवन की दशा बेहतर हो। अगर जीवन की दशा बेहतर होने से अपने लिए निर्णय करने की आज़ादी छोड़ दी जाए तो जीवन को सुधारने का एक नमूना बनता है। उसमें मज़ा हो सकता है, बल्कि होगा ही, पर वह गुलामी का और ग़रीबी का मज़ा नहीं होगा। इसके समानांतर एक नमूना यह भी बनता है कि जिनके पास देश के साधनों से और विदेशी मालिकों के आशीर्वादों से जीवन को बेहतर बनाने के अपरिमित साधन जुट चुके हैं वे उन्हें और बढ़ाते जाएं। आज की स्थिति में जहां राजनीति ने समाज को स्वस्थ, रचनात्मक और न्यायमूलक बनाने का कोई स्वप्न सामने नहीं रखा है, केवल जो है उसका अच्छा प्रबंध करने का वादा किया है, वहां ये दो नमूने जिनका ऊपर ज़िक्र किया गया, एक साथ काम कर रहे हैं। ये ही दो आदर्श हैं जिनमें से देश को चुनना था। असल में दोनों आज की दशा में राजनैतिक स्तर पर एक ही नमूने के दो रूप हो जाते हैं, क्योंकि राजनीति केवल सत्ता के सहारे हो रही है। सत्ता के सहारे राजनीति को उकसाने और जनता के सहारे उसे बदलने का कोई विचार भी आज के राजनैतिक नेताओं में नहीं है। वोट राजनीति के लिए ज़रूरी है। वोट में बेईमानी है, इसलिए हम वोट को छोड़ नहीं दें, बल्कि वोट से प्राप्त सत्ता के इस्तेमाल को एक क़दम और जनता से प्राप्त आदर्श को (आदेश नहीं, आदर्श को) दूसरा क़दम बनाएं, तो लोकतंत्र की एक कारगर शक्ल उस वक़्त भी मिल सकती है जब संसद में लोकतंत्र की पहचान यानी प्रतिपक्ष लगभग पुछ गई हो।

इंका को विशाल वोट ग़रीबों ने अपनी बची-खुची जमा-जथा बचाए रखने के लिए

और अमीरों ने अपनी दौलत और जमा करने के लिए दिया है। कार्यकुशलता जिसको अपनी योग्यता की पहचान अटल जी, राजीव जी, चंद्रशेखर जी और सभी इंका विरोधियों ने बताया था, अपने आप में कोई लक्ष्य नहीं है। अवश्य ही वह इन दोनों वर्गों को आकर्षक, उपयोगी और सुखदायी लगती है। कार्यकुशलता से अच्छी और क्या चीज़ होगी, अगर सड़क पर हर समय दुर्घटना का डर हो, नौकरी के हर समय छिनने का डर हो, देश पर हर समय हमले का डर हो। पर राजनीति केवल कार्यकुशलता नहीं है। निरी कार्यकुशलता यथास्थिति का दूसरा नाम है और यह नाम कम से कम शोषित, बुभुक्षित, अपमानित समाज में तो राजनीति का नाम नहीं है।

सैनिक लोकतंत्र ?

पंजाब में जो हुआ है उसके बाद भारतीय राजनीति के चरित्र में अगला परिवर्तन क्या होगा यह प्रश्न महत्वपूर्ण है। इसको स्वर्ण मंदिर की मरम्मत, सिख भाइयों की 'मरहम-पट्टी' और गांव-गांव में पकड़-धकड़ का कार्यक्रम बनाकर हल किया जा रहा है। मगर सब जानते हैं कि असल काम सिर्फ़ इतना नहीं है। आम चुनाव भी है, बल्कि आम चुनाव ही है। इसी के साथ प्रत्येक राज्य में (और प्रत्येक राज्य के इंका संसार में विशेष रूप से) तरह-तरह के रद्दोबदल भी शामिल कर लें तो अगले कुछ महीनों में राजनीति इसी काम में लगी रहेगी।

इसका मतलब यह होगा कि एक बहुत बड़े मसले पर से लोगों का ध्यान हटा रहेगा। लोग भूल जाएंगे—नहीं, भूल नहीं जाएंगे, हमेशा के लिए याद कर रखेंगे कि भारत की राजनीति का नक्शा सेना के प्रवेश के कारण बदल गया है।

हमें नहीं भूलना चाहिए कि भारत की सेना ने किसी और देश की सीमा में प्रवेश नहीं किया है। वैसा करती तो वह एक साधारण बात होती। उसने उस संसार में प्रवेश कर लिया है जहां भारतीय समाज में समूहों के संबंधों को बनाने का काम कुछ लोकतंत्रीय संस्थाएं सेना के बग़ैर किया करती थीं। सेना का असर उन लोकतंत्रीय संस्थाओं पर नहीं था, अगर कोई असर होता तो वह इन लोकतंत्रीय आकांक्षाओं का होना चाहिए था और सेना पर होना चाहिए था। वास्तव में यह हमारे राजनैतिक जीवन की एक आकांक्षा होनी चाहिए थी कि हमारी सेना कुछ मौलिक लोकतंत्रीय आदर्शों के अनुसार सुधारी और संगठित की जाए। सेना के 'भारतीयकरण' का बार-बार प्रयत्न किया भी गया है।

वैसा प्रयत्न अब भी जारी रह सकता है, रहेगा भी, पर इससे यह सत्य बदल नहीं जाएगा कि राज्य के संचालन में लोकतंत्रीय प्रयत्नों की हार हमने मानी और

उनकी जगह सेना का इस्तेमाल अनिवार्य पाया। ग़नीमत है कि हमने यह नहीं माना कि सेना को अब हम हर बार हर मसला सुलझाने के लिए भेज दिया करेंगे। बल्कि यह एलान किया है कि उसका काम जैसे ही ख़त्म हो जाएगा वह लौट जाएगी। मगर पंजाब से लौट जाएगी, हमारे सामाजिक-राजनैतिक जीवन से कैसे लौट जाएगी, जब तक उस शून्य को भरनेवाली राजनैतिक-सामाजिक शक्तियां पैदा न होंगी ? वे शक्तियां जो सेना को समाज के संचालन से अलग, मगर समाज की आकांक्षाओं के अधीन रख सकें, दूसरे शब्दों में, सेना को सिविल तंत्र के अधीन रख सकें, रातोरात पैदा नहीं होतीं। ये हर समाज में आर्थिक-सामाजिक विकास के साथ-साथ उस समाज की परंपराओं में जीवन को हिंसा से मुक्त रखने की जागरूक कोशिशों के साथ पैदा होती हैं। इन्हीं को हम बिरादरी, पंचायत, नगरपालिका, विधानसभा और संसद के नाम से पहचानते रहे हैं—ये नाम साकार संस्थाओं के नाम हैं : इनके अलावा समझ, भरोसा, धीरज और न्याय के लिए संघर्ष जैसे कुछ नाम भी हैं जो अपनी शक्ल समय-समय पर, विशेष रूप से संकट के समय दिखाते हैं। जब नहीं दिखा पाते तो समझना चाहिए कि राजनैतिक और धार्मिक नेतृत्व विफल रह गया है।

सेना किसी राष्ट्र के आंतरिक शौर्य का कुल जमा हासिल होती है, उस शौर्य से अपने राष्ट्र को 'सबक' नहीं सिखाया जाता। दुर्भाग्य से प्रधानमंत्री के यह साफ़-साफ़ कहने के बावजूद कि स्वर्ण मंदिर में सेना का प्रवेश किसी की विजय न माना जाए, धनाढ्य वर्ग का एक बड़ा हिस्सा (जिसमें अफ़सोस है कि वे बेचारे भी शामिल हैं जो धनाढ्य कहने-भर को हैं) इसी विजय की तृप्ति में मग्न है। यह वर्ग सिर्फ़ हिंदुओं का नहीं है, लेकिन इसमें हिंदू ही अधिक हैं, और नहीं तो केवल इस कारण से कि उनका बहुमत है और इस तात्कालिक कारण से भी कि आनेवाले आम चुनाव में निर्णायक संघर्ष हिंदी क्षेत्र में होगा जो सत्ता की चुनाव-राजनीति में हिंदुओं का प्रबल प्रतिनिधित्व करता है।

इस तर्क से हम यह नतीजा निकाल सकते हैं कि लोकतंत्र में सैनिक प्रवेश के कारण जो नई स्थिति बनी है वह भविष्य में बिगड़ने से हिंदू बहुमत की समझदारी के भरोसे ही बचाई जा सकती है। वह बहुमत ही है जो सेना को अपनी औक़ात के भीतर रख सकता है। अगर वह हिंदू चुनाव जीतने के लालच में वर्तमान हिंदू-सिख भेद को जीतने और हारनेवालों का भेद मान बैठा तो सरकार बनने में शायद कोई दिक़्क़त न आए। मगर हमारे टूटे-बिखरे समाज के बनने में दिक़्क़तों का अंत न होगा।

हिंदू समाज ने अनेक मतों और पंथों को जना और पोसा है। यह अपने आप में विग्रह और फूट का कारण नहीं है। राजसत्ता के साथ नहीं बल्कि जनजीवन के साथ मिलकर इन मतों और पंथों के नियमन में हिंदू समाज सफल हुआ है। किसी सैनिक कार्रवाई या अध्यादेश की शक्ति के बूते नहीं। इसीलिए ये विभिन्न पंथ

हिंदू समाज में आचार-विचार की समानता के कारण विलीन रहते हैं और इनके अनुयायियों के सामाजिक और आर्थिक अधिकारों के लिए हिंदू समाज का लोकतंत्रीय राजनैतिक पक्ष अनुमति मांगता और हासिल करता है। यदि राजसत्ता के हिंसक माध्यम की संस्कृति इस हिंदू समन्वय पर अनुशासन करने लगे तो हिंदू संस्कृति को आसुरी बनाने का लोभ उन राजनैतिक वर्गों में उत्पन्न होगा जो संख्या, भूगोल और इतिहास के कारणों से राजसत्ता पर आसीन हैं। विडंबना यह है कि यही तीन कारण हैं जिनसे लोकतंत्र भी भारतीय समाज में जन्मजात है। इसका उलट चलने की कोशिश हिंदू समाज को अवरुद्ध करेगी। लोकतंत्र का वह आधार ही तब कहां रहेगा जिसका भारत की खोज करनेवाले नेहरू ने बार-बार गुणगान किया है ? 'आतंकवादी-दूषित क्षेत्र अध्यादेश' को सारे देश में, केवल पंजाब में नहीं, लागू करना, सेना के लोकतंत्र में प्रवेश का एक संशोधित रूप है। हिंदू नेताओं को इस विषय में क्या कहना है यह हम जानते नहीं। जानें भी कैसे ? किस प्रकार वे विजयोन्माद में इस विषय पर सोचना और बोलना बंद किए अपने-अपने मंदिरों में बैठे हैं जहां हथियार नहीं जमा हैं, मानो यही लोकतंत्रीय होने का सबसे बड़ा प्रमाणपत्र हो।

[22.7.84]

यह किसका विश्वासघात था ?

31 तारीख़ को जब सबेरे ख़बर आई कि किसी ने इंदिरा गांधी को गोली मार दी है तो इस पर विश्वास नहीं हो रहा था। जब उन्हें अस्पताल ले जाया गया और सुना कि उनको बचाने की कोशिश जारी है, तो विश्वास हो रहा था कि डाक्टर उन्हें बचा लेंगे। इन दोनों छोरों के बीच कहीं प्रतिहिंसक प्रतिशोध का नपुंसक राजनैतिक उत्साह अधर में लटका हुआ था। तीसरे पहर यह ख़बर फूटी कि उन्हें बचाया नहीं जा सका और मेडीकल इंस्टीट्यूट के अहाते से समूह के समूह नौजवान निकलकर सिखों पर हमले करने लगे।

प्रधानमंत्री के सुरक्षा दल में से दो व्यक्तियों ने विश्वासघात किया था, पर यह 'सुरक्षा व्यवस्था' द्वारा विश्वासघात था या 'सिखों' द्वारा ? यह प्रश्न पूछने और जांचने के पहले ही कोई न कोई नेतृत्व देनेवाला सामने आकर जनभावना को एक निकास दे देता है। यह निकास हिंसा की ही ओर जाता है। जिस वक़्त तक सेना और सरकारी तंत्र हिंसा के इस हमले को दबाने में सफल हो सकेंगे, प्रतिहिंसा के

हमले को दबाने का समय जा चुका होगा।

फ़िलहाल ग़ैरसिख मानस दो परस्पर विरोधी दिशाओं में सोच रहा है। एक ओर वह सोचता है कि सिखों ने बहुत बुरा किया, उनको इसकी सज़ा मिलनी चाहिए। दूसरी ओर वह संशयग्रस्त है। सोचता है कहीं ऐसा न हो कि आगजनी, लूट और हत्या का बदला सिख भी लें। फिर सोचता है कि नहीं, सिखों की, कम से कम दिल्ली में इतनी हिम्मत नहीं होगी। इसी के साथ सोचता है कि हुई भी तो हमारी सेना और हमारी पुलिस उन पर क़ाबू पा लेगी। जो हो, 31 तारीख़ की रात से लेकर वातावरण में यही संशय गाढ़ा होता गया है; दुख उतना गाढ़ा नहीं हुआ जितना होना चाहिए था। गांधी की हत्या और इंदिरा गांधी की हत्या के बीच समाज के ठेकेदारों ने समाज को जैसा बनाया है उसी का यह लक्षण है। ग़ुस्सा 1948 में भी था और तब दुख भी था पर दुख ग़ुस्से से अधिक था। आज 31 तारीख से लेकर अब तक जो होता रहा है उसे देखकर कहना पड़ता है कि दुख इतना नहीं है कि उसकी तीव्रता से विवेक जाग्रत हो सके। वह ग़ुस्सा जो खीझ का रूप है, अधिकांश नई पीढ़ी को चालित कर रहा है। वह विवेक जो भविष्य को बनाने के लिए होना चाहिए, बहुत धीरे-धीरे लौट रहा है। जो लोग सत्ता के द्वारा संरक्षित नहीं हैं, उन्हें भविष्य की चिंता नहीं है। वे आज और अभी भड़ककर जो कर सकते हों, कर लेना चाहते हैं।

कई इलाक़ों में दिमाग़ इस अंधे आक्रोश और उसमें मिली हुई अवसरवादी राजनीति के प्रतिकूल काम करता भी दिखाई दिया है। बेरोज़गार निम्न मध्य वर्ग में फ़िलहाल ऐसी रचनात्मक बुद्धि सबसे अधिक दिखाई दे रही है। इस वर्ग के लोग तुरंत पहचान गए हैं कि हत्या और लूटपाट करनेवाले उनसे भी कम से कम तीन-चार दर्जा नीची आर्थिक और सामाजिक हैसियतवाले लोग हैं। एक मुसलमान ने कहा—ये मकानों में आग लगा रहे हैं, लुच्चे और नंगे लोग हैं। इनमें कोई सयाना (उसका मतलब था शरीफ़) आदमी नहीं है। सिखों के एक मोहल्ले में कई लोगों ने एक स्वर से ज़ोर देकर कहा कि गिरी-पड़ी हैसियतवाले लफ़ंगे किसी और इलाक़े से आ-आकर आक्रमण कर रहे हैं। हमारे पड़ोसी यह काम नहीं करते।

किंतु हमें यह विश्लेषण करके निश्चिंत होकर रह जाने का कारण नहीं होना चाहिए। निश्चिंत हो जाने से विश्लेषण अपनी तार्किक दिशा में नहीं चल पाएगा और हम यह मीठी-मीठी बातें कहते पाए जाएंगे कि पड़ोसियों में एकता बड़ी चीज़ है। यह अर्द्ध सत्य है। समाज के बहुत बड़े वर्ग को समाज में ही अपनी जड़ें जमाने नहीं दी गई हैं, वह केवल जूठन और लूट पर ज़िंदा है, उस जूठन में बहुत कुछ चटख और चमकीला और शानदार भी है, जो सिर्फ़ लूट से ही उसका हो सकता है। इसलिए किसी भी ऐसे मौक़े पर उच्चवर्ग और उच्च मध्यवर्ग को सुरक्षा देने वाला सामाजिक ताना-बाना बिखरता दिखाई दे, वहां नेतृत्वहीन लोगों को हिंसा और लूट की प्रेरणा मिलती है। दिल्ली में इस समय छोटे राजनीतिक लोगों की

लोलुपता ने अगले चुनाव के नतीजे में अपना हिस्सा बटोरने की योजना बना ली है और उन्होंने समाज और राजनीति से बाहर खदेड़े हुए उस वर्ग की ऊर्जा को इस्तेमाल कर लिया है जो बड़े लोगों की जूठन के आसरे ज़िंदा हैं। ऐसा कुछ ही घंटों के अंदर योजना बनाकर नहीं हुआ, मगर एकाधिक दशकों से जो ज़मीन पकती चली आ रही थी उसी ने तत्काल ऐसा फल प्रकट किया है।

फिर भी जहां कहीं, चाहे आत्मरक्षा के भाव से ही क्यों न हो, विवेक और शांति को बनाए रखने की इच्छा हिंदुओं और सिखों दोनों में बची हुई है, वहां इसको पहचानना और इसकी जड़ों को सींचकर पौधे को अगर बढ़ाना नहीं तो कम से कम हरा रखना ही एकमात्र रास्ता है जिससे सबको खा जानेवाला यह पागलपन थामा जा सकता है। ऐसे प्रयत्नों के दृष्टांत कम नहीं हैं, पर इनको खोजने और प्रचारित करनेवाले लोग कम हैं। अख़बार, रेडियो और टी. वी. जैसे प्रचारसाधन यह काम कर सकते हैं, पर ये माध्यम सशक्त कहलाते हुए भी वास्तव में इसलिए कमज़ोर हैं कि ये नुमाइश या सर्कुलेशन पर पहले निर्भर हैं, जनता के रागात्मक या वैचारिक उत्थान पर बाद में या कभी-कभी तो बिल्कुल नहीं।

एक मोहल्ले के लोगों में जहां सौ-डेढ़ सौ घर पत्रकारों के हैं, पड़ोस के एक सिख मोहल्ले में जाकर वहां के निवासियों से मिलने की इच्छा पैदा हुई। यह इलाक़ा क़रीब सात-आठ साल से बसा हुआ है और इसके अधिकांश निवासी सक्रिय पत्रकार हैं जो खोज और आलोचना करते रहते हैं, सक्रिय राजनैतिक या सामाजिक संगठन में हिस्सा नहीं लेते। यह पहला अवसर था कि उन्हें या तो अपनी सुरक्षा की या सामाजिक आदर्शों की चिंता ने अपने पड़ोस के एक ऐसे मोहल्ले में जाकर मिलने-जुलने को बाध्य किया जो कम से कम प्रकट रूप में उनके जितना समृद्ध नहीं है। वहां जाने पर एक नया विश्वासजनक अनुभव हुआ। उस मोहल्ले के लोग भय, पश्चाताप, तनाव और आत्म-सम्मान के पंचमेल अनुभव से गुज़र रहे थे। बूढ़ी औरतों ने आनेवालों की बातें सुनकर दुआएं दीं और हालांकि उन्हीं पिटे हुए शब्दों को दोहराया जिनको ये संभ्रांत और सुरक्षित लोग बोल रहे थे, लेकिन उनकी आवाज़ में सच्चाई थी जिसके कारण उनके दरवाज़े जाकर मिलनेवालों की बोली भी सच्ची हो गई थी। वयस्क पुरुषों ने सविनय कृतज्ञता दिखाई, लेकिन बराबरी का भाव रखा। नौजवानों ने सबसे कम शब्द इस्तेमाल किए। पर आंखों से और भंगिमा से जता दिया कि वे नहीं चाहते हैं कि हिंसा और प्रतिहिंसा की उस विरासत में शामिल होने को वे मजबूर किए जाएं जो पिछली पीढ़ी ने उन्हें दी है। वे चाहते थे कि कोई रास्ता हो जिससे वे दूसरे नौजवानों के साथ मिलकर पिछली पीढ़ी की ग़लतियों को सुधार सकें। पर क्या यह काम वे अकेले कर सकते हैं ?

स्थिति यह है कि हिंदू लोग एक ओर यह भी कह रहे हैं कि अगर दो सिखों ने पागलपन दिखाया तो इसका मतलब यह नहीं कि सब सिख पागल हो गए हैं।

दूसरी ओर वे यह भी सोच रहे हैं कि अच्छा हुआ कि सिखों को एक जघन्य अपराध का दंड दे दिया गया। हिंदू मानस में यह खोट हमें पहचाननी चाहिए और इसको बुद्धि के स्तर पर दूर करना चाहिए। अगर पहलेवाली बात सही है, जो कि वह वास्तव में सही है, तो दूसरीवाली बात सही नहीं हो सकती। दोनों को एकसाथ सत्य सिद्ध करने के लिए समाज में तर्क और विवेक का नहीं, सिर्फ़ पुलिस और सेना का सहारा लेना पड़ेगा। पूरी तरह से पुलिस और सेना के अधीन हो जाने पर समाज में राजनैतिक निर्णय भी इन्हीं दोनों के हाथ में चले जाएंगे। सारी स्थिति का एक सकारात्मक पक्ष यह है कि हिंदू समाज में धीरे-धीरे विवेक जागृत होने के लक्षण दिख रहे हैं। शुरुआत में इस समाज के सम्पन्न लोगों के मन में एक बड़ी हिंसा के बाद एक अपराध-बोध जागा है, इसी से यह भय पैदा हुआ है कि अब उनसे बदला लिया जाएगा और इसके साथ जुड़ा हुआ है यथार्थ का यह ज्ञान कि फिर हिंसा और लूट में वे सब उपेक्षित वर्ग शामिल हो जाएंगे जिनकी समाज में कोई प्रतिष्ठा नहीं बनने दी गई है। जब तक एक स्पष्ट-सा विश्वास सम्पन्न हिंदू वर्ग में था कि सेना और पुलिस उन्हीं की है और बदला लेनेवालों से वह उन्हें बचाएगी, तब तक अपने कर्मों पर ठंडे दिमाग़ से विचार करने की ज़रूरत नहीं समझी गई। पर अब असलियत का व्यापक रूप देखकर अहसास हो चला है कि सेना और पुलिस भी एक विशिष्ट वर्ग को बचा नहीं पाएगी, क्योंकि उसको बड़े पैमाने पर तमाम लोगों के लिए प्रबंध करना पड़ेगा भले ही अंत में कुछ खास लोगों को ही इस प्रबंध का लाभ मिल सके। असुरक्षा की यह नई पहचान हिंदू समाज को यदि विवेक की एक नई शक्ति दे जाए तो समाज और राष्ट्र की एकता की एक सार्थक कोशिश हो सकती है। 'हिंदू-सिख भाई-भाई' या 'हम सब एक हैं' के नारे बिना इस विवेक के खोखले हैं और अपने को धोखा देनेवाले हैं। आज के दिन तो स्थिति यह है कि जो साहस भीतर होना चाहिए था, वह या तो बाहर मशीनगनों से लैस बख़्तरबंद गाड़ियों से मिल रहा है या अपने को ही सुनने के लिए बोले हुए नारों से।

[11.11.84]

थोड़ी पंजाबियत पंजाब में भी हो

पिछले साल के चुनाव-नतीजों में पंजाब ने एक सवाल पैदा कर दिया है।

क्या पंजाब के आम चुनाव में लोंगोवाल पक्ष के दो-तिहाई बहुमत से जीतने के

लिए ज़रूरी था कि ख़ुद लोंगोवाल ख़त्म हो जाएं ? इंदिरा कांग्रेस का तीन-चौथाई बहुमत आने के लिए क्या ज़रूरी था कि इंदिरा गांधी ख़त्म हो जाएं ? इंदिरा गांधी और लोंगोवाल की तुलना नहीं की जा सकती परंतु बहुमत का प्रादुर्भाव दोनों मामलों में अलग-अलग कारणों से होने पर भी एक माने में समान है। दोनों के मरने के बाद जो आम चुनाव हुआ वह भावना-प्रधान था।

इस दौर में एक और आदमी मारा गया था भिंडरांवाला। उसके मरने का असर क्या हुआ ? यह कि लोंगोवाल जैसा ठंडा दिमाग़ उभरा और दूसरी तरफ़ राजनीति विरोधी आतंकवाद पनपा। दोनों एक-दूसरे के विरुद्ध चीज़ें हैं। लोंगोवाल संगठन बनानेवाली तार्किक समझदारी है और आतंकवाद तार्किकता ही नहीं बल्कि राजनैतिक संगठन को बेकार की चीज़ समझता है। भारत की अस्सी बाद की राजनीति को ख़ुद अपनी सूरत धुंधली-गंदली दिखाई दे रही थी। सलेट को एकदम पोंछ डालना ज़रूरी लग रहा था। जब वह एकदम पुछ गई तो आत्मविश्वास से लोगों ने उस पर राजीव गांधी का चुनाव और बरनाला का चुनाव लिखा।

क्यों ? क्या हमारी राजनैतिक चेतना कुछ तोड़ने और साथ ही साथ कुछ बनाने की ताक़त खो बैठी है ? क्या उसमें परंपरा नाम की चीज़ नहीं रह गई है जिसकी बदौलत समाज दो विचारों के टकराव में एक को रख लेता है और दूसरे को तज देता है।

मेरा उत्तर है : नहीं, लोक और परंपरा दोनों जीवित हैं। पंजाब में हत्याओं की घटनाएं हुईं मगर हिंदुओं और सिखों में गांवों में, बस्तियों में सांप्रदायिक दंगे नहीं हुए। चुनाव में जिस हिंदू-सिख एकता का दर्शन हुआ है वह समाज में छिपी हुई थी। वह मौक़ा पाकर साकार हो गई। वही पंजाबियत है। इसकी दिल्ली में बड़ी धूम है पर है यह गांव की चीज़। भावना की यह अभिव्यक्ति समाज को बनाने वाली है। उत्तेजना ही भावना नहीं होती है, शांति भी भावना होती है। शांति के उफान को सम्हाले रहना उत्तेजना को सम्हाले रहने से ज़्यादा मुश्किल होता है। आज पंजाब में चुनाव के बाद जो वातावरण बना है उसे चार दिन में उफनकर बह जाने नहीं दिया जा सकता। उसे सामाजिक-राजनैतिक कई प्रणालियों में ढालने की ज़रूरत है। आज जो प्रणालियां हम बनाएंगे उनमें से कुछ आतंकवाद की जड़ों में मट्ठा पहुंचाएंगी और कुछ केंद्र-राज्य संबंध को पानी से सींचेंगी। तोड़ने या बनाने के और भी काम बाक़ी हैं मगर ये दो मुख्य हैं। इन दोनों कामों का उद्देश्य राजनीति को फिर से पटरी पर ला खड़ा करना है और उसके चल पड़ने के बाद असल बदलाव शुरू होगा। स्वर्ण मंदिर की फ़ौजी कार्रवाई के बाद मरहम-पट्टी का महावरा बहुत बार इस्तेमाल किया गया था। अब पट्टी खुल रही है और विश्वास हो रहा है कि घाव भर चुका है।

वक़्त आ गया है कि हम घाव का भरना भी पहचानें जिस तरह हम मरहम की ज़रूरत पहचान रहे थे। भारत के एक और राज्य में एक ऐसे राजनैतिक दल

की सरकार बनी जिसकी केंद्र में सरकार नहीं है, यह बात केंद्र-राज्य संबंध में कुछ बदलाव के कारण संभव हुई है परंतु जब कुछ बदलाव होने से यह बात संभव हुई है तो इस बात के होने से भी कुछ बदलाव होना चाहिए। बादल का यह कहना महत्वपूर्ण है कि अकाली मंत्रिमंडल में ऐसे व्यक्तियों को भी शामिल किया जाना चाहिए जो मंत्री बनने के योग्य हैं परंतु विधायक नहीं हैं। इनके शामिल होने के छह महीने के अंदर इन्हें जनता के पास वोट के लिए जाना पड़ेगा। यह अकाली दल के जनता से और अधिक नज़दीक आने का रास्ता खोलेगा। केंद्र से अकाली दल का अभी टकराव नहीं है, मगर जब नया समाज बनाने की उसकी नीतियां अमल में आने लगें तब भी टकराव नहीं होना चाहिए।

पंजाब के भीतर पंजाबियत और बाहर हिंदुस्तानियत होनी चाहिए, यह बात कहनेवाले शायद कहना यह चाहते हैं कि केंद्र अगर कुछ दायरों में पंजाब को अपना-सा बनने दे तो दिल्ली के मामलों में पंजाब सरकार दिल्ली को अपनी राह चलने देगी। यह सिर्फ़ अधूरी बात है। पंजाब और उन दूसरे राज्यों के बीच जिनको केंद्र से ऐसा ही संबंध बनाना है यह समझदारी होनी चाहिए कि वे आपस में साथ रहेंगे। जहां तक पंजाबियत का सवाल है यह अच्छा है कि उसे पंजाब में भी लाया जाए। सारे भारत में तो वह अपने ढंग से फैल ही चुकी है। पंजाब में पंजाबियत के माने अगर यह हैं कि दो पंजाबियों में हिंदू और सिख के आधार पर भेदभाव न रहे, या जो विकास किया जाए उसके आर्थिक फ़ायदे एक ही वर्ग को न मिल जाएं, कुछ ग़ैर-बराबरी भी मिले तो यह काम अब अपनी सरकार के हाथों होना चाहिए, केंद्र से मांगकर नहीं।

मुख्यमंत्री बरनाला ने राष्ट्रीय सुरक्षा क़ानून के अंतर्गत बंदी 224 लोगों की मुक्ति के आदेश दिए हैं। यह सामान्य-जीवन व्यवहार के लिए हितकर होगा। इसी के साथ बरनाला सरकार की यह दृढ़ इच्छा कि स्वर्ण मंदिर अहातों में पुलिस या सेना न घुसे। पंजाब सरकार की शैली की सफलता राष्ट्रीय सहयोग का आधार पैदा कर सकती है। किसी राज्य में पुलिस या सेना का इस्तेमाल करने की नौबत ले आना और फिर सारे राष्ट्र से उसका अनुमोदन करने को कहना केंद्र-राज्य संबंध के स्वस्थ विकास के विरुद्ध है।

लोग क्या सचमुच भूल गए हैं

इक्कीसवीं शताब्दी के आने की तैयारी में हम लोग इतने व्यस्त हो गए हैं कि दस वर्ष पहले क्या हुआ था, यह याद नहीं रख पाते। चालू शताब्दी का तीन-चौथाई

अंश हमने स्वतंत्रता की कल्पनाओं में, उसके लिए जारी संघर्ष के उतार-चढ़ाव में और स्वतंत्रता के बाद उसे बनाए रखने के प्रयत्नों के सफल होने या विफल रहने की चिंताओं में बिताया। 1975 के बाद से बीसवीं शताब्दी और भारतीय मानस का संबंध बदलना शुरू हो गया। जिस कल्पना को अभी तक छोटे-बड़े सब विचारक और कवि ग़ैर-बराबरी मिटाने, अन्याय समाप्त करने और समाजवाद लाने का नाम दिया करते थे, वह 1975 में एक लट्ठमार वाक्य 'ग़रीबी हटाओ' बन गई और प्रचार किया गया कि शोषण हटाना उतना ज़रूरी नहीं है जितना ख़ैरात बांटना और सम्मान का ईमान से कोई संबंध नहीं है। मेरे विचार से यह वर्ष राजनैतिक गठबंधनों में जो परिवर्तन एक के बाद एक लाया है उनके नैतिक परिणामों को इस शताब्दी के बाक़ी 15 वर्ष भारतीय समाज झेलता रहेगा। वह उनमें से कुछ को बदलने की एक आख़िरी कोशिश कर डाले तो अब भी नक़्शा कुछ सुधर सकता है।

यह देखना चाहिए कि 1975 के परिणाम क्या हैं। सबसे प्रकट परिणाम तो यह है कि एक बिलकुल नए समाज की कल्पना ही बिखर गई है। उसके लिए इच्छा कुछ व्यक्तियों में अब भी कहीं न कहीं होगी परंतु वे व्यक्ति बिलकुल अकेले हैं और अपने जैसे विचार रखनेवालों को संगठित नहीं कर पा रहे हैं। संगठित करने की शैली जो 1975 के बाद की परिस्थितियों में नए सिरे से विकसित की जानी चाहिए थी, अधर में लटकी रह गई है। 1975 के पहले की शैलियों की भौंडी नक़ल कई तरह के मंचों पर से होती रहती है। परंतु वे मंच इतने अधूरे हैं कि वे केवल यही सिद्ध कर पाते हैं कि ऐसी नक़ल जिस मूल की है वह मूल ही ग़लत है। जिनके पास समाज की बनावट के चलते संगठन करने के साधन हैं उनके पास प्रचार ही एक साधन बचा है। सत्य और साहस जैसी चीज़ें इसलिए व्यर्थ मान ली गई हैं कि 1975 के बाद इन चीज़ों के दुरुपयोग की एक न एक मिसाल सामने आती गई है और यह भावना दृढ़ होती गई है कि कहीं कोई ईमानदारी बची ही नहीं है जिसे आदर्श मानकर एक नमूना प्रस्तुत किया जाए। विचारों के नए प्रतीक नहीं बने हैं, शक्ति के नए प्रतीक बनते गए हैं। यही नहीं, कर्म के प्रतीक जो थे वे संपूर्ण समाज को नहीं, अन्याय और शोषण के सीमित दायरों को अपने क्षेत्र बनाकर पनपे हैं और संपूर्ण क्रांति की कल्पना की जगह संपूर्ण भारत की कल्पना प्राथमिक बताई जाने लगी है। हुआ यह है कि संपूर्ण राष्ट्र की कल्पना और सारे राष्ट्र में परिवर्तन की कल्पना एक ही भावना के दो पहलू होते हैं, परंतु जब परिवर्तन की संपूर्णता के लिए संगठित प्रयत्न छूट गया तो एक नया नारा केवल 'संपूर्ण भारत' के पक्ष में उठ खड़ा हुआ। उस नारे का अर्थ यही है और कुछ नहीं कि भारत संपूर्ण रहे, क्रांति संपूर्ण न होने पाए।

इस तरह 1975 के बाद से विचार-जगत में जो परिवर्तन हुआ है उसे हम मुख्य रूप से यों बता सकते हैं कि प्रत्येक पतन को यदि वह पतन को और बढ़ाने में

सहायक हो सकता है, स्मृति में रख लिया गया है और प्रगति के प्रत्येक संघर्ष को यदि वह उत्थान में अर्थात् मूल्यों को मानवीय बनाने में सहायक होता रहा है, भुला दिया गया है। इतिहास में कोई मूल्य अकेले प्रकाशस्तंभ की तरह खड़ा रहकर अगली पीढ़ियों को रोशनी नहीं देता रह सकता। उसके प्रकाश में हर दौर के विचारकों और कर्मशीलों को कुछ न कुछ योग देते रहना पड़ता है। तब जाकर कोई मूल्य कालजयी कहला सकता है।

1975 में कई विचारकों का कहना था कि राजनीति अब पहले जैसी कभी न हो पाएगी। उस समय मैं समझ नहीं पाता था कि इसका पूरा मतलब क्या है। मगर अब समझ में आता है कि शायद इसमें यह आशंका निहित थी कि विचार का महत्व अब नहीं रहेगा। आज विचार की दशा यह है कि मतभेद है तो फिर संवाद नहीं है और मतैक्य है तो किसी संवाद की ज़रूरत नहीं मानी जाती। जिन भाई लोगों ने 1947 में अपनी जवानी और भारत की आज़ादी दोनों में एकसाथ प्रवेश किया था, उन्हें अच्छी तरह याद होगा कि जिस हालत का ऊपर बयान किया गया है वह तब नहीं थी, बल्कि पाया यही जाता था कि घोर मतैक्य या घोर मतभेद के बावजूद विचारों के आदान-प्रदान की एक स्वतंत्र सत्ता है। वह हां में हां मिलाने नहीं देती और बोलचाल बंद होने नहीं देती। एक बारीक विभाजन-रेखा थी जिसके इधर कठमुल्लापन है और उधर ढुलमुलयक़ीनी। इस सतत जागरूकता में से युवा जगत की निरंतर जिज्ञासा और रचनाशीलता स्फुरित हुआ करती थी।

क्या हुआ उस कठमुल्लापन-विरोधी और ढुलमुलयक़ीनी-विरोधी चौकन्नेपन का ? उसे किस शक्ति ने आकर मिटा दिया या वह किस ऊर्जा की कमी से अपने-आप मिट गया ? यदि यह अभाव प्रतीत होता है तो क्या उसे पूरने की कोई इच्छा होती है या कि कोई अभाव प्रतीत ही नहीं होता ? तब हम किस दुनिया में खोए हुए हैं ?

ये सब प्रश्न परस्पर जुड़े हुए हैं। इनकी जगह हम दूसरे प्रश्न भी बनाकर सामने रख सकते थे। शायद उत्तर काफी रोचक मिलते। मगर मैंने कोशिश की है कि मौलिक समस्या को समझा जाए। मैं समझता हूं कि वह यही है—हम किस दुनिया में खोए हुए हैं ? शायद हम जिस दुनिया में खोए हुए हैं वह उम्मीदों की दुनिया है। हममें से वे जिनके पास यह आश्वासन है कि जब ये उम्मीदें पूरी होंगी तो सबसे पहले उन्हें हिस्सा मिलेगा, यह चेतना खो चुके हैं कि समाज में सचमुच वंचित और कथित अयोग्य लोगों के साथ संघर्ष में हिस्सेदारी हुए बिना मानवीय मूल्यों में हिस्सेदारी सिर्फ़ बनावटी होगी। 1975 ने उन्हें अच्छी तरह सिखा-पढ़ाकर दुनिया में भेजा है कि ग़रीबी न बांटी जाती है न ग़ैरबराबरी मिटाई जाती है, सिर्फ़ गरीबी हटाई जाती है। ग़रीबों को अलग-अलग बांटते हुए और ग़रीबों और अमीरों को भी अलग-अलग बांटते हुए हम 1975 के बाद से इसी दुनिया में खोए हुए, भीतर

खंड-खंड होते रहते हैं। जो लोग इस भ्रम में पड़े रहते हैं कि वे सुरक्षित हैं क्योंकि वे किसी मान्यता का पक्ष नहीं ले रहे, किसी का विरोध नहीं कर रहे, उनका पक्ष-विपक्ष नहीं है और उनका कोई अपना विचार नहीं है, वे समृद्धि की कल्पना में खोए हुए हैं।

राजनैतिक सलाहकारी

जब से भारतीय राजनीति में प्रतिद्वंद्विता का नया तरीक़ा शुरू हुआ है, राजनीति की शक्ल ही बदल गई है। नया तरीक़ा यह है कि राजनीति विकल्प नहीं खोजती है, बदल खोजती है। किसी व्यक्ति की विचारधारा को अस्वीकार करना और उसे रद्द करके उसकी जगह दूसरी विचारधारा लाना अब उद्देश्य नहीं रह गया है। यह विकल्प की खोज करना होता। इसकी बजाय बदल की खोज हो रही है। अर्थात् जो विचारधारा चालू है, उसी को किसी दूसरे मसाले से बना लिया जाए तो वह चालू नीति का बदल हो जाएगी। चीज़ वही रहेगी, रंगत बदल जाएगी। इसका मतलब यह है कि जो दल राजनीति कर रहे हैं, उनका उद्देश्य सत्ता प्राप्त कर, नीति बदलकर नया समाज बनाना नहीं है, सिर्फ़ नई विधि लाना है जो पिछले शासक का ही काम बेहतर ढंग से करती हो। राजनीति का उद्देश्य नए लक्ष्य सिद्ध करना नहीं, नई शैली प्रचारित करना हो गया है।

यह तो होना ही था। यानी ऐसे समाज में जहां राजनीति सत्ताधारी वर्ग के विविध समूहों के हाथ में हो, यही होना था। आज के उपभोक्ता समाज की बोली में कहें तो अपने माल की बिक्री जारी रखने के लिए माल का विकल्प नहीं देना होता है, माल की पैकिंग नहीं तो शक्ल बदलनी होती है—आपका मंजन, अब धारीदार रूप में। धारीदार होने से वही मंजन दांत के किसी छिपे हुए रोग को उसी क़ीमत पर दूर करने लगेगा, यह भी बता दिया जाए तो जब तक किसी नए रोग का अगली बार आविष्कार न हो तब तक के लिए धारीदार मंजन ही मंजन है, बाक़ी सब पिछड़ापन है।

अभी कल किसी विचारक ने लिखा है कि देश का पतन उसे रसातल में भले ही ले जाए, वर्तमान नेतृत्व का कोई विकल्प नहीं है, क्योंकि हम भारतीयों का चरित्र ही पतन के लिए बना है। इसी सोच का एक पहलू खुद नेतृत्व के अहाते में ही दीख चुका है। याद नहीं किसने मगर किसी शक्तिशाली व्यक्ति ने ही कहा है कि हम झींखते क्यों हैं, आखिर लोकतंत्र को बरतते हुए हमें कितने कम दिन ही तो हुए हैं, अर्थात् 1947 से 1987 तक सिर्फ़ चालीस साल! सुनकर बंकिमचंद्र

के एक लेख की याद आई जिसमें 1911 में दिल्ली दरबार की रपट लिखने ब्रितानी सम्राट के साथ भारत आए एक अंग्रेज़ संवाददाता पिछड़े भारतीयों का वर्णन यों करते हैं : "मैंने देखा कि भारतीयों ने मैनचेस्टर का बना कपड़ा आ जाने पर भी अपनी आदतें छोड़ी नहीं हैं—कोई कमर से ऊपर नंगा रहता है, कोई अपने पुराने शासकों की तरह सुथन्न चढ़ा लेता है और कोई कुछ तय न कर पाने के कारण बदन पर कपड़ा लपेटकर ही काम चलाता है।" जिस महानुभाव ने धोती को पहरावा नहीं माना वह लोकतंत्र को भी नहीं देख पाए हों तो क्या आश्चर्य ? पर जो वाक्य उद्धृत किया गया वह ब्रितानी सम्राट के साथ आए (और आशा है कि उन्हीं के साथ वापस गए) अंग्रेज़ संवाददाता का था, जबकि 1947 में लोकतंत्र आने की ख़बर किसी भारतीय की ही दी हुई है। अनुमान है कि यह भारतीय इतना कम उम्र नहीं होगा कि इसने 1967 में भारतीय लोकतंत्र का इस्तेमाल देखा ही न हो।

भारतीय लोकतंत्र के इतिहास के विषय में मिथ्या धारणाएं कम नहीं हैं। समय-समय पर ये धारणाएं बनाई और फैलाई गई हैं। अतीत को इतिहास में से तोड़कर अलग कर देने की इच्छा सत्ता के मद में डूबे लोग करते हैं। मानो वे अपनी चुनी हुई तारीख़ से अपना संवत् चलाना चाह रहे हों। बीता हुआ जो वक़्त समाज के ये ठेकेदार इतिहास में से काटकर अलग रख देना चाहते हैं, उसके अंदर लोग हैं। उन्हीं के अधिकारों और उन्हीं की आकांक्षाओं को लेकर सत्ताधारियों ने शक्ति संग्रह किया है। 1969 में जब शासकों ने प्रचार किया कि समाजवाद की लड़ाई आज से शुरू होती है तो वे समता के लोकतंत्री अधिकार के उद्घाटन का नाटक कर रहे थे। पर नाटकीय ढंग से ही तो लोगों की आकांक्षाएं चक्कर काटकर फिर सामने आईं। अवश्य ऐसा जब-जब होगा तब-तब राजनीति इस व्यतिक्रम का सूद वसूल किया करेगी और मूल्यों का नुकसान होता रहेगा।

आज का वक़्त यही दिखाता है। जिन मूल्यों के लिए आज लोग संघर्ष करते दीख रहे हैं, वे संघर्ष की तरह अनेक प्रकार के हीनतर मूल्यों की मिलावट से बने हैं। न तो निराशा का विषय है, न चिंता का। परंतु यह धारणा कार्रवाई का तक़ाज़ा करती है कि भारत में लोकतंत्र अभी कच्चा है और हमारा चरित्र नेतृत्व में परिवर्तन के अनुकूल नहीं है।

आत्महीनता के ऐसे विचार बहुधा उन राजनैतिक लेखकों द्वारा प्रकट किए जाते हैं जिनका धंधा पेशेवर मुसाहबत करना है। वे जानते हैं कि भारतीय मानस में नैतिक मूल्यों की प्रतिष्ठा साहित्य के माध्यम से बहुत बड़े पैमाने पर होती रही है और समकालीन यथार्थ का एक इतिहास तथा मानव-मूल्यों की एक परंपरा है जो निरी यूरोपीय नहीं, और निरी समसामयिक नहीं। उस परंपरा के चलते भारत में हर नेतृत्व को नैतिकता की कसौटी पर कमोबेश खरा उतरना ही पड़ता है। किसी तरह के अस्वीकार्य नैतिक आचरण की सफ़ाई देने के साथ-साथ इन राजनैतिक प्रचारकों

को दोमुंहा होना अपने मुवक्किल की न सही अपनी साख के लिए ज़रूरी लगने लगता है। अफ़सोस कि यह तरकीब भी कारगर नहीं होती।

तो भी हमारे राजनैतिक टिप्पणीकार राजनैतिक अनीति और भ्रष्टाचार को एक मुंह से अनुभवहीनता और बचपना बताकर आलोचना की मिठबोली बनाते हैं, दूसरे मुंह से निर्भीक और जनहितैषी बने रहकर संकट का उपाय यह बताते हैं कि ग़लत सलाहकारों को दूर किया जाए। बेचारे भाषा की व्यंजना के मामले में इतने घामड़ हैं कि यह उपाय बताते ही अपनी नौकरी की जो अर्ज़ी उनके हाथ में रखी दिखाई दे जाती है उसे वे अदृश्य मान लेते हैं। क्यों न हो, आख़िर वे अंग्रेज़ी में लिखते हैं—अर्ज़ी भी और पैरवी भी। कहीं न कहीं भाषा की पोल खुलकर रहती है। साफ़ तौर पर प्रकट हो जाता है कि ये सलाहकारों की जमात में कुर्सी मांग रहे हैं।

सिर्फ़ इतनी सी बात होती तो बेरोज़गारी के आलम में हमदर्दी के मारे कोई बुरा न मानता। मगर बात सिर्फ़ इतनी नहीं है। राजनैतिक समस्याओं का उपाय यह बताना कि अयोग्य सलाहकारों को परे किया जाए, राजनीति को बंद कमरे में क़ैद रखने की सलाह देना है। इस सलाहकार की चाल है कि राजनीति मैदान में न जाने पाए और खुली हवा से वंचित उसका चरित्र कभी स्वस्थ न रहे।

[26.4.87]

गुलामी के मज़े और आज़ादी का भय

भारत में पैदा होने का स्वाभाविक परिणाम है कि 1947 के साथ हमारा भविष्य बंधा हुआ है। आज़ादी का सपना अभी अधूरा ही है। इसके अलावा गुलामी के नए-नए रूप विकसित होते जा रहे हैं। यही नहीं, भारतीयता के भी नए पतनशील अर्थ बताए जाने लगे हैं। इसके विपरीत जैसे-जैसे स्वतंत्र राष्ट्र भारत का आर्थिक-औद्योगिक विकास अपने भौगोलिक-ऐतिहासिक प्रभाव डालने की क्षमता सिद्ध करता जाता है वैसे-वैसे विश्व की राजनीति उसके सामने चुनौती रखती जाती है कि वह अपने भूगोल और इतिहास के अनुरूप शक्ति के संचय के लिए संघर्ष करे। ग़रज़ यह है कि पराधीनता से आज़ादी की लड़ाई के साथ-साथ दुनिया में लोकतंत्र जारी है। 1947 चुक नहीं गया।

यह बात भारत में बहुत लोग समझते हैं पर बहुत अधूरे और सतही ढंग से। शायद आज़ादी की लड़ाई के दौरान भविष्य की जो तस्वीर लड़ाई के उद्देश्यों और तरीक़ों ने हमारे मन में बनाई थी वही अधूरी और सतही थी या शायद 1947 के

बाद बाक़ी लड़ाई जिस ढंग से लड़ी गई वही नाकाफ़ी था। और यह तो है ही कि जिन भारतीयों ने 1947 के बाद भारतीय प्रतिभा को जगाकर उसे आज़ादी और लोकतंत्र के मूल्यों की कसर दूर करने में प्रवृत्त किया वे पूरी तरह अपना काम कर नहीं पाए। आज़ादी न सिर्फ़ अधूरी रही बल्कि उसे पूरा करना हर बार थोड़ा और पीछे जाकर शुरू करने का मोहताज होता गया। और यह तो जगज़ाहिर है कि राष्ट्रपति और प्रधानमंत्री के अधिकारों का जो द्वंद्व इस समय दिखाई दिया वह ऐसे विवाह का नतीजा था जो अनेक अधूरे विवादों के एक के ऊपर एक जमा होने की पैदावार है। इनका समवेत हल निकालने की कोशिश में कूटनीतिक विषयों के विशेषज्ञ अपने तर्कों के खोखल प्रकट करते हैं, राजनैतिक समझ के हल नहीं जैसे यह कि राजनैतिक दल में लोकतंत्र न होते हुए भी आम चुनाव में लोकतंत्र हो जाएगा। आज की गुत्थी के भीतर की ग्रंथियां खोलना तो दूर, बताना भी विचारकों को अच्छा नहीं लग रहा है क्योंकि उन्हें बताना यह भेद खोलना है कि झूठी आज़ादी की अवधारणा कुछ अलोकतंत्रीय मान्यताओं के सहारे पुष्ट की जाती रही है।

यहां मैं तीन मौलिक बातों का उल्लेख करूंगा। ये हैं—धर्म, एकता और केंद्र-राज्य संबंध। तीनों के मामले में पिछले 40 साल में बार-बार साबित होता रहा है कि हम भ्रांतियों को आधार बनाकर चले हैं और ऐसा हमने मूर्खता के वश नहीं किया है—राजनीतिक स्वार्थ और गुलामी के वश किया है। दोनों में अर्थात् मूर्खता और स्वार्थ में कोई अंतर नहीं।

धर्म से, जैसा भारतीय भाषाएं जानती हैं, धर्म संस्थान का अर्थ ग्रहण नहीं किया जा सकता पर गुलाम भारत से धड़ल्ले से किया जाता रहा है। अवश्य यह भूल अंग्रेज़ी के 'रिलिजन' शब्द को 'धर्म' मान लेने से ही नहीं पैदा हुई है, जानबूझकर धर्म संस्थान नामक मान्यता को बनाए रखने से भी हुई है और उस मान्यता का सत्ता के उपभोग के हित में प्रचलित इस्तेमाल करते रहने से भी हुई है। भारत के विभाजन को स्वाधीनता का आधार बना लेने के बाद सत्ताधारी वर्ग को आज़ादी के अर्थ में से इहलौकिकवाद को छोड़ देना आसान जान पड़ा। अल्पसंख्यक मुसलमान समाज को पिछड़ा और संरक्षक राज्यसत्ता का पोषक बनाए रखने का आधुनिकतावादी सत्ताधारियों ने निरंतर प्रयत्न किया। इहलौकिकवाद का सही अर्थ कभी पूरे भारतीय समाज पर लागू नहीं किया गया क्योंकि सत्ता के स्थायित्व के हित में यथास्थितिवादी राजनीति में एक वर्ग को पिछड़ा बनाए रखना था और विभाजन की इस विकृत परिणति को ही आज़ादी बताते रहना था। इस कुतर्क का एक पक्ष यह भी था कि हिंदू-मुसलमान दोनों वर्गों में मजहब और धर्मप्रतिष्ठान को लोकतंत्री सरकार के समकक्ष बनाए रखना था जिससे सांप्रदायिक तत्वों से सत्ता को समर्थन सुनिश्चित हो जाए। कालांतर में दूसरे अल्पसंख्यकों को भी समांतर सत्ता केंद्र का-सा स्थान मिला जैसे ईसाइयों और सिखों को तो इहलौकिकवाद को

सत्ता संग्रह के लिए ख़तरनाक मानने के आधार पर। भाषा और शिक्षा के क्षेत्र में इसके दृष्टांत अनेक हैं पर समाज नीति के मसले में सारे भारतीयों के लिए समान नागरिक क़ानून न बनाने की नीति जो विदेशी शासकों की तरह हमने भी अपना रखी है, गुलामी का सबसे प्रखर उदाहरण है। यह आज़ादी यानी समान शिक्षित क़ानून के भय का भी उदाहरण है। इसके पक्ष में केवल एक तर्क है जो सत्ताधारी देते रहे हैं कि 'लोग अभी इस सही क़दम के लिए तैयार नहीं हैं।' यानी सत्ताधारी भारत-पाकिस्तान बंटवारे के लिए तैयार थे और देशवासियों को विभाजन की गुलामी में बांधे रखने के लिए तैयार थे पर उनके जीवन में समान शिक्षित क़ानून लाने के लिए तैयार नहीं थे और विभाजन के बाद विभाजन होते जाएंगे, वे सबक़ न लेंगे।

दूसरी गुलामी और भी गहरी है। भारत में विभिन्न भाषाएं हैं, विभिन्न भूगोल हैं पर इतिहास एक है। इसका मतलब है कि विभिन्नता भी है पर एकता है। हमारे राष्ट्रनायकों ने इसका नारा बनाया है विभिन्नता में एकता। यह समाज और इतिहास की और आज़ादी की समझ के बिलकुल उलट है। भारत को भारतीय बुद्धि से न समझने का यह सबसे स्पष्ट प्रमाण है। भारत से बाहर के किसी सत्ता केंद्र से देखने पर ही कहा जाएगा कि भारत एक राजसत्ता के अधीन एक साम्राज्य है जैसे अंग्रेज़ों के वक़्त में प्रचारित किया गया जिसमें भांति-भांति की प्रजा एक छत्रछाया में रहती है। इतिहास छत्रछाया नहीं है, वह प्रवाहमान जीवनधारा है। जो तत्व भारतीयों को बांधता है वह उनका ठोस आधार उनका देश है। पर 1947 के बाद हमें सही जगह से यानी भारत में से भारत को देखना नहीं सिखाया गया क्योंकि वैसा करना आज़ादी का इस्तेमाल भविष्य को बनाने के लिए करना होता। तब हम इतिहास बनाने की समझ हासिल कर पाते। पर इतिहास की एक सर्वसत्तावादी धारणा अतीतोन्मुख एकता का लोभ दिखाकर हम पर थोप दी गई मानो हर समय हमें आज़ादी का भय सता रहा हो, यह भय कि विभिन्न भाषा संप्रदाय और भूगोल के कारण भारत का केंद्रीकरण छिन्न-भिन्न हो जाएगा। भारत की एकता की यह व्याख्या कि भारतीय संस्कृति में अनेकता में एकता है, गतिशील व्याख्या नहीं है और इतिहास को उलटा चलाने की कोशिश करती है। यह 1947 से आगे नहीं ले जाती। गुलामी से मुक्त नहीं करती बल्कि उसी में रहकर उसके लाभ उठाने को प्रेरित करती है। इसी अस्वाभाविक दृष्टि से देखने पर भाषाओं की विविधता को हम नहीं देख पाते, उनकी एकता को भी नहीं देख पाते, और दावा करते हैं कि किसी शासक भाषा से सबमें एकता लाई जा सकती है। यह गुलामी का, साम्राज्यवाद का प्रमाण है, स्वाधीन भारत का नहीं; स्वाधीन भारत में सभी लोगों की यानी भाषाओं की सर्जनात्मक प्रतिभा स्वाधीन होगी, सबको किसी एक भाषा का गुलाम बनाकर नहीं चाहे वह हिंदी ही क्यों न हो जो अंग्रेज़ी का काम कर रही हो। भाषावार राज्य बनाने का प्रस्ताव आज़ादी की लड़ाई के दौरान ही माना गया था

पर आज़ादी के बाद उससे भारत सरकार कतराती रही। जब जनमानस में विद्रोह जागा तब जाकर लोकतंत्र के भय ने आज़ाद होने के भय पर विजय पाई और भाषावार राज्य बने पर आज तक भाषा को एकता के बहाने से अंग्रेज़ी अर्थात् गुलाम भारत के अधीन करके रखा गया है।

अपनी भाषाओं में राजकाज का सिद्धांत अंग्रेज़ी से अनुवाद का सिद्धांत नहीं है। वह अपनी भाषा में अपनी राजनैतिक योजना का दस्तावेज या मसौदा बनाने का भी निरा भाषाई सवाल नहीं है। वह मनुष्य के भाग्य-निर्णय के राजनैतिक अधिकार का उपयोग है जो स्वाधीन भारत में मातृभाषा ठेठ को व्यक्त करने के लिए न तो दुभाषिए रख सकता है न पुरोहित। हम ठेठ मनुष्य से ही जान सकते हैं कि वह क्या है और क्या होना चाहता है।

एक सवाल जो गुलामी के पक्षधर अक्सर पूछते हैं यह है कि इतनी भाषाओं के या मातृभाषा के माध्यम से देश में राज कैसे चलेगा ? एक भाषा तो होनी ही चाहिए। इसका उत्तर वही है कि जैसे इतने सारे शासकों के देश में आज़ादी आई वैसे ही राजकाज चलाने का तरीक़ा निकालिए। यह भारतीय राजनैतिक प्रतिभा की विफलता है कि वह केंद्र को अंग्रेज़ी या उसकी प्रतिरूप हिंदी के द्वारा चलने का विकल्प नहीं निकाल पा रही है। केंद्र में एक से अधिक भाषा राजकाज की माध्यम रहे यह असंभव नहीं पर इसको संभव करने के लिए आज़ादी की लड़ाई जारी रखनी पड़ेगी और उपायों का आविष्कार करना पड़ेगा अनुकरण नहीं।

इसके साथ केंद्र और राज्यों के संबंध का प्रश्न, सत्ता के विकेंद्रीकरण का प्रश्न, सहज रूप से जुड़ा हुआ है। 1967 में जब राज्यों में केंद्र में सत्तासीन पार्टी से अलग पार्टियों की सरकारें बनी थीं तब से लेकर 1975 में जब केंद्र इमरजेंसी के बहाने पूरी तरह राजनीति पर छा गया था, केंद्र-राज्य संबंध एक विचाराधीन प्रश्न बना रहा। 1975 के बाद केंद्र में ग़ैर-कांग्रेसी सरकार बनने के बाद केंद्र और राज्यों का संबंध, राज्यों में ग़ैर-कांग्रेसी केंद्र सरकार के प्रतिरूपों की सरकारें बनने के साथ-साथ संतुलित हुआ और शीघ्र ही गैर-कांग्रेसी राज्य सरकारें जानी-मानी वास्तविकताएं बन गईं। परंतु यह प्रश्न अब भी गुलामी के पक्षधरों को सालता रहता है कि केंद्र में कांग्रेस पार्टी का वर्चस्व कैसे बनाए रखा जाए। जबकि भारत की राष्ट्रीय अस्मिता ऐसे किसी केंद्रीकरण के पक्ष में नहीं है। प्रश्न राष्ट्रीय चरित्र को आज़ादी के तर्क से समझने और बनाने का है। भारत का भूगोल और इतिहास इस दिशा में आविष्कार और पवित्रता का तक़ाज़ा कर रहा है, पर हम राष्ट्रीय एकता और आज़ादी दोनों की समझ में इसलिए कोई परिवर्तन नहीं करना चाहते कि 1947 में जो गुलामी हमने बनाकर रख ली थी उसके मज़े हम खो नहीं देना चाहते और सच्ची आज़ादी से हमें भय है।

[10.5.87]

पीने का पानी और शहाबुद्दीन

सैयद शहाबुद्दीन को गणराज्य दिवस के सरकारी समारोह का बहिष्कार करने पर बुरा-भला कहा जा रहा है। यह सरकारी समारोह परेड देखना ही है जो 1951 के मुक़ाबले आज वैसे भी विशिष्ट और महंगा काम हो गया है। सैयद शहाबुद्दीन जब परेड का बहिष्कार करने की सोच रहे होंगे उसी वक़्त जाने कितने लोगों को परेड निकालनेवालों ने ही बहिष्कृत कर दिया होगा। इसलिए मैं इस झूठी बहस में नहीं पड़ना चाहता कि सैयद साहब ने बहिष्कार किया होता तो यह काम राष्ट्र-विरोधी कहा जाता या नहीं। परंतु देखता हूं कि सैकड़ों-हज़ारों लोग 26 जनवरी के दिन ऐसा कोई काम नहीं करते जिससे ऐलानिया साबित हो जाए कि वे समारोह में शामिल नहीं हो रहे हैं। यह भारतीय राष्ट्र की मौलिक शर्त है कि किसी भी मत और संप्रदाय को मानना या न मानना अनिवार्य नहीं है। इससे भी कम अनिवार्य है किसी राजनैतिक दल को मान्यता देना। जो लोग 26 जनवरी को बिना यह बताए कि मैं विरोध के लिए परेड देखने नहीं जा रहा हूं, परेड देखने नहीं जाते हैं, वे राष्ट्रविरोधी नहीं हैं। जो लोग यह बता करके कि मैं गणराज्य दिवस के पक्ष में हूं, कुछ ऐसा प्रमाण देते हैं कि वे शामिल थे, वे भी कौन जाने राष्ट्र-समर्थक हैं या नहीं कोई फ़र्क नहीं पड़ता। इसके अलावा समारोह में करोड़ों लोग कोई हिस्सा नहीं लेते और तरह-तरह के कामों में दिन काटते हैं, जैसे कल की रोटी की चिंता करना, सामने खड़े आततायी से अपने बीवी-बच्चों को बचाना, दोस्तों के साथ मौज उड़ाना और समाज की हालत पर रोना। यह निहायत पोच विचार है कि 26 जनवरी को हर आदमी से हलफिया बयान मांगा जाए कि वह 26 जनवरी की परेड का आनंद उठाने नहीं गया तो कहां था। अगर वह खाली धूप सेंक रहा था तो बताए कि वह इस काम को राष्ट्र-विरोधी मानकर तो नहीं कर रहा था। संक्षेप में कहा जाए तो हमारी बौद्धिक हालत यह है कि हम 26 जनवरी के बहिष्कार को या समर्थन को महत्व नहीं देते, मगर किसी ने यदि गणराज्य दिवस के दिन यह अपशकुन किया कि सबको बताकर अपना नैतिक और राजनैतिक विरोध वर्तमान के यथार्थ में प्रकट कर दिया, तो यह राष्ट्र-विरोधी कर्म कहलाएगा। यह है हमारे लोकतंत्र की और तर्कबुद्धि की पोल।

बहरहाल हमारे ऐसा समझने से सैयद शहाबुीन की राजनीति का निराकरण नहीं हो जाता। वास्तव में वह राजनीति तो 26 जनवरी का बहिष्कार वापस करने से ही सफल हो गई। इस बहिष्कार की राजनीति की पोल खुलना कठिन है, क्योंकि इसमें शहाबुद्दीन और उनके विरोधी दोनों शामिल हैं और दोनों का संघर्ष इस राजनीति को चलाते रहने में न्यस्त है। अभी शहाबुद्दीन ने जो सफलता प्राप्त की

है, वह यह है कि एक स्थानीय मामले को उन्होंने राष्ट्रीय बना दिया है और हमेशा के लिए नहीं तो कम से कम तब तक सरकार के लिए शहाबुद्दीन और मुसलमानों द्वारा 26 जनवरी के बहिष्कार को विचारणीय बना दिया है, जब तक सरकार के हाथ में 'परिस्थिति से निबटने के लिए' कुछ और नागरिक अधिकार जमा नहीं हो जाते। जिन सीढ़ियों पर चढ़कर शहाबुद्दीन राष्ट्रीय मंच पर पहुंचे हैं उनमें बड़े-बड़े नेताओं ने जीने लगाए थे। इसका दंड बड़े लोग नहीं भुगतेंगे। छोटे आदमी से ही पूछा जाएगा कि वह हिंदू है या मुसलमान और 26 जनवरी को वह क्या कर रहा था।

जिस दिन हमारे शासक इस तरह के प्रश्न खुल्लमखुल्ला पूछने लगेंगे उस दिन राष्ट्र का अंत और सेना का अभ्युदय समझिए। इसके साथ ही साथ यह राष्ट्र जो छोटा होता जा रहा है. हमेशा के लिए बौना बनकर रह जाएगा। बड़े राष्ट्र की पहचान यही है कि अपने समाजों में साथ-साथ रहने-पहनने का चाव और स्वीकारने-अस्वीकारने का माद्दा जगाता है। जो राष्ट्र अपने समाजों को बांटकर, उनके रिश्ते बनानेवाली परंपराओं को किताबी बनाकर प्रशासकों द्वारा लागू होने के लिए छोड़ देता है वह न बड़ा है, न बड़ा बन पाएगा। उसका भूगोल चाहे उतना ही रहे, वह राष्ट्र छोटा होता जाएगा। स्वाधीनता और लोकतंत्र की बड़ाई जो लोग कर गए हैं वे केवल मताधिकार और निर्वाचित सरकार के लिए नहीं कर गए हैं। राष्ट्रीयता की पहचान विकसित करने के लिए लोकतंत्र के अमल का बड़ा हाथ रहता है। परंतु शहाबुद्दीन जैसी राजनीति लोकतंत्रीय नहीं है। ऐसी झूठी और बंटवारा-पोषक राजनीति जब कई स्वार्थ मिलकर लड़ते हैं तो वह छोटे आदमी के ख़िलाफ ही होती है। इनसे राजनैतिक संगठनों को और नागरिकों को होशियार रहना होगा। लोकतंत्र का काम राष्ट्र को एक में बांधनेवाली परंपराओं को परिवर्तनशील बनाए रखना है। राष्ट्र की परिभाषा बहुत व्यापक और राष्ट्रविरोधी की परिभाषा बहुत सीमित रहे यही बड़े राष्ट्रों की पहचान है।

हमको अभी केवल 40 वर्ष अपने देश में पानी का प्रबंध करते हुए बीते हैं। इस बीच हमने दो वर्ग बना दिए हैं: एक वह जो 26 जनवरी का उत्सव दुनिया को दिखाकर मनाता है, दूसरा वह जिसके पास पीने को और खेत सींचने को पानी नहीं है। 40 वर्षों की राजनीति में पानी और गणराज्य दिवस दो अलग-अलग चीज़ें बन गई हैं। इसी बीच सैयद शहाबुद्दीन ने आकर हल्ला मचा दिया कि मैं गणराज्य दिवस का बहिष्कार करूंगा। राजनीतिक और बुद्धिजीवी गणराज्य दिवस पर पानी की बात भूलकर मंदिर-मस्जिद की बात कर रहे हैं। साथ ही वे शहाबुद्दीन की राजनीति का गुण-अवगुण भी विचारने लगे हैं। यह काम बेकार है, क्योंकि दोनों पक्षों का उद्देश्य राजनीति को असल बात से भटका देना है। राजनीति जनसमुदाय को अपने अधिकारों के लिए सचेष्ट करने और उनको यथार्थ बनाने के लिए सत्ता जुटाने का ही दूसरा नाम है। इसका एक तीसरा काम भी है कि राजनीतिक मनुष्यों

को एकत्र करें और उनके नैतिक अर्थों को राजनीति में रूपायित करें। पर यह संगठित राजनीतिक दलों के विकास के बिना संभव नहीं। हम देख रहे हैं कि किसी भी दल में राष्ट्र की व्यापक पहचान को राजनीति में मूर्त करने के लिए कोई आंदोलन नहीं है। हो भी कैसे सकता है। राष्ट्रीय चिंता के विषयों पर गोष्ठी-सेमिनार की तरह विचार नहीं जमा किए जा सकते। जनता के अधिकारों के प्रश्न पर जो आंदोलन मन में और समाज में होता है, उसी की उपज के रूप में राष्ट्र के प्रश्नों पर राष्ट्रीय विचार फैल सकते हैं। अलग से कुछ प्रश्नों को राष्ट्रीय कहकर उठाने के नतीजे उतने ही मूर्खता और दुष्टतापूर्ण निकलेंगे जितने शहाबुद्दीन के गणराज्य दिवस बहिष्कार के निकलनेवाले हैं। इसलिए शहाबुद्दीन और उनके विरोधियों को, जो दोनों गणराज्य दिवस पर मिलीभगत किए हुए हैं, पानी का अभाव और आज़ादी के 40 साल की बात करनी चाहिए, मंदिर और मस्जिद की नहीं।

[1.2.87]

हृदय की बोली

एक ज़माना था कि कांग्रेस पार्टी जनसाधारण की नज़रों में एक पार्टी थी जिससे सहमत या असहमत हुआ जा सकता था। आज वह एक पार्टी नहीं है, एक आश्चर्य है। उससे सहमत या असहमत होने का सवाल ही नहीं उठता। वह जनता के मन में विचार नहीं पैदा करती, भय पैदा करती है। बाज़ार में वस्तुओं की महंगाई की बात नहीं कर रहा हूं क्योंकि मैं न तो व्यंग्य लिख रहा हूं न अर्थव्यवस्था पर टिप्पणी। मैं तो केवल अपनी मानसिक पीड़ा का वर्णन कर रहा हूं। यथार्थ को पिछले चालीस बरस से आलोचनात्मक दृष्टि से देखते-देखते आदत पड़ गई है कि साहित्य हो या राजनीति, संगीत हो या नाटक, आदमी का उसमें क्या हाल है यह खोजे बिना चैन नहीं मिलता। आज यह हाल बुरा है। बाज़ लोग हैं कि यथार्थ में राजीव गांधी का हाल खोजने लगते हैं और खोजते ही चले जाते हैं। शायद वे समझते हों कि इस तरह प्रधानमंत्री की पूंछ पकड़कर वह आदमी तक पहुंच जाएंगे क्योंकि प्रधानमंत्री भी तो वहां जा रहे हैं। पर बगल में खड़े आदमी को वे नहीं देखते।

आलोचनात्मक दृष्टि से देखने की शिक्षा मेरी पीढ़ी को मुझसे पहले की पीढ़ी ने दी थी। उनमें से किसी एक का नाम लेकर बताना तो आसान नहीं है परंतु सिर्फ़ एक बात बता देने से उस दौर की शिक्षा का अभिप्राय स्पष्ट हो जाएगा।

वह बात यह कि जब हम अपने समाज की स्वाधीनता के लिए संघर्ष कर रहे थे हमारी हर अनुभूति आलोचनात्मक थी। असत्य पलक खोलते ही उजागर होता था, पाखंड क्षण-भर के भीतर बेपर्दा। कभी-कभी देर लगती भी थी तो इसलिए कि अपने सपाट वर्ग को ही हम भारतीय समाज मान बैठे होते थे। पर यह भ्रम चारों ओर से आंखें खोले रहने से टूट जाता था—भारत के किसी एक अंश को पूरा जानते ही हम बाक़ी को जान जाते थे। आजादी के 1947 के समारोह के बहुत पहले यह आलोचनात्मक दृष्टि और जिज्ञासा हमारी चेतना की विशेषता बन चुकी थी। हममें से वे जिनको अपने वातावरण से समुचित संस्कार मिले थे, अभिव्यक्ति के माध्यमों में वैसी ही आलोचनात्मकता विकसित करते रहे और भाषा के निखार पर उन्होंने अधिक ध्यान दिया, संगीत के परिपक्व रसास्वादन में उनकी गति बढ़ी और साहित्य, नाटक और फिल्म को उन्होंने प्रौढ़ विधाओं की तरह स्वीकार किया। जिनको अभिव्यक्ति की यह सुविधा नहीं थी, वे करोड़ों भारतीय एक जीवित परंमरा के स्वयं स्पंदित प्रमाण थे।

आप पूछ रहे होंगे कांग्रेस पार्टी से इसका क्या मतलब ? मतलब यह है कि जब कांग्रेस पार्टी, आज़ादी से पहले एक विशाल भावनात्मक संगठन थी तो उसके प्रति आलोचनात्मक दृष्टि सामने आने पर भी न तो मन कड़वा कर जाती थी, न उसे तोड़ जाती थी। यह मैं उनकी बात कर रहा हूँ जो आलोचना की दृष्टि से देखते हुए मतभेद तक पहुंच जाया करते थे और वहां से खिसकना उनके लिए मुश्किल हो जाया करता था। बाक़ी वे जो उम्र के हिसाब से नौजवान और मिज़ाज के हिसाब से जल्दी गरम और जल्दी मुलायम पड़ जानेवाले स्वभाव के थे, साफ़-साफ़ वैचारिक मतभेद होने पर भी कांग्रेस को एक बड़ा मिलनसार घराना ही मानते थे जिससे जायदाद का बंटवारा करके बाहर हो जाना कल्पना से परे था। यह घराना भारत की धड़कती हुई पहचान से भरा हुआ था, दिल्ली की क्वार्ट्ज़ घड़ी की टिक-टिक से नहीं।

वह कांग्रेस अब नहीं है। यदि कोई कहे कि हां वह अब नहीं है क्योंकि वह विकास करके बहुत आगे निकल गई है तो मैं पूछूंगा कि वह अकेले क्यों आगे निकल गई ? उनको साथ क्यों नहीं ले गई, जिनका इतनी देर से मैं बयान कर रहा था ? सारे भारत को सहज प्रतीति से उसकी विशालता और विविधता समेत पहचान सकनेवाले और भाषा, संस्कृति और मानव-मूल्यों को आज़ादी के संघर्ष के दिनों में ही तथा संघर्ष की बदौलत ही आत्मसात कर पानेवाले समुदायों को वह आज एक भगदड़ में पीछे क्यों छोड़ गई है।

पिछले बीस बरस को ही लें, कांग्रेस के बड़े घराने की तस्वीर में इतना परिवर्तन हो गया है कि अब वह बड़े क़बीले की तस्वीर बन गई है जिसमें बाहरी किसी आदमी का प्रवेश संभव नहीं। उसे क़बीले का ही होना पड़ेगा। उसे अपनी एक

क़बायली पहचान बनानी पड़ेगी। एक सच्ची राष्ट्रीय पहचान जो साहित्य, संस्कृति और कलाओं के गहरे परिचय से आती है, अब एक आम कांग्रेसी की पहचान नहीं रह गई है।

यह न्यूनता अभी हाल में एक बार बहुत प्रखर होकर दिखी थी। नए असम के लोगों ने जब पुराने नेतृत्व को बदल डाला तो दिल्ली में राजनैतिक टिप्पणीकारों ने कहना शुरू किया कि प्रादेशिक पार्टी राष्ट्रीय दृष्टि नहीं रख सकती। यह एक वाक्य ही यह बताने को काफ़ी है कि कांग्रेस का वर्तमान चरित्र राष्ट्रीयता को कितना खंडित करके पहचान रहा है। वह चरित्र दिल्ली में सिमटकर रह गया है। आज की दिल्ली की समझ में असम विचित्र परंपराओं और बोलियों का देश है जिसमें लोकतंत्री घामड़ बसते हैं और राष्ट्रभाषा अंग्रेज़ी हास्यास्पद तरीक़े से असमिया ढंग से बोली जाती है। यह वाक्य कुछ और भी बताता है। भारत की जातीय संरचना के विषय में यह निरा अज्ञान जताता है। हर प्रांत में भाषा में और भाषा के माध्यम से राष्ट्र की अनुभूति संचित होती है और परंपरा उसे मांजती रहती है। यह राष्ट्र की मुख्य धारा है और आज की कांग्रेस इस मुख्यधारा से कटी हुई है। प्रादेशिक यह भूगोल के अर्थ में है और इतिहास के अर्थ में यह सार्वदेशिक ही है।

असम ने तो सिद्ध किया है कि मुख्यधारा भारत के सब प्रांतों के स्थानीय हितों से भी बड़े राष्ट्रीय हित की रक्षा करने से बनती है और उसे कोई भी प्रदेश बना सकता है। दिल्ली या पंजाब या जिस समय जिस गुट के पास केंद्रीय सत्ता के संचालन का भार हो उसकी सनक का पालन करने से वह नहीं बनती। हर राज्य की सरकार प्रथमतः अपने राज्य की आर्थिक-सांस्कृतिक ज़िंदगी को बनाने की ज़िम्मेदार होती है मगर वह अपने राज्य का योगदान भारत की परंपरा में पहचानती है। तो भी, असल बात यह है कि बाक़ी राज्य भी उसे पहचानते हैं या नहीं और इसे पहचानने में केंद्र राज्यों की मदद करता है या नहीं। केंद्र का काम सांस्कृतिक झांकियां निकलवाना नहीं है, विशाल सांस्कृतिक भारत को पहचानना और उसकी मुख्यधारा में शामिल होना है ताकि कहीं वह स्वयं निरंकुश न हो जाए।

स्वतंत्र भारत का समग्र विकास और राष्ट्रीय स्वाभिमान उसके आर्थिक और प्रतिरक्षात्मक संयोजन पर निर्भर है। जिस सांस्कृतिक विकास की हम बात कर रहे थे वह राज्यों के आर्थिक आयोजन और प्राकृतिक संपदा के उत्पादन में भी स्वायत्त होने पर ही संभव है। सांस्कृतिक विकास लोक-संस्कृति की नुमाइश का दूसरा नाम नहीं है जैसा आज केंद्र से होनेवाले राष्ट्रीय आयोजन दिखाते हैं।

और अंत में, राष्ट्रीय मानसिकता का साधन राष्ट्रीय भाषाओं में से कोई एक या कई एक हो सकती हैं, एक ऐसी भाषा नहीं जो सिर्फ़ काग़ज़ पर भारत को एक रखती है और जैसे ही काग़ज़ से उतारकर कंठ तक लाई जाती है, भारत के

उतने ही टुकड़े करने लगती है जितनी भारत की भाषाएं हैं। आज की कांग्रेस इसी काग़ज़ पर लिखी एकता को चलानेवाली पार्टी है और यही एक कारण है कि उसकी अंग्रेज़ी हमारे राष्ट्रीय जीवन के टुकड़े-टुकड़े किए डाल रही है। उसकी बोली हमारे हृदय की बोली नहीं है। यह बोली देश में कांग्रेस पार्टी की हालत से ही पैदा हुई है, वैसी ही बनावटी, बोझिल और बदरंग।

[29.12.85]

चाहिए एक राष्ट्रीय स्मारक

महात्मा गांधी की समाधि पर भारत सरकार के प्रतिनिधियों और अतिथियों का समय-समय पर उपस्थित होना गांधी की याद दिलाता है। इसमें कोई शक नहीं कि यह भी आज के भारत में एक उपयोगी काम है जिसे भले सिर्फ़ लोकलज्जा के हित में किया जाता हो, कुछ न कुछ लाभ तो गांधी नामक प्रतिष्ठान को मिल ही जाता है। एक अच्छी बात तो यह होती है कि सरकार नामक शक्ति गांधी नामक विचार को समर्थन देती है तो गांधी की गौरव-गरिमा में वृद्धि होती रहती है और सरकार के बाहर जो नादान कुजात गांधी 1948 में एकत्र स्मारक निधि को विकसित किया करते हैं वह कुछ पटती रहती है। गांधी एक उद्योग है, उसके साथ बड़े व्यापारिक संस्थानों जैसे तामझाम का मेल आजकल गांधी की गरिमा के पक्ष में स्वाभाविक माना जाता है।

फ़ौज को गांधी स्मारक में ले जाने को अभी इतना ज़रूरी नहीं समझा गया है जितना कुछ लोग चाहते होंगे। परंतु आज की राजनैतिक संस्कृति में फ़ौज से कुछ कम सही मगर काफ़ी हिंसात्मक प्रतीक चुपचाप स्वीकृत हो चुके हैं और उनकी अपसंस्कृति बहुत लोगों को खटकती है। पर ये बहुत लोग बहुत मामूली लोग हैं और बहुत अकेले हैं। किसी न किसी स्मारक पर श्रद्धांजलि अर्पित करते हुए कोई सत्ताधारी अपने हाथों में फूल लिए हुए मामूली आदमी की तरह श्रद्धांजलि के फूल चढ़ाने शायद ही आता हो। एक वर्दीधारी अर्दली एक थाल में फूल लिए खड़ा दिखाई देता है और नेताजी उस थाल से फूल उठाकर अर्पित करते हैं। ग़नीमत है कि थाल में फूल होते हैं किसी कृत्रिम गोले पर मढ़ा हुआ पुष्पचक्र नहीं होता जैसा कई सामरिक राष्ट्रों में स्मारकों पर टिकाकर खड़ा किया जाता है। उसे भारतीय सत्ताधारी संस्कृति सुधर, सहज मानने लगी है तो कारण केवल यह है कि अपने वरेण्य वीरों के साथ शक्ति के प्रतीक जोड़ने की लालसा

ने विनय की भावना को फालतू बना दिया है जो फूल चढ़ाने में निहित होती है। स्मारक पर फूल चढ़ाना एक बनावट बन जाता है, तब फूल की शक्ल और फूल चढ़ाने की शक्ल दोनों बदल जाती हैं जैसा हम आए दिन देख रहे हैं। किसी को फूल भेंट करने की भी शक्ल बदल गई है और गुलदस्ते की जगह बहुत कम जीवन की अवधि के फूलों को देर तक सुरक्षित रखनेवाले सेलोफेन मंडित तैयारशुदा गुच्छों ने ले ली है। इनमें व्यक्तित्व भी नहीं है, व्यक्ति का स्पर्श भी नहीं है, सिर्फ एक व्यापारिक उपयोगिता है—इससे अधिक और कुछ है तो पैसे की धौंस है। ऐसे गुलदस्ते कोई केवल प्रेम के साधन से नहीं बना सकता, इसमें पैसा लगता है।

फूल को शक्ति के संसार में धकेलकर प्रवेश करनेवाली संस्कृति का एक चिह्न गुलाब का फूल है। इस धक्के में जिस फूल को चोट आई है वह गेंदा है। बिना भारतीय संस्कृति की शास्त्रीय दुहाई दिए हुए गेंदा की वकालत की जा सकती है, यहां तक याद दिलाया जा सकता है कि गेंदा की इतनी क़िस्में हैं जितनी गुलाब की नहीं और गुलाब की जितनी क़िस्में हैं सब इत्र और अर्क़ बनाने के लिए उत्तम हैं सिवाय उनके जो सूखने के पहले कुम्हलाते ही बदबू देने लगती हैं मगर दिखावे के काम ख़ूब आती हैं। पर यहां फूलों की क़िस्मों का ज़िक्र ज़रूरी नहीं है। बात तो स्मारक पर श्रद्धांजलि देने की है।

इससे मुझे एक पुरानी घटना याद आती है। आज से कोई दस साल पहले हमारे तत्कालीन राष्ट्रपति श्री संजीव रेड्डी रूस गए थे। वहां उन्होंने दूसरे महायुद्ध के शहीदों की मज़ारों पर श्रद्धांजलि चढ़ाई। लेनिन की समाधि पर भी गए। यह तो मुझे याद नहीं कि वहां उन्होंने फूलों का पहिया खड़ा किया या अंजुल-भर फूल कुरे दिए। वैसा करना निश्चय ही अधिक भारतीय होता। पर एक और भारतीय काम हम लोग कर सकते हैं।अगर हमारे यहां कोई विदेशी राष्ट्रपति शहीदों की मज़ारों पर जाना चाहे तो उसे निराश न करें। पर कहां ले जाएंगे। स्वाधीनता संग्राम के शहीदों के स्मारक देश-भर में यहां-वहां बने हुए हैं पर शायद किसी को राष्ट्रीय दर्जा हासिल नहीं है। होता तो विदेशी अतिथियों को ज़रूर वहां ले जाया जाता। तो क्या बुरा ख़याल है कि 1947 में आज़ादी मिलने के बाद जो हिंदू-मुसलमान एक-दूसरे के हाथों मारे गए थे उनका एक राष्ट्रीय स्मारक बनाया जाए। विदेशी अतिथि वहां जाएं तो जाएं, न जाएं तो न जाएं। हम लोग जो उस हत्याकांड से बच गए हैं, वहां हो ही आया करें।

[2.12.90]

छोटे इंसान का बड़ा देश

पिछले बीस बरस में भारत की विशालता के विषय में किस-किसने क्या-क्या कहा है, इसकी खोज करना एक बढ़िया काम हो सकता है। मेरे पास इतनी किताबें, पत्र-पत्रिकाएं-अख़बार जमा नहीं हैं कि यह खोज कर सकूं। पर याद से कह सकता हूं कि स्कूली बच्चों ने समारोहों में भारत की विशालता की स्तुतियां पढ़कर सुनाई हैं और सत्ताधारी नेताओं ने रोना रोया है कि यह देश बहुत बड़ा है।

कुछ वाक्य तो मुझे भी याद हैं। इनका आशय यह है : सारे देश में हम रेल, बिजली, पानी, साक्षरता, रोज़गार और ख़ुशहाली फैलाना चाहते हैं, मगर क्या करें, देश बहुत बड़ा है। आबादी बहुत ज़्यादा है।

जैसे कि ये दोनों बुराइयां हैं जो एक पिछड़े हुए समाज ने अभिजात वर्ग पर लाद दी हैं। अगर हमारे सत्ताधारी यूरोप में पैदा हुए होते और वहीं राज कर रहे होते तो कितना सुगम होता सब कुछ। ये वाक्य वही कह सकता है जिसने विशाल भूमि की धूल में लोटते मनुष्यों को देखकर मुंह नोड़ लिया हो—असभ्य, दरिद्र लोग।

1947 में जब हमको एक राष्ट्रगीत की ज़रूरत हुई तो राष्ट्रकवि और उपराष्ट्रकवि तथा महज गीतकारों ने भी बहुत-सी कविताएं लिखीं। ये 1962 में चीन से दो-दो हाथ होने के बाद लिखी गई कविताओं से संख्या में कम ही रही होंगी, मगर एक बात इनमें ज़रूर थी—यही कि हमारा देश बहुत विशाल है (भले उसकी ज़मीन पर शत्रु घुस बैठा है) और हम एक विराट लोग हैं। हमारी आबादी बहुत है, यह 'त्रिश कोटि कंठ कलकल निनाद कराले' से लेकर किसी भी राष्ट्रगीत में देख लीजिए। इस तरह हिमालय और कन्याकुमारी दोनों अच्छी तरह मौजूद हैं।

तब देश का बड़ा होना और आबादी का ज़्यादा होना लोगों के बिना पानी तरसने और बिना अक्षर घुटने का कारण क्यों बताया जाता है ? अगर सचमुच यही कारण है तो राष्ट्रगीत में से और देशप्रेम की प्रार्थनाओं में से ये दोनों संदर्भ निकाल देने चाहिए। इनकी जगह लिखना चाहिए : हमारे देश में ज़रूरत से ज़्यादा लोग हैं, पर बेचारे बड़े देशभक्त हैं, देश छोड़कर कहीं जाना ही नहीं चाहते। देश की सीमाओं के अंदर ही यहां से वहां रोज़ी-रोटी के चक्कर में भटकते रहते हैं। और हमारा देश! कहने को तो हमारे यहां हिमालय से लेकर कन्याकुमारी तक हैं, मगर बीच में बहुत ऊबड़-खाबड़ है। अकेले एक आदमी को सब जगह पहुंचना मुश्किल है। हम किसी तरह हैलिकॉप्टर और टेलीविज़न से काम चलाते हैं। पर कविता में यह नई देशभक्ति कैसे लिखी जाएगी, मैं नहीं जानता।

मामूली आदमी के सोचने का मसला यह है कि अगर देश के बहुत फैले और आबाद होने की वजह से विकास योजनाएं ठीक से नहीं चल पा रही हैं तो इस

पर शासन कैसे हो रहा है ? हो भी रहा है कि नहीं ? बड़े देश में राजनैतिक निर्णय जनसंख्या और भूमि पर असर डालते हैं। उन्हें करने का अधिकार सिकुड़कर एक जगह जमा हो जाए तो बड़ी शक्ति जमा हो जाएगी। देश के मुक़ाबले आदमी छोटा हो जाएगा। वह हर निर्णय बड़े केंद्र में होने का इंतज़ार करेगा। जब निर्णय नहीं होगा तो गरजेगा या गिड़गिड़ाएगा, फिर नहीं होगा तो अपने ही अधिकार को उससे ख़रीदने पर मजबूर होगा, जिसने उसे दबा रखा है। इसी को रिश्वत कहते हैं। फिर इस पैसे से एक नई लूट की दुनिया पनपेगी। आदमी और भी लाचार और छोटा होगा।

अभी एक गोष्ठी में एक पुराने समाजवादी बालेश्वर दयाल ने कहा है कि भारतमाता के गांवों में तीन जातियां रहती हैं। एक काश्तकार, दूसरी कारीगर और तीसरी भूमिहीन। काश्तकार के पास ज़मीन और सिंचाई घट रही है। कारीगर के पास कौशल और औज़ार घट रहे हैं—बस भूमिहीनों की तीसरी जाति के पास कुछ बढ़ रहा है। जब भूमि घटते-घटते चुक गई हो तो भूमिहीन की संख्या ही बढ़ेगी। इस तरह वह रोटी के लिए उस उत्पादन पर निर्भर हो जाएगा जो ज़मीन से नहीं होता, विद्या और उद्योग से होता है, पर वह कारीगर जाति में भी नहीं जा सकेगा। वहां ज़मीन से जुड़ी कारीगरी की क़ीमत घट गई है और मशीन ने ऐसी तरक़ीबें निकाली हैं कि हर आदमी उनसे काम न कर सके। तब इस भूमिहीन को मिट्टी खोदने की ही कारीगरी करने को मिलेगी। मैंने एक परिवार को छत्तीसगढ़ के इलाक़े में बीस मील पैदल चलकर काम खोजने जाते और निराश लौटते देखा है, क्योंकि काम जो मिल रहा था वह चिनाई का था—एक दर्ज़ा अधिक कुशल काम, और यह परिवार का परिवार सिर्फ़ मिट्टी तोड़ना जानता था। वह काम उस वक़्त था नहीं। भूमिहीन, कौशलहीन, वह परिवार भटक रहा था। इसके लिए पैसेवाली हिंदी संस्कृत शब्द का इस्तेमाल करती है—पलायन—जिसका सीधी हिंदी में अर्थ होगा, भागना। हां, भाग ही रहा था यह परिवार—मौत की लज्जा से। मगर हिंदी जब लिखी जाती है तो सम्पन्न साक्षरों की संस्कृति जनसाधारण पर लाद देती है : इसलिए पलायन शब्द लाचारी से भटकने के लिए लिखा जा रहा है।

यह देश बहुत बड़ा है। इसमें बहुत-से सूखे इलाक़े हैं। इसकी आबादी बहुत है। इसमें बहुत-से छोटे इंसान हैं। सम्मानपूर्वक इंसान की ज़िंदगी जीने का उनका अधिकार ही देश को बड़ा बनाता है। लोगों के प्रतिनिधि अगर बार-बार लोगों से पूछकर सरकारें बनाते रहें और फिर भी ऐसे निर्णय नहीं हुए, जिनसे ज़मीन को पानी और आदमी को अक्षर मिलें, जिससे वह जानवर की तरह मारामारा न फिरे, तो जाहिर है कि निर्णय करने की शक्ति एक जगह जमा कर देने से देश बड़ा नहीं हो जाता। वह छोटा हो रहा है, क्योंकि छोटे इंसान की क़ीमत कम हो रही है।

क़रीब दस साल पहले मैंने तबके गृहमंत्री (उमाशंकर दीक्षित) से पूछा था कि जिन चुने हुए इलाक़ों में सघन खेती से बहुत अनाज और पैसा पैदा किया गया है

वे आज अपने चारों तरफ़ ग़रीबी और हिंसा फैला रहे हैं, तो अगर एक क्षेत्र में बहुत पानी पहुंचाने की बजाय, जो सिर्फ़ पैसे के लिए जल्दी पैदा होनेवाली फ़सलें उगाने के लिए ज़रूरी है, कई जगह कुएं और नहरें बना दी जाएं तो सिर्फ़ पानी की बदौलत ज़्यादा लोग कुछ न कुछ पैदा करने लगेंगे और ग़रीबी मिटेगी। हिंसा कम होगी। उनका जवाब था—क्या आप यह राय देकर जनता को भूखा मार डालना चाहते हैं ? हम जितना खाने को पा रहे हैं—इसी पूंजी-बहुल रासायनिक खाद और संकर-बीजों की बदौलत है। उनके विचार से समाज में यह ज़रूरी होता है कि सप्लाई पूरी कर देने का आंकड़ा दिखा दिया जाए। अनाज ख़रीदने लायक हैसियत हो या न हो।

बड़े देश को छोटा करनेवाली इस दृष्टि का असर सभी रचनात्मक कामों पर पड़ रहा है। शिल्प से लोक-माध्यमों का प्रबंध, संप्रेषण एक केंद्र से होने लगा है। लोककला में व्यक्ति एक स्वायत्त समूह का प्रतिनिधि होता है। उससे कला की मांग उसका परिवेश करता है। हमारी नीतियां तरह-तरह की लोककला के केंद्रीय बाज़ार बनाने की हैं। इससे देश बड़ा नहीं हो रहा, सिर्फ़ बाज़ार बड़ा हो रहा है और कलाकार छोटा हो रहा है। ऐसा लगे कि कला का क्षेत्र विशिष्ट क्षेत्र है तो खेल का क्षेत्र देख लें : पिछले ओलंपिक में चीन ने तैराकी के इतने स्वर्णपदक जीते कि भारत के सारे कांस्य पदकों को जोड़कर भी संख्या कम निकलेगी। यह बात बताई भाई बालेश्वर दयाल ने, जिनका गांवों से गहरा रिश्ता है। उन्होंने पूछा, यह कैसे हुआ जब भारत नदियों का देश है और तैरना गांव-देहात के लोगों को जन्म से आता है! नदियां पूजी जाती हैं और उनके नाम भाषा में घुल-मिल चुके हैं। तब उनमें तैरनेवाले लोग इतने पिछड़े क्यों मान लिए गए हैं कि उनकी तैराकी विश्वमंच पर आ नहीं पाती। छोटे इंसान को बड़ा न करने के कारण हम हारते हैं। क्या विशाल भारत में छोटे इंसान की रचनात्मकता सत्ताधारी वर्गों के लिए इतनी ख़तरनाक चीज़ है ?

[15.1.84]
('अर्थात्' के लिए रघुवीरजी का पहला लेख)

तिहाड़ का तमाशा

कुछ मित्रों को बहुत आश्चर्य है कि चार्ल्स शोभराज के तिहाड़ जेल से फ़रार हो जाने की ख़बर जानकर देश में कोई हलचल नहीं मची। अक्तूबर 1984 में इंदिरा गांधी की हत्या के समय सुरक्षा-प्रबंधों के ढीलेपन पर थोड़ा-बहुत हल्ला मचा था,

पर उसका गुस्सा बदलवाकर हिंदू-सिख हिंसा-प्रतिहिंसा बना दिया गया और नए प्रधानमंत्री के तुरंत चुन लिए जाने से एक संतोष ने वातावरण को भर दिया कि इंदिरा गांधी के बाद क्या का उत्तर हमारे पास है। परंतु अभी उसी राजधानी में, जिसमें इंदिरा गांधी की हत्या के बाद और आतंकवाद के सीमांत इलाकों में बढ़ने के बाद सुरक्षा-प्रबंध निश्चय ही पहले से तगड़े हो गए हैं, पहुंचे हुए अपराधी सर्वोत्तम सुरक्षा-प्रबंध के लिए मशहूर तिहाड़ जेल के बरामदों से टहलते-टहलते फाटक के बाहर चले जा सकते हैं। यह असलियत जानकर हमारा प्रबुद्ध समाज क्या समझ रहा है ? क्या यह कि जैसे बिंदेश्वरी दुबे को उखाड़ने या वीरबहादुर सिंह को पछाड़ने की चालों की ख़बर रोज़ आती है, वैसे ही चार्ल्स शोभराज के भागने की ख़बर भी एक दिन आई और छप गई। इसमें कोई शक नहीं कि ख़बरों के मामले में यह घोटाला जारी है। बेचारे अख़बार भी क्या करें ? ज़िंदगी से कटे हुए अंग्रेज़ी अख़बारों ने जो प्रतिमान बनाए हैं, उनके आधार पर ख़बर का समाज से रिश्ता यही बताया गया है कि ख़बर जितनी ज़्यादा सनसनीखेज हो उतनी ज़्यादा ख़बर है। ख़बरों में कौन-सी ज़्यादा सनसनीखेज है, यह पहचानना ऐसे अख़बारों के लिए मुश्किल हो गया है जो इस प्रतिमान को सही मानकर चलते हैं।

समाज की असलियत खोलने के लिए किसी अख़बार को एक सर्वेक्षण करना चाहिए कि शोभराज ने जो किया उसे क्या कहा जाएगा ? क्या साहस कहा जाएगा या दुस्साहस ? जेल के प्रबंध की कमज़ोरी को क्या कहा जाएगा ? एक अमीर आदमी की दी हुई घूस के सामने ग़रीब कर्मचारियों की लाचारी ? या भ्रष्टाचार को एक सार्वजनिक मान्यता दिलानेवाले ताक़तवर वर्गों की उद्दंडता ? हो सकता है इस सर्वेक्षण से असलियत खुल जाए मगर सवाल तो फिर भी यह रहेगा कि हमारी आंखें खुलती हैं या नहीं। जब एक बार कुछ मूल्यों के लिए विरक्ति पैदा हो जाती है तो प्रश्न यह बच रहता है कि उन मूल्यों के विरुद्ध चलनेवाले के लिए समाज के मन में सम्मान बढ़ रहा है या अपमान। क्या जो नया मनुष्य सामने आ रहा है, वह समाज की टूट को देखकर प्रसन्न और निश्चिंत हो रहा है या दुखी और चिंतित ? यदि वह दुखी और चिंतित है तब तो तुरंत यह सवाल भी उठता है कि फिर अपने दुख और चिंता के जवाब में वह क्या कार्रवाई करेगा। अगर वह प्रसन्न और निश्चिंत है तो कोई प्रश्न नहीं उठता। यही सिद्ध होता है कि वह भ्रष्टाचार के पक्ष में है। भ्रष्टाचार में हमेशा से एक सर्वग्रासी प्रक्रिया छिपी रही है। वह लोकतंत्र, आज़ादी, सभ्यता और संस्कृति को नष्ट करनेवाले तत्वों से हर समय जुड़ता रहता है और समाज इस पतनशील राह पर एक-एक क़दम बढ़ता जाता है। एक व्यापक राजनैतिक आंदोलन अवश्य इस राह को बदल सकता है, पर इतिहास में ऐसे दौर भी आते हैं जब आंदोलन व्यापक नहीं हो पाते, छिटपुट उद्देश्यों और उत्तेजनाओं की शकल में बिखर जाते हैं।

यह बिखराव इतिहास को बनाने और जोड़नेवाली शक्तियों के विरुद्ध हमेशा चलता रहता है। इसको रोकने और बदलने से हमारा सरोकार गहरा है। यह सिर्फ़

एक नैतिक आदर्श को बचाए रखने का सवाल नहीं है। यह समाज में समूहों या व्यक्तियों के बीच आपसी संबंध को मुर्दा होने से बचाए रखने का सवाल भी है। आदमी को सपाट होने से बचाने का और एक नए फासीवाद को पनपने से रोकने का सवाल भी है। आप चाहें तो कह सकते हैं कि सीमाओं के पार से विदेशी प्रभाव के घुस आने और भारत को टुकड़े-टुकड़े करके उसे गुलाम बनाने के षड्यंत्र के विरोध का सवाल भी है। यह हमारी आज़ादी का सवाल भी निश्चित रूप से है, क्योंकि जिस समाज में सत्ता के केंद्रीकरण के सब प्रमाण मौजूद हों परंतु उसमें लोगों के बीच आपसी लगाव न हो, वह समाज और उसमें से बनी हुई सरकार देश को चिरकाल के लिए आज़ाद नहीं रख सकती।

तिहाड़ जेल एक जेल है। सत्ता के केंद्रीकरण का निर्विवाद नमूना होता है जेल। इसमें आजकल जो मानवीय सुविधाएं दी जाने लगी हैं वे सारी दुनिया में एक-सी तो नहीं ही हैं, अलग-अलग जेलों में भी एक-सी नहीं हैं। वे सत्ता की अलग-अलग सामाजिक इकाइयों में केंद्रित सत्ता के अनुरूप ही वर्गों में बंटी हुई हैं। इस केंद्रीकरण को सरकार के लिए कम कष्टसाध्य बनाने के वास्ते की गईं ये रियायतें मूलतः आदमी की आजादी के दमन के विरुद्ध नहीं हैं। इसका प्रमाण संसार के कुछ देशों के जेल हैं जहां आदमी की आज़ादी छीनने के लिए यंत्रणा और अत्याचार की विशेष पद्धतियां ईजाद होती रहती हैं। यह सब कहने का उद्देश्य केवल यह याद दिलाना है कि शोभराज का तिहाड़ जेल से टहलते हुए भाग जाना जेल नामक व्यवस्था में मानवीय उदारता के बढ़ने का प्रमाण नहीं है, बल्कि उस व्यवस्था में दरारें पड़ने का प्रमाण है। हमें सिर्फ़ उन सैकड़ों जेलों की याद करनी है, जहां राजनैतिक अपराध के बहाने से सैकड़ों-हज़ारों व्यक्तियों को यातनाएं दी गई हैं और हज़ारों तरुणों की विकास की संभावनाएं नष्ट की गई हैं। यह सब याद दिलाने पर तर्क दिया जाएगा कि ऐसा दुखी और शोषित प्राणी तो हमारे समाज की ही तस्वीर है। इसका जवाब यह है कि चार्ल्स शोभराज जैसा प्राणी भी हमारे समाज की तस्वीर है और उसे जेल के सींखचों के पीछे ही रखना चाहिए। पर उसका नोट लुटाते हुए, सीटी बजाते हुए जेल से सरक जाना किस समाज की तस्वीर है—उसी की, जिसमें सारी ताक़त अपराध के हाथ में होती है।

संदिग्ध भारतीय

दिल्ली के एक क्लब में दोपहर के समय का दृश्य : यह क्लब बुद्धिजीवियों, कलाकारों विचारकों और सरकारी, अर्द्धसरकारी समाजसेवी संस्थाओं के मान्य पुरुषों का प्रिय

है। इसकी सदस्यता पहले बहुत दुर्लभ नहीं थी, हां इसकी विशिष्टता से लोग आतंकित अवश्य रहा करते थे। अब नए सदस्य बनने को ललचाते सम्पन्न लोगों की उम्मीदवार सूची काफ़ी लंबी हो गई है। और इनमें से जो अभी सदस्य नहीं बन पाए हैं पुराने सदस्यों के अतिथि बनकर क्लबों की सेवाओं का उपयोग करते रहते हैं।

दृश्य यह है कि बड़े कमरे में अधेड़ मर्द और औरतों के मंथरगति से पधारने और विराजने के बाद वातावरण एकाएक विदेशी हो गया है। यह तब जब कि न कोई मर्द प्रचलित विदेशी वेशभूषा में है न कोई औरत मेम बनी हुई है, बस पोशाकों में एक झलक उस दिमाग़ की है जो पिछड़े देशों के सामान और श्रम से बने कपड़ों की पश्चिम के बाज़ार में निर्यात के लिए डिज़ाइनें बनाता है। कुरता इनमें एक ख़ास चीज़ है। यह क़मीज़ और कोट के नज़दीक की कोई चीज़ बन गया है। इसका गरेबान और दामन विदेशी हो गया है, इसे पहननेवाला इसे अपनी अंतरराष्ट्रीय आधुनिक पहचान दिखाने के लिए पहनता है। इसके साथ ही पायजामा जैसी चीज़ का सांस्कृतिक दर्जा ज़रा अस्थिर हालत में है। (इसका मतलब यह न लगाइएगा कि पायजामा ढीला हो रहा है।) मतलब सिर्फ़ यह है कि अभी तक एक आधुनिक पायजामे का प्रतिमान आविष्कृत नहीं हो पाया है। और अलीगढ़िया पायजामे को पतलून जैसी सलोतर पोशाक बनाने के प्रयोग हो रहे हैं। हां, लखनवी पायजामे का पत्ता ज़रूर कट चुका है। किसी समय खादी भंडार का बना हुआ कुरता और आयातित या कैसी भी जीन स्वीकृत हो गई थी पर वह जल्दी ही इस वर्ग में घुसपैठ करनेवाले साधारण लोगों ने अपना ली। इसलिए विशिष्ट जनों के लिए अब वह संभ्रांत पोशाक नहीं रही। हमारे क्लब में जब कभी कोई ऐसा पुरुष दिखे जिसने कुरता-पायजामा तो पहन रखा हो पर वह किसी लद्धड़ हिंदुस्तानी की तरह न दिख रहा हो जो घर और बाहर एक ही तरह की पोशाक पहनता है तो समझ लीजिए कि कुरते-पायजामे के नए नान-रेज़िडेंट इंडियन संस्करण का आविष्कार हो गया। इस क्लब में वही पहनकर आया है वह भारतीय जो अमेरिका में भी पहनकर भारतीय कहलाना स्वीकार करेगा।

मैं कमरे के एक कोने में बैठकर यह दृश्य देख रहा हूं, लोगों की बातें करने का शोर एक मंद भनभनाहट बनकर मेरे कान में पड़ रहा है। किसी के शब्द सुन नहीं पड़ रहे हैं और उनके ओंठ खुलते देख सकता हूं। हां औरत के ओंठ एक विशिष्ट तरह से खुलते और बंद होते हैं चाहे बोले चाहे मुस्कराए, वह ओंठ और जबड़े की हरकत उसी तरह से करती है जो उसे बचपन में अंग्रेज़ी बोलना सिखानेवाले स्कूल में बताया गया था। अब वह जब भी बोलेगी तो बोले चाहे वही भाषा जिसमें उन हिंदुस्तानियों से बात की जाती है जो अंग्रेज़ी नहीं जानते मगर मुंह उसी तरह खुलेगा और बंद होगा जैसे अंग्रेज़ी बोलने के लिए खुलता और बंद होता है। यह औरतें आज चालीस-पचास साल से सही तरीक़े से अंग्रेज़ी बोल रही हैं। इनके

मुक़ाबले में वे ठहर नहीं सकतीं जिन्होंने सही अंग्रेज़ी देसी स्कूल में सीखी है और वे तो कहीं भी गिनी नहीं जा सकतीं जो अभी कुछ बरस पहले अंग्रेज़ी सीख गई हैं क्योंकि उन्हें अंग्रेज़ी बोलने के लिए शब्दों के उच्चारण के वास्ते मुंह कितना और कैसे खोलना चाहिए यह नहीं सिखाया गया। ये बिचारी वैसे ही मुंह फाड़ कर अंग्रेज़ी बोल देती हैं जैसे भोजपुरी बोल देती हैं। पर इस तरह की औरतें यहां हैं ही नहीं, वह अपने आप बाहर हो गई हैं।

शब्दों की भाषा के साथ शरीर की भाषा का भी व्याकरण होता है। हंसना, हामी भरना, नकारना, अचरज दिखाना, यह सब एक तो ठेठ हिंदुस्तानी तरीक़े से होता है और एक आभिजात्य आंग्ल तरीक़े से। इस तरीक़े से भावनाएं प्रदर्शित करनेवाला व्यक्ति एक विशिष्ट भाव का प्रदर्शन भी करता है जिसकी शरीर-भाषा ठेठ हिंदुस्तानी शैली में विकसित ही नहीं हुई है। इस भाव का अर्थ होता है 'मैं क्या जानूं' या 'मैं कर ही क्या सकता हूं', 'हुआ करे कुछ मेरी बला से!' इसमें शब्द ग़ायब रहते हैं और पखोरे काम करते हैं। अंग्रेज़ी से अनुवाद करके कई हिंदी लेखकों ने इसे कंधे उचकाना जैसी अजब क्रिया का नाम दिया है।

मैं शरीर-भाषा के इतने सारे रूपों के बीच बैठा हुआ था कि मुझे अपने ठेठ हिंदुस्तानी होने का ज़बरदस्ती विश्वास होने लगा। वैसे तो मुझे कभी ज़रूरत नहीं पड़ती कि मैं पता लगाऊं कि मैं हिंदुस्तानी हूं या नहीं पर जब कोई आदमी ऐसे चेहरों और भंगिमाओं से घिर जाए और उसे ग़लत जगह आ गए होने का एहसास होने लगे तो उसे मजबूरन सोचना पड़ता है कि वह कौन है जो यहां आ गया है।

एकाएक मुझे लगा कि मैंने अपने इस विचित्र परदेसीपन का कारण जान लिया है। हो न हो मैं भी भारतीय हूं मगर वह भारतीय हूं जो भारत में रहता है। मेरे चारों तरफ़ वे भारतीय हैं जो भारतीय हैं पर भारत में नहीं रहते। भारतीय पासपोर्ट पर विदेश में रहते हैं। एन आर आई। क्या इस क्लब में यही प्रवासी भारतीय बैठे हुए हैं। यह क्लब क्या इनके क़ब्ज़े में आ गया है और क्या अब इसमें वह भारतीय जो प्रवासी न हो एक अजनबी बन जाएगा।

कल्पना बड़ी विकट चीज़ है। कल्पना में ही मैंने देखा कि अजनबी बन जाने में भी एक बचाव का रास्ता है, शायद भारत की कम जानी हुए जातियों की सूची में शामिल कर लिया जाऊं जिनके वर्णन भारतीय न रहनेवाले भारतीयों के ज्ञानवर्द्धन के लिए दूरदर्शन करता रहता है, ग़नीमत है।

पर बुरा हो कल्पना का। मेरे मन में किसी ने कहा भारतीयों की एक और सूची बची है, कहीं इसमें शामिल न कर लिए जाओ। वह दूरदर्शन पर बताई जाती है। वह है भीड़ में, सड़क पर, मेले में, कहीं भी, हर जगह पाए जानवाले संदिग्ध भारतीयों की सूची। शायद क्या, निश्चित ही तुम उसी के योग्य हो। तुम्हारे विचार ऐसे ही हैं।

[3.12.89]

राष्ट्रगान का गाना

क्या राष्ट्रगान को न गाना सही नहीं है ? क्या गाने को मजबूर कराया जाना सही है ? धर्म और संविधान में टक्कर है तो कौन बड़ा है ? ये प्रश्न आजकल उठे हैं और मुझे तो लगता है कि इन पर बहस कचहरी में ही हो लेगी, चौराहे तक नहीं आएगी। मगर क्या राष्ट्रगान को जो गा रहा है वह सही गा रहा है, यह सवाल किसी कचहरी में नहीं पूछा जाएगा। चौराहे पर तो उसका आना मुमकिन ही नहीं। दरअसल असली सवाल तो वही है, क्या आप राष्ट्रगान गा लेते हैं ? सवाल यह नहीं है कि क्या आप राष्ट्रगान गाने को तैयार हैं। तैयार हैं तो इससे सिर्फ़ यह सिद्ध होता है कि राष्ट्रगान की राजनैतिक मर्यादा आपने मानी है। उसके सुरों का आपने क्या किया है वह तो तभी पता चलेगा जब आप उसे गाकर सुनाएंगे।

जन गण मन गाना है भी मुश्किल। जिनके गले में सुर है उनके लिए भी मुश्किल है। सुर हो या न हो बहुतेरे तो यही तय नहीं कर पाएंगे कि जय जय को कैसे बोलेंगे, जैसे बृज में बोलते हैं या जैसे बंगाल में। जैसे इंग्लिस्तान में राजा की भाषा को प्रतिमान माना जाता है वैसा तो भारत में कोई दृष्टांत नहीं है। राष्ट्रपति की भाषा जैसा कोई मुहावरा सुनने में नहीं आता। पर प्रश्न वास्तव में उच्चारण का नहीं है, सुर का है। सुर को साधने में ही राष्ट्रगान गानेवाले की परीक्षा हो जाती है। राष्ट्रगान को स्कूल की प्रार्थना में गाने पर ज़ोर देने का एक फ़ायदा यह भी है कि भीड़ में यदि कोई इक्का-दुक्का बेसुरा भी हो तो उसकी विचित्रता समवेत में विलीन हो जाती है।

फिर भी यह बात लोग शायद समझ नहीं पाते कि राष्ट्रगान गाना उनके सुर की परीक्षा नहीं है। बहुत-से लोग एक साथ गाएंगे तो पता भी नहीं चलेगा कि कौन सुर ऊंचा या नीचा लग गया। यह बात ज़रा अच्छी तरह लोगों को समझाई जाए तो सब लोग अपने गले की चिंता छोड़कर राष्ट्रगान गाने लगेंगे।

राष्ट्रगान के साथ यह गाने का सवाल जुड़ ही क्यों गया है ? यह भी एक पूछने लायक बात है। क्या जब राष्ट्रगान की धुन बजती है तो सीधे खड़े हो जाना राष्ट्रगान के प्रति काफी सम्मान नहीं होता ? परंतु सभी समाजों में गाना गहरी आंतरिक अभिव्यक्ति होती है इसलिए राष्ट्रगान के गाने का भी विशेष महत्व है। तो क्या राष्ट्रगान का गाना एक सिरे से सिखा नहीं दिया जा सकता ? पर इसके सीखने से इंकार करने पर सज़ा देने का कोई कारण नहीं। जैसे हिंदी न सीखने पर सज़ा देना ठीक नहीं समझा जाता वैसे ही गाना न सीखने पर सज़ा ग़ैरज़रूरी है। प्रलोभन देना ही ठीक है जैसे राष्ट्रगान के मामले में दिया जाता है। सिखाना है तो निश्चय ही स्कूल ठीक जगह है परंतु प्रार्थना सभा में क्यों सिखाया जाए, संगीत की कक्षा में क्यों नहीं ? और वहां भी जो छात्र गले में सुर न होने से वंचित

हों, उन्हें केवल सुनने की ही शिक्षा दी जाए। सुनना भी संगीत की शिक्षा का महत्वपूर्ण पहलू है। सुनते-सुनते कम से कम यह तो होगा ही कि छात्रों को सही गाने की पहचान हो जाएगी। खुद चाहे वह एक सुर सही न निकाल सके।

कहा जाता है कि उदाहरण से सबसे अच्छी शिक्षा मिलती है। अब इसके लिए क्या करना होगा यह भी क्या बताने की ज़रूरत है ? उदाहरण सामने रखना चाहिए और क्या। पर इसकी जांच बड़ी मुश्किल है कि राष्ट्रगान होने पर कितने ऐसे व्यक्ति उसे गाते हैं जो दूसरों के सामने अगर उदाहरण रखें तो उसका असर पड़ेगा। उदाहरण देने में समर्थ होने के लिए गले में सुर होना बिलकुल ज़रूरी नहीं। अधिकार होना चाहिए यानी सुर पर अधिकार नहीं, समाज में, अपने कार्यक्षेत्र में अर्थात् अपने विषय में। यदि किसी का कृतित्व उसके अपने कार्यक्षेत्र में पहचाना गया है अर्थात् उसे एक कृति के रूप में पहचाना गया है तो वह समूह में खड़े होकर राष्ट्रगान गाने से, सुर में हो या बेसुरा हो, राष्ट्रगान को गाने की प्रेरणा दे ही सकता है। देखिए, संगीत ही सब कुछ नहीं है, व्यक्ति भी एक सत्ता है और उसका सबके साथ गाना उसकी विशिष्टता का समाज से बराबरी का संबंध जोड़ता है। स्कूल में छात्रों को राष्ट्रगान गाना सिखाइए, खुद अगर आप बड़े आदमी अपने को मानते हैं तो गाइए, मगर मेहरबानी करके बेसुरा गाने पर सजा न दीजिए और न गाने पर उदाहरण देकर गाने की इच्छा जगाइए। प्रलोभन भी दे सकते हैं पर जिस समाज में हर प्रलोभन पैसे की शक्ल में होता है उसमें राष्ट्रगान बड़ा महंगा सौदा साबित हो सकता है। कुछ और प्रलोभन सोचिए ?

कुछ भी करिए मगर यह मत भूलिए कि कोई गाना उतना ही गले से बाहर निकलेगा जितना मन, इतिहास और परंपरा के भीतर होगा। 'झंडा ऊंचा रहे हमारा वीरों को हरषानेवाला' एक ऐसा ही गाना है। पर उसे हम सिर्फ़ इसलिए नहीं गाते कि वह राष्ट्रगान नहीं है। उसका चलन जारी रहना चाहिए, भले ही राष्ट्रपति के आने पर वह न गाया जाए।

[7.9.86]

यात्रा का अधिकार

मेरे पास आंकड़े नहीं हैं कि इस लेख में मैं बता सकूं कि देश में कितने आदमी दिन-भर में कहां से कहां यात्रा करते हैं, पर यह मेरा आंखों देखा है कि अपना घर छोड़कर लोग रेल में, बस में, पैदल, दूर-दूर तक यात्रा सिर्फ़ इसलिए कर रहे

हैं कि कहीं रोज़ी मिलने की उम्मीद है। इन यात्राओं में दर्द के सिलसिले होते हैं, आज की तंगी, कल की चिंता, नई जगह की अनिश्चितता, टूट-फूट, नोच-खसोट, लूटे-ठगे जाने का डर और हर वक़्त बचाव की मुद्रा, भूखे-प्यासे, अपमान-भरी तक़लीफ़ झेलने की मजबूरी। रेलगाड़ियों में आरक्षण की सुविधा है, पर जिस यात्री को अपने घर में ही रोज़ी का आरक्षण नहीं है उसके लिए रेल में सीट का आरक्षण कहने-भर को होता है। हज़ारों यात्री आरक्षण के बिना यात्रा करते हैं। आरक्षित सीटों पर जो यात्री बैठ जाते हैं, वे एक अलग समाज के हैं। आरक्षित दुनिया से अलग होकर यात्री नामक मनुष्य सभ्यता से अलग एक वस्तु बन जाता है, इस ढुलाई को यात्रा नहीं कहा जा सकता। रेल में आरक्षण की सुविधाओं पर भी समाज के आरक्षित वर्ग इसी तरह डाका डालते हैं, जैसे रोटी, कपड़ा और मकान पर डालते हैं। व्यवस्था ने प्रशासन और प्रबंध के स्तर पर बढ़िया इंतज़ाम के दावे करके आदमी और आदमी में ग़ैरबराबरी की यह असलियत छिपाने की कोशिश की है, पर इस प्रबंध को कभी **विशेषाधिकार** ठेंगा दिखा जाता है कभी **भ्रष्टाचार**। आदमी की तरह यात्रा करने का जन्मजात अधिकार भी कोई चीज़ है, यह कोई वंचित जानता नहीं और कोई वंचक मानता नहीं।

बिचौलियों के ज़रिए रेल टिकट न ख़रीदने की शिक्षा का प्रचार दूरदर्शन से किया जाता रहा है, पर दूरदर्शन देख सकनेवालों के वर्ग में ही एक बिचौलिया व्यवस्था काम करती रहती है। यह व्यवस्था लाइन लगाकर ईमानदारी से कंप्यूटर द्वारा टिकट ख़रीदनेवालों में से एक विशिष्ट वर्ग को समय-समय पर उपलब्ध होती रहती है। इससे लाइन की वैधता भी बनी रहती है और लाइन तोड़ने का विशेषाधिकार सिर्फ़ कुछ विशिष्ट व्यक्तियों को अपने वर्ग-संबंधों की बदौलत प्राप्त हो पाता है, इसके विरुद्ध भद्र समाज में कोई अस्वीकार पनप नहीं पाता। समाज में विशिष्ट व्यक्ति नामक वर्ग का अस्तित्व राजनीति, शिक्षा, चिकित्सा, प्राणरक्षा और कुल मिलाकर समस्त जीवन में बिना चूं किए मान लिया गया है। अधिकाधिक भद्र लोग इस विशेषाधिकार में थोड़ा-सा हिस्सा बांटने की अर्ज़ी लिए खड़े दिखाई देते हैं, इसे बदलकर बराबरी की मांग करना भद्र लोग प्रायः भूल गए हैं। अपने लिए ख़ास रियायत की पैरवी करते-करते ये लोग हर भ्रष्टाचार में हिस्सा मांगने को ही अपना राजनैतिक अधिकार मान बैठे हैं।

पर उस दिन एक ऐसा अनुभव हुआ जिससे मालूम हुआ कि समाज को दो वर्गों में बांटकर व्यवस्था को अनुशासित रखने का ढोंग कभी-कभी चल नहीं पाता। ढोंग की पोल जब खुलती है तो ऐसा नहीं कि लोगों ने संगठित प्रतिकार करके खोली हो। वह भ्रष्ट व्यवस्था के अपने ही अंतर्विरोध से खुलती है। पर उस पोल के खुलने पर पूरे समाज के लिए—विशिष्ट और असाधारण इन दो वर्गों में बंटे हुए समाजों के लिए नहीं बल्कि पूरे समाज के लिए—उसका अर्थ संगठित होकर ही प्रकट किया जा सकता है। यदि लोगों में अन्याय की समझ नहीं है तो पोल

को अन्यायी फिर ढांक ले जाता है।

इस बात का ठोस उदाहरण लें। गोमती एक्सप्रेस नामक तेज़ रेलगाड़ी में आरक्षण और रास्ते में नाश्ता-खाना वग़ैरह का बढ़िया इंतज़ाम रहता है, ऐसा बताया जाता है। यहां तक कि इससे यात्रा आधुनिक विकास का प्रमाण मानी जाती है। छोटे-मोटे विशेषाधिकारियों के बूते जो नियम-क़ायदे के परे अपना काम निकाल लेते हैं, वे हमेशा इस रेलगाड़ी के गुण गाते हैं। पर एक दिन क्या हुआ कि एक रिज़र्व डिब्बे में बिना आरक्षण बेशुमार यात्री बैठ गए। यह नहीं मालूम कैसे बैठे, पर या तो बिना आरक्षण चलने का अधिकार उपयोग करनेवालों की संख्या बहुत हो गई होगी, उनका बांध टूट गया होगा—उन्हें दुनिया से ख़त्म तो नहीं किया जा सकता—या किसी ने उन्हें भरमाकर आरक्षित डिब्बे में बैठा दिया होगा या कंप्यूटर ने ही दगा दे दिया होगा और किसी को पता न होगा कि उनकी सीट कहां है। जो भी हो, उस दिन यह भेद खुल गया कि रोज़ी के लिए जैसे भी हो, यात्रा करने का अधिकार छीना नहीं जा सकता। यात्रा व्यवस्थित करने के बहाने यदि वह कुछ से छीना जाता है और कुछ को विशेषाधिकार की आड़ में भोगने दिया जाता है तो एक दिन इसी भेदभाव के तरीक़े उलट-पलटकर सारी शोभा बिगाड़ देते हैं। उस दिन गोमती के उस डिब्बे में न खाना था न पानी था न टिकट चैकर। ठसाठस भरे यात्रियों ने रेल आरक्षण की असलियत देख ली।

पर इससे क्या उनकी समझ में आया कि यात्रा का विशेषाधिकार माननेवाली व्यवस्था ही ग़लत है, अमानवीय है और असामाजिक है ? भारत की आर्थिक और सामाजिक व्यवस्था में अबाध और सुगम यात्रा का अधिकार एक राजनैतिक और नैतिक अधिकार होना चाहिए। यात्रा के सस्ती और मानवीय होने की मांग सिर्फ़ सुविधाओं के आधुनिकीकरण की मांग नहीं है, वह कार्यकुशल रेलगाड़ियों की संख्या बढ़ाने और गाड़ियों में बैठने की जगह ख़ास-ख़ास लोगों के लिए छेंक न रखने की मांग है। वह इस बात की भी मांग है कि लोग गाड़ियों में यात्रा चाहे रोज़ी खोज़ने के लिए करते हों चाहे समाज-व्यवहार के लिए, उन्हें रेल हर सूरत से आदमी की तरह इज़्ज़त बख़्शे। रेलगाड़ी में सीट का व्यापार करनेवाली यह व्यवस्था जो विज्ञापन दिखाया करती है कि रेल जनता की रक्षणीय संपत्ति है, वह हास्यास्पद है। मानो सरकार को डर हो कि तमाम सारे भूखे भारतीय रेल की सीटें उठा ले जाएंगे। वे तो सिर्फ़ यह चाहते हैं कि जब वे रोज़ी और प्यार की खोज में निकलें तो उन पर बिना घूस दिए बैठने को मिले और वे थोड़ी बहुत आरामदेह हों।

[19.7.87]

छत पर हत्या

रात को छूटनेवाली उस मेल में इतनी ख़ाली जगह मैंने कभी न देखी थी। प्लेटफ़ॉर्म सूना पड़ा था, मुसाफ़िर जो सीट पर बैठे नहीं थे, साफ़-सुथरे कपड़े पहने टहल रहे थे, जो बैठ गए थे आराम कर रहे थे, जैसे यात्रा करने और घर में बैठने में फ़र्क़ न हो। इनमें से हरेक के व्यवहार में एक शालीनता थी, चिड़चिड़ापन किसी की बोली में झलकता भी न था। क्या रेलवे व्यवस्था इतनी सुधर गई कि समाज ही बदल गया ? मैंने मुसाफ़िरों पर एक खोजती हुई निगाह डाली। ऐसा दिखा जैसे जो लोग रेल के डिब्बे में निश्चिंत हैं, वे रेल के बाहर जीवन में भी निश्चिंत होंगे। यहां भी उनके लिए सीट रिज़र्व है, बाहर भी उनके लिए सीट रिज़र्व है।

यहां कुछ रुककर समझा देना ज़रूरी है कि इस लेख का संबंध गुजरात से नहीं है। यहां बात रेलवे में सीट रिज़र्व करने की हो रही है, जाति के आधार पर नौकरियों में सीट आरक्षित करने की नहीं। रेलवे में सीट जाति के आधार पर आरक्षित नहीं होती, परंतु कुछ ऐसा होता है कि रेलगाड़ी के आरक्षित डिब्बों में वही वर्ग बहुतायत से दिखाई देता है जिसकी सीट समाज में कमोबेश सुरक्षित होती है।

भीड़ का कारण है। भीड़ वहां है जहां यात्रा महंगी करके अधिकांश लोगों को यात्रा के अधिकार से वंचित कर दिया गया है। यात्री की औक़ात से रत्ती-भर ज़्यादा दाम होते ही बड़ी संख्या में अधिकांश यात्री अपने आप भीड़ बन जाते हैं, बाक़ी अपने आप आरक्षित हो जाते हैं। इसके बाद उन यात्रियों को, जो भीड़ बन गए हैं, रेल के डिब्बे में घुसने के प्रयास में क्रमशः डिब्बे से बाहर होते जाना पड़ता है। सबके अंत में जो होते हैं वे छत पर बैठकर यात्रा करते हैं और उनका अंत उन पाठकों के पढ़ने की ख़बर बन जाता है जो रेल के टिकटघर से सीट रिज़र्व कराने के पहले ही समाज के टिकटघर से आरक्षित हो चुके थे।

रेल की छत पर बैठकर यात्रा करना दुर्घटना को निमंत्रण देना है, यह बात भीड़ को समझाई जा रही है। परंतु दुर्घटनाओं में, चाहे वे छत पर हुई हों या डिब्बे के अंदर, एक अजब भयानक रहस्य छिपा रहता है। इनमें हमेशा सबसे अधिक नुकसान समाज में सबसे कम आरक्षित वर्ग का ही होता है। यह सभी तरह की यात्राओं के विषय में सच पाया जाएगा : बस, नाव, साइकिल, पैदल। यह भी देखा जाएगा, ये बसें खचड़ा होंगी, नावें जर्जर होंगी और साइकिल सवार या पैदल तो हर मार्ग पर सबसे कमज़ोर यात्री होंगे ही। वाहन दुर्घटना के समय सवारियों से लदे भी रहे होंगे क्योंकि जिस तर्क से यात्री कुछ वाहनों में आरक्षित सीट पर बैठकर जाता है, उसी तर्क से वह बहुसंख्य लोगों को बाक़ी वाहनों में अरक्षित छोड़ जाता है। इनमें शरण की अंतिम जगह छत ही हुआ करती है।

यह प्रवृत्ति लोगों के चरित्र से पैदा नहीं हुई है, उन पर लादी गई है। जनता का पैसा उन चीज़ों और कामों पर ख़र्च किया जाता है जो कुछ लोगों के अभावों को दूर करें और फिर इन्हीं लोगों से यह प्रमाणपत्र हासिल किया जाता है कि सबके अभाव मिटा दिए गए हैं। जब दिल्ली में बस-सेवा का विस्तार करने की योजना बनती है तो विशेष बस (डीलक्स) चलाई जाती है। किराया चालीस पैसे से बढ़ा कर एक रुपया कर दिया जाता है। कम लोग 60 पैसे अधिक दे सकते हैं। एक रुपए वाली बसों में गद्दे, परदे लगा दिए जाते हैं और उनमें भीड़ कम हो जाती है। चालीस पैसे की जगह एक रुपया दे सकनेवालों को विश्वास हो जाता है कि व्यवस्था सुधर गई। होता सिर्फ़ यह है कि एक रुपया दे सकनेवालों ने सार्वजनिक संपत्ति को निजी पैसे से ख़रीद लिया होता है।

कल पीने का पानी भी उन्हीं लोगों को मिले जो उसका पैसा दे सकते हों, तो इस सुधार के तर्क के हिसाब से वह सही होगा जबकि वह खुलेआम पैसेवालों के साथ मिलकर सार्वजनिक पैसे का ग़बन करने की योजना है। अगर आपने कभी भीड़-भरे बस अड्डे पर एक रुपएवाली बस के अंदर घुस जाने पर भी धूप में औरतों, बच्चों, बूढ़ों को मुरझाए हुए इंतज़ार करते देखा होगा तो आप समझ सकेंगे कि कितनी बड़ी संख्या में लोग बस से खदेड़कर बाहर कर दिए गए हैं।

यह अलगाव जारी रहता है। बहुत जल्दी एक वक़्त आ जाता है जब वह वर्ग जिसने जनता की चीज़ घूस देकर हथिया ली है, उस वर्ग की ओर से उदासीन हो जाता है जो इस लूट का परिणाम भुगत रहा है। जब छत पर यात्रा करते मुसाफ़िर घायल होकर मरते हैं तो सारे भारत में एक भी आवाज़ इस हत्याकांड के विरुद्ध नहीं उठती। यथार्थबोध की कविताएं लिखनेवाले प्रतिबद्ध कवि एक कविता तक नहीं लिखते। क्योंकि छत पर यात्रा करनेवाले व्यक्ति वे नहीं हैं और जो हैं वे कविता लिखने के लिए अगर जीवित बचे भी हैं तो उनकी ज़िंदगी ही उनकी कविता है, वे उसे झेलते हैं, लिखते नहीं।

एक बार मरनेवालों और बचे रहनेवालों में भावना का अलगाव स्थापित हो जाता है तो जब-जब जनसाधारण को कोई अन्याय होता दिखाई देता है वे बंटे हुए लोग उसका विरोध करने के लिए कसौटियां खोजने लगते हैं क्योंकि उसकी एकमात्र सच्ची कसौटी, समता को उन्होंने अपनी समझ के पैमाने से बाहर कर दिया है। तब इस तरह की कसौटियां बनाकर विचारक सामने लाते हैं—क्या हम इस दुर्घटना को छत पर खदेड़कर हत्या करना मानेंगे ? इसे सिद्ध करने के लिए हमारे पास तकनीकी तथ्य क्या है ? आदि ··· तब हम दुर्घटना के शिकार की ओर से कुछ भी बोलने लगते हैं—तकनीकी मामले इंसान की ज़िंदगी के मुक़ाबले ज़्यादा बड़े और प्राथमिक हो जाते हैं और इसकी आड़ में सार्वजनिक संपत्ति का उपभोग राजनैतिक सत्ताधारी वर्ग की बपौती बनने लगता है।

जिस रेलगाड़ी में जगह ख़ाली देखकर मैं आया था वह एक रुपया टिकटवाली

बस की तरह है—वह इस नीति पर टिकी है कि सब रेलगाड़ियों में आरक्षण नहीं हो सकता, केवल उनमें किया जाएगा जिनमें बैठने की हैसियत आरक्षण की भारी फीस देनेवाले रखते हैं। एक स्वच्छंद प्रतियोगितावादी पूंजी व्यवस्था में यह बात मान भी ली जाए तो इसे चलाने के लिए एक-एक आदमी का वोट गिनकर प्रतिनिधि चुना गया है और उसे अधिकार सौंपा गया है। उसमें हर योजना जो सार्वजनिक क्षेत्र में है, सबके उपभोग के लिए है और होनी चाहिए। मरनेवालों और बचे रहनेवालों में जो भेद रेलगाड़ी दुर्घटना में दिखाई दे जाता है वह अनाज की दुकान में, पढ़ाई के स्कूल में, अस्पताल में और सड़क पर मौजूद है और सरकारी तत्वावधान में मौजूद है। यह है और इसे बनाए रखने के लिए समाज को बांटा जा रहा है और एक वर्ग को दूसरे से लड़वाया जा रहा है। राष्ट्रीय एकता के ख़िलाफ़ यह षड्यंत्र किसी को आपत्तिजनक नहीं लगता क्योंकि इससे केंद्रीय सत्ता पर फ़िलहाल आंच नहीं आ रही है।

[28.4.85]

नौ अगस्त

रघुपति का नाम वे सब जानते हैं जो 1974 के बिहार आंदोलन में कहीं न कहीं साथ थे और उनके संस्कार में समाजवादी विचार का कुछ न कुछ हाथ था। जनता पार्टी सरकार बनने के साथ-साथ आंदोलन के बाद के कार्यक्रम आंदोलन के साथियों में अलग-अलग बंट गए। वे बुद्धिजीवी जो आंदोलन के दिनों में भी पार्टीबाज़ी के सहारे विचार करते थे, समाजवादी कार्यकर्ताओं के बंट जाने का उपहास 1980 में जनता सरकार के भ्रष्ट होकर टूटने से लेकर अब तक कर रहे हैं। यही बुद्धिजीवी सत्ता के सलाहकार बनने की राजनीति करते हैं। जनता के दुख-दर्द समझने की और उसे अपने अधिकारों के लिए लड़ने का साहस देने की राजनीति तो ये बिखरे हुए समाजवादी ही कर रहे हैं। ये कभी एकत्र होंगे या नहीं होंगे, होंगे तो उनका नेतृत्व इन्हीं में से उपजेगा या किसी दल में से, ये सब प्रश्न इस लेख के विषय नहीं हैं—इसका विषय तो है आज़ादी के चालीस साल बाद आज़ादी की अभिव्यक्ति करनेवालों का दमन।

देश में जगह-जगह से समाचार आ रहे हैं कि अन्याय के विरुद्ध अहिंसक और शांतिमय संघर्ष करने के रास्ते बंद करने के हिंसक प्रयत्न पुलिस और गुंडों के बल पर शक्तिशाली वर्ग करते हैं और उनसे सरकार मिली रहती है। आठ जुलाई को

गया ज़िले के शेरधारी प्रखंड (जयपुर गांव) में संपूर्ण क्रांति मंच के सहसंयोजक रघुपति और छात्र युवा संघर्ष वाहिनी के प्रांतीय संयोजक अरुण आनंद को पुलिस ने बेतहाशा मारा-पीटा। इरादा उन्हें मार-मारकर ख़त्म कर देना जान पड़ता था या शायद भ्रष्टाचार का विरोध करनेवालों को डराना था कि भविष्य में ज़बान न खोलें। दोनों ही मतलब हासिल नहीं हुए। रघुपति को यातनाएं देने और एक सप्ताह कष्टकर परिस्थिति में जेल में बंद रखने के बाद बिना शर्त रिहा कर दिया गया क्योंकि जनता का दबाव था। मगर क़ातिलाना हमला करनेवाले पुलिस अधिकारियों पर कोई कार्रवाई नहीं की गई।

इस महीने बड़ी धूमधाम से आज़ादी की चालीसवीं वर्षगांठ मनाई जा रही है। यह वर्षगांठ हर साल पड़ती है पर इस साल आज़ादी की वैधता प्रमाणित करने की कुछ ज़्यादा ही कोशिश हो रही है। नौ अगस्त जनता की आज़ादी का दिन है। सरकार की आज़ादी का दिन 15 अगस्त है। पर इस साल नौ अगस्त को सरकार ने भी अपने समारोह किए। नौ अगस्त का नाम कोई निर्गुण नाम नहीं है। वह सगुण नाम है क्योंकि वह किसी मामूली नौ अगस्त का नाम नहीं, **नौ अगस्त 1942** का नाम है और उसे भारत छोड़ो के नाम से याद किया जाता है। पर नौ अगस्त को कोई मामूली सरकार मना नहीं सकती। क्योंकि यह सत्याग्रह और सिविल नाफ़रमानी का दिन है और जो सरकार इसे मनाएगी उसकी राजनीति की समझ दकियानूस, घिसीपिटी, यथास्थिति की पोषक राजनीति के विपरीत होगी। वैसी सरकार तो अशिक्षा, जातिवाद, ग़ैरबराबरी और हिंसा को बार-बार समाज के पास जाकर दूर करने के लिए संगठन में परिवर्तन मांगेगी। सत्याग्रह और सिविल नाफ़रमानी से उसके संगठन को नया नेतृत्व और नीति मिलेगी और उसकी सरकार संगठन की बनाई और बदली नीतियों पर चलेगी। ऐसी राजनीतिक प्रक्रिया असंभव नहीं है। परंतु वर्षों तक सत्तारूढ़ पार्टी का अपने संगठन और सरकार के बीच यह आदान-प्रदान रहा नहीं है। सारे भारत को समझा दिया गया है कि आज़ाद देश में सत्याग्रह हो ही नहीं सकता, सिर्फ़ अर्ज़ीनवीसी हो सकती है।

आज़ादी के चालीस साल भौतिक उपलब्धियों के साल होंगे, हुआ करें। हमें यह जानकर कोई क्रांतिकारी ख़बर नहीं मिलती कि अब हम कितना इस्पात और कितना सीमेंट पैदा कर रहे हैं। हम कितना रोज़गार पैदा कर रहे हैं यह जानने लायक बात है और इसी के साथ यह भी कि हमारी कितनी नई प्रतिभा अपने-आपको रचनात्मक कर्म में लगा पा रही है और आविष्कार कर पा रही है, चाहे साहित्य में चाहे विज्ञान में। और सबसे बढ़कर हम यह जानना चाहेंगे कि राजनीति के द्वारा हमने मनुष्य को स्वतंत्रता की कितनी समझ दी है। अगर चालीस साल में हमने यही निष्कर्ष निकाला है कि समाज के टुकड़े करके फिर उन्हें एक जगह से संचालित करना ही राष्ट्र कहलाता है तो हमने गुलामी का केवल स्वातंत्र्योत्तर संस्करण तैयार

किया है और कुछ नहीं। यह गुलामों की एक नई पौध के लिए तैयार किया गया होगा। पर वह भी थोड़े वक़्त के लिए इसके धोखे में आएगी, हमेशा के लिए नहीं।

यह बहुत सीधी-सी, ईमानदारी से समझ में आ सकनेवाली बात है कि आज़ादी रखे-रखे छीज जाती है। उसे हर वक़्त बरतते रहना पड़ता है। पिछले वर्षों में गुलामी के आनंद बहुत बांटे गए हैं। प्रचार माध्यमों द्वारा शिक्षा दी गई है कि निर्वाचित प्रतिनिधियों से नागरिक का रिश्ता दाता और मंगते का है। अब नागरिक अपने निर्वाचित प्रतिनिधित्व से चुनाव घोषणापत्र पालन करवाने की शक्ति खो चुके हैं और टूटे हुए गुलाम समाज में रह रहे हैं। पिछले कई वर्षों में बार-बार देखा गया है कि दंगा-अकाल या दुर्घटना या किसी भी सामाजिक संकट के समय जनता और सरकार के बीच की कड़ी जनता के कोई प्रतिनिधि नहीं बने, प्रशासन के प्रतिनिधि ही बने। प्रशासन के प्रतिनिधि ही सरकार के सच्चे अनुयायी हैं, ऐसा प्रचार किया गया है। जिन राजनीतिकों की ख़ुशामद किन्हीं लोगों ने इस आशा से की कि वे सरकार के किसी एक निर्णय को उनके अनुकूल बना देंगे, उन्होंने भी राजनीतिकों को सरकार का प्रतिनिधि नहीं केवल उसका उपभोक्ता माना है, जो अपने नाजायज़ हिस्से में से कुछ न कुछ ज़रूर बांट सकता होगा। राजनीति से यह रिश्ता अपने अधिकारों के प्रति उदासीन होते जाने की प्रक्रिया जनता में शुरू करता है और सत्ता के केंद्रीकरण की प्रक्रिया राजनीति में।

राजनीति के निर्णयों में जनता की साझेदारी सिर्फ़ वोट तक रह जाने से हम 15 अगस्त मना रहे होंगे, नौ अगस्त नहीं। 15 अगस्त और नौ अगस्त में एक और अंतर है। 15 अगस्त सीमाओं पर अतिक्रमण के समय देश को एक कर सकता है पर देश की सीमा बचाने के साथ-साथ उन मूल्यों को भी बचाना है जो स्वतंत्रता से उत्पन्न हुए हैं तो नौ अगस्त ही काम आएगा।

आज़ादी के चालीस साल में केवल सीमाओं की रक्षा करनेवाली स्वतंत्रता काफ़ी नहीं रह गई है। यही आज़ादी के चालीस साल का सबसे बड़ा सबक है।

[16.8.87]

भारत में भगदड़

कई साल पहले की बात है, बिहार के लखीसराय स्टेशन पर एक रेलगाड़ी ने कई सौ यात्रियों को कुचल दिया, कितने ही मर गए। वे तीर्थयात्रा के सिलसिले में अपनी रेलगाड़ी की प्रतीक्षा कर रहे थे पर जहां आशा थी वहां न आकर वह

रेलगाड़ी किसी अन्य प्लेटफ़ार्म पर आ गई। प्रतीक्षा के स्थान से अपनी गाड़ी तक एकाएक पहुंचना ज़रूरी हो गया जिसके लिए रेल पटरी को फलांगकर ये यात्री दौड़ ही रहे थे कि एक दूसरी रेलगाड़ी ने उस पटरी पर आकर उन्हें दबोच लिया।

लोकसभा में इस दुर्घटना पर आधा घंटे की बहस की इजाज़त मिली। इसमें यह निष्कर्ष निकला कि हत्यारी रेलगाड़ी, जिसे स्टेशन पर रुकना नहीं था, सिर्फ़ गुज़र जाना था, स्टेशन से कुछ दूरी पर एक मोड़ को तय करके जब स्टेशन पर आती दिखायी देती तो अपने आप उसकी गति इतनी तेज़ होती कि उसे पटरी पार करते आदमियों को बचाने के लिए रोकने में काफ़ी देर लगती। इसलिए मुसाफ़िरों की मौत और भगदड़ दोनों स्वाभाविक थी। रेलवे ने पहले ही बड़ा-बड़ा नोटिस लगवाकर कि पटरी पार करके दूसरे प्लेटफ़ार्म पर जाना अपराध है, अपना कर्तव्य पूरा कर दिया था। यात्रियों ने अपनी मौत आप बुलाई।

यह बहस मुझे अपनी अमानुषिकता समेत बार-बार याद आती है। प्रेस दीर्घा से मैंने इसे सुना था और लिखा भी था। यह बात 1967 या 1968 के आरंभ की है, जब लोकसभा की बहसों से मालूम हुआ करता था कि समाज में मानव-मूल्य और मानव-संबंधों की हालत क्या है। उनसे ख़बरों के अंदर की ख़बरें मिलती थीं जिनको पाने के लिए खोजी पत्रकारिता ज़रूरी नहीं थी सिर्फ़ संवाददाता के अंदर कुछ मूल्यों का होना ज़रूरी था।

भगदड़ में मौत की ख़बर बार-बार आई है। पिछले दिनों कम से कम दो बड़ी दुर्घटनाओं की ख़बर छपी और कई छोटी-मोटी दुर्घटनाओं की आशंका की झलक मिली जो अख़बार की ख़बर नहीं बनी। यह बात ख़बर मानी ही नहीं जाती है कि जहां भीड़ होती है भगदड़ का होना सामाजिक पतन की निशानी है और इस पतन का प्रकट होना ख़बर है कि समाज का ढांचा कुछ टूट गया है। ख़बर यह है कि पैदल आदमी की जान का महत्व नहीं रह गया है : वह असल में इसी योग्य है कि भीड़ में कुचलकर मरे, यह बर्बर विचार उस सभ्यता का मूल स्वर है जो हम बना रहे हैं। इस सभ्यता में पैदल आदमियों के संगठित समूह की कल्पना नहीं, भीड़ की कल्पना है। अभी-अभी नई दिल्ली रेलवे स्टेशन पर जो हुआ वह किसी एक आदमी की लापरवाही का परिणाम चाहे न हो मगर इसी कारण वह एक सामूहिक अपराध है जिसकी ज़िम्मेदारी समूची सत्ता व्यवस्था पर आती है। यह ख़बर कभी पुरानी नहीं होती, हर बार जब आती है नई चेतावनी लाती है।

1981 की एक दुर्घटना की शायद किसी को याद हो जो कुतुबमीनार में हुई थी। उस पर भी लोकसभा में एक बहस हुई थी। काम रोको प्रस्ताव नहीं आया था क्योंकि सदन से स्वीकृति मांगने की अनुमति मिलने पर प्रतिपक्ष के नेताओं ने उसे टाल दिया था, शायद उनके यथेष्ट सदस्य ही सदन में नहीं थे। दुर्घटना के लिए किसी पर तब भी ज़िम्मेदारी नहीं डाली गई थी। यह याद कर इतना संतोष तो

होता है कि मुफ़्त प्रवेश के उस दिन कुतुब में जबरन भरते हुए जमघट को रोकने में असमर्थ चौकीदार को गुनाहगार नहीं ठहराया गया, क्योंकि यह स्पष्ट है कि सबसे अधिक ज़ोर-ज़बर्दस्ती हमारे गुलाम समाज में सबसे नीचे के अमले पर ही की जाती है। पर आम नागरिकों को यह बताना कि ज़िम्मेदार कोई नहीं ठहरता, शोषण और लूट के इन तत्वों को ही आड़ देना था जो ज़बर्दस्ती करके कुतुब में घुस गए थे। लखीसराय कांड और कुतुब कांड दोनों में यह कहना कि दुर्घटना मनुष्य-निर्मित नहीं है, कोई अर्थ नहीं रखता। आज की दुनिया में तूफ़ान भी उस हद तक मनुष्य-निर्मित है जिस हद तक हम उसके ख़तरे की सूचना देकर लोगों को बचाने में विफल रहते हैं।

क्या वजह है कि आज लोग भगदड़ में दिखाई देते हैं और हर जगह उन्हें ज़बर्दस्ती ठंसकर जीवन जीना पड़ रहा है। कोठरियों में सिकुड़े, नावों में लदे, बसों में भरे, रेलगाड़ियों में लटके वे मरने को अभिशप्त हैं यानी भीड़ में हैं, भीड़ का शाब्दिक अर्थ यहां लागू हो गया है यानी विपत्ति में हैं। उनको ढकेलकर भीड़ बना दिया गया है और भारतीय मानस को यह विकृति सिखाई जा रही है कि विशिष्ट होने से भी भीड़ में न होना संभव है जबकि किसी स्वस्थ समाज में भीड़ में न होना एक महज मानवीय अधिकार होना चाहिए। इस विकृति की वजह वह अर्थव्यवस्था है जो अधिकाधिक लोगों को साधनहीन बनाती जा रही है और इसमें सहायक हो रही है वह राजनैतिक मानसिकता जो उन्हें निरर्थक बनाती है और यह ऐसे समाज की निरुद्देश्यता ही है कि उसमें भगदड़ की मौतों से बचने की कोई इच्छा नहीं दिखाई देती।

[9.4.89]

रामदास की नौकरी

रईसों की बस्ती में रामदास झाड़ू लगाता है। वह सड़कें बुहारता है। सदर दरवाज़ों पर सफ़ाई, जीनों की धुलाई करता है, महरिनें घरों के अंदर झाड़ू-पोंछा करके जो कचरा पेटी में जमा रखती हैं, रोज़ उसे बटोरकर कचरा ठेले में भरकर दूर फेंक आता है। यह बस्ती पढ़े-लिखे लोगों की किसी आवास संस्था ने बनाई है। इसमें अनेक जातियों और पेशों के खाते-पीते सदस्य अपने-अपने मकान बनवाकर रहते हैं। बिजली, पानी, सफ़ाई, बाग़वानी, चौकीदारी के कामों के लिए मासिक वेतन या दिहाड़ी मजूरी पर नौकर रखकर सदस्य ख़ुद ही संस्था का प्रबंध करते हैं। उनकी

एक निर्वाचित प्रबंध समिति है।

रामदास जब बस्ती में झाड़ू लगाने के लिए रखा गया तो जमादारों में एक और बढ़ गया। सदस्यों को लगा था कि पहले के जमादार काफ़ी नहीं पड़ रहे थे। या तो पढ़े-लिखे लोगों ने कूड़ा-कचरा ज़्यादा फैलाना शुरू कर दिया था या पुराने जमादार कामचोर हो गए थे। बहरहाल एक जमादार और रखने की ज़रूरत सही मालूम हुई और रामदास यह ज़रूरत पूरी करने लगा।

बस्ती में कई जातियों और पेशों के लोग रहते थे। प्रबंध समिति में भी ऐसी ही विविधता थी। तनख़्वाह पर नियुक्त सेवक जैसे मुनीम, लिपिक, खजांची, मैनेजर, मिस्त्री, माली, चौकीदार भी किसी एक जाति के ही नहीं थे। ये सब बाम्हन, ठाकुर, क्षत्रिय, कायस्थ वग़ैरह थे। इनमें जमादार की जाति का रामदास भंगी को छोड़कर दूसरा कोई न था। यह कहने की ज़रूरत नहीं कि बाम्हन, ठाकुर, बनिए, कायस्थ वे सब काम करने के लिए मिलते ही न थे जो जमादार करता था। जमादार इन सबसे अलग और इन सबके समाज से टूटा हुआ था। वह भंग होकर वहां पहुंचा था जहां ऐसे भंग लोगों को समाज से हाँककर भंगी बना दिया गया है।

यह सोचकर कि इस शब्द का अर्थ कहीं मैंने अपनी कविबुद्धि से तो नहीं निकाल लिया है, मैंने दो-तीन शब्दकोष जो मेरे हाथ लगे देख डाले। संस्कृत में भंग शब्द मिला जिसका अर्थ है पार्थक्य, पराजय, हताश आदि। हिंदी में भंगी है ही नहीं मानो वह कोई अर्थपिक्षी शब्द ही नहीं है, उसका अर्थ तो संपृक्त समाज ने तय ही कर दिया है। हां भंगन शब्द नया है तो उसका अर्थ कोश में दिया था भंगी की स्त्री अर्थात् भंगन भी अपने में कोई इकाई नहीं है। उसी पूर्वनिश्चित शब्दधारी की औरत है। ख़ैर, एक बार उर्दू शब्दकोश भी देखा। उसमें 'भ' अक्षर ही नहीं मिला यानी उर्दू कोश भंगी को उर्दू भाषा में शामिल ही नहीं करता।

शब्दकोश और भी होंगे पर मैंने देखे नहीं। शब्द-चर्चा मेरे लिए एक हद के बाद एक मनुष्य-विरोधी कार्रवाई बन जाती है। वह हद आने से पहले मैं कोश छोड़कर फिर इसी मानवसमूह में आ गया जहां रामदास झाड़ू लगाता है।

वहां आकर पता चला कि प्रबंध समिति ने रामदास को बर्ख़ास्त कर दिया है। उससे कह दिया गया है हमें अब तुम्हारी ज़रूरत नहीं है। मुझे सुनकर लगा कि रामदास ने चारों तरफ़ घेरा डाले बड़ी जातिवालों में किसी को नाराज़ कर दिया होगा जिसका दंड उसे दिया गया है। मगर मालूम किया तो पता चला कि रामदास से किसी को नाराज़गी नहीं थी। उसका काम पक्का था। वह फुर्ती और मुस्तैदी से झाड़ू लगाता था और उतनी ही फुर्ती और मुस्तैदी से सलाम भी करता था।

पूछताछ से मालूम हुआ है कि बड़ी जातवालों में से किसी ने सवाल उठाया था कि एक नया जमादार रखने से प्रबंध समिति पर ख़र्चे की बड़ी ज़िम्मेदारी आ गई है और उसने तय किया है कि फ़िज़ूलख़र्ची कम करने के लिए कोई न कोई कर्मचारी बर्ख़ास्त किया जाए। जिस समाज में सेवा करने के लिए भंगी, माली, चौकीदार,

लिपिक, मैनेजर आदि भांति-भांति के कर्मचारी नियुक्त हों वहां ख़र्च कम करने के लिए भंगी के पेट पर लात क्यों मारी जाए। यह प्रबंध समिति में कोई नहीं पूछ सकता क्योंकि वहां सभी लोग उन्हीं जातियों के हैं जिनके ये दूसरे कर्मचारी हैं, भंगी तो सिर्फ़ अकेला है और उसकी जाति का दख़ल न प्रबंध समिति में है न बस्ती के निवासियों में।

संस्कृत शब्दकोश में भंग शब्द का अर्थ याद आता है पार्थक्य। पढ़े-लिखे लोगों को लगना चाहिए कि उनकी मातृभाषा और राजभाषा/अंग्रेज़ी के अपार्थीड शब्द में उनकी पूजापाठ की भाषा संस्कृत की स्पष्ट झलक है। इतना तो वह दैनिक अख़बार में अंग्रेज़ी पढ़कर ही देख सकते हैं—संस्कृत को तो वे मुंडन-कनछेदन के समय किसी पोंगा पांडे से बुलवाते ही होंगे। पर पार्थक्य नामक भाव को जिस व्यक्ति पर बड़े लोगों ने लोकभाषा हिंदी में लागू कर दिया है वह भंगी समाज से इस तरह पृथक कर दिया गया है कि अब वह सिर्फ़ झाड़ू लगाते हुए उसमें घुस सकता है और ड्यूटी ख़त्म होने के बाद वह वहां रह नहीं सकता। उसे डिसमिस कर दिया जाएगा। यही अपार्थीड की वह शक्ल है जो हमारे समाज में ज़िंदा है। यही रामदास की कहानी है। पर चूंकि यह हिंदी में है जिसके बनाने में रामदास का योग शब्दकोष और शास्त्र स्वीकार नहीं करते इसलिए पार्थक्य की शक्ल सिर्फ़ अंग्रेज़ी के ज़रिए दक्षिण अफ्रीका में देख लिया करते हैं बेचारे हिंदीवाले।

दया, मानवीय भावना, करुणा, ममता ये सब संस्कृत भाषा के अमूल्य शब्द हैं। पढ़े-लिखे लोगों की मातृभाषा और राजभाषा अंग्रेज़ी में भी इनके समानार्थक अच्छे-अच्छे शब्द प्रचलित हैं। इनका इस्तेमाल कभी-कभी ये पढ़े-लिखे लोग अपने पार्थक्यपोषक समाज को ऋणमुक्त करने के लिए करते हैं। ऐसी ही कोशिश किसी रामदास हितैषी ने रामदास की छोटी-सी जीविका बचाने की ख़ातिर की थी, कहा था रामदास को बर्ख़ास्त करने से यह फ़िज़ूलख़र्च घट जाएगा जो आपने अपने कारणों से बढ़ा रखा है तो घटा लीजिए पर ग़रीब पर तरस खाइए। आपके अन्य सेवकों की नौकरियों में से कोई ख़ाली हो तो एवजी पर ही इसे रख लीजिए। बाल-बच्चोंदार आदमी भूखा तो न मरेगा। उत्तर था उन जगहों पर जो बाक़ी लोग बैठे हैं, वे अपने बीच भंगी को कैसे स्वीकार करेंगे ? तब तो अनुशासनहीनता फैलेगी।

अर्थात् उन कामों को करने के लिए भी जिन्हें कोई भी चंगा व्यक्ति केवल उस काम का अभ्यास करके सीख सकता है क्योंकि उनके लिए विद्यालय के प्रशिक्षण प्रमाणपत्र की आवश्यकता नहीं, उसी को परखा जा सकता है जो भंगी नहीं है अर्थात् जिसे लंबे वक़्त से जारी सामाजिक पार्थक्य ने भंगी घोषित नहीं कर रखा है। ऐसे लोगों को काम में समर्थ होने का कैसा भी प्रमाण देना ज़रूरी नहीं, जाति का प्रमाणपत्र लिए हुए पैदा होना ही काफ़ी है।

बात यहीं पर ख़त्म नहीं होती। हमारे प्रबुद्ध भारत में कोई भी संस्था किसी

छोटी जात के कर्मचारी को सेवा के दौरान किसी बड़ी ज़िम्मेदारी के लिए योग्यता प्राप्त करने के अवसर तब तक नहीं देती जब तक अपनी जात को छोटी नहीं बड़ी बताकर बड़ी जातवालों में स्वीकृत किए जाने का दावा नहीं करता। यह रास्ता भी सफ़ाई कर्मचारी के लिए तब तक बंद है जब तक भंगी का काम कम से कम दो-चार बड़ी जातवाले करने को राज़ी न हो जाएं। एक उपाय यह हो सकता था कि रामदास कम से कम अपनी किसी अगली पीढ़ी के लिए रास्ता खोलने के ख़याल से अपने बच्चों को पढ़ाने-लिखाने लगे। आख़िर दूरदर्शन पर जनोदित प्रतिभाएं समाज में क्रांति के उद्देश्य से हर इंटरव्यू में ग़रीबों से यही तो पूछती हैं—'तो आप अपने बच्चों को यही काम करने देंगे जो आप कर रहे हैं ? कोई तरक़्क़ी नहीं चाहते ?'

पर वह ऐसे अच्छे स्कूल में अपने बच्चे को किसी तरह नहीं पढ़ा पाएगा जिनमें बच्चे को भरती करने के पहले मां-बाप की योग्यता परखी जाती है। वह योग्यता मां-बाप के गुणों की नहीं उनकी असलियत की होती है। कहीं ऐसा तो नहीं कि झाड़ू लगा-लगाकर उन्होंने स्कूल की फ़ीस लायक पैसा कमा लिया हो और झाड़ू लिए हुए उनका बच्चा स्कूल आने लगे।

तीसरी और अंतिम सूरत यह हो सकती है कि प्रधान जमादार पद पर बढ़िया तनख़्वाह और सवारी के साथ पहुंचने की उम्मीद से रामदास तरक़्क़ी करता जाए और अंत में उसकी सामाजिक हैसियत उसके पद के कारण मान ली जाए जैसा सबके साथ होता है। पर यह कम से कम उस वक़्त तक संभव नहीं दीखता जब तक ख़र्च कम करने के लिए नौकरी छुड़ाई जाएगी तो रामदास की ही छुड़ाई जाएगी।

[15.4.90]

गांवों का उजड़ना और शहरों का उखड़ना

गांव और शहर का विवाद पुराना है। किसी समय यह विवाद आर्थिक रहा होगा और कालांतार में ही सांस्कृतिक हुआ होगा, पर स्वतंत्र भारत में गांवों का उजड़ना और शहरों का उखड़ना एक साथ होता रहा है और यह कोई निरी प्राकृतिक घटना नहीं रही है। सत्ता के केंद्रीकरण का परिणाम ही था कि परंपरा से जाति, पैसे या लाठी के बल पर शक्तिशाली शोषक तत्वों का गांव और शहर दोनों में परस्पर सहयोग बढ़ा। इस समय आज़ादी की प्रायः आधी शताब्दी बीतने पर हम उन सभी

सरलीकरणों को संदिग्ध पा रहे हैं जो आज़ादी के संघर्ष के दिनों में हमने बनाए थे जैसे यह कि गांव में सर्वत्र प्रेम और शांति भरी है तथा शहर में चहुं ओर घोर क्लेश और हिंसा व्याप्त है। फिर भी किसी भारतीय नागरिक के लिए यह स्वीकार कर लेना मृत्यु के समान होगा कि गांव मानवद्वेषी मूल्यों के भंडार हैं या यह कि शहरों में जो मानवीयता है वह झूठी है। जीवनप्रद तो यही होगा कि वर्तमान में गांव और शहर के बीच फंसे मनुष्य की लोकतंत्री आकांक्षाओं की परस्पर विरोधी दीखनेवाली परिस्थिति को ईमानदारी से समझा जाए।

हाल के वर्षों में गांव से कमाए हुए पैसे से शहर में संपत्ति ख़रीदने का सिलसिला आज़ादी के शुरू के वर्षों की तुलना में बहुत बढ़ गया है और काले धन के विराट समर्थन ने शहरों में पूंजी का कृत्रिम साम्राज्य और अधिक आक्रामक बना दिया है। इसकी आक्रामकता का परिणाम गांव की संस्कृति के बहुत तेज़ी से 'आधुनिक' होते जाने में दिखता है। पर जो एकाएक नहीं दिखता वह है गांव की कमाई से शहर में संपत्ति के अलावा विशेषाधिकार प्राप्त करनेवाले वर्ग का उदय। निश्चय ही इस वर्ग के रिश्ते राजनैतिक सत्ता से भी हैं और प्रशासन प्रतिष्ठानों में इसकी पहुंच है। शहरों में जैसी अधकचरी संस्कृति आधुनिक वैभव का भ्रम पैदा करती है वैसी इस वर्ग को सुलभ है और स्वीकार्य भी। पर इसे यह विज्ञप्ति करने में अपना स्वार्थ न्यस्त जान पड़ता है कि वह गांव से आया है, कि उसकी जड़ें गांव में हैं और वह गांवों की संस्कृति का पक्षधर है। सच तो यह है कि वह ग्राम संस्कृति जिसका पक्षधर यह संभ्रांत व्यक्ति अपने को बताता है वही संस्कृति है जो गांव में भूमि अथवा जाति के वर्चस्व और ग़ैरबराबरी के स्थायित्व की पोषक है। जहां तक भारतीय शहरों का सवाल है उनकी रचना ही गांव से स्थानांतरित पूंजी तथा प्रताड़ित श्रम के मेल से हुई है तथा उनकी अधकचरी आधुनिकता में इस संभ्रांत ग्रामीण का खप जाना बहुत मुश्किल नहीं है क्योंकि वहां उसकी विचित्रता की भी क़ीमत लग जाएगी। यह व्यक्ति अपने को विशिष्ट मानता है। ठीक उसी तरह जैसे हिंदी के वे भक्त अपने को विशिष्ट मानते हैं जो हिंदी के साथ-साथ अपने साहबों की भाषा अंग्रेज़ी पर भी अधिकार रखते हैं। उसी के कारण वे हिंदी भाषा समाज में विशेष सम्मान के पात्र हैं। यहां शहरों से जुड़े हुए इस व्यक्ति के मुंह से बार-बार अपने गांव से जुड़े होने का विज्ञापन सुनकर ऐसा लगता है मानो कोई नौकरशाह घोषणा कर रहा हो कि मैं हिंदी धाराप्रवाह बोल लेता हूं।

गांव से जुड़े होना कोई बुरी बात नहीं है। मगर कोई ख़ास बात भी नहीं है। ख़ास बात होगी किसी का दावा करना कि मैं गांव से जुड़ा नहीं हूं। गांव से जुड़े होने के कारण ही किसी के लिए सब मनुष्यों को एक समान समझना संभव हो सकता है। पर गांव से जुड़े होकर जब कोई व्यक्ति शहर के उस वर्ग का माध्यम बन जाए जो गांवों के शोषण पर टिका हुआ है तो उसकी सामाजिक प्रतिबद्धता के विषय में सचेत हो जाना चाहिए। उस दुर्भाव से अच्छा तो यह होता कि बजाय

यह गाना गाने के कि गांव से जुड़ा हुआ हूं वह दावा कर सकता कि मैं गांव छोड़कर चला आया हूं, क्योंकि वहां मेरा अब कोई स्वार्थ नहीं रह गया है।

निस्संदेह गांव से भाग आए लोगों में ऐसा दावा कर सकनेवाले शहर में कम नहीं होंगे। पर वे शहर के उस हिस्से में रहते होंगे ज़हां मिट्टी तोड़नेवाले मजूर या आदमी को ढोनेवाले आदमी साइकिलरिक्शा चालक रहते हैं। इन दोनों में से कोई कभी अपने गांव से जुड़े होने को भुना नहीं सकता। अधिक से अधिक वह यही कर सकता है कि शहर के मानवद्वेषी समाज में जहां उसे रहने पर मजबूर किया गया है वह नई संस्कृति के पक्ष में संघर्ष करे।

अपने को ग्राम-संस्कृति का पक्षधर कहनेवाला हमारा संभ्रांत ग्रामीण नागरिक जो अब शहर में सुखासीन है, इस तरह के संघर्ष को गांव से जुड़ना नहीं मानता, यह तो स्पष्ट ही है, पर वह यह भी समझने से इनकार करता रहे कि एक स्वस्थ मानवीय नागर संस्कृति का निर्माण लोकतंत्र के लिए आवश्यक है तो उसे संकीर्ण सांप्रदायिक सामंती मानसिकता का पक्षधर कहना उचित होगा न कि गांव की मानवधर्मी नैतिकता का जो भारतीय गांव में अब भी मिल जाती है।

पुलिस के साथ शाम की सैर

दक्षिण दिल्ली में सरकारी कर्मचारियों की एक विशाल बस्ती है जिसे पुष्पविहार कहा जाता है। इस बस्ती में कोई इमारत नहीं है जो आवासीय क्वाटरों से ज़्यादा ऊंची हो। कोई मीनार, मिल की चिमनी, पहाड़ी, कोई पेड़ अर्थात् ऐसा कुछ नहीं है जो एकरसता को तोड़ता हो, हां पानी की टंकियां ज़रूर ऊंचे खंभों पर खड़ी हैं पर वे इतनी अपरूप हैं कि कोई सर उठाकर उन्हें निहारता नहीं। नतीजा यह है कि पूरा इलाक़ा और भी पसरा हुआ लगता है, यहां तक कि कोई पहली बार यहां आए तो चाहे चला सिर्फ़ सौ क़दम हो लेकिन भ्रम में पड़ जायेगा कि मैं बहुत दूर निकल आया।

एक दिन बीतते अगस्त की शाम को जो इस साल वर्षा न होने से कभी अक्तूबर-सी कड़ी और कभी सितंबर-सी मुलायम लगती थी, मैं किसी का घर ढूंढते-ढूंढते वाक़ई बहुत दूर निकल गया। भटककर देखा, दूर पर जगरमगर है, मानो किसी के यहां कोई सामाजिक उत्सव हो रहा है। बस्ती से बाहर निकलने का रास्ता शायद वहीं पूछने से मालूम हो जाएगा, यह सोचकर उधर बढ़ता गया तो धीरे-धीरे मीठे अंधेरे में आंखों को साफ़-साफ़ दिखने लगा—सरकारी मारकीट के

सामने बीस-पच्चीस लोगों की भीड़ तितर-बितर-सी मौजूद थी मानो लोग जानबूझकर एक जगह इकट्ठा न हुए हों। और भी नज़दीक पहुंचने पर उन्हीं के बीच एक आदमी दहाड़ता और छड़ी घुमाता हुआ दिखा। दस क़दम पास पहुंचकर देखा, एक नौजवान उसे जवाब दे रहा था। न उसके पास वह शरीर था न कोई छड़ी थी पर वह अपमान के जवाब में गुस्से से बोल रहा था। वह कह रहा था तुम अपने-आपको समझते क्या हो ? तुमने डंडा चलाया कैसे ?

छिटके हुए लोग दो-दो, चार-चार के गुट बनाकर बात कर रहे थे मानो इसी प्रसंग पर बोल रहे हों। उनमें से एक से मैंने पूछा हुआ क्या है। मुन्न से कुछ जवाब मिला। दूसरे गुट से पूछा तो उसमें तीन-चार लड़के किसी और ही बात पर ठट्ठा कर रहे थे। एक जगह दो-तीन वयस्क व्यक्ति थे जिनको देखकर समझना मुश्किल था कि खड़े होकर सुन रहे हैं या चल दिए हैं।

यह बस्ती है सरकारी मकानों की, मगर इसमें कई लोग ऐसे भी रहते हैं जो किसी सरकारी नौकर से पूरा या आधा मकान किराए पर लेकर टिके रहते हैं। यानि तब तक जब तक कि मकान का अधिकृत किराएदार उन्हें मकान बदलने को मजबूर न करे। कुछ क़ानूनी किराएदार नौकरी की तलाश में किसी के यहां दो-एक महीने के वास्ते टिक गए होते हैं। कुछ किराएदार नहीं होते, किसी परिचित के घर में दिल्ली में भाग्य आजमाने के लिए बसेरा कर रहे होते हैं और हो सकता है कि कुछ बेराज़गार निठल्ले भी हों जिन्हें मालूम नहीं कि वे ज़िंदगी में कहां जाकर टिकेंगे।

छड़ी घुमाता और गरजता आदमी मुझे ऐसा पात्र लगा जो पिछले दिनों दिल्ली में सुरक्षा के हित में छपे पुलिस की मुस्तैदी का प्रचार करनेवाले विज्ञापनों से निर्मित वीडियो फ़िल्म में काम करने के लिए चुना गया हो। ये विज्ञापन आपने पढ़े होंगे। इनमें बताया गया है कि लगभग हर अजनबी संदिग्ध व्यक्ति होता है। वह भयंकर आतंकवादी से लेकर मालिक की हत्या करने पर तुला हुआ घरेलू नौकर तक हो सकता है। कौन जाने वह सिर्फ़ दरवाज़ा खटखटानेवाला छुरा लिए आगंतुक हो। मगर सरकार ने जनता को सचेत कर दिया है। अगर जनता अपने में से किसी पर बिना शक किए रहती है तो सरकार ज़िम्मेदार नहीं।

इतने में लड़के की नाराज़गी में एक लड़की भी शामिल हो गई। वह डंडेवाली वर्दी से कह रही थी, 'क्या कर लोगे तुम ? देखें तुम्हारी हिम्मत ! तुमने डंडा चलाया।'

वर्दीवाला कह रहा था, 'तू कहां से आ गई ? ये लड़का बड़ी देर से उस लड़की के साथ सटा-सटा चला आ रहा था। मैं सब जानता हूं। ऐसे बदमाशों को मैं ठीक कर दूंगा। इस इलाक़े में रहने नहीं दूंगा सालों को। साले लड़कियों को छेड़ रहे हैं। शरीफ़ बनते हैं।'

लड़की ने कहा, 'जिस लड़की की तुम कह रहे हो वह तो दूसरी सड़क से अभी-अभी इधर आई। हम दोनों तो अलग से साथ-साथ आ रहे थे पूरे रास्ते।'

डंडेवाला गरम हो गया, 'तू क्या कहती है। तेरे को मैं जानता हूं, ऐसी धंधा करनेवाली बहुत देखी हैं। तू इसकी कौन लगती है ? बता ?'

लड़की ने कहा, 'मैं इसकी बीवी हूं।' लड़का मेरे पास आकर बोला, 'देखिए मैं इंदिरा गांधी एयरपोर्ट में इंजीनियरी के सेक्सन में असिस्टेंट हूं। ये देखिए मेरा कार्ड। मैं बीएससी पास हूं, ये मेरी बीवी है। हम लोग घर जा रहे थे। इसने हमें रोका, गाली दी, डंडा चलाया, मैं वार बचा गया। अब मुझे यह धमकी दे रहा है कि मैं लड़की को छेड़ रहा था, मुझे बंद करा देगा।'

लड़की ने लपककर डंडेवाले के सामने आकर कहा, 'कर ले जो करना है। मैं देख लूंगी तेरे को। बंद करा देगा ? मैं तुझे बंद करा दूंगी।'

डंडेवाले ने मानो जो भी सुनता हो उसे अपनी तरफ़ करने की धमकी दी, 'ये तेरी बीवी है ? बोल ? ये तेरी बीवी है ? तू उस दूसरी लड़की से घुस-घुस कर क्या कर रहा था ?'

लड़की ने फिर चीखकर सबसे बताया, 'कोई लड़की नहीं। एक और दूसरे रास्ते पर आई, हमारे पास से होकर चली गई। हम लोग सेक्टर सात में रहते हैं, वहीं जा रहे हैं। इसकी हिम्मत देखो ? सर फूट जाता तो क्या होता ?'

लड़की रोआंसी थी मगर रो नहीं रही थी। वह डंडेवाले के सामने आंखें तरेर कर खड़ी हो गई। डंडेवाले ने लड़की को धमकी दी, 'ठीक कर दूंगा तेरे को।' उसने डंडा पटका।

लड़की ने कहा, 'क्या करेगा तू। तू कर जो करना है। मारेगा ? मैं तुझे देख लूंगी।'

डंडेवाले ने कहा, 'ऐसे देखनेवाले देख लिए, क्या कर लेगी तू?'

लड़की ने पूरी ताक़त से जवाब दिया, 'वह तो पता चल जाएगा, तू हाथ तो उठा मुझ पर।'

लड़का बोला, 'आप देखिए, इस तरह शरीफ़ घरों की औरतों को धमकाते हैं और मुझे तो मार ही दिया होता।'

अब दो दुकानदारों ने लड़के को आकर सलाह दी, 'आप जाइए, घर चले जाइए, यहां बात बढ़ाने से कोई फ़ायदा नहीं।' डंडेवाला लड़के से बोला, 'जाओ जाओ।' जब लड़का-लड़की अपने रास्ते चल दिए तो दोनों दुकानदारों से बोला, 'शाम को निकल आती हैं धंधा करने। कहती हैं मैं इसकी बीवी हूं। आजकल की औरतों का यह काम है।'

[8.10.89]

नीचे घास ऊपर आकाश

दिल्ली की एक सम्पन्न बस्ती की बात है जहां क़रीब-क़रीब हर परिवार अपने निजी मकान में रहता है। मकानों का यह समूह एक सहकारिता सभा का बनवाया हुआ है। इनकी सफ़ाई-पुताई, मरम्मत, चौकीदार की व्यवस्था सभा ही करती है। सभा में विविध आर्थिक स्तरों के मकान-मालिक हैं और इनके सांस्कृतिक स्तर भी एक-से नहीं हैं। लिहाज से इनकी आपसी बहसों में दिलचस्प नतीजे निकलते हुए दिखाई देते हैं।

जैसे कुछ का विचार है कि अगर सभ्य लोगों की तरह शान से रहना है तो सजावट और रख-रखाव पर ख़र्चा करना ज़रूरी है। कुछ इस विचार से एक अंश से सहमत हैं यानि कि सजावट और रख-रखाव ज़रूरी है, दूसरे अंश से सहमत नहीं हैं, यानि कि ख़र्चा ज़रूरी है। दोनों ही वर्गों के लोग इस बस्ती को आदर्श मानते हैं, क्योंकि यह बाहर की झंझट भरी दुनिया से किसी क़दर मुक्त है मगर इसके रख-रखाव के ख़र्च के बारे में एक वर्ग अपने से भी रईस वर्ग की नक़ल करता है और दूसरा वर्ग अपनी तुलना में ज़्यादा ग़रीब वर्ग से सहानुभूति रखते हुए उसके समान किफ़ायतदारी करना चाहता है।

दोनों का यही अंतर अनेक बस्ती में समस्याओं की जड़ है। आमदनियों का अन्तर समाज में सांस्कृतिक और सामाजिक भेदभाव को पैदा करता है। उधर मध्य वर्ग की संस्कृति दिनोदिन उन रीतियों को हीन मानकर छोड़ती जा रही है जो उस वर्ग में परंपरा से हैं और राजनैतिक आज़ादी के संघर्ष के दौरान परिपुष्ट हुई थीं। इन रीतियों का उद्देश्य ऊंच-नीच को मिटाकर सामाजिक व्यवहार में अधिक से अधिक समता पैदा करना था और यह उद्देश्य राजनैतिक आज़ादी की मांग का ही एक रूप था। समृद्धि का प्रदर्शन न करना सामाजिक व्यवहार की मर्यादा बनाता था, आज़ादी मिलने पर हमारी अपनी सरकार ने ऐसी मर्यादा का पालन सुगमतर करने के लिए परंपरा को समझते हुए आर्थिक क़ानून और व्यावहारिक प्रशासन के रास्ते अपनाए होते तो जीवन का अनावश्यक क्लेश बहुत कम हो गया होता।

ग़रीब और अमीर के बीच की खाई पाटने के लिए गुलाम भारत में कुछ परंपरागत रीतियां काम आया करती थीं। दया, दान, परोपकार इनमें से कुछ हैं। इनके लिए कोई क़ानून नहीं हो सकते, केवल कुछ मान्यताएं हो सकती हैं। इसी तरह मनुष्य की बराबरी भी सिर्फ़ रीतियों से नहीं सिद्ध हो सकती। क़ानून भी चाहिए। क़ानून और रीतियां दोनों मिलकर बराबरी की इच्छा और सुविधा उत्पन्न करती हैं। और यह निर्विवाद है कि दोनों में से सिर्फ़ एक का रास्ता पकड़ा जाए तो क़ानून में चोरी बढ़ती है और रीतियों में पाखंड पनपता है।

जिस सहकारिता बस्ती का ज़िक्र है जब वह बनी थी तो दावा यह था कि

साधारण हैसियत के लोगों को भी सम्मान, सुविधा और सांस्कृतिक सौजन्य सहित जीवन बिताने का साधन इस बस्ती में जुटाया जाएगा। क़रीब-क़रीब यही दावा 1947 में आज़ाद भारत का भी था। आज वर्षों बाद भारत में जीवन जीने का हर सुंदर, सहज और सांस्कृतिक साधन साधारणजन को दुर्लभ और विशिष्ट जन को सुलभ होता जा रहा है। ठीक यही उस छोटी-सी बस्ती में भी हो रहा है जिसका ज़िक्र है। यह तर्क के अनुसार स्वाभाविक होगा पर जीवन के संतुलित निर्वाह के हित में बाधक है। यह केवल इस कुतर्क को जन्म देता है कि यदि शांति चाहते हो तो जीवन से भाग जाओ या पांच तारा शैली में जीने का पैसा कमाओ (कैसे? यह न पूछो, न बताओ) यही एक नहीं, अनेक कुतर्क इस विकृति से जन्मे हैं। जैसे यह कि जो कुछ सांस्कृतिक है वह विशेषज्ञों का काम है—यानी गाना-बजाना से लेकर घर को सजाना और शरीर को ढंकना तक। ये काम करना साधारण जीवन जीनेवालों के बस का नहीं। वे तो यह काम दिन-ब-दिन भूलते जा रहे हैं और जब कोई उन्हें सिखाता है तो वह सिखानेवाला भी साधारण ज़िन्दगी से कटा हुआ और कोई न कोई अधूरा व्यक्ति होता है। इस संस्कृति का एक अधकचरा अदद लेकर उसे इस तरह पेश करता है जैसे लो यह तरीक़ा बरतो तो शान बढ़ेगी। यह नहीं कि इस तरह जियो तो जीवन में आनंद बढ़ेगा जिसका शान से कोई ताल्लुक नहीं। आजकल दिल्ली के किसी आधुनिक भोजनालय में दाल ख़रीदने जाइए तो यूरोप के वातावरण-प्रदूषण के सताए समाज में प्रकृति को ख़रीदनेवालों की तरह प्रकृति की हिन्दुस्तानी संतान को भी 'हर्बल' दाल ख़रीदनी होती है। 'हर्ब' (जड़ी-बूटी) की आधुनिकता यूरोप से भारत में आ रही है। हर्बल (हर्ब युक्त) दाल और कुछ नहीं धनिया, पुदीना, करीपत्ता, तेजपात, सोया-मैथी आदि मिली हुई हमारी दकियानूसी दाल ही है जिसे आज के यूरोपीय प्रतिमानों के अनुसार 'आधुनिक' हुए हज़ारों साल हो चुके हैं।

सवाल दाल की पाक-विधि का नहीं है, संस्कृति को शान की ख़ातिर महंगा बनाने का है। इसी के साथ-साथ समाज में ग़ैर-बराबरी को एक जीवन-मूल्य के रूप में प्रतिष्ठा देने का भी है। अगर हम इस रवैये को बदलते नहीं तो यह ग़रीबी को सांस्कृतिक पिछड़ापन बना देगा और अमीरी को सांस्कृतिक खोखलापन।

तब रास्ता कहां है ? रास्ता बीच का है मगर इसके बावजूद टेढ़ा है। वह आविष्कार का रास्ता है—रिश्तों में गोश्त और हड्डी की धड़कती हुई आत्मीयता के अविष्कार का, किताबी आस्थाओं का नहीं जो पहली झलक में ही झूठी मालूम होती हैं और आख़ीर तक पहुंचते-पहुंचते पाखंड बन जाती हैं। जिस संस्कृति में शोषण और दमन नहीं है वही आविष्कार की संस्कृति है। वही तो हर अनुभव में मनुष्य की गरिमा और स्वाधीनता अर्थात् एक जीवन-शैली खोजती रहती है जो संस्कृति का दिखावा नहीं करती, जहां दिखाने लायक सतही समृद्धि होती ही नहीं।

यह संस्कृति हर प्राकृतिक साधन के निकट है। प्रकृति को वह डब्बाबंद करके

पण्यवस्तु बनाने के विरुद्ध है। ऐसा करना पड़ता है तो कम से कम करती है, परंतु खेद है कि संस्कृति बाहर की, विदेश से लेकर भारतीय महानगरों तक की, नक़ल-संस्कृति के आगे बहुत प्रकार से असहाय भी है। नक़ल-संस्कृति ने मकानों की वास्तुकला में अभी तक ऐसा आविष्कार नहीं किया जिससे घर में रहनेवाले लोगों को मौसम के ख़िलाफ़ कार्रवाई करने पर रोटी से ज़्यादा ख़र्च और परिश्रम करना पड़ता है—और इस ख़र्च में जो अधिक समर्थ हैं उनकी शान बढ़ती है, जो नहीं हैं उनकी घटती है। प्रकृति से सामंजस्य महंगा हो गया है और उसकी कम-ख़र्च रीतियां विस्मृत हो गई हैं। छोटी बस्तियों में इन रीतियों का पुनरुद्धार संभव था, मगर वे बड़ी और आक्रामक बस्तियों से घिरी हुई हैं और उन्हीं के जैसे मानवीय रिश्ते बना रही हैं—वह भी आधुनिकता के नाम पर।

पाकिस्तान से होशियार

पिछले कुछ दिनों से प्रधानमंत्री सेना को बार-बार चेता रहे हैं कि वह पाकिस्तान के आक्रमण से होशियार रहे। पर हमारे देश के सभी लोग तो सेना में नहीं हैं। उन बाक़ी लोगों के लिए क्या संदेश है ? क्या उनके लिए भी कोई चेतावनी है जैसे सेना के लिए है या किसी और तरह का संबोधन है ? या सिर्फ़ उपदेश ?

प्रश्न यह है कि जब सीमा के अतिक्रमण की आशंका सामने खड़ी होती है तो हम सेना को सतर्क करके जनता को सूचना दे देते हैं कि सेना सतर्क कर दी गई है, अब जनता हम पर विश्वास जारी रखे मानो जनता को हमारे ऊपर विश्वास रखना ही मुख्य बात है, जनता का जनता पर विश्वास रखना मुख्य बात नहीं है। होती तो अब तक प्रधानमंत्री ने एक बार जनता को याद दिलाया होता कि पाकिस्तान, जो अपने को मुस्लिम राष्ट्र बताता है, भारत के मुसलमानों और हिंदुओं में अलगाव पैदा करके ही सीमा पर आक्रमण का लाभ उठा पाएगा।

इसलिए सीमा पर सेना को सचेत कर देना काफ़ी नहीं है। तब क्या करना चाहिए ? क्या भारत के मुसलमानों पर निगरानी रखनी चाहिए ? क्या उन्हें शक की निगाह से देखना चाहिए ? और उन्हें पाकिस्तान के आदमी मानकर उनका भी मुक़ाबला करना चाहिए मानो हम पाकिस्तानी सेना का मुक़ाबला कर रहे हों ?

हरगिज़ नहीं। यह करना अपनी बुनियाद को खोदना होगा। हमारी बुनियाद मुसलमान और हिन्दू का सहजीवन है। सहजीवन यानि लोकजीवन। लौकिक परंपराएं और उनके विकास का समाजीकरण ही हमारी बुनियाद हो सकती है। यह बुनियाद बराबर बनती रहती है। भारत और पाकिस्तान के बीच लड़ाइयों के मैदान बनाकर

उन मैदानों में उनको बार-बार घसीट मत लाइए जो अपनी-अपनी जगह चुपचाप यह बुनियाद बनाते रहते हैं। यह हरकत आप एक बार कर चुके हैं बड़ी चालाकी से। आप हिंदू-मुसलमान दोनों को बुत्ता देकर ग़ायब हो गए थे और पूर्व पाकिस्तान में हिंदुओं और मुसलमानों ने मिलकर जो आदमी बनाया था उसे आपने हिंदुस्तान से मिलने ही नहीं दिया था।

उसी से मिलने का लालच देकर तो आप हिन्दुस्तान को लड़ाई में घसीट ले गए थे। अब तो पाकिस्तान या भारत के किसी हिस्से में कोई ऐसा आंदोलन भी नहीं है जो हिंदू-मुसलमान के बीच में से एक इतना ताक़तवर नया आदमी बना रहा हो कि वह दो राष्ट्र के सिद्धांत को तोड़ सके। इसलिए अब युद्ध की तैयारी करने या युद्ध के लिए तैयार रहने का मतलब ईमानदारी से देखें भारत में हिंदू-मुसलमान का मेल ही हो सकता है। पर जैसा सेना की तैयारी इसके सदा मुस्तैद रहने की परंपरा में ही किसी दिन हुक्म देकर संभव है वैसे ही हिंदू-मुसलमान का मेल भी अचानक हुक्म देकर संभव तभी है जब उसकी परंपरा को बनाए रखा गया हो अर्थात् जानबूझकर बढ़ाया न गया हो तो कम से कम जानबूझकर तोड़ा तो न गया हो।

भारत-पाकिस्तान में हथियार-युद्ध से कहीं ज़्यादा ख़तरनाक भारत-पाकिस्तान 'शीत युद्ध' हो सकता है। देसी हिंदी में कहें तो ठनाठनी से ज़्यादा ख़तरनाक हो सकती है तनातनी। पर दासी हिंदी में 'शीत युद्ध' कहकर हम अंग्रेज़ी के कवच में खोपड़ी छिपा लेते हैं। जो हो, दासी हिंदी और देसी हिंदी इस लेख का विषय नहीं है, उस पर अन्यत्र लिखूंगा।

अभी तो हिंदुओं और मुसलमानों दोनों के राजनैतिक नेताओं से और साहित्यकर्मियों से एक बात कहनी है। राजनीतिकों से यह कि आप सेना को पाकिस्तान का कोई आक्रमण विफल करने को कह सकते हैं मगर भारत के नागरिकों से यह कहने का आपको कोई अधिकार नहीं है कि हिंदुओं और मुसलमानों का मेल न होने दो। ग़नीमत यह है कि कम से कम खुल्लमखुल्ला आपको यह न कहने की बुद्धि बाक़ी बची है कि उनमें फूट डालो।

साहित्यकर्मियों से यह कि साहित्य-भाषा ही एक क्षेत्र बचा है जिस पर हिंदू-मुसलमान मेल की परंपरा बढ़ाते रहने का और उसकी उपज को भारत की रौंदी हुई धरती में फिर बोते रहने का ज़िम्मा आ पड़ा है। वर्तमान नई पीढ़ी के और आनेवाली नई पीढ़ी के हिंदू और मुसलमान लेखक नई हिंदी, नई उर्दू और नया इंसान बनाएंगे। वही दो राष्ट्र के सिद्धांत की असली काट होगी, आज भी और भुट्टो के हज़ार साल बाद भी।

[29.4.90]

लोहिया जयप्रकाश अस्पताल

दिल्ली में अस्पतालों पर कुछ बहुत अच्छे लेख छपते रहते हैं। दिल्ली के बाहर के अस्पतालों पर भी आंख खोलनेवाली ख़बरें और वृत्तांत छपते हैं। इनसे मिली जानकारियां हमारी समझ में भी कहीं न कहीं कुछ जोड़ जाती हैं। हम अस्पताल नाम की संस्था से परिचित हो लेते हैं। पर दिल्ली के अस्पतालों के नाम पढ़कर उस परिचय के विषय में कम से कम एक सवाल हर बार मेरे मन में पैदा हो जाता है। जयप्रकाश नारायण, राममनोहर लोहिया, गोविंदवल्लभ पंत, मौलाना आज़ाद और कुछ इनसे कम बड़े नाम अस्पताल में क्या कर रहे हैं ? नेहरू का नाम अस्पताल से नहीं जुड़ा है, विश्वविद्यालय से जुड़ा है इसलिए उनके बारे में यह सवाल नहीं पैदा हो पाता, दूसरे सवाल पैदा होते हैं जो ज. ने. वि. की घोषित मान्यताओं और वास्तविक कामों पर विवाद का विषय बना करते हैं। इसमें आश्चर्य क्या ! जहां युवजन होंगे, भले ही उनमें से कुछ चिरंतन युवजन हों, वहां राजनीति उनके जीवन में अपना काम करेगी ही। इसलिए उसकी शिकायत नहीं कर रहा हूं। सिर्फ़ पूछ रहा हूं कि जयप्रकाश और लोहिया जैसे नामों को, जो युवा राजनीति में नया जीवन जगाने के लिए जिए-मरे, जनसाधारण के आरोग्य के संसार में क्या करने के लिए अवतरित किया गया ?

क्या इसलिए कि हज़ारों-लाखों आदमी जब इन अस्पतालों में जाएंगे तो इन नेताओं के नाम याद करेंगे ? क्या नाम रखनेवालों ने इनकी याद बनाए रखने का यह राजनैतिक नुस्खा तैयार किया था ? या ऐसा कोई कारण नहीं था; केवल आदर की भावना थी ? पर इन दोनों नामों के प्रति केवल आदर का क्या मतलब है ? वह तो दिल्ली में सैकड़ों राजनीतिक यों ही कर रहे हैं।

इरविन और विलिंगडन विदेशी शासकों के नाम थे। इनमें इलाज के लिए जानेवाले भारतीय इन्हें सुनते थे, बार-बार सुनते थे, पर नाम का असर उनके इलाज पर नाम के कारण नहीं होता था, इस कारण होता था कि इनसे शान-शौक़त, विशेषाधिकार और सामाजिक प्रतिष्ठा का आभास जगता था और इलाज बढ़िया हो जाता था। अगर भारतीय नाम रख देने से इस आभास में कोई अंतर पड़ा हो तो मुझे उसकी ख़बर नहीं, क्योंकि देखता यही हूं कि अस्पताल के बाहर की दुनिया अब भी विशिष्ट और अविशिष्ट में बंटी हुई है। इस बंटवारे में विशिष्ट वर्ग की संख्या शायद अविशिष्ट वर्ग की तुलना में बढ़ी ही होगी और हो सकता है उसमें घुसना कठिन भी हो गया हो। यह वृद्धि उसी अनुपात में हुई है जिसमें रोग बढ़े हैं, रोगों की चिकित्सा की सुविधाएं बढ़ी हैं, दवाइयों के आविष्कार बढ़े हैं। तमाम सहृदयता और परिश्रम के बावजूद ये अस्पताल दोनों प्रकार के वर्गों का अंतर सामाजिक स्तर पर नहीं मिटा सकते, व्यक्तिगत स्तर पर इनके डाक्टर मरीज़ों को,

चाहे वे किसी वर्ग के हों, आरोग्य देने में सच्ची और व्यावहारिक सहानुभूति दे सकते हैं और ऐसे डाक्टर हैं। सच पूछिए तो महान राजनैतिक नेताओं का नहीं इन्हीं डाक्टरों का नाम उनके मरीज़ों की याद में और ज़बान पर बार-बार आता है।

मरीज़ों के विशिष्ट और अविशिष्ट वर्गों का विभाजन जान-पहचान, सिफ़ारिश, कभी-कभी दबाव के आधार पर होता है, सिर्फ़ डाक्टर की सनक या चिकित्सा पद्धति के आधार पर नहीं। यह ग़नीमत समझिए। आज का डाक्टर स्वयं जिस मध्यवर्ग की पैदावार है उसमें समाज की अवस्था की समझ पहले से कहीं ज़्यादा है। पैसा कमाने के लिए डाक्टरी पढ़नेवालों को एक सिरे से धूर्त मान बैठना वैसा ही अतार्किक होगा जैसा विश्वविद्यालय में साहित्य पढ़ाने को एक सिरे से दक़ियानूसी या रिश्वतखोर मान बैठना होगा। असल बात तो यह है कि मानवीयता मशीन की तरह नहीं काम करती। धीरज, प्रेम और चिंता डाक्टरी के सिद्धांतों के साथ पढ़ाई ज़रूर जाती है परंतु पैदा वह डाक्टर के अंदर उसके पारिवारिक और सांस्कृतिक संस्कारों से होती है। उसका व्यावहारिक रूप कैसे प्रकट होता है यह डाक्टर के अपने पेशे के प्रति बनी हुई धारणा पर निर्भर करता है।

एक ज़माना हुआ, मेरे शहर में एक डाक्टर थे जो ग़रीबों के डाक्टर कहे जाते थे। उनकी बड़ी भारी कोठी थी, दवाख़ाने में सवेरे से शाम तक भीड़ लगी रहा करती थी, बीच-बीच में वह घर पर मरीज़ देखने भी उठकर चले जाया करते थे। बाक़ी मरीज़ धैर्य से बैठे रहते थे। वे जानते थे लौटने पर डाक्टर हरेक को देखेगा। डाक्टर की बोली में शहद नहीं मिला रहता था। पर उसकी आंखें मीठा बोलती थीं। वह घंटों किसी से हाल नहीं पूछता, उसे बहुत से मरीज़ों का पिछला हाल याद रहता था। साथ में घर के एक-दो लोगों की तकलीफ़ें भी पूछता जो उसने पहले कभी सुन रखी थीं।

आप कह सकते हैं कि वह ग्राहक बना रहा था। उसके पास बहुत समय था। उसके घर में कोई कमी न थी। तीनों बातें सही हों तो भी क्या बुरा है। मगर असलियत यह है कि जब वह बहुत बीमार पड़ा और दवाख़ाने में बैठना बंद कर दिया तो एक समय तक पुराने मरीज़ इस उम्मीद में आते रहे कि उनका डाक्टर भाई उपचार करेगा। नए मरीज़ दूर-दूर के गांवों से बड़े डाक्टर का नाम सुनकर आते और निराश लौटते रहे। फिर धीरे-धीरे दवाख़ाने की जगह किसी व्यापारी का गोदाम बन गया। वह संस्था ख़त्म हो गई। डाक्टर का नाम आज भी ज़िंदा है।

यह सब सोचकर ही मैं कहता हूं कि जिन कारणों से जयप्रकाश और लोहिया का नाम था, उन्हें बढ़ाया होता तो और बात होती। ये डाक्टर नहीं थे और इनके नाम लोग अस्पताल में चंगे हो जाने पर भी याद नहीं रख पाएंगे। बल्कि एक दिन किसी ऐसे शासन के द्वारा जिसे इन दो नामों के राजनैतिक प्रभाव का या तो डर ख़त्म हो जाएगा, या ज़रूरत ख़त्म हो जाएगी, इन नामों की ज़गह कोई नए राजनैतिक

नाम रख दिए जाएं तो किसी को कलख न होगी।

अस्पताल में इलाज कितना अच्छा होता है, इस पर निर्भर है कि समाज में कितनी तंदुरुस्ती है—शरीर और दिमाग़ की ही तंदुरुस्ती नहीं, ख़ुद समाज की। समाज की तंदुरुस्ती का मतलब है विषमताओं का कम होते जाना। हर अस्पताल के बाहर मरीज़ों की एक दुनिया मंडराती रहती है। ये वे नहीं हैं जिन्हें अस्पताल में जगह नहीं मिली। ये वे हैं जिन्हें अस्पताल के अंदर के लोगों के लिए बाहर से उनकी सेवा करनी पड़ती है। ये मैले काग़ज़ से ढंका मौसमी के रस का गिलास फलवाले से निकलवाकर भीतर ले जाते हैं। फलों की दूकानें मानो पुकार-पुकार कर कहती हैं कि फल दुर्लभ और महंगे हैं, पर इलाज का मतलब ही है महंगा पोषण। मरीज़ के घर की ग़रीबी के इश्तहार हैं ये दूकानें। और घरवाले दूर देहात से आए हों या दिल्ली से, ख़ुद जिन चटपटे खानों को ख़रीदकर भूख मिटाते हैं, वह पूरे समाज में फिजूलख़र्ची और चटोरेपन की संस्कृति का एक बेचारा, ग़रीब-सा इश्तहार है। कीचड़, मक्खियां, गंदे हाथ, सभी कुछ अस्पतालों के बाहर एक छोटी-सी दुनिया बनाए हैं जिसका संदेश यह है कि इलाज तो भीतर होता है, बीमारी यहां मिलती है।

राममनोहर लोहिया ने मेरे जैसे हज़ारों नवयुवकों को सही भारतीयता और आधुनिकता की अलोचनात्मक समझ दी थी। जयप्रकाश नारायण का काम यह नहीं था, पर उन्होंने एक ऐतिहासिक समय में वह चीज़ दी जो राजनीति के दावेदारों ने नष्ट कर दी थी—साहस। अस्पतालों में इन दोनों का पाठ पढ़ाने के लिए मैं यह लेख नहीं लिख रहा हूं। यह तो आनेवाले दौर में कोई पढ़ाना चाहेगा तो पढ़ाएगा। मगर ईश्वर के लिए (यह तो मुहावरा है, असल में इंसान के लिए) कम से कम इन नामों को लाखों बीमारों के सीने पर लादकर अपनी पीठ मत ठोंकिए कि हमने हाथ में अधिकार आते ही इतिहास में इनका नाम अमर कर दिया। अमर नहीं कर दिया, इतिहास का मैदान छोड़कर आप दुखी जनता की मजबूरी का फ़ायदा उठाने लगे कि हमारी राजनीति से नहीं तो इनकी लाचारी में सही, ये नाम हमारी बपौती बने रहेंगे।

इस लेख का निष्कर्ष यह नहीं है कि ये नाम मिटा दिए जाएं, बल्कि यह है कि समाज की वह समझ जो इन दोनों ने बढ़ाई थी, अस्पताल के बाहर बढ़ाई जाए। अस्पताल में डाक्टरों और मरीज़ों का रिश्ता बेहतर होना चाहिए। मगर यह धोखा कि आप यह काम कर रहे हैं, इन नामों की आड़ में नहीं चल सकता।

[8.7.84]

स्वर्गलोक में

दिल्ली की एक चौड़ी सड़क के किनारे बस का इंतज़ार करते हुए एक परिवार ने मुझे गाड़ी रोकने का इशारा किया। पिता, तीन संतानों और मां को देखकर मैं रुक गया। बच्चों में दो लड़कियां, एक लड़का था, माता-पिता दोनों सीधे-सादे, लंबे-पतले युवजन थे, बच्चे निराडंबर, शांत और हंसमुख थे। उम्र रही होगी पांच, सात, नौ या इतनी ही कुछ। गाड़ी से उतरते वक़्त धन्यवाद देकर पिता ने मुझसे कहा, मेरी बिटिया आपको एक भेंट देना चाहती है। मेरे साथ मेरे एक मित्र थे। उन्हें भी वह भेंट देना चाहती थी।

हम दोनों ने प्यार से भेंट ले ली। वह एक पोस्टर था जिस पर एक रंगीन चित्र छपा था। शीर्षक था: स्वर्ग का देश—अंग्रेज़ी में 'द हेवेनली सिटी।'

यह परिवार अमेरिकी था। मैंने पोस्टर फैलाकर देखा। बिटिया ने पिता के द्वारा पूछा, 'क्या आप यहां जाना चाहते हैं ?'

इस संसार में अपनी बाक़ी ज़िम्मेदारियों का ध्यान करके मैं विनोद से हंसकर बोला, 'हां बेटे,' पर इतनी जल्दी नहीं।'

हम विदा ले ही रहे थे कि बेटी ने फिर पुछवाया, 'अभी नहीं सही, मगर फिर कभी जाना चाहेंगे ?' मैंने कहा, 'हां, जब मेरा पासपोर्ट बन जाएगा तब।'

बच्ची ने बच्चों की तरह अधीर होकर पूछा, 'अगर आपको पासपोर्ट मैं बना दूं तब जाएंगे ?'

यह सुनकर मैं हंसा और हंसने से मन हलका हो गया। 'बना दो' मैंने कहा।

तब बच्ची ने अपने पिता से अनुमति ली और पिता ने उसको मदद करते हुए उसकी ओर से हम दोनों व्यक्तियों से पूछा, 'आप स्वर्ग के देश जाना चाहते हैं ? आप ? और आप भी ?'

दोनों के हामी भर लेने पर लड़की गंभीर होकर खड़ी हो गई और बोली, 'मैं आप दोनों का पासपोर्ट बना रही हूं। मैं जो बोलूं, आप दोहराते जाइए।'

उसने कहा, 'प्रभु यीशु, मैं मानता हूं कि आप ईश्वर के पुत्र हैं और आपने मेरी ख़ातिर प्राण दिए। मेरे सब पाप क्षमा कीजिए और मेरे हृदय में पधारिए, मुझे अपने पीछे-पीछे चलने दीजिए। यीशु का नाम लेकर यह कामना करता हूं सो पूरी हो।'

प्रत्येक वाक्य पर वह रुकी। हमने उसे दोहराया। अंत में वह बोली, 'अब यीशु आप में बस गए और अब आपका पासपोर्ट बन गया।'

हंसकर मैं विदा लेकर चला आया। इतनी आसानी से कहीं भवसागर से मुक्ति मिलती है। जहां तक मैं जानता हूं, उसी में तैरते रहने में ही मुक्ति है। बच्ची ने अभी तैरना शुरू ही किया है, इसी से उसका मन अबोध है और विश्वास सहज है।

घर आकर पोस्टर को कौतूहलवश पढ़ डाला। उसमें स्वर्गलोक का सचित्र वर्णन था। भवनों, उद्यानों, सड़कों का नाम देखते-देखते याद आया कि हमारे भारत में कुछ धर्मसंघों ने स्वर्ग का प्रतीकों में वर्णन किया है। इस पोस्टर में तो इमारतों की उंचाई भी लिखी हुई थी। स्वर्ग का क्षेत्रफल तक दिया हुआ था। सोचा, शायद मर्त्यप्राणियों को स्वर्ग ले जाने का मोह दिलाना सभी धर्मसंघों को आवश्यक जान पड़ता है क्योंकि मनुष्य की प्रवृत्ति इसी इहलोक में स्वर्ग बनाने की है, इसलिए उसका यह मानना सहज है कि स्वर्ग कहीं और नहीं होगा, यहीं होगा। तब फिर कोई भी प्रभु, कोई भी अवतार कहीं ले जाने के लिए क्यों दरकार हो ?

शायद इसीलिए सांसारिक सुखों का रूपक लेकर स्वर्ग के सुखों का वर्णन धर्मसंघों द्वारा किया जाता है। बात यह है कि कोई भी संघ आज न किसी सभ्यता का विकल्प दे पा रहा है, न किसी संस्कृति का, सब वर्तमान के ही तरह-तरह के रूप बतला देकर जनसाधारण को मोहित करना चाह रहे हैं। धर्मसंघों में ही क्यों, राजनैतिक संगठनों में भी यही हाल है। कोई वर्तमान का विकल्प नहीं दे रहा और कोई नहीं कह रहा कि किसी अन्य की तुलना में हम एक नए, भिन्न समाज का निर्माण करेंगे। सब होड़ बंद कर दावा कर रहे हैं कि इसी समाज का, यथास्थिति का हम दूसरे दलों की अपेक्षा अच्छा प्रबंध कर सकते हैं। पर यथास्थिति को हम भी रखेंगे।

पोस्टर में अतिकल्पना थी, जैसे स्वर्ग के हर वर्णन में होगी। छह हज़ार मील लंबी दो सौ सोलह फुट ऊंची चारदीवारी है, जिसमें अठारह-अठारह फुट ऊंची बारह परतें हैं और हर परत में हीरा-मणिक-पन्ना आदि जड़ा हुआ है। एक स्फटिक-भवन है जो इतना बड़ा है कि पता नहीं रहता कि हम भवन में भीतर हैं या बाहर। एक जीवनधारा-दायक नदी भी है। नदी के वर्णन में सुझाव है कि इससे यात्रा करते हुए एकांत में प्रेम करने की सुविधा भी रहती है।

ये सब वर्णन प्रतीकात्मक हैं। यह मानकर चलने में ही भला है। नहीं तो स्वर्ग जैसा पार्थिव लोक और कोई न रहेगा। किंतु आगे पढ़ने पर कुछ और वर्णन मिले, जिनको प्रतीकात्मक मानना भयावह लगने लगा। सबसे पहले एक स्वागत कक्ष था जिसमें स्वर्गलोक में दाख़िल होनेवाले हर व्यक्ति का नाम-पता लिखकर उसे नया पता दे दिया जाता है। एक अन्य भवन में परिचय-पुस्तक रहती है जिससे आप मित्रों और कुटुबियों के पते जान सकते हैं। यहां तक कि आदम और हौव्वा तक अपने पुरखों के वंश का पता लगा सकते हैं।

जानने की विशेष बात यह है कि जिस संसार का प्रतिरूप वह स्वर्ग है वह खुद कितना जर्जर और आतंकग्रस्त है। उसी के वज़न पर स्वर्ग में भी एक सुरक्षा केंद्र है, वहां स्वर्गलोक की रक्षक देवदूत पुलिस रहती है और स्वर्गलोक के बाहर किसी 'आरक्षित राष्ट्र' से आनेवाले अजनबी को बिना विशेष अनुमति के भीतर आने नहीं देती। इस स्वर्गलोक में अनेक अजनबियों को राजनैतिक शरण पाने की अनुमति

भी मिलती ही होगी।

पोस्टर पढ़कर उस बच्ची के बारे में सोचने लगा जिसने सहज बालसुलभ प्रेम से मुझसे बात की थी। पर हर बच्चे के बालसुलभ व्यवहार में यह स्वाभाविक आकांक्षा छिपी रहती है कि वह बड़ा हो और बड़ा होकर बड़ों की तरह सोचने, बोलने और बर्ताव करने लगे। मेरे पास स्विट्ज़रलैंड के छपे रंगीन पोस्टर नहीं हैं और होंगे भी क्यों ? मैं किसी धर्मसंघ तो दूर, धर्मस्टोर तक का कोई नहीं हूं। पर किसी तरह एक बच्चे को यह दिखा सकूं कि आज यह समाज मनुष्यों में सुखों की कल्पना मनुष्यों को आपस में और खुद मनुष्य को अपने भीतर तोड़कर प्रचारित कर रहा है। प्रतीकों का बेजा इस्तेमाल हो रहा है। सबसे पहले धर्मसंघ यह काम करते हैं, फिर जड़ प्रतीकों का अर्थ समाज के एक अंश में व्याप्त हो जाता है। उम्र में युवा परवाह नहीं करते, अधेड़ फुरसत नहीं पाते, बूढ़े थककर बैठे रहते हैं और बच्चे बच रहते हैं जो विकसित न होने पाने का बोझ लिए हुए बड़े होते जाते हैं। यह आधुनिक विचार में यथास्थिति की प्रमुख लालसा है, न कि परिवर्तन की। परिवर्तन की लालसा रहन-सहन में परिवर्तन तक सीमित रह गई है।

[21.4.85]

अध्यापक की मृत्यु

पोस्टकार्ड अक्सर मृत्यु की ख़बर लाते हैं। मानो वे बनाए ही इसलिए गए हों। थोड़े में और खुले आम ग़मी की ख़बर देने के लिए यह पोस्टकार्ड बंद लिफ़ाफ़े की तुलना में अधिक उपयुक्त है भी।

जो पोस्टकार्ड मुझे अभी मिला और जिसका यहां ज़िक्र हो रहा है, वह यों शुरू होता है :

> प्रिय रघुवीर,
>
> तुम्हें दुख से बता रहा हूं कि हमारे सहयोगी, मित्र और तुम्हारे पूज्य शिक्षक श्री के. के. जोशी तेरह मई की शाम को चल बसे। काल ने उन्हें कुछ और दिन नहीं जीने दिया तो इसका कारण यह था कि उन्होंने अख़बार पढ़ना छोड़ दिया था और रेडियो पर ख़बरें भी नहीं सुनना चाहते थे। मृत्यु के एक सप्ताह पूर्व उन्होंने अन्नजल त्याग दिया था। उन्हें यकृत शोथ, विषम रक्तचाप और हर्निया का कष्ट था। हम सबने, स्कूल के हर शिक्षक ने उनका जी बहलाने की भरसक कोशिश की मगर बेकार रही।

जोशीजी के मन में सैकड़ों प्रश्न रहे होंगे। मृत्यु से डेढ़ महीना पहले तक जब उन्होंने ख़बरों से किनारा कर लिया, उन्हें कुछ प्रश्नों के उत्तर भी मिल रहे होंगे। परंतु मेरे बाहर क्या हो रहा है, यह जानने की इच्छा का ऐसा कठोर दमन, जैसा उन्होंने देह त्याग करने से पहले किया, क्या देह त्याग करने की तैयारी था ? शायद ऐसा ही था। उन्होंने पहले मन को अशांति से मुक्त किया, फिर शरीर को इच्छा से छोड़ा। अख़बार और रेडियो अशांति ही उपजाते हैं और फिर जोशीजी के मन में तो अनेक अस्वीकार, अनेक असहमतियां विद्यमान थीं, उनका कोई निदान आजकल के जनसंचार के माध्यम दे नहीं सकते। ये अधिकाधिक लोगों को ख़बरों का उपभोक्ता बनानेवाली संस्कृति की उपज हैं, जिसमें माना जाता है कि बिकती वही चीज़ है जो चाहे ख़ुद घटिया न होने का दावा करती हो, पर ग्राहक को घटिया बनाकर छोड़ दे—समाचारपत्र के पाठक को कुछ और अस्थिरगति कर दिया जाए, ताक़ि वह अगली बार और अधिक जघन्य कृत्य की ख़बर में रुचि ले सके।

वर्षों पहले जब जोशीजी हमारे स्कूल में पढ़ाने आए थे तो हमारे यहां विज्ञान की पढ़ाई नवें-दसवें दर्जे में शुरू ही हुई थी। परीक्षा मंडल ने हाई स्कूल में विज्ञान शिक्षा की अनुमति दे तो दी थी पर वह सामान्य विज्ञान की अनुमति थी, जिसकी पढ़ाई कुछ हल्की अवश्य थी पर प्रतिष्ठा कुछ कम न थी। जोशीजी हमारे सर्वज्ञ विज्ञान शिक्षक थे। आठवें के बाद वह नवें को भी उसी सहज योग्यता से पर कुछ अधिक गौरव-भावना से विज्ञान पढ़ाने लगे। प्रयोगशाला नई-नई बनी थी और कांच की नलियों और चषकों में उबलते द्रव्यों के इर्दगिर्द खड़े होकर हम कभी जोशीजी को कभी नलियों को उत्सुक होकर निहारते रहते।

उनके प्रिय छात्र भी थे और ऐसे छात्र भी जिनसे वे प्रसन्न नहीं थे। पर उदासीन वह किसी के प्रति नहीं रहे। यह और बात थी कि अनुशासन और सच्चाई के उनके मानदंड उनके सबसे प्रिय विद्यार्थियों को भी उनकी झक मालूम होते और हरेक के बस में नहीं था कि उनका पालन करके दिखाए। ये मानदंड प्रशासनिक नहीं थे, व्यक्तिगत थे। नतीजा यह था कि सारा स्कूल जोशीजी को दिल से चाहता था, पर जोशीजी दिन-प्रतिदिन अकेले होते जा रहे थे।

उन्हें अपनी क़िस्म के लोगों के साथ घंटों शांत स्वर में आलोचना करते हुए बिताना बहुत पसंद था। उन्हें गरमियों की छुट्टियों में बाहर जाते हुए शायद ही किसी ने देखा होगा। उन्हीं लोगों में से एक के साथ जो रोज़ सामने दिखते थे, वे शाम के पांच बजे से रात के नौ बजे तक इस तरह बैठे रह सकते थे जैसे दोनों कोई बहुत गूढ़ प्रश्न की छानबीन कर रहे हों, जब कि होता यही था कि वे सिर्फ़ किसी बहुत जानी-पहचानी सामाजिक समस्या को बार-बार कई तरह से बता रहे होते। जोशीजी ही बता रहे होते, दूसरा व्यक्ति सुन रहा होता। असहमति के तमाम पहलू वे एक के बाद एक बताते, सुननेवाला तब या तो ऊब जाता या घोर निराशा में डूब जाता। पर यह जोशीजी को ख़ुद नहीं मालूम हो पाता, क्योंकि वह किसी बात पर अड़ते नहीं थे लिहाजा असहमति

एक सतत प्रवाह से बहा करती थी।

अनंतर वह बीमार रहने लगे थे। तब तक मैं अपना शहर छोड़कर दूसरे शहर जा चुका था। मैंने उनको अस्वस्थ नहीं मगर अपने पिता के इलाज के लिए रोज़ दवाख़ाने में बैठे लगातार देखा था। दवाख़ाने में उन दिनों टिकियां और गोली ख़रीदने नहीं, मिक्सचर बनवाने जाना पड़ता था। यह अपने-आपमें धीरज रखनेवाला काम था और जोशीजी को नुस्खा बंधने में देर होना कभी शिकायत करने लायक नहीं जान पड़ा। वह धीरज से दो-तीन घंटे बैठे रहते। इस बीच दुकान मालिक से उनकी आत्मदया और कुंठा से भरी आलोचना चला करती। कंपाउंडर बड़े एहतियात से नुस्खा बांधा करता। सारी कार्रवाई में भीतर-बाहर एक तालमेल था।

वे बहुत पढ़ते थे। दैनिक अख़बार, साप्ताहिक पत्र, सभी कुछ। पर पत्रिकाएं वे संभालकर भी रखते थे। उनकी बैठक में पत्रिकाओं की गड्डियों का ढेर लगा रहता। सभी अंक तले ऊपर जमे रहते, पर उनमें क्रम भी रहता या नहीं, यह मैं नहीं जानता। इन गड्डियों को वे अपने चारों ओर की उदासी और क्रूर समाज से अपने बचाव की दीवार की तरह लगाए रहते। शायद इन्हीं में से उन विचारोत्तेजक लेखों का जो उन्होंने पढ़े थे, अपने कमरे में मौजूद होना और फेंका न जाना उन्हें शांति देता था मानो इनको कल्पना में बार-बार पढ़-पढ़कर वह गए वक़्त को अपने जैसा बना लेंगे।

पचीस वर्ष पहले उन्होंने मुझे एक पत्र लिखा था। उसमें गुरु के आशीर्वाद थे, शिक्षा पद्धति, परीक्षा व्यवस्था, अफ़सरशाही की औंधी खोपड़ी, धांधली, धोखाधड़ी और कुल मिलाकर चारों ओर असहायता का वर्णन था। अपने स्वास्थ्य की कोई शिकायत न थी।

मैंने इतनी निराशा को अभिमानवश अस्वीकार कर दिया और आलस्यवश उत्तर नहीं दिया। उन्होंने दोबारा नहीं लिखा तो अवश्य उसका कारण यही रहा होगा कि वह पत्र उनके मन में एक सतत संवाद का अंश था। प्राण त्यागने के पहले अनुत्तरित संबोधन उनके मौन व्रत में विसर्जित हो गया होगा। (कम से कम मैं चाहता हूं कि हो गया हो)। नहीं तो मुझे इस पाप से मुक्ति न मिलेगी कि जब वह संसार से विदा ले रहे थे, मेरी उच्छृंखलता ने उनकी निर्लिप्ति में बाधा दी।

पर वह पत्र कहीं मेरे पास होगा। उसे खोजकर पचीस वर्ष बाद फिर पढ़ूंगा। वह एक सच्चे व्यथित हृदय का दस्तावेज़ होगा जो धीरज से जुटा रहा, जिसने असहमति में हार नहीं मानी, परंतु जब जीवन के मोड़ पर इस सत्य की परछाईं लंबी होकर पड़ने लगी कि संघर्ष में साथ के बिना जीवन का उद्देश्य नहीं रह जाता तो मेरे स्कूल के अध्यापक ने ऋषियों की तरह स्वेच्छा से जीवन तज दिया।

घर जाते रहना चाहिए

पिछले सप्ताह मैं लखनऊ गया था। यह बताने लायक बात है, क्योंकि लखनऊ मेरा वतन है और मेरी राय में हर लेखक को बार-बार अपने वतन जाना चाहिए। जब-जब मैं वहां जाता हूं, ज़िंदगी की और समाज की थोड़ी-सी समझ और लेकर आता हूं। मैं उसी शहर में पैदा और बड़ा हुआ, इसलिए मैं वहां की बोली और मिज़ाज को सिर्फ़ एक अलंकार की तरह नहीं देखता, जैसे किसी दूर प्रदेश से आने वाले देखते होंगे। मुझे हर यात्रा में कुछ ऐसा मिलता है जो टूट रहा है, कुछ ऐसा जो बन रहा है, कुछ ऐसा जो न बनता तो अच्छा होता मगर जब बन रहा है तो वह भी एक असलियत बन जाएगा। पर मैं उसको स्वीकार यानी पसंद नहीं करूंगा।

उदाहरण के लिए इस यात्रा में मैंने पिछली कई यात्राओं की तरह अपने कई चिरपरिचित मकान खंडहर होते देखे, मगर उनसे ज़्यादा वे मकान थे जो पांच वर्ष पहले उसके भी पांच वर्ष पहले से खंडहर होते आ रहे थे और अब ग़ायब हो गए थे। उन्हें पैसेवालों ने ख़रीदकर, ढहाकर नया कर दिया था। यह कहना कठिन है कि उन मकानों में पुराने मकानों की तुलना में उपयोगिता और सुविधा ज़्यादा थी या पैसे की नुमाइश ज़्यादा थी। निस्संदेह कुछ में, एक में, जो मेरे ही मोहल्ले में है, कूच पलस्तर और सुनारी का नया काम इस तरह से किया गया था कि मुझे 1944 की शैली में बहुत खूबसूरत दिखनेवाले उस सीधे-सादे मकान की शक्ल हूबहू दिखाई दे रही थी। मगर यह एक अपवाद था। शायद एक ऐसे ख़ानदानी आदमी का घर था वह, जिसके पास इतना पैसा नहीं था कि वह लखनऊ की नई बस्तियों में रहने की शान दिखाने चला जाता, मगर इतना था कि मरम्मत कराके अपनी परंपरा को ढहने से बचा लेता। जो हो, असल बात यह है कि गुचकुलियापन मुख्य सड़कों पर बने मकानों के अंदर और पड़ोस में बढ़ गया है, इन गलियों में जिन्हें मैंने बचपन में एक मुख्य सड़क से दूसरी मुख्य सड़क तक पहुंचने के लिए नए-नए रास्ते खोजते हुए कितनी बार शब्दशः नए सिरे से पाया था, जिनके निवासियों के रहन-सहन को, चाहे वे ग़रीब हों चाहे मध्यवर्गी, थोड़े-थोड़े दिन बाद इस तरह विस्मय से (जी नहीं, ताक-झांक कर-करके नहीं) देखा था जैसे किसी उपन्यास का रोज़ एक अध्याय पढ़ रहा हूं।

इस बार मुझे कुछ घर बिल्कुल मिट्टी में मिले हुए दिखे। इनमें से कुछ का भूगोल थोड़ा बहुत मैं जानता था, क्योंकि टाट के परदे के पीछे से कभी सुथरा-कमीज़ पायजामा पहने हुए घर का मालिक निकलता था या बत्तखों को पकड़कर घर में लाने के लिए कोई लड़का बाहर आता था तो छोटे-से सहन में पिसी हुई ईंटों के फ़र्श और एक-दो कोठरियों की झलक मिल जाया करती थी। उसकी जगह अब जो मलबा था, उससे कहीं एक फ़ंतासी भी नहीं बन सकती थी कि यहां घर की

बहू के लिए परदा करके उसका बिस्तर डाला जाता रहा होगा। बत्तखें लोप हो गई थीं। टाट के परदे अब नहीं थे। उनकी जगह भिड़े हुए दरवाज़े थे। गली का फ़र्श खुद गया था। किसी पैसेवाले ने इस इलाक़े को इस लायक़ भी नहीं समझा था कि यहीं पैसा लगाए, क्योंकि यहां रहने में कोई इज़्ज़त नहीं थी। और लुंपेन किस्म के लोगों के वहां कुछ घरों में अड्डे भी बन गए थे।

उन दिनों बुरक़ा ओढ़े या डोली में बैठी औरतें कभी-कभी गली से आती-जाती दिख जाया करती थीं, क्योंकि वे उसी गली में रहती थीं। अब एक मुख्य सड़क से दूसरी मुख्य सड़क तक जाने के लिए लड़कियों का बस चले तो वे इन गलियों से शायद न ही जाएं।

ये गलियां ही नहीं, वे सभी जगहें जहां लोग जमा होकर समाज को समूहों में देख, सुन और सूंघ-चख सकते थे, अब लखनऊ में ख़त्म होती जा रही हैं। कुछ मशहूर पान की दूकानें जहां शाम को चार दोस्त मिल ही जाते थे, अब नहीं हैं। कुछ हलवाई भी सामाजिक अड्डे थे। उनके यहां बंधे गाहकों और परदेसियों का तांता बंधा रहता था। उनके यहां की मिठाई तो ज़ायक़े के लिए मशहूर थी ही, कचौड़ियां पेट भरने के लिए और जलेबियां नाश्ते के लिए ज़िंदगी की एक ज़रूरत बन गई थीं। दूकान और ग्राहक के बीच यह रिश्ता अब सिर्फ़ ख़र्च करने की हैसियत का प्रमाणपत्र बनकर रह गया है। अब वे छोटे-छोटे बच्चे नहीं हैं जो प्यार में दिए गए अपने मामूली-से जेब ख़र्च से भी बाइज़्ज़त ख़रीदार की तरह कुछ ख़रीद सकते थे। ये सब निम्न मध्यवर्ग के बच्चे थे। अब पैसे रखनेवाले बच्चों को हम सिर्फ़ बहुत महंगी चाकलेट या वीडियो तमाशा ख़रीदते देखते हैं। जी हां, ककड़ी भी नहीं, अमरूद भी नहीं, कसेरू भी नहीं, फालसा और खिरनी भी नहीं।

सार्वजनिक आवाज़ ही के ज़रिए ज़िंदगी में मेलजोल और तजुर्बा बढ़ाने वाली जगहों पर अब सजावट ज़्यादा है। कहीं-कहीं तो इतनी सजावट है कि दूकान पुकार-पुकार कर कहती है हम बेच रहे हैं तुम ख़रीद रहे हो। हमें कोई परवाह नहीं कि तुम ख़ुश हो और ख़ुश हो रहे हो या नहीं, पांच मिनट के लिए सही, मगर यहां आकर ख़ुश।

मैं अपने घर में सिर्फ़ दो दिन रुका। दिल्ली मेरा परदेस—23 साल से मेरा परदेस—बुला रहा था। मगर मैं कुछ लेकर आया हूं जो परदेस में अपने साथ रखना चाहिए। यह अहसास कि यहां तुम पैदा हुए थे, वहां लोग ज़िंदगी को कुछ सोच-समझ कर जी रहे हैं, क़ीमती चीज़ है। अपने नगर के पुराने मोहल्ले में मैंने हर चौराहे पर देखा कि होली की आग सुलग रही है। उस दिन होली जले चार दिन हो चुके थे। कुंदे इतने बड़े-बड़े थे कि अभी सात-आठ दिन और सुलगते। दिल्ली की तरह नहीं, कि झाड़-झंखाड़ जो मिला फूंक-तापकर बराबर किया। मैं कई परिचितों के घर गया। कुछ बहुत मामूली हैसियतवाले थे, कुछ और भी ग़रीब थे। मगर होली का पकवान सबके यहां मिला। वह उनकी समृद्धि का प्रतीक नहीं था, क्योंकि

कहीं-कहीं वह बहुत मामूली था, जिसमें शान की कोई बात न थी। महत्व ज़ायक़े या माल का नहीं था, उन व्यंजनों के पकाने का था जो होली के साथ जुड़े हुए हैं। न पकाना एक पटरी से उतर जाना होता, जिसके बाद एक रेगिस्तान में एक बनावटी संस्कृति की खोज और बाज़ार की ग़ुलामी ही शुरू हो सकती थी।

स्टेशन से उतरते ही मैंने देख लिया था कि इस शहर में बहुत कुछ ज़िंदा है, बावजूद 'धक्का मारो आगे बढ़ो' संस्कृति द्वारा इस प्रचार के कि उत्तर प्रदेश का (या बिहार का कह लीजिए) आदमी मेहनत से जी चुराता है (जिस मेहनत के बहुत गीत गाए जाते हैं उसका एक नमूना, 1951 में दिल्ली आकर रहने पर मुझे दिखा। कनाट प्लेस की एक पटरीवाली दूकान से जूते की एक महंगी पालिश ख़रीदी, मगर उससे रंगीन मोम निकला। 1951 में अपने वतन लखनऊ में मैंने यह धंधा नहीं देखा था)। साइकिल-रिक्शा चालक ने, जो भारत के परिवहन उद्योग की सबसे प्रतिनिधि इकाई है, चारबाग स्टेशन से लक्ष्मी सहाय रोड के तीन रुपए मांगे। 'तीन रुपए कब से कर दिए तुमने ?' मैंने कहा। उसने बग़ैर हाज़िरजवाबी दिखाने का नाटक किए और बग़ैर दया की भीख मांगते हुए नम्र लखनवी बोली में जवाब दिया, 'जब से दूकानदारों ने गेहूं तीन रुपए किलो कर दिया।'

[1.4.84]

कोणार्क में जीवन

बाईस वर्ष बाद कोणार्क सूर्य मंदिर आया था। इस बार कटक में प्रजातंत्र प्रचार समिति के बिहु मिलन समारोह के अवसर पर अनुवाद की समस्याओं और आवश्यकताओं पर साहित्यिकों की विचारगोष्ठी में निमंत्रित होने से संयोग हुआ तो कोणार्क और पुरी दोनों की यात्रा की। पुरी का जगन्नाथ मंदिर जीवित संस्थान है जबकि कोणार्क का सूर्य मंदिर एक प्राचीन सभ्यता का अवशेष है जो क्षय होते बालुकाश्म में ठहरी हुई छीजते समाज के बीच अपने अमरत्व की प्रतिष्ठा करती रहती है।

बाईस साल पहले भी यह मंदिर वहीं था पर उसका मंडप तो नष्ट हो ही चुका था। प्रार्थना मंदिर के शीर्ष पर सूर्य की मूर्तियों के ग्रेनाइट पत्थर ने उन्हें बचा रखा था जो अब भी अपने काव्य में अमर है। सूर्य के रथ का और मनुष्य की जीवन-यात्रा का संपूर्ण काव्य ही इस स्थापत्य का आधार है। इसे धैर्य से देखनेवाले को निरे पर्यटक की अपेक्षा कुछ अधिक दीख सकता है। समुद्र की लोनी हवाओं से बालुकाश्म

के क्षय का रोना बहुत लोग रोते हैं, पर चिंता का वास्तविक विषय है लौकिक जीवन व्यापार के प्रति क्षय होती सहानुभूति जिसके क्षरण में कोणार्क के शिल्प की बाज़ारू व्याख्या करनेवाले कला समीक्षकों का योगदान समुद्र की लोनी हवाओं की तुलना में कम नहीं है। इनसे अधिक संवेदनशील तो वे गाइड हैं जो लोकधर्म के अपने सहज परिचय के बूते उत्सुक पर्यटकों को मंदिर के शिल्प का काव्य, भले ही आज की संकर भाषा में, बता ले जाते हैं।

पूरा वास्तु ही एक कविता है। जंघाओं और कपोलों की चिकनाई खुरदरी हो गई है पर खुदरी हुई गोलाइयों में जो पत्थर बच रहा है वह मानव देहाकार की लय और गति को दर्शक के मन में फिर से रच देने को काफ़ी है। कविता के अक्षर ही धुंधले पड़ गए हैं, छंद ज्यों का त्यों है।

गाइड ने पहले पूछा आप ओडिया में सुनना चाहेंगे या हिंदी में। मैं पहले तो पछताया कि ओडिया बोलने और सुनने का मुझे अभ्यास नहीं था फिर दोबारा पछताया कि हिंदी भक्तों ने हिंदी की यह दशा कर दी है कि समाज से व्यवहार करनेवाला ओडियाभाषी जीवन के अनुभव का हिंदीभाषी के समझने योग्य वर्णन करते हुए उसे अधकचरा और बाज़ारू बनाने को बाध्य हो चुका है। भूमि से दो-तीन फुट ऊपर की शिल्प आकृतियों को दिखाकर गाइड ने कहा : मंदिर में आदमी के पूरे जीवन के शिल्प हैं। पहले तो बच्चा होता है, इसलिए नीचे पशुपक्षी की मूर्तियां हैं। बच्चा लोग को तो प्लीज़ करना है। ऊपर में जवान आदमी को सेक्सुअल चाहिए, उसी को दिखाया है। और ऊपर से उमर होने पर वैराग्य होता है सो उसी का सब ईश्वर भक्ति का दृश्य ऊपर में मिलेगा।

जहां तक वैराग्य का प्रश्न है, मैं उत्सुक था कि क्या ऊपर के शिल्पचित्रों में कहीं उस जीवन का भी इंदराज है जो वैराग्य के पहले वर्षों की पीड़ा को बताता है, पर सात सौ वर्ष पहले जब वह स्थापत्य निर्मित हुआ था तब सीढ़ियां तय करके मंदिर में पहुंचना अपने भीतर कुछ देख पाने के लिए आवश्यक माना जाता था और चढ़ते हुए रीढ़ सीधी रखनी होती थी। इसलिए सीढ़ियों पर कोई सहारा देनेवाली बाड़ न थी।

बाईस साल पहले मैं यथेष्ट ऊपर चढ़ा था। इस बार मध्य तक ही जा सका जहां से जीवन के रागरंग, आसक्ति, शृंगार के यथार्थ स्पष्ट दीख पड़ते थे। और भी ऊपर के शिल्प को भली भांति निहारने के लिए यदि गरदन को झुकाना होता तो वह साठ बरस की उमर में मुश्किल नहीं रह गया था पर देखना ऊर्ध्व की ओर था। उसके लिए मेरुदंड में स्पांडिलाइटस नहीं होती तो ठीक रहता।

परंतु मंदिर के तीनों द्वारों से उदित सूर्य की किरणों का पथ सीधे सूर्यपिंड की बेदी तक आज भी जाता है यद्यपि वेदी रिक्त पड़ी है, रथ के अश्व दाएं हाथ पर चार और बाएं पर तीन आज भी बताए जाते हैं। गाइड ने कहा, बायां हाथ थोड़ा कमज़ोर होता है इसलिए। रथ के चौबीस चक्रों में से प्रत्येक के आठों आरों पर

सूर्य देवता अपनी घड़ी का समय आज भी बताते हैं वैसे ही जैसे शीर्ष पर सूर्य की ग्रेनाइट मूर्तियां जो बालुकाश्म से निर्मित न होने के कारण क्षय से मुक्त हैं, प्रथम प्रहर में सात अश्वों पर आरूढ़ उदित कमल लिए हुए तेजदीप्त मुख देख रही हैं, द्वितीय प्रहर में आतप से रक्षा के लिए किरीट धारण किए हुए हैं और तृतीय में उनके पास केवल एक अश्व रह गया है और मुख मलिन है। कोणार्क बलुआ पत्थर से क्यों बना था, ठीक नहीं जानता पर शायद वह भी जीवन-यात्रा का असर था जिसकी लिपि झर गई है, छंद बचा रह गया है।

[23.4.89]

रेलगाड़ी में तुलसीदास

मंगलवार का दिन था। रेलगाड़ी दिल्ली की तरफ़ चली ही थी कि दूसरे दर्जे के डब्बे में छह-सात बाबुओं ने अपनी बहस एकाएक ख़त्म करके अपने एक साथी को याद दिलाया कि आज कौन-सा दिन है। एक ने पतली-सी एक पुस्तिका थैले में से निकालकर उसे थमा दी। यह पुस्तिका देखकर वह साथी बोला, मुझे याद है मगर मैं सोच में पड़ा हूं कि पता नहीं तुम सबका 'मूड' हो या न हो। दो-चार साथियों ने ज़ोर दिया तो पुस्तिका लेकर वह साथी गाने लगा।

गानेवाले को गाने के लिए पुस्तिका देखने की कोई ज़रूरत न थी। वह तो सिर्फ़ एक निशानी थी। दमदार आवाज़ में सुरीले कंठ से उसने गाया, 'गाइए गणपति जगवंदन'। मंद्रगांधार से सुर लेकर कई लोगों ने सुर मिलाया और कुछ महीन, कुछ खरखरी आवाज़ों से रेल का डब्बा गूंजने लगा। मगर वह बंद कमरे की गूंज न थी। रेलगाड़ी की आवाज़ उसके साथ लय में थी और ताल में भी। चलती रेल में गाने के लिए यही लय-ताल और स्वर अनुकूल है ऐसा मुझे लगने लगा। सब गायक किसी सरकारी दफ़्तर के मुलाज़िम थे। 20 तारीख की सुबह वे दिल्ली पहुंचकर तीस अगस्त का दिन कहां बिताएंगे इस विषय पर अपनी-अपनी राय का शोर एकाएक खत्म करके वे मंगलवार की हनुमान प्रार्थना करने पर सहमत हो गए थे। ये छह-सात सरकारी कर्मचारी दिल्ली के प्रतिवेशी जिस नगर के रहनेवाले थे वहां भी ये ऐसे ही मिलकर हर मंगल को गाते होंगे। जब उनमें से एक उनका गाना शुरू करा सकता है, उसका गला गंभीर और सुरीला और सबके गले में सुर है तो मंगल ही क्यों रोज़ क्यों न गाते होंगे।

गणेशवंदना के बाद एक भजन रामचंद्र की स्तुति में था, फिर एक शिव की।

एक और किसी देवता के स्मरण के बाद मंडली ने हनुमान चालीसा गाना शुरू किया। तटस्थ श्रोता की तरह मैं यही जानने को उत्सुक था कि इन लोगों का उच्चारण कैसा है। मुझे पता नहीं चल पाया कि उसमें अवधी के किसी शब्द के उच्चारण में शुद्धता की कमी थी या नहीं। उन सहयात्रियों की संगत में सुरताल के साथ वृथा भावुकता से शून्य भक्ति ने उच्चारण की आलोचना से मेरा ध्यान हटाकर अनुभव पर केंद्रित कर दिया। ये पेशेवर भक्त या रससिद्ध गायक न थे। जीवन के तरह-तरह के टकरावों से रोज़ गुज़रते और किसी एक समय भागीदारों के साथ एकांत में अपने नियम से बंध जाते साधारण गृहस्थ थे। पुस्तिका तो केवल प्रतीक थी। उन्हें न केवल सब भजन और सब स्तुतियां कंठस्थ थीं, उनके सुर भी कानों में बसे हुए थे और अपने अगुआ के साथ मिलकर गाने के भजनों का उनका क्रम भी अभ्यास के कारण निश्चित था। हर कोई जानता था कि हर भजन श्रीराम राम की टेक पर पूरा होगा और उसके बाद नया भजन शुरू होगा तथा यह भी कि सब आराध्य देवों के बीच में हुनमान चालीसा कहां आएगा। हनुमान चालीसा के बाद छंद बदल गया। उन्होंने गाया, 'को नहि जानत है जग में कपि संकट मोचन नाम तिहारो' और फिर जैसा कि अवश्य प्रचलित नियम रहा होगा, अगुआ के हाथ से नेतृत्व एक और साथी के हाथ में दे दिया गया जिसने ग़ज़ल गानेवालों के सुपरिचित पंचमसुर से उठाकर कोई वंदना की। यह ग़ज़ल की शैली में थी और इसमें उर्दू की मध्यमवर्गीय छटाएं थीं। इसमें शायर का नाम 'ओम' भी आता था।

जय जगदीश हरे से यह कार्यक्रम समाप्त हो गया पर यह मेरा भ्रम था। समाप्त नहीं हुआ। अभी पूरे निजत्व के साथ शेरांवाली माता की दो स्तुतियां बाक़ी थीं। दिल्ली तक का रास्ता कट गया। साथी उतरकर दिन-भर अपने-अपने दफ़्तरों में बाक़ी साथियों से यह सलाह-मशविरा करने चल दिए कि 29 की रात से 30 की रात वे अपने-अपने दफ़्तरों में क्या करेंगे।

उत्तर प्रदेश से दिल्ली लौटते हुए गाज़ियाबाद आने पर पता चलता है कि उत्तर प्रदेश पीछे छूट गया। दूसरों की बोली बदलने-बदलने को हो आती है, अपना व्यवहार एकाएक हड़बड़ाकर उठ बैठे आदमी का-सा हो जाता है। क्या यह आनेवाले दिन की निश्चिंतता थी जिसने और दिनों की-सी दबसट में मुझे नहीं डाला जब काम पर दिल्ली आनेवाले सिर्फ़ इस कारण आतंक पैदा कर देते हैं कि उनके अपने जीवन में उस समय धीरज छूट रहा होता है ? जो हो, हनुमान चालीसा और गणेशवंदना का रोला छंद सधे हुए स्वर में सुना जिसमें अनूप जलोटा मार्का मुरकियां और मीडें न थीं, कामकाजी गृहस्थों की कलाहीन भावना थी। हनुमान का मैं भक्त नहीं हूं, न उनकी रामभक्ति से विभोर हो उठता हूं। परंतु तुलसीदास की सरल शब्द-योजना बरसों बाद आद्यंत सुनी।

बचपन से हनुमान चालीसा साहित्य के रूप में पढ़ा था। उसका साहित्यिक आनंद एक अनजान सरकारी नौकर के मुंह से सुने सस्वर पाठ में मिला और रामभक्ति

से भी अधिक अपनी भाषा की शक्ति दिखाई दी। या शायद यह भाषा की नहीं बल्कि उसे आडंबर के बिना छंद-ताल सहित बोल सकनेवाले उस सहज नागरिक की शक्ति थी जिसे साहित्य का कोई आभास नहीं था। और शायद यह भी सच न हो, केवल मेरे अलगाव का टूटना ही सच रहा हो क्योंकि जब भजनीक सहयात्रियों ने सवैया छंद प्रवाहपूर्वक गाया, 'को नहिं जानत है जग में कपि संकट मोचन नाम तिहारो'— तो मेरा यह भ्रम प्रत्येक पंक्ति के साथ टूटता गया कि दिल्ली के दायरे में आनेवाले लोगों को सवैया जैसे छंद की चाल में दिक्कत आ जाएगी। नहीं, वह ह्रस्व और दीर्घ मात्राओं सहित संपूर्ण सुन पड़ रहा था, वैसा ही जैसा पांचवें दर्जे में मेरे हिंदी अध्यापक पंडित रामदुलार पांडेय ने मुझे पद्य पढ़ाते हुए सुनाया था।

कहीं से दिल्ली लौटना आमतौर पर परदेस में लौटना लगता है पर इस बार तुलसीदास और बजरंगबली मिलकर मुझे घर तक पहुंचा गए थे।

[10.9.89]

कीटनाशक की दासता

भारत की सांस्कृतिक राजधानी भोपाल से लगातार कई दिन तक मौतों की संख्या की ख़बरें आती रही हैं। यह संख्या बढ़ती जा रही है। शीर्षकों में यह इस तरह छापी गई है जैसे वही ख़बर हो। ख़बर वह नहीं है। ख़बर है भोपाल में संस्कृति का जीवन से लगभग संपूर्ण अलगाव।

"लगभग" इसलिए कि एक छोटा-सा समाचार भी छपा था, जिसमें कई लोगों के एक विरोध जुलूस निकालने की ख़बर थी। समाचार में जहां तक याद पड़ता है कोई नाम नहीं थे, जिनका संस्कृति की राजधानी में कोई महत्व हो और कोई वक्तव्य या काय भी नहीं था जिससे यह बात कम से कम थोड़ी-सी सामने आए कि कीटनाशक की निर्माण-प्रौद्योगिकी किस तरह संस्कृति में मनुष्य का अवमूल्यन कर रही है। गैस रिसना कार्यकुशलता का अभाव दिखता है, पर वह सिर्फ़ इतना ही नहीं है। वह भारतीय समाज को एक ताक़तवर उद्योग के लिए कच्चा माल बनाकर छोड़ देने की दासतापोषक नीति का भी हज़ारों जानों की क़ीमत पर पर्दाफ़ाश करता है। एक चुनावी विज्ञापन में ग़नीमत है कि यह दावा नहीं किया गया था कि हमने देश में कीड़ों-मकोड़ों से, जो विपक्ष ने पैदा किए थे, देश को बचाने के लिए टनों कीटनाशक बनवाया। किया होता तो बहुत बुरा होता, क्योंकि तब सारी बहस मध्यप्रदेश सरकार के पक्ष या विपक्ष की बहस बन गई होती। आज

तो वह संस्कृति की बहस है, मगर हो नहीं रही है क्योंकि जो कर सकते थे वे मर गए हैं। जो जिंदा हैं वे अपने सांस्कृतिक जीवन को छूत से बचाए हुए बैठे हैं। प्रौद्योगिकी का जीवन से संबंध सांस्कृतिक राजधानी में विचारगोष्ठियों का विषय कभी नहीं रहा। आज भी नहीं है।

मगर असल विषय वही है।

अन्न की राजनीति ने पी एल-480 के रुपए के भंडार से भारतीय समाज को नियंत्रित करने की कोशिश करके एकाएक एक दिन यह तरीक़ा छोड़ दिया था। उस समय इस परिवर्तन को भारत-अमेरिकी संबंधों में भारतीय विदेश नीति की विजय और अमेरिकी सदाशयता का प्रमाण माना गया था। परंतु यह परिवर्तन और कुछ नहीं, अमेरिकी राजनीति में अन्न उत्पादकों के प्रभुत्व का करिश्मा था : ये उत्पादक अनाज की नई क़िस्में बेचना अनाज बेचने से ज़्यादा उपयोगी मानने लगे थे, क्योंकि इससे वे भारतीय समाज पर और सरकार पर ज़्यादा गहरी पकड़ जमा सकते थे। नई क़िस्मों के माने थे उर्वरक का बेहद ज़्यादा इस्तेमाल। उर्वरक का बाज़ार नई क़िस्म के बीजों के प्रचार के साथ-साथ निश्चित हो जाता और ये उर्वरक अपने साथ कीटनाशक लाते, नहीं तो फ़सल एक बार दाग़ी होने से पूरी की पूरी चौपट होती।

आज हमारी खेती कितनी बुरी तरह नई क़िस्म के बीजों, ज़मीन को अनुर्वर बनाकर घनी फ़सल देनेवाले रसायनों और अन्न को रोगमय करनेवाले कीटनाशकों पर निर्भर हो गई है, यह कोई भी निष्पक्ष विशेषज्ञ बता सकता है। आप किसी दिन किसी मुख्यमंत्री या कृषिमंत्री का वक्तव्य पढ़ लेंगे कि यदि देश को भूखों मरने से बचाना है तो कीटनाशक जैसे पदार्थों का उत्पादन और इस्तेमाल करना होगा। इसके ज़हरीले असर से पर्यावरण दूषित होने की आप लोग जो चिंता कर रहे हैं, वह देश के हितों के विरुद्ध है।

पर्यावरण पिछले कुछ वर्षों में एक फ़ैशनेबिल विषय बन गया है। इसे एक अकादमीय विषय के रूप में कई बड़ी-बड़ी संस्थाएं, भारतीय बुद्धिजीवियों के बीच प्रचारित कर रही हैं। इस विषय पर इतनी थोथी बहसें संभ्रांत वर्ग में होती रहती हैं कि एक सरकारी पोस्टर जो पर्यावरण की रक्षा के लिए प्रचारित किया गया है, इस हाल पर सबसे सही टिप्पणी करता है। इसमें एक किशोरी का बड़ा-सा चेहरा है जो ओंठ पर उंगली रखे चुप रहने का संकेत कर रही है। शीर्षक है—'शोर पर्यावरण को दूषित करता है।' कीटनाशक रसायन की तरह यह पोस्टर भी पश्चिमी बाज़ार की खपत बढ़ानेवाले माल का विज्ञापन है। वह माल है पर्यावरण विशेषज्ञ जो पश्चिम से यहां आकर यही बताना चाहता है कि शोर ने आधुनिक सभ्यता में वातावरण को असह्य बना दिया है। वह यह नहीं बताता कि पश्चिम के रसायनों के प्रचार ने मीलों दूर तक चिड़ियों, मछलियों और खरगोशों को ख़त्म कर दिया है। इसलिए वहां आदमी को रसायन-प्रदूषण के लिए अपने देश से बाहर तीसरी

दुनिया के देशों की ज़रूरत है। रसायनों से माल तैयार होगा तीसरी दुनिया के देशों में, मुनाफ़ा जाएगा अमेरिकी दुनिया में। प्रदूषण होगा तीसरी दुनिया में जहां अमेरिकी उद्योग को प्रदूषण पर नियंत्रण की ज़िम्मेदारी नहीं उठानी पड़ेगी। तीसरी दुनिया को बताया जाएगा कि सिर्फ़ पानी, खेती की अनुभवी समझ और ज़मीन की ताक़त से भूख मिटाने लायक पैदावार हो ही नहीं सकती। उसे बताया जाएगा कि तुम अमेरिका और यूरोप के लिए ख़रीददारों का बाज़ार भी हो और अमेरिका-यूरोप में बिकनेवाली चीज़ भी हो। तुम गुलाम और असमर्थ रहो, इसी में तुम्हारी आधुनिकता का विकास है।

भोपाल इस बारे में क्या सोचता है ? क्या यह विषय खेती का विषय है कि संस्कृति का ? मैं समझता हूं खेती और संस्कृति दो अलग-अलग चीज़ें नहीं हैं। हर प्रौद्योगिकी जो आदमी को व्यापार के सामने लाचार बनाती है, संस्कृति को पराधीन बनाती है। यह सांस्कृतिक राजधानी में बहस का विषय होना ही चाहिए। मगर मुझे आशंका हो रही है कि कहीं वहां चित्रकार मौतों की तस्वीरें न बनाने लगें और नाटककार त्रासदी पर प्रयोगधर्मी नाटक न खेलने लगें।

औरत की देह औरत का देश है

रांची में तीन लड़कियों पर 21 जनवरी को पुलिसवालों ने बलात्कार किया। तीन में से 14 वर्ष की एक लड़की ने, जो ईसाई आदिवासी थी और नाम जिसका एलिज़ाबेथ एक्का था, आत्महत्या कर ली। इसका पूरा वृत्तांत कई जगह छप चुका है, पर यहां हम उसके एक वाक्य को दोहराएंगे। पुलिसवालों ने मूछों पर ताव देकर कहा कि हमने कुछ नहीं किया। लड़कियों का कौमार्य तो पहले ही भंग हो चुका था और उनके गुप्तांग पर ऐसे कोई चिह्न भी नहीं मिले, जिनसे कहा जा सके कि उन्होंने संभोग का विरोध किया—अर्थात् बलात्कार नहीं हुआ।

अगर आपको मथुरा नाम की एक लड़की की याद हो, जिस पर बलात्कार के अभियोग से अभियुक्त को न्यायाधीश ने इसी आधार पर बरी कर दिया था कि मथुरा के यौन-संबंध बलात्कार से पहले भी हो चुके थे और बलात्कार के विरोध के प्रमाण न्यायाधीश को नहीं दिखे थे। चार वकीलों ने और 'दिनमान' ने, जिसका तब मैं संपादक था, इस मामले को जनता के सामने उठाया था।

इन दोनों घटनाओं पर ग़ौर कीजिए तो समझ पाएंगे कि औरत-आदमी के रिश्ते के बारे में कुछ बातें हमारे समाज में कहीं छिपी बैठी हैं। समय-समय पर हम में से कुछ विचारशील लोग इन्हें उठाते रहते हैं। परंतु ये बदलतीं नहीं। उलटे ऐसे और लोग

पैदा होते जाते हैं जो इन्हें मानते हैं और इन्हें न माननेवालों को भौंह चढ़ाकर देखते हैं, मानो उन्हें अपना दुश्मन समझ रहे हों। ये बातें क्या हैं ? एक तो यह है कि स्त्री सब बुराइयों की जड़ है। दूसरी यह है कि पुरुष को यदि कोई महान काम करना है तो स्त्री से दूर रहना चाहिए। तीसरी यह है कि स्त्री यदि सुंदर है और उसका शरीर स्वस्थ और सुडौल है, तो वह पुरुष को रति-व्यापार के लिए आकृष्ट कर रही है और पुरुष उस पर बलात्कार करने के लिए स्वतंत्र है। चौथी यह है कि स्त्री पर-पुरुष की हमेशा कामना किया करती है। पांचवीं यह है कि उसके साथ रति-कर्म हमेशा उसकी सहमति से ही होता है, अर्थात् रतिकर्म हुआ तो उसकी सहमति अवश्य रही होगी और छठी तथा सबसे अधम बात यह है कि यदि किसी स्त्री ने बलात्कार की शिकायत की और डाक्टरी जांच से पाया गया कि वह इसके पहले पुरुष-संसर्ग कर चुकी है तो उसकी शिकायत में दम नहीं है, वह शिकायत करने की अधिकारिणी नहीं है, वह पुरुष-संसर्ग स्वीकार करती है, वह दुष्चरित्र है, उसके साथ फिर-फिर बलात्कार किया जाए, वह तैयार और राज़ी माल है।

ये सब मान्यताएं पतित दिमाग़ों की उपज हैं। जो पुरुष इन्हें मानते हैं, बीमार हैं। उनका इलाज होना चाहिए, मगर बीमार से भी अधिक वे लोकतंत्र के दुश्मन हैं। स्त्री के राजनैतिक अधिकार यों तो वही हैं जो पुरुष के होते हैं। परंतु पुरुष के हाथ में इतनी सत्ता केंद्रित हो गई है कि वह क़ानून, व्यवहार, वाणिज्य-व्यापार और प्रचारतंत्र द्वारा स्त्री का हर समय दमन किया करता है। यह कभी प्रकट होता है, कभी दबा-ढंका रहता है—न पुरुष उसे देखना चाहता है, न स्त्री उसे दिखाना चाहती है। पुरुष निर्ममता के कारण और स्त्री भय के कारण। इसलिए ऊपर लिखी पुरुष-ग्रंथियों के विरुद्ध खड़े होने की कोशिश करना स्त्री का विशिष्ट राजनैतिक अधिकार हो जाता है। पुरुष के और स्त्री के अन्य राजनैतिक अधिकार समान रहते हैं, पर स्त्री की देह उसका देश है और यह अधिकार कि वह किस समय किस पुरुष का रति-संसर्ग स्वीकार करेगी, उसका अनन्य राजनैतिक अधिकार है। ऊपर लिखी पुरुष-ग्रंथियों में अंतिम, अर्थात् यह मान्यता कि यह स्त्री एक बार पुरुष-संसर्ग कर चुकी है तो फिर वह पूरे मन से हर पुरुष से संसर्ग करेगी एवं उस पर बलात्कार करनेवाले को दोषी नहीं माना जाएगा, इस अधिकार को नहीं मानती। मैं यह ज़ोर देकर कहना चाहता हूं कि स्त्री का शरीर उसकी संपत्ति है। वह इच्छा से कितनी बार कितने ही पुरुषों से संसर्ग करे, किसी को उसे पुरुषवर्ग की साझा संपत्ति मान लेने का हक़ नहीं मिल सकता। उसका एक पुरुष से शरीर-संबंध बनाना, जो समाज की विवाह नामक संस्था ने स्वीकृत किया है, समाज को यह अधिकार नहीं देता कि वह उसे ऐसे ही और भी संबंध बनाने को बाध्य करे। समाज ऐसे एक संबंध को अनुचित मानता है, माने। बस यहीं तक उसका अधिकार है—और वह भी संदिग्ध है।

स्त्री के अपने शरीर के राजनैतिक अधिकार को छीनने के लिए समाज ने कई

तरक़ीबें निकाल रखी हैं। इनमें से एक यह है कि बलात्कार करो और उसे बलात्कार सिद्ध मत होने दो। बलात्कारी का वकील शरीर और हथियार और राजतंत्र के बल से डरी हुई औरत से पूछता है, 'अरी औरत, तू यह बता कि तुझे बलात्कार में आनंद आया था कि नहीं ? तू यह बता कि तूने विरोध किया था या नहीं ? तू दिखा कि तेरे शरीर पर विरोध करने के निशान कहां हैं ?' यह प्रश्न गधेपन को वहशीपन की हद तक ले जाने पर ही पूछा जा सकता है। यदि स्त्री के शरीर पर निशान देखे जाएंगे तो वे आक्रामक के बलप्रयोग के निशान होंगे न कि स्त्री के छटपटाने के। पर यही प्रश्न निर्णायक होता है। इसी से तय किया जाता है कि स्त्री रज़ामंद थी या नहीं। यह गधापन और वहशीपन पुलिस और अदालत में दिखता है। मध्यवर्गीय समाज में इसी का रूप यह वाक्य है, 'तू पर-पुरुष द्वारा भोगी जाने के पहले मर क्यों न गई ?' दूसरे शब्दों में, इसे यों कहा जाएगा, 'तूने विरोध में अपना गला क्यों नहीं काट लिया ?'

भारतीय राजनीति के इतिहास का यही सारांश है। 'हम लड़कर जान दे देंगे' ऐसा बोलना बड़ी बहादुरी मानी जाती रही है। 'हम लड़कर दुश्मन की जान ले लेंगे' ऐसा वाक्य वीरगाथाओं में सुनने-पढ़ने को नहीं मिलता। ऐसा क्यों ? हमने औरत को यह क्यों नहीं सिखाया कि वह बलात्कार को अपने पर राजनैतिक आक्रमण समझे और यह भी समझे कि विरोध में अपनी जान गंवा देने का प्रमाण देने में सतीत्व की प्रतिष्ठा नहीं है, बलात्कारी की जान ले लेने में हो सकती है। और हर हालत में यह प्रमाण देना कोई मतलब नहीं रखता कि स्त्री ने विरोध किया था या नहीं, क्योंकि वह प्रमाण जांचनेवाला वही पुरुष है जो यह वाक्य कहता रहता है, 'तू बेइज़्ज़त होने से पहले मर क्यों न गई' ··· 'और तब नहीं मरी तो बेइज़्ज़त होने के बाद सही, अब मर जा।'

लोकतंत्र सिर्फ़ वोट देने के अधिकार से नहीं बनता। सबसे पहले वह अपने अधिकार के लिए लड़ने से बनता है। औरत को वोट देने का अधिकार देकर हमने लोकतंत्र नहीं बना लिया। औरत का सबसे पहला अधिकार यह बताने का है कि अपनी देह का वह क्या करती है। वही तय कर सकती है कि वह कब और किस पुरुष को देह का संग देगी और वही तय कर सकती है कि वह कब मां बनेगी। आबादी बढ़ जाने के भय से जो राजनैतिक नेता औरत को बच्चा पैदा करने के नाक़ाबिल बना देना बहुत सही उपाय बताते हैं, वे अगर औरतों के साथ मिलकर उनकी अपनी देह की आज़ादी के लिए लड़ें तो एक ज़्यादा ताक़तवर समाज बनेगा ··· और औरत लोकतंत्र की सिपाही बनेगी, बच्चा पैदा करने की मशीन नहीं।

[4.3.84]

ख़ब्ती औरत

एक औरत, दो बच्चे एक गोद एक पैदल
पता पूछती रहती है प्रधानमंत्री का
दस बरस बेदख़ल हुए उसे हुए पांच अधपागल
अत्याचार समाचार बन गया इंसान का अपमान छपा नहीं
दस बरस मुझे भी जड़ हो गए हुए
अब रह गया सिर्फ़ उस औरत का ख़ब्त .....

इक्कीस साल पहले यह कविता, जिसकी छह पंक्तियों से मैंने यह लेख शुरू किया है 'आत्महत्या के विरुद्ध' के पहले संस्करण में प्रकाशित हुई थीं। तब से अब तक यह औरत कई बार मुझे मिल चुकी है। दिल्ली को ख़ूबसूरत बनाने के लिए समय-समय पर जो ग़रीबी हटाई जाती है उसी के साथ बुहरकर वह या तो कहीं फिंक गई होगी या दिल्ली का जो विस्तार लगातार होता रहता है उसमें कहीं हेरा गई होगी। हो सकता है सड़क दुर्घटना की ख़बरों में जब-तब जिस औरत के ट्रक से कुचलकर मर जाने का ज़िक्र आता है, वही मेरे इक्कीस साल पहले की कविता की औरत रही हो, यह मुझे मालूम नहीं हो सकता क्योंकि 1975 के बाद से अख़बारों में ट्रक से कुचले गए लोगों के नाम, पते, ठिकाने, घरबार, काम-धंधे बताने की कोशिश नहीं की जाती।

पर यही दैनिक अख़बार एकमात्र साधन रह गए हैं जिनसे आदमी का हाल मिल सकता है और इन्हीं पर भरोसा करके मैं इतनी बात तो विश्वासपूर्वक कह सकता हूं कि उस ख़ब्ती औरत को अभी तक सुरक्षा संतरियों ने मार नहीं डाला है। लोहे का ऊंचा मज़बूत फाटक फलांगकर वह किसी अहाते में नहीं घुसी थी, सिर्फ़ सड़कों पर भटक रही थी, शायद इसीलिए पुलिस की गोली से बच गई।

मगर पिछले महीने की इक्कीस तारीख़ को सुरेश कुमार खेलवाल को जाने क्या सूझा कि वह एक विकराल फाटक फांदकर संसद भवन के अहाते में घुस गया। जिस फाटक को उसने फांदना तय किया, वह बड़े लोगों के आने-जाने के लिए निश्चित है। मगर यह अपने-आपमें फाटक फांदने की कोई वजह नहीं हो सकती। संतरी ने उसे ललकारा। खेलवाल ने मालूम नहीं सुना कि नहीं सुना, पर पलटकर उसने सलाम नहीं किया। खेलवाल और संतरी के बीच आगे क्या हुआ, यह पुलिस के दो विभाग अलग-अलग ढंग से बताते हैं, पर इसके बाद की महत्वपूर्ण घटना के बारे में दोनों सहमत हैं। मतलब यह कि एक सूत्र कहता है कि खेलवाल ने संतरी की बंदूक छीनने की कोशिश की, दूसरा नहीं कहता, पर दोनों मानते हैं कि खेलवाल को उन्होंने मार डाला। जो पुलिस सूत्र कहते नहीं हैं, मगर जनता के

दिमाग़ में बैठाने की कोशिश करते हैं, वह यह है कि जो आदमी आवाज़ देने पर रुक न जाए और रुक जाने पर भी जिससे बात करना मुश्किल हो उसे गोली मार देनी चाहिए। चूंकि खेलवाल से संतरी की कोई बात ही नहीं हुई थी, इसलिए यह नतीजा निकालने का कोई कारण नहीं बनता कि अगर बात करने पर पुलिस को कहीं पता चला होता—जो बाद में अपने अफ़सर को उसके बूढ़े मां-बाप के पास हरियाणा में भेजने और बेटे की लाश की शिनाख़्त करवाने पर पता चला—तब भी पुलिस उसे गोली मार देती। जैसा आप जानते हैं, पिता पर यह भेद खुलने के पहले ही जाहिर हो चुका था कि लड़के के हाथ में कोई हथियार नहीं था।

गोली मार देने के बाद जब संतरी और उसके दल ने धड़कते दिल से लड़के की तलाशी ली होगी कि कहीं वह बुलेट प्रूफ़ जेकेट के नीचे इमारत को उड़ा देनेवाला परमाणु बम न छिपाए हो तो उन्हें गोली मार देने के अपने निर्णय पर तो संतोष ही हुआ होगा, क्योंकि गोली तो वे मार चुके थे, हां लड़के पर हंसी आई होगी क्योंकि जेब में सिर्फ़ एक डायरी निकली जिसमें कुछ पते थे--शायद उसकी कपड़े की दूकान के कारोबार के या स्कूल के पते रहे होंगे जहां वह टीवी मरम्मत सीखता था। हां, एक चीज़ और निकली थी, हनुमान चालीसा। शायद यह उसने भूत-पिशाच निकट नहीं आने देने के लिए रखी थी। पर वह नाकाम रही। पुलिस के दो विभागों के दिए हुए तथ्यों में भी यह अंतर पाया जाना अब बेकार हो चुका है कि एक के अनुसार लड़के ने संतरी की बंदूक छीनने की कोशिश की थी और दूसरे के अनुसार नहीं की थी।

संदेह और सुरक्षा के तंत्र ने दो आदमियों के बीच संवाद ख़त्म कर दिया था—यह इस घटना के खुद सुरक्षा समर्थक तंत्र के बताए ब्यौरों से मालूम होता है। यह स्पष्ट है कि सुरक्षा तंत्र एक संदिग्ध मुजरिम को दबोच सकता था। अगर तंत्र इतना भी नहीं कर सकता था तो यह एक और बुरी ख़बर है। पर उसने लड़के को दौड़कर पकड़ा नहीं, पकड़कर पूछताछ नहीं की और क़ानून के हवाले नहीं किया। भाषा का पुल टूट चुका था और उस पर से होकर आदमी की ज़िंदगी का रास्ता जा नहीं रहा था। मेरे एक पुराने समाजवादी बंधु ने कहा, 'सभ्यता और राजनीति के बीच रिश्ता नहीं रह गया है।' यही एक टिप्पणी इस घटना पर मैंने सुनी या पढ़ी है। भाषा, मनुष्य, संत्रास, क्रांति, मूल्य आदि से सरोकार रखनेवाले चित्रकारों और नर्तकों को छोड़ भी दें तो उपन्यासकारों, कहानीकारों और समालोचकों के लिए यह हत्या एक बड़े 'राष्ट्रीय' दैनिक में छपे समाचार की थी, एक मनुष्य के अपमान की नहीं थी।

संदेह और सुरक्षा का तंत्र आदमी के साथ एक तनातनी (जिसे अंग्रेज़ी से अनुवाद करने वाले पत्रकार शीत युद्ध कहते हैं, मानो हिम प्रदेश से संवाद दे रहे हों) बनाए रखता है। यह तनातनी अपने-आप से इष्ट नहीं है, इससे निकलने वाले फ़ायदे ही असल फ़ायदे हैं। वे फ़ायदे ये हैं कि हम कभी सच को नहीं जान पाएंगे

और जितना सच जान पाएंगे उतना यही तंत्र नाकाफ़ी बनाकर छोड़ देगा। उदाहरण के लिए यदि हम लोग, जिनकी पुलिस अफ़सरों तक पहुंच नहीं है, जवाब मांगें कि जब सुरेश के गांव जाकर पता लग गया कि उसका ख़ुद कोई ख़तरनाक इरादा नहीं था और वह किसी गिरोह में भी नहीं शामिल था, तब फिर तंत्र को अपने गोली चलाने पर और नहीं तो पछतावा क्यों नहीं हो रहा है, तो उत्तर शायद यह मिल सकता है, आप चुप रहिए क्योंकि हमें बहुत सी बातें मालूम होती रहती हैं जो हम सबको बताने को मजबूर नहीं हैं। सुरक्षा, जिसने संदेह के बल पर बिना संवाद के हत्या की है, एक बार फिर संदेह के बल पर सुरक्षा को और सुरक्षा के बल पर संदेह को चक्राकार दुगुना करके हमें हर तरह के संप्रेषण से बाहर कर देती है और सुरेश कुमार खेलवाल और संतरी के बीच बंदूक ही एक पुल रह जाता है, उससे होकर एक साधारण आदमी आ-जा नहीं सकता।

पर यह अशक्यता वर्तमान राजनीति के नियामक पहचानते नहीं हैं। वे सिर्फ़ उन अशक्यताओं को पहचानते हैं जो संदेह और सुरक्षा का तंत्र राजनीति के माध्यम से जनता पर लादता है, जैसे 1975 में एमरजेंसी को दलों ने फौरन पहचान लिया था। पर जो उद्देश्य एमरजेंसी का था वही उद्देश्य एमरजेंसी के बिना, राजनीति नहीं सभ्यता को ग़ुलाम बनाकर भी सिद्ध किया जा सकता है। यह बात आज के राजनीतिक दल नहीं समझ सकते।

वह ख़ब्ती औरत जो मुझे इक्कीस साल हुए कविता में दर्ज होने के लिए मिली थी, आज भी ज़िंदा है। आज भी वह उतनी ही बड़ी है जितनी तब थी, जब अपने दो बच्चों को लेकर वह प्रधानमंत्री का पता पूछती भटकती रहती थी। अब तो वह पता भी नहीं पूछ सकती। भटकने को वह दिल्ली के बाहर आज़ाद है, दिल्ली में नहीं, क्योंकि उसे बता दिया गया है कि कहीं भी, सुरक्षा क्षेत्र में न सही संदेह क्षेत्र में सही, उस पर गोली चल सकती है और सुरक्षा और संदेह के घेरे एक-दूसरे के अंदर-बाहर चक्राकार घूमते रहते हैं।

[10.4.88]

आत्महत्या के विरुद्ध

जब से यह समाचार पढ़ा है कि मेरठ में शंकराचार्य ने उपदेश किया कि जो स्त्री स्वेच्छा से पति की चिता पर भस्म हो जाना चाहती हो उसे रोकना अधर्म है तब से यह सोच रहा हूं कि दिवराला कांड पर इतना आक्रोश प्रकट हुआ था वह क्यों

व्यर्थ गया। क्यों शंकराचार्य का साहस हुआ कि वह असहाय स्त्री की आत्महत्या को एक बार फिर धर्म प्रतिष्ठान का संरक्षण दें। क्यों नहीं हमने, जो दिवराला कांड को गौरवान्वित किए जाने के विरुद्ध और स्त्री की स्वतंत्रता के पक्षधर हैं, सती कांड को धर्म प्रतिष्ठान के तर्कों से अमान्य करने के बजाए लौकिक-सामाजिक दृष्टि से उचित ठहराया। हमने शत्रु पर जवाबी हमला तो किया परंतु उसी के हथियार से जिसके चलाने की सैकड़ों विधियां उसे मालूम हैं। उन्हें जब-तब वह सामने लाता रहेगा और हम बार-बार उससे उसी के बनाए हथियारों से लड़ने का नाटक करते रहेंगे। यदि सचमुच लड़ना है तो हम अपने मैदान में शत्रु को ले आएं। समय इतना कम है कि हमें शंकराचार्य के नए वक्तव्य पर आश्चर्य प्रकट करने की छूट नहीं है। यह तो स्पष्ट है कि वह सती होने से रोकने को अधार्मिक कार्य मानते हैं। यह पूछने की ज़रूरत नहीं है कि वे इसे अधार्मिक मानते हैं या अधर्म। उनके लिए धर्म और धार्मिक में कोई अंतर नहीं है जब कि सामान्य लोकभाषा में अधर्म वही है जिसे शंकराचार्य धार्मिक बता रहे हैं।

प्रश्न यह है कि जब कोई व्यक्ति इस लोक में अपने जीवन की आशा छोड़ चले तो हम उसे नई आशा में जीने के लिए बल दें। हम बीसवीं शती के शेषकाल में जी रहे हैं और धर्म प्रतिष्ठानों की नहीं मानवीय रचना प्रतिभा की चिंता कर रहे हैं। परमाणु युद्ध से संभव विनाश से लेकर प्रकृति का मानवनिर्मित उत्पीड़न तक सब हमारी चिंता के विषय हैं। इन सबके आदि और अंत में एक ही सिद्धांत है कि हम समाज में अन्याय और असमता को बदल सकते हैं और बदल रहे हैं और रचना को बल देते हुए अपने कामों की समीक्षा करते बदलते जाएंगे। इस चिंता के अंतर्गत संस्कृति के विकास के लिए आवश्यक हो जाता है कि हम मनुष्यों में प्रीति और परस्पर आत्मिक बल बढ़ाएं।

आत्महत्या को पुराने लोगों ने पाप कहा है। वह पाप है तो इसीलिए कि मानव जाति में समय पाकर मृत्यु को स्वीकार करने के संस्कार के वह प्रतिकूल है। उसे रोकना धर्म है क्योंकि रोकना एक नए जीवन की संभावना जगाना है। आत्महत्या को रोकना धर्म है क्योंकि समाज की और सृष्टि की हमारी लौकिक समझ के अनुसार मनुष्य में कर्म की अनंत संभावनाओं को आत्महत्या वैसे ही नष्ट कर देती है जैसे हत्या कर देती है। शंकराचार्य ने स्वेच्छा से सती होनेवाली स्त्री का नाम लेकर उसकी स्वेच्छा की रक्षा करने पर ज़ोर दिया है। मैं उसकी स्वेच्छा की नहीं उसके प्राण की रक्षा करने पर ज़ोर दूं तो मैं उन सब के मनकी बात कहूंगा जो मनुष्य की मेधा और प्रतिभा पर विश्वास करते हैं। स्वेच्छा का महत्व है, व्यक्ति की स्वतंत्रता का भी महत्व है, पर इससे भी अधिक महत्व इस बात का है कि हम जिसे स्वेच्छा कह देते हैं वह असहायता और परवशता की पराकष्ठा का दूसरा नाम है—स्वेच्छा कदापि नहीं। इच्छा-मृत्यु का भी महत्व है परंतु जीवन पूर्ण होने के पहले इच्छा-मृत्यु का विज्ञापन हत्या को छिपाने का हत्यारा प्रचार ही है।

और यदि हम शंकराचार्य की तरह शून्य से सुरक्षित प्रतिष्ठान के भीतर न रहकर वर्तमान लोक में रह रहे हों जहां हम अतीत और भविष्य दोनों से कर्म द्वारा निरंतर जुड़ते चलते हैं तो इस समाज की संरचना में स्त्री के व्यक्तित्व के शोषण का यथार्थ पहचानेंगे और यथास्थिति नहीं रहने देंगे, परंतु समाज को बदलने के लिए हम जो कर रहे हैं उसका भी कोई मतलब तभी है जब बदलने का इंतज़ार न करके हम तत्काल हस्तक्षेप द्वारा मनुष्य को आत्महत्या से रोकें। हर क्षति को थाम देने के बाद उसकी पूर्ति का उपाय मानव सभ्यता के पास निकल आता है और हर स्वजन-शोक के बाद जीवन से मोह नए सिरे से जाग उठता है। केवल वे ही इस प्रयोग का विरोध करेंगे जो विधवा स्त्री पर वैराग्य बलपूर्वक लादेंगे ताकि वह अपनी विरक्ति के बीच से जीवन में आस्था न खोज सके और अपनी अपार संभावनाएं अपने हाथों नष्ट कर ले क्योंकि वह एक औरत है।

सती कांड का समर्थन कहीं न कहीं इस दुराग्रह की पुष्टि भी है कि स्त्री पुरुष की बराबरी नहीं कर सकती। इस दृष्टि की एक विकृति यह है कि स्त्री की संभावनाएं पुत्र जनने से लेकर पति की सामाजिक शोभावस्तु बनने तक सीमित हैं और पति के रहते पत्नी का शेष हो जाना कोई सामाजिक क्षति नहीं है। शंकराचार्य का यह कहना कि स्वेच्छा से प्राण त्याग देने को तैयार स्त्री को रोकना अधार्मिक कार्य है, धार्मिक मूल्यों की रक्षा की नहीं, नर-नारी के बीच असंतुलन बनाए रखने की चेष्टा है जिसका राजनैतिक अभिप्राय है : शंकराचार्य का प्रतिष्ठान अनेक सत्ता प्रतिष्ठानों को सहयोग देता है और जहां तक मालूम है नर-नारी समता के पक्षधर प्रतिष्ठान उन सहयोग पानेवालों में नहीं हैं। मालूम नहीं शंकराचार्य इतनी दूर तक सोचते हैं या नहीं जितनी दूर तक अज्ञानी लोग सोच सकते हैं, परंतु स्त्री को संभावनाहीन नगण्य जंतु मानकर चलनेवाली दृष्टि स्त्री की देह का अश्लील विज्ञापन करनेवाली दृष्टि से मूलतः भिन्न नहीं है। दोनों एक-दूसरे की पूरक ही हैं। बल्कि दूसरी पहली के मुक़ाबले ज़्यादा ईमानदार है क्योंकि वह धार्मिकता की आड़ में यह दमन नहीं चलाती।

असल बात यह है कि यह भनक पड़ते ही कि कोई स्त्री सती होना चाहती है या किसी को सती किया जा रहा है, हर एक को अपनी पहुंच के अंदर उसे रोकने का प्रयास करना चाहिए। यही मानव धर्म है। बीसवीं शती के शेषकाल में मानव-मूल्यों की रक्षा के लिए हस्तक्षेप अनिवार्य है। उन्हीं से परंपरा का निर्माण संभव है उपदेशों से नहीं।

[10.6.88]

बलात्कार का नैतिक अधिकार

पुरुष चरित्र सब जानते हैं परंतु स्त्री का भाग्य अविदित है। यह कथन उस कहावत का विलोम है जो जाने कितनी पीढ़ियों को सिखाई गई है—'स्त्री चरित्रं पुरुषस्य भाग्यं देवो न जानाति कुतो मनुष्यः।'

पुरुष का चरित्र ईश्वर के यहां से बनकर नहीं आया है। उसे हम मूलतया इन वाक्यों से पहचान सकते हैं जो बहुत-से पुरुषों ने मन में या प्रकट कहा होगा। 'यह स्त्री शिकायत क्यों करती है कि मुझे बलपूर्वक विवश किया गया ? यह स्वयं पुरुष के सामने इस रूप में आई थी कि पुरुष बलात्कार पर विवश हो जाए।' 'स्त्रियां इनकार करती हैं जब कि उनका मन स्वीकार का होता है। बलात्कार का विरोध करते-करते यह मर क्यों न गई!'

इसी विचार को और अधिक सरल करते हुए यह स्थापना की गई है कि जो नारी हमारी परिभाषा के अनुसार दुश्चरित्र है उस पर बलात्कार करनेवाले को दोषी नहीं कहा जा सकता।

पर इसके आगे जाते हुए यह कुत्सित तर्क सरणी ठिठक जाती है क्योंकि आगे यही कहने को रह जाता कि दुश्चरित्र स्त्रियों पर चरित्रवान और चरित्रहीन दोनों प्रकार के पुरुषों द्वारा बलात्कार वैध हो जाना चाहिए जिससे कि बलपूर्वक स्त्री की अस्मिता को न रहने देना अपराधों की सूची से बाहर कर दिया जाए।

अभी एक और सीढ़ी बच रहती है। ऐसी स्त्री के व्यक्तित्व का अपहरण करने के बाद उसकी हत्या कर देने का विधान बना दिया जाए, और आप चाहें तो यह सीढ़ी भी फलांगकर कह सकते हैं कि बलात्कार का परिश्रम बचाकर सीधे-सीधे हत्या ही क्यों न कर दी जाए।

परंतु यह तर्क हत्या तक आकर हिचकने लगता है तो इसका कारण यह नहीं है कि हत्या का खुल्लमखुला प्रचार आज की हत्या संस्कृति तक में अनैतिक कहलाएगा। कारण यह है कि इसे आतंकवादियों की करतूत कहकर अनिवार्य नहीं बताया जा सकेगा और विदेशी शक्तियों का विध्वंसात्मक षड्यंत्र कहकर राष्ट्रीय मजबूरी नहीं दिखाई जा सकेगी। नैतिकता का डर नहीं है जो आज के समाज में स्त्री की हत्या को वैध बनाने से रुक जाता है, बल्कि यह है कि स्त्री पर आक्रमण का तार्किक आधार खोजते-खोजते हमारा पुरुष पाता है कि हद तक पहुंच गया है। उसकी उपभोक्ता संस्कृति में इसके आगे जाने से औरत का इस्तेमाल अलाभकर हो जाएगा। लाभकर इस्तेमाल तो यह है कि स्त्री को जीवित रखा जाए, पर वह व्यक्ति न बनने पाए, वस्तु बनकर पड़ी रहे।

राजनीति के आज के दौर में औरत का अपमान अनेक स्तरों पर होने लगा है। आज से कई दशक पहले औरत के प्रति आदर्श व्यवहार यह माना जाता था

कि पुरुष उसे एक ओर पूजा की और दूसरी ओर दया की चीज़ माने। सन् साठ के दशक में लोहिया ने यह समझ दी कि स्त्री जाति समाज का सबसे अधिक शोषित वर्ग है और शोषितों के अधिकारों की कोई भी लड़ाई नर-नारी की समता की लड़ाई के बिना पूरी नहीं हो सकती। पर दस साल बाद यानी सन् सत्तर से अस्सी के बीच में जिस तेज़ी से राजनीति केवल सत्तानीति बनती गई, उसी अनुपात में स्त्री पर अत्याचार बढ़ता गया। यह पतनशील मूल्यों को स्थापित करनेवाली राजनीति में होना ही था। यह अत्याचार पुरातनवादिता के भी अनुकूल है और आधुनिकता के भी। औरत के बारे में पब्लिक स्कूल के पढ़े आदमी के विचार भी अक्सर वैसे ही होते हैं जैसे शास्त्रों का उदाहरण देने वाले वर्णवादियों के। ये दोनों शक्तिशाली वर्ग की सभ्यता के ध्रुव हैं और उपभोक्ता संस्कृति के पोषक व्यावसायिक औद्योगिक तंत्र के आधार हैं। दोनों ध्रुवों पर टिकी सभ्यता अन्याय के शिकार को राहत देकर गुलाम बनाने की राजनीति को आवश्यक मानती है। इस संस्कृति में विज्ञापन व्यवसाय से घनिष्ठ रूप से जुड़ी पत्रकारिता में औरत की देह से कमाई करने की शक्ति जब चुक जाती है तब दूसरा प्रकार खोजना ही सृजनशीलता कहलाता है। यह पत्रकारिता दौड़-दौड़कर बलात्कार की शिकार औरतों की तस्वीरें ला रही है, उसके और उसके परिवार के लोगों के नाम छाप रही है। ज़ाहिर तौर पर इसलिए कि सच्चाई उजागर हो, मगर असल में इसलिए कि सनसनी पैदा हो और औरत के इस्तेमाल का बाज़ार जारी रहे।

औरत का इस्तेमाल बलात्कार के द्वारा यौन स्वार्थ की पूर्ति के लिए होना समस्या का केवल एक पक्ष है। इसके पीछे पुरुष की वासना से अधिक है पुरुष समाज की वह राजनैतिक आकांक्षा, जिसकी पूर्ति में वह एक शक्तिशाली वर्ग के साथ शामिल है और जिससे यह रणनीति बनती है कि मनुष्यों को स्वतंत्र व्यक्ति न रहने दिया जाए। स्त्री इस रणनीति में सबसे पहला आसान आक्रमण झेलने को अभिशप्त है। पिछले बरसों में कमज़ोर वर्गों की स्त्रियों पर सामूहिक आक्रमण यदि बलात्कार के रूप में प्रकट हुए हैं तो उन वर्गों के राजनैतिक दमन के लिए किए गए हैं जिनकी स्त्रियां बलात्कार की शिकार हुई हैं।

ऊंचे मध्यवर्ग में स्त्रियों पर बलात्कार चिंता, कौतूहल और रसिक मनोरंजन के विषय बने हैं, राजनैतिक आक्रमण के नहीं, क्योंकि उस वर्ग की स्त्रियों पर अन्य प्रकार के राजनैतिक आक्रमण अधिक सुगम हैं और जब वे होते हैं तो समाज में उन्हें उसी वर्ग की विशृंखलता अथवा त्रासदी के रूप में प्रचारित करना उपभोक्ता संस्कृति को अधिक लाभकर दिखाई देता है।

पर बलात्कार-विज्ञापन के प्रचार का एक लाभ तो सत्तासीन वर्ग उठाता ही है। पुलिस, प्रशासन और जब प्रकारांतर से न्यायपालिका भी अपने स्त्री-विरोधी राजनैतिक षड्यंत्र में साधारण नागरिकों को शामिल करने में सफल हो रही है, आज किसी भी औरत के बारे में कह दिया जा सकता है कि चूंकि वह पर-पुरुष से संबंध

रखती थी इसलिए उस पर किसी ने बलात्कार किया तो क्या बुरा किया। इसी दृष्टि का एक रूप यह है कि बागपत में माया त्यागी को सड़क पर नंगा किया तो कौन-सा अपराध हुआ, क्योंकि वह डकैत थी और पुलिस का यह कथन कि हमने नहीं जनता ने उसे नंगा किया और भी भयानक है क्योंकि पुलिस सिद्ध कर रही थी कि इस काम में हम और जनता साझेदार हैं। यह एक ओर जनता पर लांछन है और दूसरी ओर पुलिस से मिल जाने का न्यौता है। स्त्री मुक्ति के आंदोलन आज नर-नारी समता के आंदोलन नहीं रह गए हैं, अन्यथा वे घोषणा करते कि कोई स्त्री पर-पुरुष के पास जाती हो इससे किसी पुरुष को उस पर बलात्कार करने का नैतिक अधिकार नहीं मिल सकता।

[19.3.89]

अपनी-अपनी रणभूमि

मातृभाषा का नाम सुनते ही हमें राष्ट्र की, देश की, सरकार की और भारतमाता की याद आती है, परंतु अफ़सोस है कि अपने बच्चे की नहीं आती। मातृभाषा की पूजा करनेवाले पुरोहित अपने-अपने मंदिरों-आश्रमों में मृत्युंजय मंत्र के पाठ का मेहनताना वसूल कर रहे हैं, पर जो संजीवनी वे मातृभाषा को बच्चे के द्वारा दे सकते हैं उसकी स्मृति उन्होंने अपने ग्रंथों में बंद कर रखी है।

बात यह है कि मातृभाषा के साथ एकमात्र सार्थक व्यवहार उसको बरतने का है। पुरोहितों को यह व्यवहार पसंद नहीं, क्योंकि यह उनकी सत्ता को केंद्रित नहीं रहने देगा। वे अपने साम्राज्य के बारे में दूरंदेश हैं। जनता के भाषा को रौंदने, कूटने, मसलने में उन्हें पापाचार दिखता है जब कि मातृभाषा के सम्मान का वही एक स्वस्थ तरीका है। उन्हें यह मंजूर है कि प्रौढ़ जगत में पूजनीया मातृभाषा के साथ बलात्कार होता रहे और वे अपने मृत्युंजय मंत्र का जाप और भी ऊंचे से करते रहें, पर बच्चे अपनी मां का स्तनपान न करने पाएं। कहीं वे ऐसा करने लगेंगे तो बहुत संभव है बड़े होकर वे पुरोहितों को फ़ालतू क़रार दे देंगे।

मां की असहायता का शास्त्रीय विलाप मातृभाषा के पुजारियों ने रट लिया है और बच्चे के लिए बोलने-लिखने-पढ़ने का ही साधन उन्होंने अपने केंद्रीय संस्थान में बंद कर दिया है। इस केंद्रीय संस्थान की कई शाखाएं हैं जो सब सरकार के हाथ में नहीं हैं, पर इनके ठेके यही पुरोहित ग़ैरसरकारी संस्थानों को देते हैं। सरकारें इन संस्थानों को इन साधनों का इस्तेमाल प्रौढ़ पाठक के लिए करने की शर्त पर

मुआवज़ा देती हैं। अंततः वयस्कों के लिए साहित्य प्रकाशित इसी शर्त पर होता है कि बच्चों के लिए साहित्य नहीं प्रकाशित किया जाएगा।

यह आक्षेप ग़लत सिद्ध करने के प्रयत्नों से यह सिद्ध न हो पाएगा कि बच्चे को मातृभाषा से संजीवनी प्राप्त करने का अधिकार उपयोग करने को मिल रहा है। बच्चों के लिए जो साहित्य लिखवाया जा रहा है, उसका खरा मूल्यांकन करने पर सिद्ध यही होगा कि वह दास भाषा का प्रचार करता है, खंडित मानव-मूल्यों को शक्तिमंडित करता है और मातृभाषा में इतना दूध नहीं छोड़ता कि बच्चा अपने मानवीय गौरव की रक्षा और बुद्धि के लिए बल प्राप्त कर सके।

यह बच्चे का मानवीय गौरव क्या चीज़ है ? यह कोई प्रौढ़ जगत की बपौती नहीं है, बच्चे की ही बपौती है। जिन मां-बाप ने इसे खोकर समाज में दासता की संस्कृति से गौरव प्राप्त किया है, उनके साथ बच्चे की लड़ाई कठिन होगी परंतु परंपराएं विकृत हो जाने पर भी स्वाधीनता के सूत्र एकदम तोड़ नहीं पातीं और उन्हीं सूत्रों को देरसबेर बच्चा विश्व वाङ्मय के किसी न किसी कोने से उठा लेता है। हो सकता है कि बच्चे की गुलामी के ख़िलाफ़ लड़ाई में जीतने की संभावनाएं बिला जाएं, पर विश्वसंहार के बिना विलीन नहीं हो सकतीं। तो भी यह सदाशयी शुभकामना बहुत काम की नहीं, काम की तो केवल वह टकराहट है जो आनेवाली पीढ़ी को अपनी पिछली पीढ़ी से होती है। यह टकराहट हमेशा ही चौतरफ़ा रही है, क्योंकि पिछली पीढ़ी अनेक रूप धरकर अगली पीढ़ी के भीतर घुसपैठ किए ही रहती है। बच्चे की सहायता इस संघर्ष में सबसे पहले मां करती है। फिर बच्चा अपने अन्य सहायक चुनने लगता है और अपने उस मानवीय गौरव की बारीकियां पहचानता जाता है जो उसे जन्म से प्राप्त थीं। जन्म लेने पर उसे परंपरा का क्या दान मिला था, यह आंशिक महत्व का ही विषय है, संपूर्ण महत्व का विषय यह है कि उसे समाज की ओर से शक्ति-केंद्रों ने जीवित रहने दिया है या नहीं। दूसरे शब्दों में कहें तो जन्मभूमि की ओर से जननी ने जीवन-रक्षा की है या नहीं। अगर हम बच्चों को बचा सके हैं तो समझो कि जो उनकी जन्मभूमि है, वही उनकी रणभूमि है।

हम उन्हीं बच्चों की बात कर रहे हैं जो गुलामी के ऐसे घोर अंधेरे में इस धरती पर नहीं आए जहां शिशु की जन्मजात प्रतिभा और जीवन-स्रोत को ही नष्ट कर डालने की मानव-निर्मित अथवा मानव-पोषित योजनाओं के विरुद्ध प्रौढ़ जगत अनेक स्तरों पर संघर्ष न कर रहा हो। माना कि इस संघर्ष में प्रौढ़ जगत का स्वार्थ निहित है पर यह क्यों भूलें कि हर नई पीढ़ी में अन्याय के प्रतिकार की संभावनाएं हैं जो वयस्क जगत के राजनैतिक और सांस्कृतिक स्वार्थ के बावजूद पूरी होती चलती हैं। उसी वयस्क जगत से शिशु को सहायता चाहिए और यह सहायता दावे के साथ लेने का अधिकार शिशु अकेले नहीं पा सकता। भौतिक जगत का यह कठोर सत्य सारी वृथा भावुकता छोड़कर मानना होगा, पर शिशु को एक समय अपनी मानवीय गरिमा अकेले

पहचानने का एकांत समाज से छीनना पड़ेगा। बच्चे को औषधि देकर बचाने के अनेक कार्यक्रम अनेक संस्थाओं द्वारा चलाए जाते हैं, पर उसे मातृभाषा से पोषण लेने का अधिकार इन प्राण-रक्षा कार्यक्रमों में निहित नहीं माना जाता, न उस अधिकार के लिए मां को ही लड़ना पड़ता है। जो पाठक रूपक और प्रतीक के बिना यथार्थ को नहीं देख पाते, उनके लिए कहा जा सकता है कि मां की भी मातुल सहायता करें।

[2.8.87]

हिंदी-सेवी अंग्रेज़ी-भक्त

पिछले कुछ दिनों के अंदर बार-बार यह जाना है कि आज के अंग्रेज़ी-प्रधान समाज में भी कुछ संस्थाएं ऐसे लोगों का सम्मान कर रही हैं जिन्होंने अंग्रेज़ी बोलने और उसके द्वारा अपना बड़प्पन दिखलाने का प्रयत्न नहीं किया। मैथिलीशरण गुप्त, पन्नालाल पटेल—ये दो महत्वपूर्ण नाम हैं। गुप्तजी का जयंती समारोह किया जा रहा है। पटेलजी को ज्ञानपीठ पुरस्कार प्रदान किया गया है। ज्ञानी ज़ैल सिंह तो राष्ट्रपति हैं ही।

ज्ञानीजी के बारे में उनकी इस कमी की ओर याद दिलाते हुए थोड़ा संकोच किया जाता है, क्योंकि जिस सरकार के वे राष्ट्रपति हैं वह अंग्रेज़ियत की कमी को बुरी बात मानती है, पर वे इस कमी के बावजूद राष्ट्रपति हैं। तभी उन्हें छोड़ बाक़ी सबको सरकारी व्यवस्था अंग्रेज़ी बोलनेवाले की अंग्रेज़ी के ज्ञान के अनुसार पद देती है। जैसे जिसने अपने प्रांतीय हाई स्कूल में अंग्रेजी पढ़ी, उसे सबसे नीचे रखें तो राजधानी में जिसने अंग्रेज़ी पढ़ी, वह ऊपर; दिल्ली, बंबई या कलकत्ता में जिसने पढ़ी वह उससे भी ऊपर, और जिसने लंदन में पढ़ी वह उससे भी ऊपर रखा जाएगा। इससे ऊपर की सीढ़ियां भी हैं। जिसका उच्चारण व्याकरण के अनुसार है, वह पहले; फिर उससे ऊपर वह जिसका उच्चारण अंग्रेज़ों जैसा है। इससे भी ऊपर कोई भारतीय है तो वह कपड़ों और सलीके के हिसाब से है, पर सबसे ऊपर अंग्रेज़ ही है, इसमें कोई शक नहीं। कुछ लोग राष्ट्रपतिजी को भी अंग्रेज़ी के हिसाब से जांचते हैं, पर अपना मूल्यांकन बताते नहीं हैं क्योंकि राष्ट्रपति सरकार के प्रतिनिधि हैं और उनकी अंग्रेज़ी उनके पद सहित विवाद से परे है। परंतु मैथिलीशरण गुप्त और पन्नालाल पटेल सरकार के नहीं हैं, इसलिए हम बेधड़क उनकी तारीफ़ करते हैं कि वे अंग्रेज़ी नहीं जानते, बोलते या लिखते हैं।

अभी जिन महानुभावों का नाम लिया गया, उनकी बात छोड़ दें तो वह प्रशंसा

भी विचित्र प्रकार की है जो लोगों को अंग्रेज़ी-बहुल समाज में हिंदी बोलने पर मिली है। हिंदी के कर्णधारों ने उस प्रशंसा को भी सहज भाव से नहीं लिया है। अपने दिल्ली-प्रवास के 35 वर्षों में मैंने अनेक अवसरों पर सभा में किसी ऐसे व्यक्ति के हिंदी बोल उठने पर जयजयकार जैसी तालियां बजते सुनी हैं, जिसको उपस्थित हिंदीभाषी समाज सत्तासीन वर्ग का प्रतिनिधि मानता रहा है। तब मैंने हर बार अपने से पूछा है कि ये तालियां क्यों ? क्या इसलिए कि यह रहा मेरा शेर, जो अंग्रेज़ी के बीच हिंदी बोलकर एक तरफ़ समाज में अपने निर्भीक आचरण की दाद मांग रहा है, दूसरी तरफ सरकारी भाषा नीति का समर्थन कर रहा है कि सरकार अंग्रेज़ी बोले और जनता हिंदी बोले तो कोई हर्ज नहीं। जनता अंग्रेज़ी बोलनेवाले को रोक तो नहीं रही है, हिंदी बोलने पर तालियां ही तो बजा रही है। हिंदी को ये तालियां बहुत हैं। वह इसी से खुश है। हिंदी का यह भक्त अंग्रेज़ी-हिंदी दोनों को चलाने की नीति का विरोध नहीं कर रहा है। जब तक यह विरोध नहीं होता, तब तक हिंदी का समर्थन हिंदीवाले को खुश और अंग्रेज़ीवालों को आश्वस्त करेगा कि अंग्रेज़ी-हिंदी दोनों को साथ चलने की नीति से अंग्रेज़ी-समर्थक वर्ग की सत्ता सुनिश्चित होती है।

आज अंग्रेज़ी को लादने के लिए अंग्रेज़ी के साथ हिंदी को इस्तेमाल किया जा रहा है। यह बात भाषा के लिए सभी दृष्टियों से घातक सिद्ध हो रही है। अंग्रेज़ी सत्ता की भाषा हो सकती है। मगर उसे दूसरी भारतीय भाषाओं से अलग रखा जाता है और इसका कारण यह बताया जाता है कि सब भाषाओं को राजभाषा के समान अधिकार नहीं दिया जा सकता, क्योंकि हिंदी तो राजभाषा है। पर जब हिंदी को सचमुच राजभाषा नहीं बनाया जाता, अंग्रेज़ी को ही वह स्थान दिया जाता है तो इसका कारण यह बताया जाता है कि हिंदी को अभी सब लोग राजभाषा मानने को तैयार नहीं। निष्कर्ष यह है कि हिंदी को अंग्रेज़ी के साथ-साथ ही रखा जाएगा, क्योंकि यह राष्ट्र की एकता और स्वाधीनता के हित में है। हिंदी-अंग्रेज़ी को साथ-साथ रखने से यह आभास मिलता है कि दोनों का स्थान बराबर है। पर यह बराबरी मिथ्या है क्योंकि भाषा के इस्तेमाल में बराबरी की भावना बौद्धिक या आध्यात्मिक नहीं, राजनैतिक या आर्थिक होती है। सीधे-सीधे देखना चाहिए कि जीवनयापन करने की सुविधाओं और समाज से प्रतिष्ठा प्राप्त करने में हिंदी और अंग्रेज़ी बराबर-बराबर नतीजे निकाल पाती है या नहीं।

पन्नालाल पटेल और मैथिलीशरण गुप्त का कार्यक्षेत्र साहित्य और ज्ञानी ज़ैल सिंह का राजनीति था। परंतु इन तीनों व्यक्तियों की स्वभाषा-प्रीति का अनुकरण करने से हर कोई वही नतीजे नहीं पा सका। एक बड़े ग़ैर-साहित्यिक और ग़ैर-राजनैतिक समुदाय में जब तक इन सब अधिकारों को प्राप्त करने की शक्ति नहीं होगी जो साहित्य और राजनीति के क्षेत्र में मैथिलीशरण गुप्त और ज्ञानी ज़ैल सिंह ने प्राप्त किए, तब तक अंग्रेज़ी को आर्थिक और राजनैतिक लाभ हिंदी-अंग्रेज़ी

दोनों साथ चलाने का मिलेगा, हिंदी का आर्थिक और राजनैतिक लाभ हिंदी को नहीं मिल सकता। हां जो हिंदी की सेवा और पूजा करके अपनी गरिमा बढ़ा रहे हैं उन अंग्रेज़ी-भक्तों की भरमार है।

ये दूसरे हिंदीवाले हैं

हाल की बात है, आई. आई. टी. दिल्ली के भौतिकी विज्ञान के श्री श्यामरुद्र पाठक नामक एक छात्र ने अपने एम.एस. डिग्री का प्रकल्प भौतिकी विभाग में जमा किया। इसे अस्वीकृत कर दिया गया है क्योंकि यह हिंदी भाषा में लिखा हुआ है। आई. आई. टी. छात्र समुदाय ने कई तरह के तर्क देकर प्रार्थना की है कि विभाग के नियमों में आवश्यक लचीलापन लाया जाए और 'सीमित क्षेत्र, जैसे कि प्रकल्प रपट तथा शोध प्रबंध की रपटों को हिंदी भाषा में वैकल्पिक रूप से स्वीकृत करने की अनुमति तुरंत दी जाए।' आवश्यक लचीलापन का अर्थ बोलचाल की हिंदी में यह है कि फ़िजूल की कठोरता न दिखाई जाए। फ़िजूल की कठोरता का अर्थ यह है कि पच्चीस वर्ष पहले बने आई. आई. टी. संस्थान के नियम के आधार पर किसी के हिंदी में लिखित प्रकल्प को अस्वीकृत न किया जाए। पच्चीस वर्ष में जाने कितने हिंदीभाषी छात्रों ने प्रकल्प लिखने की योग्यता अर्जित कर ली होगी। आज उनकी इस योग्यता का इस्तेमाल करने का रास्ता बंद करना फालतू कठोरता दिखाना ही तो है। जिस आधार पर यह कठोरता दिखाई जा रही है वह आई. आई. टी. के संविधान का एक नियम है। नियम क्या है ? यह कि आई. आई. टी. में शिक्षा प्रदान करने का माध्यम अंग्रेज़ी है।

शिक्षा प्रदान करने का माध्यम अंग्रेज़ी है और जब तक संस्थान के अध्यापकों को इतनी शिक्षा प्रदान न की जाए कि वे हिंदी में पढ़ा सकें या कम से कम हिंदी में लिखी रपट पढ़ और समझ लें, तब तक अंग्रेज़ी ही माध्यम बनी रहे तो भी स्वीकार है। परंतु शिक्षा के माध्यम संबंधी नियम का दुरुपयोग हो रहा है। छात्र यह मांग तो नहीं कर रहे हैं कि उन्हें हिंदी के माध्यम से पढ़ाया जाए। वे तो यही कह रहे हैं कि हमें अंग्रेज़ी के माध्यम से जो पढ़ाया गया है वह बात हमें हिंदी के माध्यम से बताने दी जाए। मीडियम आफ इंस्ट्रकशन का सरासर ग़लत अर्थ आई. आई. टी. ने लगाया है। इंस्ट्रकशन माने शिक्षा। यहां तो मीडियम आफ एक्सप्रेशन की बात है। यानी शिक्षा नहीं अभिव्यक्ति के माध्यम की बात।

माध्यम संबंधी नियम का दुरुपयोग करके श्यामरुद्र पाठक को कुछ ही दिन में

आगे शिक्षा प्राप्त करने से रोक न दिया जाए यह डर छात्रों में फैल रहा है क्योंकि हिंदी में लिखने-पढ़ने की इच्छा भी छात्रों में फैल रही है। वे तरह-तरह से यह सिद्ध करने का प्रयत्न कर रहे हैं कि हिंदी में रपट लिखने की अनुमति मिलनी चाहिए। राष्ट्रपति के चंडीगढ़ विश्वविद्यालय के हाल के दीक्षांत समारोह में राष्ट्रपति के भाषण का स्मरण करते हुए छात्रों ने उन्हें पत्र लिखा है कि उन्होंने विज्ञान तथा तकनीकी क्षेत्र में अपनी भाषाएं अपनाए जाने की बात कही थी और यह सुनकर हम लोगों में कई आशाएं जागी थीं। छात्रों ने कहा है कि इस मेधावी छात्र ने राष्ट्रपति का भाषण सुनकर ही प्रकल्प रपट हिंदी में लिखी। जिन क्षेत्रों में किसी किताब या अतिरिक्त शिक्षकों की आवश्यकता नहीं, वहां तो हिंदी में लिखी प्रकल्प रपट या शोध प्रबंध को तुरंत स्वीकृति मिलनी चाहिए। छात्रों के पक्ष में कुछ मान्य व्यक्तियों ने भी आवाज़ उठाई है। एक मेधावी छात्र का भविष्य केवल अंग्रेज़ी के कारण धूमिल हो जाएगा। यह भी कहा गया है और पूछा गया है कि भारत को अच्छे वैज्ञानिक चाहिए जिन्हें अपने विषय का अच्छा ज्ञान हो अथवा अंग्रेज़ी जाननेवाले व्यक्ति चाहिए जिनका अपने विषय का ज्ञान अधकचरा हो। एक-दो सांसदों ने मांग की है कि आई. आई. टी. श्यामरुद्र पाठक की प्रकल्प रपट (प्रोजेक्ट रिपोर्ट) का मूल्यांकन उस रपट के गुण-दोष के आधार पर करे और जो अंक बनते हों उन्हें समय पर देकर छात्र के साथ न्याय करे। इस छात्र ने एम. टेक. एवं पीएच. डी. में नामांकन के लिए आयोजित होनेवाली प्रतियोगिता परीक्षा में पूरे भारतवर्ष में प्रथम स्थान प्राप्त किया है। यह तर्क भी दिया जा रहा है कि हिंदी भाषा का सम्मान होना चाहिए। एक और तर्क यह है कि उक्त प्रकल्प बायोगैस के ऊपर है और यदि उसकी रपट को ग्रामीण क्षेत्र के लिए उपयोगी होना है तो रपट जनभाषा में लिखने को प्रोत्साहन मिलना चाहिए। तीसरा तर्क यह है कि विदेशों से फ्रांसीसी, जर्मन, रूसी तथा अन्य भाषाओं में जो पत्र-पत्रिकाएं आती हैं उनके अंग्रेज़ी अनुवाद की व्यवस्था जब संस्थान में हो सकती है तो हिंदी में लिखी प्रकल्प रपट या शोध पत्र का अनुवाद अंग्रेज़ी में क्यों नहीं हो सकता।

ये सारे तर्क मिलकर एक ही तर्क का रूप ग्रहण कर लेते हैं। वह यह है कि आई.आई.टी. अपने यहां हिंदी में लिखे प्रकल्प को नहीं जांच रहा है सो इस कारण कि उसे अंग्रेज़ी की असलियत छिपानी है। असलियत यह है कि अधकचरा ज्ञान, धौंसपट्टी, झूठा रोआब और सरकारी व्यवस्था के समर्थन से पदों पर पहुंचना ही अंग्रेज़ी माध्यम से पढ़े लोगों को सुगम है, खोज, विचार और नए का आविष्कार अंग्रेज़ी माध्यम से शिक्षा प्राप्त लोगों द्वारा संभव नहीं है। जनहितकारी अनुसंधान तो उनके प्रयत्न से ही परे हैं क्योंकि भाषा की गुलामी के साथ-साथ उन्होंने प्रौद्योगिकी की गुलामी भी स्वीकार कर ली है। उसी से उनके स्वार्थ सधते हैं। सहज सिद्ध है कि जिस भाषा के पीछे जनता का आत्मिक बल न हो, वह सिर्फ़ नक़ल करती रह सकती है, नया कुछ नहीं लगा सकती। उस भाषा में किया हुआ काम जनता द्वारा

कभी जांचा नहीं जा सकता और वह भाषा जनता को धोखा देने में पटुता ही सीखती तथा सिखाती है, विद्या के द्वारा जनता को अज्ञान से छुड़ाती नहीं।

यह धोखा देने की कला पूरे अंग्रेज़ी शोषित या अंग्रेज़ी पोषक समाज ने विकसित कर ली है। छात्रों के प्रतिवेदन का यह वाक्य महत्वपूर्ण है कि जब कोई छात्र अंग्रेज़ी माध्यम से पढ़कर अपने निष्कर्ष हिंदी में प्रस्तुत करता है तो वह हिंदी में किताबों या शोध सामग्री के उपलब्ध न होने की कठिनाई को हल करने की दिशा में एक कदम उठाता है। इस वाक्य से सिद्ध है कि हिंदी में रपट अस्वीकार करके अंग्रेज़ी के रक्षक अब यह प्रयत्न कर रहे हैं कि यह क़दम भी असफल सिद्ध घोषित कर दिया जाए। पिछले वर्षों का इतिहास और विशेष रूप से हिंदी की राजनीति का इतिहास दिखाता है कि 'हिंदी का विकास' नामक कार्य का राजनैतिक लाभ एक विशेष आर्थिक और सामाजिक स्तर पर पहुंचे समाज द्वारा सहज भाव से लिया गया है और अधिसंख्य ग़रीब जनता को हिंदी के इस्तेमाल का राजनैतिक लाभ छीन-झपटकर लेने के लिए मजबूर होना पड़ा है। इस छीनने में अमीर हिंदीवाले घुस आए हैं और उन्होंने एक नई तरह की हिंदी बना ली है जो अंग्रेज़ी का ही एक रूप है। वह हिंदी, हिंदीभाषी जनता की नहीं, अंग्रेज़ीभाषी हिंदी जनता की है तथा उसे समझने के लिए अंग्रेज़ी सीखना ज़रूरी होता है। यह कुचक्र हिंदी के ही अंग्रेज़ी समर्थकों का चलाया हुआ था, पर अब वे अंग्रेज़ी समर्थक भी देख रहे हैं कि यह चाल तब तक चल गई जब तक हिंदी बोलनेवालों में केवल छोटी-छोटी नियामतों को पाकर खुश हो जाने की हीनभावना भरी हुई थी। अब कुछ-एक वर्षों से साधारण हिंदीभाषी भी अमीरों की दुनिया में आने की कोशिश करने लगा है मगर अमीरी और अंग्रेज़ी की दुनिया की मुश्किल यह है कि आगंतुक या तो अंग्रेज़ीवालों की 'हिंदी' बोलनेवालों को आने देंगे या अंग्रेज़ी खुद बोलनेवालों को और अंग्रेज़ी बोल सकनेवालों में भी उम्दा और मामूली अंग्रेज़ी का फ़र्क़ करेंगे।इधर अब जो नई पीढ़ी अंग्रेजीभाषी अमीरों की दुनिया में जाने का हक़ मांग रही है, वह अपनी हिंदी को लिए जाने पर उतारू है। दूसरे शब्दों में अंग्रेजी हटाने की लड़ाई अब सिर्फ़ अंग्रेज़ी हटाकर उसकी जगह अमीरों की हिंदी लाने की लड़ाई नहीं रह जाएगी।

मगर यह लड़ाई सही माने में राजनैतिक अधिकारों की लड़ाई तब तक नहीं बन पाएगी जब तक कि अभी हिंदी की मांग उठानेवाले (जैसे आई. आई. टी. में है) शिक्षा के अन्य संस्थानों में ऐसी ही मांग उठानेवालों को साथ नहीं ले आते। पता नहीं, जे. एन. यू., मेडिकल इंस्टीट्यूट और दिल्ली विश्वविद्यालय में कितने लोग साथ आने को तैयार हैं।

हिंदी की पूजा बंद करो

टेलीविज़न प्रचार का बड़ा माध्यम है, विज्ञापन का भी वह बहुत बड़ा माध्यम है। आज़ादी के अट्ठारहवें वर्ष में उसने खाने-पीने, पहनने-ओढ़ने और रंगने-चुंगने की वस्तुओं के विज्ञापन के बीच एक विज्ञापन निकाला है। परदे पर बड़े-बड़े अक्षरों में लिखा हुआ एक वाक्य आता है—आज़ादी की पहचान, अपनी राष्ट्रभाषा, अपनी जुबान।

थोड़ी देर बाद एक और वाक्य परदे पर दिखता है मगर यह निरा विज्ञापन नहीं, ख़बर भी है—हिंदी भारत की राजभाषा है, इसका अधिक से अधिक उपयोग करें।

अगर इसके बाद यह भी लिखा हुआ परदे पर आए कि इसके सेवन से मसूड़े तंदुरुस्त रहते हैं, मुंह की बदबू दूर होती है और अंत में एक बच्चा चटखारे लेता हुआ कहे और इसका स्वाद भी मज़ेदार है तो समझ लीजिएगा कि दो विज्ञापन एक में गबड़ गए हैं। बात यह है कि टेलीविज़न पर विज्ञापन की विधा में अभी थोड़ी-बहुत विशेषज्ञता हासिल हुई है, थोड़ी-बहुत बाक़ी रह गई है।

संपूर्ण विशेषज्ञता हासिल करने में देर लग रही है क्योंकि अभी कुछ फालतू तत्व जैसे शास्त्रीय संगीत, श्रेष्ठ साहित्य और खरा विचार बच गए हैं जो टेलीविज़न की प्रगति में दांत तले कंकड़ की तरह किरकरी पैदा कर देते हैं। जब ये भारतीयता के अजायबघर में पहुंच जाएंगे तो कभी-कभी इनको निकालकर एक कार्यक्रम बना दिया जाया करेगा।

परंतु एक किस्सा याद आ गया है : मेरे एक मित्र शराब निर्माता कंपनी में काम करते हैं। सुना है कि वो अपनी कंपनी में बनी हुई शराब कभी नहीं पीते, दूसरी कंपनियों से मंगवाते है। इसी तरह से विज्ञापन की दुनिया में अपने हंसने-खेलने के दिन बिताता हुआ टेलीविज़न संस्कृति के अजायबघर से निकले हुए कार्यक्रम भी अंग्रेज़ी में प्रस्तुत करेगा यानी अपनी कंपनी की बनी हुई राजभाषा अपने लिए इस्तेमाल नहीं करेगा।

एक और प्रश्न मेरे मन में विज्ञापन संस्कृति के विषय में स्वरूप ज्ञान के कारण उठता है। जिस माल को बेचना होता है उसके लिए पहले बाज़ार की पड़ताल की जाती है फिर वह बाज़ार जिन लोगों के बीच में मिलेगा उन्हीं लोगों के मन पर प्रभाव डालनेवाला कार्यक्रम तैयार किया जाएगा। व्यावसायिक विज्ञापन का यह एक ठोस नियम है। इसकी परवाह केवल मनीषी रचनाकार ही करते हैं क्योंकि वे अखिल विश्व को अपना बाज़ार मानते हैं और उस बाज़ार में उन्हें केवल अपनी रचना लानी होती है, उस रचना को निमित्त बनाकर कोई मंजन या अंजन नहीं बेचना पड़ता।

तो मेरे मन का प्रश्न यह है कि 'हिंदी भारत की राजभाषा है इसका अधिक से अधिक उपयोग करें,' यह विज्ञापन किस वस्तु के ग्राहक बनाने के उद्देश्य से किस वर्ग को प्रभावित करने के लिए टेलीविज़न पर दिखाया गया। मेरी शंका यह है कि यह हिंदी के प्रचार को बढ़ाने के उद्देश्य से नहीं दिया गया है। इसका उद्देश्य तो जो लोग हिंदी का अधिक उपयोग करते हैं उन लोगों के बीच कोई और ही चीज़ बेचना है जिसका वे बड़े मुनाफ़े देनेवाला उपयोग नहीं कर रहे हैं। ऐसी कई चीज़ें हो सकती हैं, और इनमें सबसे अधिक राजनैतिक, आर्थिक और व्यावसायिक कमाई देनेवाली चीज़ अंग्रेज़ी है। ये राजनीति, उद्योग और संस्कृति के अधिकाधिक क्षेत्रों में निर्णय लेनेवाले, नीतियां बनानेवाले और बनाकर फिर उनका नकारा अथवा कारगर इस्तेमाल करनेवाले लोग अंग्रेज़ी का अधिक से अधिक उपयोग करते हैं। इन्हीं लोगों के बीच में हिंदी का अधिक से अधिक उपयोग करने का विज्ञापन प्रचारित करने में इनके राजनैतिक आदि लाभों की रक्षा कैसे हो सकती है ? इसलिए तर्क यही कहता है कि अधिक से अधिक लोगों को हिंदी का उपयोग करने का सरकारी विज्ञापन पढ़वाना वास्तव में यह कहना है कि हिंदी का अधिक उपयोग करने में आपको यह संतोष मिलेगा कि आप राजभाषा की सेवा कर रहे हैं परंतु नीतियों पर निर्णय और अमल करने का अधिकार आपका नहीं रहेगा, आप तो हिंदी का उपयोग करें। देश के राजनैतिक और सांस्कृतिक जीवन के निर्माण में आपको कुछ नहीं करना चाहिए।

हिंदी को राजभाषा बनाने और उसका अधिक से अधिक उपयोग करनेवालों को अपने संघर्ष में यदि पराजय नहीं तो कम से कम अपनी क्षति स्वीकार कर लेनी चाहिए। भाषा बुरी तरह टूट चुकी है, 'राजनैतिक दिमाग़ एक भाषा में वोट मांगता है (मातृभाषा), दूसरी में वक्तव्य देता है (अंग्रेज़ी), तीसरी में शपथ लेता है (अंग्रेज़ी), कलाकार का दिमाग एक भाषा में सोचता है (हिंदी), दूसरी में लिखता है (अंग्रेज़ी) और फिर पहली यानी हिंदी में यश प्राप्त करना चाहता है।' इस सबके कारण एक पूरी पीढ़ी (लगभग पचीस साल) हिंदी का उपयोग न करके हिंदी की पूजा करने पर राज़ी की गई है। हिंदी नेताओं ने बार-बार अपनी जनता से अर्थात् जिनके समर्थन से उनका राजनैतिक नेतृत्व बना हुआ है, कहा है कि चूंकि सरकार और हिंदीतर भाषी हिंदी का विरोध कर रहे हैं इसलिए हम हिंदी में हस्ताक्षर करने, नाम-पट्ट लिखवाने, मोटरकार का नंबर लिखवाने के कार्यक्रम और आंदोलन चला रहे हैं। यही हिंदी का अधिक से अधिक उपयोग है जो 1947 के बाद के कुछ वर्षों को छोड़कर बाद के वर्षों में, विशेष रूप से 62-63 के बाद में किया और कराया गया है। यदि टेलीविज़न इसी तरह के उपयोग की सिफ़ारिश कर रहा है तो इस सिफारिश का झूठ एक पीढ़ी पहले खुल चुका था। दोबारा हिंदी की पूजा को हिंदी का उपयोग बताने का षड्यंत्र इक्कीसवीं सदी के आने के बाक़ी पंद्रह वर्षों में किया जाएगा। यह मेरी स्पष्ट आशंका है। हिंदी का उपयोग एक ही हो सकता है

कि हिंदीभाषी को दूसरे नंबर का राजनैतिक कलाकार, विद्वान, चिंतक न बनाया जाए और वह राष्ट्रीय नीतियों के निर्माण में अधिकारपूर्वक हिस्सा ले तथा उस हिस्से के लाभ सिर्फ़ उन लोगों को न मिले जो अंग्रेज़ी के प्रभुत्वसंपन्न वर्गों के लिए हिंदी अनुवादक का काम करते हैं। यह लाभ उनको मिलना चाहिए जो हिंदीभाषी लोगों के जीवन को बताते, हिंदी में सोचते, हिंदी में लिखते और हिंदी में असहमति प्रकट करते हैं।

[24.3.85]

अंग्रेज़ी के गुलाम हिंदीवाले

हिंदीप्रेमियों के प्रदेश में कितने हिंदीभक्त हैं जो हिंदी के अलावा कोई दूसरी भाषा लिखते, बोलते या पढ़ते हैं ? किसी जनगणना के समय यह जानकारी शायद हासिल नहीं की गई है। मगर साधारण तौर पर इसका पता लगाना चाहिए। ख़ासकर के हिंदी के कर्णधारों को अपने निजी साधनों से सही यह गवेषणा कर डालना अच्छा होगा।

इससे और कुछ नहीं तो यह भ्रांति टूटेगी कि हिंदी राष्ट्रीय भाषा है। आमतौर से हिंदीप्रेमी हिंदी के अलावा जिस एक भाषा को सबसे अधिक लिखते-पढ़ते-बोलते मिलेंगे वह कहीं अंग्रेज़ी तो नहीं है ?

इस खोज के कुछ आसान तरीक़े हैं। हिंदीभाषियों से दूर किसी प्रदेश में किसी हिंदीभाषी को व्यक्तिगत संवाद में किस भाषा का सहरा लेना पड़ता है ? यदि वह अपने संभ्रांत वर्ग के ही किसी व्यक्ति से बात कर रहा है तो वह या तो अंग्रेज़ी बोल रहा होगा या थोड़ी हिंदी और ज़्यादा अंग्रेज़ी। यह प्रायः निश्चित है कि वह कन्नड़, गुजराती, बंगला, मलयालम आदि में से कोई भाषा नहीं बोल रहा होगा क्योंकि उसे अपने हिंदीभाषी होने के कारण विश्वास है कि इन भाषाओं के अज्ञान का उसे जन्मजात अधिकार है। हां, यदि उसे अपने वर्ग से हीनतर किसी साधारण हिंदीतर भाषी से संवाद करना है तो वह आश्वस्त रहेगा कि उस हिंदीतर भाषा के पिछड़े शोषित लोग कहीं न कहीं हिंदी बोलने को मजबूर हो चुके होंगे। हिंदीभाषी संभ्रांत वर्ग को दूसरी भाषाओं के कमज़ोर वर्ग से हिंदी में बोलना अधिक स्वाभाविक और व्यावहारिक लगता है। ऐसा क्यों है ? अपने वर्ग के आदमी से वह अंग्रेज़ी ही क्यों बोलता है ?

जैसे हिंदी प्रदेश में भारतीय भाषाओं के बोलने-लिखने-पढ़नेवालों का ब्यौरा

किसी जनगणना के साथ एकत्र या प्रकाशित नहीं किया गया है, वैसे ही भारतीय भाषाओं के प्रदेशों में हिंदी बोलनेवालों के वर्ग-चरित्र का कोई ब्यौरा भी उपलब्ध नहीं है। सहज अनुभव से जो समझ में आता है वह यह है कि भारतीय भाषाओं के क्षेत्रों के विभिन्न वर्गों का अपने शासक वर्ग से जब संवाद होता है तो किसी न किसी रूप में हिंदीभाषी क्षेत्र का कोई दख़ल उस शासक वर्ग में रहता है और इस बहाने हिंदी संपर्क भाषा के रूप में इस्तेमाल होती है।

यदि यह अनुमान सही है तो क्या इसका अर्थ यह है कि हिंदी शोषण के काम आनेवाली संपर्क की भाषा है और जैसे-जैसे हमारी आर्थिक संस्कृति में यह शोषण व्यापक होता जाएगा, हिंदी का राष्ट्रभाषा रूप वास्तव में इसी के विस्तार और प्रबंध द्वारा विकसित होता जाएगा ? यह शंका निराधार नहीं होगी क्योंकि अन्याय और शोषण का विरोध हर भाषा में उसी भाषा के बोलने-लिखने-पढ़नेवाले करेंगे, हिंदीभाषी नहीं जो हिंदी प्रदेश में रहते हैं।

1947 के पहले की तुलना में जब हिंदी प्रदेश में भारतीय भाषाएं काफ़ी ज्ञात थी, हिंदीभाषियों की भाषाई ग़रीबी आज कहीं ज़्यादा दिखती है। किसी भारतीय भाषा से हिंदी में अनुवाद करना हो तो अनायास हिंदीभाषी व्यक्ति अंग्रेज़ी अनुवाद ढूंढता है। इससे भी अधिक दरिद्र वह तब दिखाई देता है जब उसे हिंदी से किसी भारतीय भाषा में अनुवाद करने को कहा जाए।

वास्तव में उसका तब उत्तर होता है 'मैं क्यों करूं ?' उसी भाषा का कोई अनुवादक हिंदी की संवैधानिक स्थिति लंगड़ी होते हुए भी हिंदी को राजनीति में सत्ता का दावेदार बनाए रखेगा। पर बहुत-कुछ नष्ट हो ही रहा है जिसकी पूर्ति संविधान नहीं कर सकता। हिंदी अपना आधार खो रही है क्योंकि दूसरी भाषाएं ही उसका सच्चा आधार हैं। यह बात हिंदीभाषी हिंदी नेता अपनी अंग्रेज़ी के बूते भूले हुए हैं क्योंकि अंग्रेज़ी उन्हें गद्दी पर बिठाए हुए है। सही माने में अंग्रेज़ी के गुलाम हिंदी प्रदेश के लोग ही हैं क्योंकि अंग्रेज़ी न हो तो भारतीय भाषाओं के अज्ञान के कारण हिंदी को रोटी के लाले पड़ जाएं।

अंग्रेज़ी की अनिवार्यता हिंदी प्रदेश का शासक वर्ग जानता है। उसने अपने वर्ग में दो वर्ग बना लिए हैं : एक अंग्रेज़ी को राजकाज से बाहर कर देने का व्रत लिए हुए है, दूसरा संपन्न हिंदीतर भाषियों के साथ अंग्रेज़ी में व्यवहार करता रहता है। ये दो चेहरे लेकर हिंदी चल रही है और इसमें उसे कोई शर्म नहीं मालूम होती। इस शर्म को पी जाने का उसने बहाना यह बनाया है कि दूसरी भाषाओं पर हिंदी लादना नहीं चाहते। इस सवाल के जवाब में कि हिंदीभाषी दूसरी भाषाएं सीखना क्यों नहीं चाहता, कोई बहाना अभी तक हिंदीवाले बना नहीं पाए हैं। कोई बहाना है भी नहीं, सिर्फ़ एक निर्मम कुतर्क है—यह कि हमें देश की एकता के हित में किसी एक भाषा को दूसरों पर लादे रखना है। चूंकि हिंदी लाना असंभव है इसलिए अंग्रेज़ी को हिंदी पर भी और दूसरी भाषाओं पर भी लादे रखना ही हिंदी की सत्ता

बनाए रखने का एकमात्र उपाय है। पर यह अपने मुंह से कोई हिंदीवाला कहेगा नहीं। वह यह भी कबूल नहीं करेगा कि हिंदी प्रदेश में भारतीय भाषाओं से संवाद की अवहेलना करके वह हिंदी को एक और अंग्रेज़ी बनाए दे रहा है।

भारतीय भाषाएं केन्द्र सरकार की भाषाएं क्यों नहीं हो सकतीं, इस प्रश्न के उत्तर में हिंदी और अंग्रेज़ी दोनों के शासक वर्ग एक-सा जवाब देते हैं—वे बहुत हैं और उन सबके आ जाने से राजकाज चलने में दिक्कतें आएंगी।

एक तो यह उत्तर विवादास्पद है। दूसरे यह राज्यों के इस अधिकार पर रोक लगाए रखने का तर्क है कि राज्यों में जनप्रतिनिधि शासन में जनता की भाषा का व्यवहार करें। केन्द्र में हिन्दी के अतिरिक्त एक से अधिक भाषाएं लाने की दिक़्क़तें योजनाबद्ध तरीक़े से क्रमशः दूर की जा सकती हैं। परंतु ये निरी राजकाज संबंधी दिक़्क़तें हिंदी प्रदेश में भारतीय भाषाओं के बोलने-लिखने-पढ़ने को क्यों रोके रखें ? क्या हिंदी बोलनेवाले इतने मंदबुद्धि हैं कि जिस देश पर संसदीय लोकतंत्र के तर्क से वे राज करना चाहते हैं उसकी भाषाओं को सीखना वे अपने घर में दुस्साहस पाते हैं ?

अगर कोई लोकतंत्रीय तर्क मान्य न हो तो साम्राज्यवादी तर्क ही मान लें कि एक दिन भारतीय भाषाओं की मदद से हिंदीभक्त सारे भारत के निर्विवाद शासक बन जाएंगे, पर भारतीय भाषाएं पढ़ना-लिखना-बोलना—अपनी शर्म ढांकने के लिए सही—हिंदीवालों को अनिवार्य कर दें।

[27.5.90]

जिस तरह हम बोलते हैं—हिंदी

एक ख़बर है कि अमेरिका में छह करोड़ निरक्षर हैं। मेरा ख़याल है कि कम से कम इतने ही दूरदर्शन के दर्शक होंगे। ज़्यादा से ज़्यादा कितने होंगे, इसका अनुमान नहीं लगाया जा सकता क्योंकि प्रत्येक टेलीविज़न सेट हर समय उतने ही दर्शक पैदा करने की क्षमता रखता है जितने उसकी आवाज़ की पहुंच में आ जाते हों और तस्वीर की पहुंच में भी आ जाएं तो पौ बारह।

दूरदर्शन निरक्षर-निर्माण का सबसे बड़ा कारख़ाना है। न सिर्फ़ वह अपने कार्यक्रमों में भाषा के लठमार इस्तेमाल के कारण भाषा की तहों और परतों का कचूमर बना देता है, बल्कि आज कार्यक्रमों का संचालन औद्योगिक संस्थानों के हाथ में आ जाने के कारण, भाषा को बोलने लायक और दर्शक को बोल सकने के क़ाबिल नहीं

बने रहने देता। भारतीय दूरदर्शन शायद दुनिया का अकेला प्रसारण संस्थान है जिसमें उच्चारण का कोई निश्चित प्रतिमान नहीं है। जो जैसा चाहता है उच्चारण करता है और समाज के भाषा बोलनेवालों में आपस में बहस वाचकों के अच्छे लगने पर चलती है, प्रसारण की श्रेष्ठता के गुणों पर नहीं। ऐसा इसलिए है कि हिंदी के बारे में मंत्री से लेकर कार्यक्रम निर्देशक के मन में यह धारणा बनी हुई है कि हिंदी का कोई प्रतिमान नहीं होता। वह सबकी भाषा है, हिंदी के बारे में स्वयं हिंदीभाषियों में उच्चारण की एकता नहीं है आदि-आदि विचार दूरदर्शन के निर्णय कर सकनेवाले क्षेत्रों में फैले हुए हैं और प्रसारण के बाहर की दुनिया को उच्चारण के प्रतिमानों के महत्व की याद न दिलाने में ही अधिकारी अपना भला मानते हैं, क्योंकि उन्हें किसी समय भी किसी भ्रष्ट उच्चारण को मान्यता देनी पड़ सकती है। आख़िर कोई प्रतिमान तो है नहीं। हिंदी भाषा ही ऐसी है कि जिसमें कोई प्रतिमान नहीं हो सकता—यही तर्क दोहराया जाता रहता है।

सच्चाई यह है कि हिंदी के उच्चारण का एक प्रतिमान हमेशा रहा है। मगर राजनैतिक और आर्थिक शक्ति के साथ उसका रूप बदलता रहा है, क्योंकि हिंदी एक राजनैतिक वस्तु भी है। आज़ादी के बाद कांग्रेस में जो हिंदीभाषी नेता थे उनका उच्चारण प्रतिमान माना जाता था, आज अंग्रेज़ी स्कूलों के पढ़े लोगों का उच्चारण न केवल प्रतिमान बनता जा रहा है बल्कि उसे अंग्रेज़ी भाषा के वज़न पर हिंदी में लादा जा रहा है। इसके अलावा मराठी और पंजाबी दो भाषाएं हैं जिनके पास राजनैतिक और आर्थिक ताक़त है। जैसे दिल्ली में पंजाबी और बंबई में मराठी की। दिल्ली में सरकारी उच्चारण पंजाबी में हिंदी बोलने को मान्यता देता है और बंबई में मराठी में। यह आप दूरदर्शन के सरकारी और प्रायोजित व्यावसायिक कार्यक्रमों में देख सकते हैं।

राजीव गांधी ने कहा है कि समाचारों को जीवंत बनाया जाए। केवल वे लोग ऐसे कार्यक्रमों को जीवंत मानेंगे जिनकी बोली में ताक़त की बोली का लहजा हो। यह कार्यक्रम को नक़ली और बेजान बनाएगा पर दिल्ली में पंजाबी और बंबई में मराठी लहजा राजनैतिक-आर्थिक ताक़त की पहचान है। इसलिए उसे मान्यता मिलेगी और हिंदी सही-सही बोलनेवालों से कहा जाएगा कि वे पहले यह तय कर लें कि कहां की हिंदी प्रतिमान है। इसका उत्तर है कि वही हिंदी प्रतिमान है जो हिंदी होने के लिए बनावट नहीं करती हो, जैसे कानवेंटी लोग करते हैं और ग़लत हिंदी ग़लत तरह से बोलने पर उन्हें अस्वीकृत होने से डर नहीं लगता, क्योंकि वे ताक़तवर जगहों पर स्वीकृत हैं।

हिंदी की समृद्धि की बात राजनैतिक लोग बहुत किया करते हैं। अफ़सोस यह है कि यह बात इतनी जहालत के साथ कही जाती है कि आपकी समृद्धि का उससे दूर-दूर तक कोई संबंध नहीं दीखता। जैसे यह कहना कि हम हिंदी किसी पर थोपना नहीं चाहते हैं। असल में इसका मतलब है कि हम हिंदी बोलना किसी

को सिखाना नहीं चाहते। हिंदी के अनुवाद करने को बंद करके राजीव गांधी को हिंदी में लिखने और हिंदी में बोलने के प्रतिमान, जो कि स्थिर हो चुके हैं मगर पिछले दस वर्ष से तेज़ी से बिगड़ रहे हैं, फिर से स्थिर कराने की नीति बनानी चाहिए।

यह हिंदी की सेवा का सवाल नहीं है। भाषा की सार्वजनिकता का सवाल है। दूसरी भाषाओं से हिंदी का अच्छा उच्चारण अवश्य ही बहुत कुछ लेगा, पर उन दूसरी भाषाओं में पंजाबी और अंग्रेज़ी ही हो, यह न हिंदी का रचनात्मक विकास होने देगा न प्रचारात्मक विस्तार; यह केवल भाषा का राजनैतिक सत्ता-हड़प होगा।

[18.8.85]

बीस-बीस बरस पुरानी दो लड़ाइयां

आजकल हिंदी और अंग्रेज़ी के बीच वाक्‌युद्ध जारी है। आए दिन लोग अपने-अपने विचार प्रकट किया करते हैं। ज़्यादा वक़्त नहीं बीता 1967 में यानी बीस बरस पहले विचार का विषय यह था कि शासन की और शिक्षा माध्यम की भाषा हिंदी होनी चाहिए या अंग्रेज़ी। दोनों पक्षों के पास तर्क थे। पर अंतिम तर्क लोकतंत्र और समाजवाद के हित में निर्णायक होता था। यह सबको मानना ही पड़ता था कि शासन और शिक्षा का माध्यम जनता की भाषा में ही होना चाहिए क्योंकि लोकतंत्र और राष्ट्र की स्वाधीनता बचाए रखने तथा समाज में ग़ैरबराबरी मिटाने के लिए यह अनिवार्य है। हिंदी बनाम अंग्रेज़ी की बहस भी बिगाड़ी जाती रही और हिंदी को अन्य भारतीय भाषाओं से लड़वाया जाता रहा जबकि अन्य भाषाओं को हिंदी के साथ मिलकर अंग्रेज़ी के विरुद्ध लड़ना था। यह बात 1947 के बाद बीस बरस में यानी 1967 तक सिद्ध हो चुकी थी। याद रखने की बात यह है कि जब यह बात साफ़-साफ़ प्रमाणित हो रही थी कि हिंदी का झगड़ा अन्य भाषाओं से नहीं है, बल्कि सब भाषाओं का झगड़ा अंग्रेज़ी से है तभी राजनैतिक शक्ति संतुलन भी बदल रहा था और केंद्र में कांग्रेस की अंग्रेजी समर्थक नीति के विरुद्ध राज्यों में जनभाषा के समर्थन पर शक्ति प्राप्त करनेवाली पार्टियों का उदय हो रहा था। 1967 के शक्ति संतुलन में यह बदलाव सत्ता के केंद्रीकरण के आगे टिक नहीं पाया—जिन्होंने भाषाओं और लोकतंत्र के परस्पर संबंध को बताकर जन-समर्थन पाया था, वे केवल भाषा में अंग्रेज़ी का विरोध करते रहे और उद्योग, कृषि, वाणिज्य, विदेश संबंध, सभी मामलों में केंद्रीकरण को स्वीकार करते गए और अंग्रेज़ी जहां

तक लौटी थी वहां से फिर वापस आई और इस बार रोजी-रोटी का हथियार जनता के हाथ से पूरी तरह छीनने की तैयारी करके आई। यह पतन हिंदी के भक्तों और पुजारियों के संसार में कुछ झूठे आंसू बहाकर स्वीकार कर लिया गया। जो न भक्त थे, न पुजारी थे, न प्रसाद मांगने को खड़े थे, हिंदी को बरतनेवाले लोग थे, वे पुजारियों द्वारा पीछे धकेल दिए गए। पुजारियों के बच्चे तो हिंदी-अंग्रेज़ी युद्ध शुरू होते ही अंग्रेज़ी स्कूलों में भरती करा दिए गए थे। अब अंग्रेज़ी की जीत हो जाने के बाद वे अंग्रेज़ी समर्थक भारतीयों के पुरोहित बनकर अपना पुश्तैनी पेशा सुख से कर रहे हैं।

परंतु आज जो वाक्‌युद्ध जारी है वह किस बात पर झगड़े के कारण है ? क्या लोकतंत्र के, राष्ट्रीय स्वाधीनता के और समतामूलक समाज के लिए हिंदी और अंग्रेज़ी में अख़बारों के संपादकों के नाम पत्र और लेख छप रहे हैं ?

नहीं, ये पत्र और लेख, अपनी भाषा में अपने लोकतंत्रीय अधिकार की रक्षा के लिए और अपने राष्ट्र की राजनैतिक स्वतंत्रता के लिए आग्रह करनेवाले पत्र या लेख नहीं हैं। हिंदी की लड़ाई का मोर्चा अंग्रेज़ी ने बदल दिया है। राजनैतिक अधिकार की लड़ाई हिंदी के समर्थक पहले इस आधार पर लड़ते थे कि जीवन के निर्वाह और जीवन की उन्नति के हित में आर्थिक नीतियां लोग अपने लिए ख़ुद बनाएंगे—यानी नीति बनानेवालों और नीति पालन करनेवालों में फ़र्क़ न होगा। आज नीति-निर्माण और नीति-पालन का दायरा जनता के हाथ में छोटा कर दिया गया है। इस दायरे के अंदर अब भाषा के नीति-निर्माण पक्ष की बहस नहीं होती। बल्कि उन नीतियों को लागू कर देने से जो परिणाम निकलते हैं उनको उपभोग्य बनाने के लिए कुछ राहत मांगने की अर्ज़ियां दी जाती हैं।

जनता को हिंदी के माध्यम से उसका राजनैतिक अधिकार मिले, यह आवाज़ अब नहीं उठ रही है। दूरदर्शन पर हिंदी में कार्यक्रम हों, यह आवाज़ उठ रही है। और यह राजनैतिक अधिकार का एक छोटा सीमित दायरा है। पर यह मांग एक बड़े राजनैतिक अधिकार का हिस्सा है यह चेतना हिंदी के समर्थकों में है या नहीं ? मुख्य प्रश्न तो यह है।

यहां भी मुख्य प्रश्न को बिगाड़नेवाले हिंदीपूजकों की कमी नहीं है। कुछ हिंदीपूजक, जो शायद 1967 के हिंदीपूजकों की संतान हैं, अब अंग्रेज़ी में ही बोलते, जीते और बर्ताव करते हैं। ये हिंदी का इस्तेमाल सिर्फ़ जनता के सामने यह बताने के लिए करते हैं कि वे हिंदी के आदमी हैं। इनके वर्ग में कई उपवर्ग हैं। कुछ हैं जो अंग्रेज़ी के मुहावरे को उच्चारण और लेखन दोनों में अनुवाद करके हिंदी बनाते रहते हैं और अपनी अंग्रेज़ी राजनीति के बल पर उसे हिंदी बताकर प्रचलित भी करते रहते हैं। इनके पास अख़बार, रेडियो, टीवी और सबसे बढ़कर राजनैतिक समर्थन की शक्ति है। यह प्रमाणित करने के लिए कि जो हिंदी ये बना रहे हैं वही कल्याणकारी है और असली हिंदी है, हिंदीपूजकों का एक और उपवर्ग हिंदी लिखने

और बोलने के माध्यमों में इस हिंदी को बेतहाशा इस्तेमाल कर रहा है ताकि इसे लोक व्यवहार की सम्मति मिल जाए।

इस परिस्थिति में हिंदी के द्वारा जनता पर आक्रमण कई गुणा कठोर हो गया है। इसके ख़िलाफ़ भाषा की लड़ाई का मोर्चा, बोलने और लिखने की भाषा के मैदान में खोलना ही होगा। आलोचना और रचना दोनों को मिलकर इस आक्रमण का जवाब देना है जो एक रचनाविहीन भाषा के ज़रिए जनता पर किया जा रहा है और भाषा की आज़ादी एक नए ढंग से कुचली जा रही है।

[20.10.85]

आज़ादी के बाद अंग्रेज़ी

क़रीब-क़रीब पचास साल आज़ाद रह लेने के बाद अब ज़रूरी हो गया है कि हम अपनी आज़ादी की जांच कर लें। इन वर्षों में गुलामी के कई प्रकारों को हमने छोड़ा, फिर भी यह सब जानते हैं कि हम पूरी तरह आज़ाद नहीं हैं।

कुछ गुलामियां हैं जिन्हें हमने आज़ादी की शर्त बना दिया है। हमारे बीच ऐसे लोग पाए जाते हैं जो यह क़बूल करने को तैयार बैठे हैं कि आज़ादी की धारणा ही फिर से बनानी चाहिए। अर्थात् यह घोषणा कर देनी चाहिए कि आज़ादी बनाए रखने के वास्ते गुलामी स्वीकार करना ज़रूरी है। दरअसल इस विचार का अर्थ यह है कि कुछ लोगों को आज़ाद होने के फ़ायदे उठाना तभी संभव है जब बहुत-से लोग गुलाम रहें और इतना ही नहीं अपनी गुलामी को तृप्ति, आशा और प्रतिष्ठा देनेवाली निधि मानते रहें।

1947 से लेकर अब तक अज़ादी की लड़ाई में कई उतार-चढ़ाव आ चुके हैं। यह लड़ाई कई मैदानों में लड़ी गई है। इस वक़्त हम सिर्फ़ भाषा के मैदान की बात करेंगे और उसके भी एक मोर्चे की अर्थात् अंग्रेज़ी की।

यह कोई ऐसी नई बात नहीं है जो हमने कहीं और देखी न हो कि अंग्रेज़ी के आधिपत्य के विरुद्ध जो लड़ाइयां लड़ी गईं उनमें विरोधी पक्ष की भाषा को माध्यम बनाया गया। अंग्रेज़ी अनुवाद में भारत की अस्मिता को व्यक्त करना किसी समय ज़रूरी था क्योंकि अंग्रेज़ की भाषा सीखने का यही वास्तविक लाभ हम उठा सकते थे। कुछ और तरह के लाभ जो समाज के संपन्न वर्गों ने उठाए, सत्ता की जूठन में साझेदारी से ज़्यादा कुछ नहीं थे चाहे कितने आकर्षक क्यों न हों। मगर भाषा एक अजब ताक़त है जो किसी समाज को तोड़ने, बांटने और गिराने के काम लाई

जाए, तो भी वह सिर्फ़ इतना ही नहीं करती, सामाजिक यथार्थ को बदलकर बेहतर बनाने की समझ भी जगा जाती है। हां, यह ज़रूरी है कि वह बदलाव भाषा को ही बदले और वह तोड़ने के बजाय जोड़नेवाली भाषा बन जाए। प्रश्न है क्या यह बदलाव अंग्रेज़ी में आ सकता है ? या नहीं आ सकता ? इसका उत्तर मेरी समझ में जो अभी तक आया है वह यह कि हमारे सामाजिक यथार्थ में व्यक्ति की और समाज की समृद्धि के पक्ष में परिवर्तन होने पर भाषा में जो परिवर्तन आना चाहिए वह भी इसी समृद्धि के पक्ष में आना चाहिए और यह सिर्फ़ उसी भाषा में हो सकता है जिसे हमारे समाज ने बनाया हो और बनाता जा रहा हो।

हमारी हिंदी, हमारी ओडिया, हमारी पंजाबी आदि में यह परिवर्तन हो सकता है क्योंकि हमारे समाज की नदियों से उनकी सिंचाई होती है, हमारी अंग्रेज़ी में यह परिवर्तन नहीं आ सकता। उसकी जगह कोई नई अंग्रेज़ी नहीं ले सकती।

आज़ादी के प्रायः पचास वर्षों में, दरअसल तैंतालीस वर्षों में जो हिंदुस्तानी अंग्रेज़ी बनी वह अगले सात वर्ष में कोई मौलिक परिवर्तन हमारी अंग्रेज़ी में कर डालने की आशा नहीं जगाती। मेरे इस विचार के पक्ष में एक प्रमाण यह है कि आज़ादी के बारे में अंग्रेज़ी में साहित्य रचनेवालों ने ऐसी कोई रचना समाज को नहीं दी है जिसने अंग्रेज़ी भाषा में युग प्रवर्तन किया हो।

भारतीय भाषाओं में ऐसे परिवर्तन आए हैं और नए प्रतिमान बने हैं। यह मेरे लिए दिलचस्पी का सामान है कि आज़ादी के बाद के कुछ वर्षों तक हिंदी के जो लेखक अपना परिचय देते हुए यह कहते थे कि मैं हिंदी और अंग्रेज़ी दोनों में लिख सकता हूं उनकी अंग्रेज़ी में लिख सकने की क्षमता का उनको ख़ुद को लाभ मिल गया हो वह संदिग्ध होता गया है। हां अंग्रेज़ी से अनुवाद करने का सामर्थ्य उनमें शायद अपेक्षया परिपक्व हुआ है पर यह सामर्थ्य वैसे भी दुर्लभ रहता है और इस विशिष्ट वर्ग में भी है।

'आज़ादी के बाद अंग्रेज़ी' इस शीर्षक से इसी विषय पर एक व्यापक शोध-सर्वेक्षण होना चाहिए। कुछ और दिलचस्प नतीजे निकलेंगे शायद। शायद यह दिख जाएगा कि आज़ादी के बाद हमारी अंग्रेज़ी में तो कोई सार्थक परिवर्तन नहीं हुआ मगर अंग्रेज़ी की जगह अंग्रेज़ी का काम करने के लिए हमने जो हिंदी बनाई है उसमें बहुत परिवर्तन हो गया है। यह जोड़ता नहीं है, तोड़ता है मगर जो लोग दावा करते हैं कि हमें अपनी आज़ादी बनाए रखने के लिए कुछ गुलामी स्वीकार करनी चाहिए, वे इसी तोड़नेवाली हिंदी की पूजा किए चले जा रहे हैं।

जिस 'व्यापक' शोध-सर्वेक्षण की कल्पना मैंने की वह छोटे पैमाने पर हो सकता है। हिंदी का हर पाठक इसमें हाथ बटा सकता है। अख़बार में, रेडियो, दूरदर्शन में, कहानी-उपन्यास में ऐसी भाषा मिलती रहती है जो सुनते या पढ़ते ही कहीं ख़ुद टूटी हुई दिख जाती है। जहां-जहां अंग्रेज़ी की जगह उसी का काम करनेवाली हिंदी बनाई जा रही है, यह टूट अनायास दिखती है। यह सिर्फ़ भाषा की टूट नहीं है,

यह उसका प्रचार करनेवाले को भी तोड़ती है। भाषा के बरतनेवाले दो व्यक्तियों के बीच वह संबंध नहीं बनने देती जो सामाजिक यथार्थ को समाज के पक्ष में बदलने की आकांक्षा जगाता है।

मेरे लेख का शीर्षक है 'आज़ादी के बाद अंग्रेज़ी'। आप चाहे तो इसे यों बदल लें—आज़ादी के बाद अंग्रेज़ी ने जो हिंदी बनाई।

[8.7.90]

पूजा की नई विधि

आज़ादी के इकतालीस वर्षों में देश के हिंदी पूजन उद्योग में अभूतपूर्व वृद्धि हुई है। अनेक हिंदी पूजन भंडारों में से एक ने अपने नफ़ा-नुकसान का जो ब्यौरा हाल में दिया है उससे एक नई बात मालूम हुई। वह यह कि केवल संपर्क भाषा बनने से ही हिंदी देश का भावनात्मक एकीकरण नहीं कर सकती और समग्र भारत के प्रति निष्ठा उत्पन्न करने में समर्थ नहीं हो सकती है।

यह तो अपने में एक नई खोज है। देश का भावनात्मक एकीकरण संपर्क भाषा से नहीं हो सकता तो या तो जो अभीष्ट है वह देश का भावनात्मक एकीकरण नहीं है या जो साधन है वह संपर्क भाषा नहीं है। दोनों में से किसी एक में या कौन जाने दोनों में खोट अवश्य है। पर भावनात्मक एकीकरण या समग्र भारत के प्रति निष्ठा उत्पन्न करने के लिए जो आवश्यकता बताई गई है उसे जानकर रहस्य खुल जाता है। हम तो समझे थे कि आवश्यकता यह है कि हिंदीभाषी हिंदीतर भाषाएं लिखना, बोलना और बरतना सीखें जिससे वे हिंदीतर भाषियों से संपर्क कर सकें और अपने कुएँ से निकलकर कम से कम एक-दो कदम फुदक सकें। भले ही छलांग न मार पाएं पर आवश्यकता यह बताई गई है कि हिंदी रचनाकार कृष्णा, कावेरी, गोदावरी आदि पर कविताएं लिखें। चोल, पल्लव, पांडुवंशी महाप्रतापी राजाओं पर महाकाव्य और उपन्यास लिखें। शृंगेरी, तिरुवंतपुर, मदुरा, कुंभकोणम, हम्पी, तेजपुर अथवा अहोम, पाल, सेन, राष्ट्रकूट वंशों एवं गुजरात के महान पुरुषों के महत्व की गाथाओं का वर्णन करें। पुलकेश और चालुक्यों को अपनी रचना में स्थान दें जिससे (अब बताया गया है कि देश में भावनात्मक एकता का मंत्र क्या है) दूसरे क्षेत्रों के व्यक्ति हिंदी में अपनी प्रतिच्छाया देख सकें।

तो यही है समग्र भारत के प्रति निष्ठा की पहचान ? दूसरे क्षेत्रों के व्यक्तियों

का हिंदी में अपनी प्रतिच्छाया देख पाना ही समग्र भारत के प्रति निष्ठा की कसौटी है ? यह कौन-सी हिंदी है, किसकी हिंदी है जो किसी भारतीय भाषा के बरतने का प्रचार न करके दूसरी भाषाओं से अपनी प्रतिच्छाया हिंदी में देखने को कहती है ? यह हिंदी है या कोई विदेशी भाषा ? या इस वक्तव्य के पीछे यह योजना है कि हिंदी का भारतीय समाज के इतिहास में जनाकांक्षा को वाणी देने का जो योग रहा है उसे समग्र भारत के प्रति निष्ठा न माना जाए बल्कि भाड़े पर लिखवाए प्रायोजित साहित्य को भारतीयता और राष्ट्रीयता का माध्यम माना जाए। यही तो अपने को भारतीय एकता का आधार बतानेवाली अंग्रेज़ी की योजना है। यदि भारत की पहचान कराने के लिए हिंदी भी जनता के संघर्षों के यथार्थ से भागकर कोई साहित्य लिखवाएगी तो वह न रचनात्मक होगा न भाषा, समवेदना और लोकतंत्र के विकास में रत्तीभर योग दे सकेगा। हां, हिंदी वालों को साहित्य लिखने के कुछ ठेके और कुछ पुरस्कार अवश्य मिल जाएंगे जैसे 1951 से लेकर 1963 तक पारिभाषिक शब्दावली बनाने के लिए हिंदी को मिलते रहे हैं और उन्हें हथियाकर हिंदी कम से कम दो पीढ़ियों को हिंदी का निर्माण करने में लगा चुकी है। हिंदी नेताओं की नीति ने हिंदी भाषा की रचनात्मक प्रतिभा को जीवन से विच्छिन्न अनुवाद में लगाकर स्थगित कर रखा तथा आनेवाली पीढ़ियों को अपनी भाषा का इस्तेमाल करने से रोककर अंग्रेज़ी की सांस्कृतिक गुलाम छाया भाषा को समाज पर थोप दिया।

जिस वक्तव्य का ऊपर उल्लेख है उसी में हिंदी के अशुद्ध प्रयोग का भी रोना रोया गया है। यह रोना मुझे हिंदी के महंतों के उस रुदन की याद दिलाता है जो 1963 में भाषा विधेयक पारित होने और हिंदी को राजभाषा न बनकर दासी भाषा बन जाने पर उन्होंने किया था। यही महंत थे जिन्होंने सरकार से समझौता कर लिया था कि हमें हिंदी के शब्द बनाकर कोशों में बंद करने और पुस्तकों-पुरस्कारों पर पैसा खर्च करने दिया जाए तो हम जनता को हिंदी बरतने से यह कहकर रोक सकेंगे कि अभी ठहरो हिंदी बन रही है।

हिंदी की यह पूजा करानेवालों और उसे बरतने से रोके रखनेवालों ने भाषा की यह हालत कर दी है कि हर जगह एक अधकचरी अर्थहीन भाषा सिखाई जाने लगी है, अपनी करनी का फल देखकर पूजन की नई विधियां प्रचारित करने का काम वह वक्तव्य कर रहा है जिसके उल्लेख से यह लेख आरंभ हुआ था।

[28.8.88]

संस्कृत और अंग्रेज़ी

संस्कृत को लोकप्रिय बनाने का अभियान पुरी के श्री सदानंद दीक्षित चला रहे हैं। दीक्षितजी ने अख़बार में छपवाया है कि पांच वर्ष के भीतर वह आधुनिक संस्कृत लिखने और बोलनेवाले पचास हज़ार प्रचारक तैयार कर चुके हैं, अगले दस साल में इनकी संख्या बढ़ जाएगी यह दावा भी दीक्षित जी ने किया है। यह ख़बर पढ़कर मुझे वह दिन याद आया जिस दिन मैंने संस्कृत की पढ़ाई छोड़कर विज्ञान पढ़ना शुरू किया था। यह पराधीन भारत की बात है। तब मेरे स्कूल में सातवें-आठवें दर्जे में विद्यार्थी को विकल्प के रूप में संस्कृत पढ़ने का अवसर मिल सकता था। अन्य विषय थे चित्रांकन और व्यायाम। आठवें के बाद विज्ञान पढ़ने के इच्छुक विद्यार्थियों को संस्कृत आदि सब छोड़ना अनिवार्य था। 1947 के बाद भारत में किसी ने यह नहीं किया कि विज्ञान की पढ़ाई के साथ कम से कम संस्कृत की पढ़ाई जारी रखें। जो हो, यह मेरी शिक्षा की उपलब्धि मानता हूं कि मेरे पूर्वजों ने जो हिंदी लिखी थी और मेरे समकालीनों ने जिसे फिर से पहचानने का मुझे अवसर दिया था उसी हिंदी के द्वारा मैं संस्कृत भाषा को आत्मसात करता रहा। 1947 के बाद कुछ वर्षों तक हिंदी का यह विशेष योगदान रहा। फिर हिंदी राष्ट्रभाषा होती गई और एक समय आया कि वह केवल राष्ट्रभाषा रह गई। तब संस्कृत मेरे लिए लोकप्रिय इस अर्थ में न थी जिसमें श्री दीक्षित संस्कृत को लोकभाषा बना रहे हैं। मैंने जो संस्कृत सीखी वह हिंदी के माध्यम से सीखी अर्थात् हिंदी भाषा में संस्कृत के जो शब्द व्यवहार में मिले उन्हीं को मैंने पढ़ा, सीखा और इस्तेमाल किया। हिंदी में संस्कृत शब्द दो प्रकार के हैं। एक जो हिंदी बोलनेवालों के साथ घिसकर और मंजकर हिंदी बन चुके हैं, दूसरे जो, कुछ भी कर लीजिए, हिंदी में पैबंद हों। मेरे लिए वह हिंदी जिसमें सुंदर-सुंदर मखमल के पैबंद लगे हों, घटिया साहित्य की भाषा थी। संस्कृत की संक्षिप्त पढ़ाई छोड़कर मैंने सिर्फ़ इतना नुक़सान उठाया कि अध्यापक की मदद से श्रेष्ठ ग्रंथों को मूल में नहीं पढ़ सका, इस नुक़सान की अपेक्षा लाभ शायद अधिक रहा, वह यह कि संस्कृत भाषा की बहुलता या स्थूलता कहां हिंदी नहीं रहती मैंने जाना। जाने-माने साहित्यकारों की रचनाओं में देखा कि रचना का सौंदर्य उनके लेखन में प्रयुक्त संस्कृत शब्दों से नहीं है, उनके हिंदी के चरित्र से है। किसी संस्कृत पद को बैठा देने भर से वह हिंदी का नहीं हो जाता। वह हिंदी के साथ घिसता और मंजता है तब कहीं लोकप्रिय होता है। सदानंदजी पांच वर्षों में पचास हज़ार कार्यकर्ता तैयार कर चुके हैं तो यह मिल का बना माल है हाथ का बना नहीं।

संस्कृत को लोकप्रिय बनाने का एक ही रास्ता है उसे हिंदी में आकर घिसने और मंजने देना। यह काम हमारे पुरखे करते चले आ रहे थे। पर इधर के बरसों

में जल्दी के मारे तैयारशुदा माल बाज़ार में डालने की होड़ लग गई है। सरल हिंदी इतनी सरल निर्मित हुई है कि उसमें समझने लायक कुछ रह ही नहीं गया है। संतोष की बात मगर यह है कि यह सरल हिंदी अपने उपभोक्तावादी चरित्र समेत अपनी नियति की ओर अग्रसर होते हुए हिंदी की बोलियों को और हिंदीतर भाषाओं को संस्कृत के साथ वही संबंध बनाये रखने के लिए स्वतंत्र छोड़ गई है जो ये बोलियां और भाषाएं अपने चरित्र के अनुसार प्राकृतिक मानें। जैसे हिंदी ने एक समय घिस-मांजकर संस्कृत को हिंदी बना दिया था वैसे ही इन्होंने भी किया है और इनमें वह नक़ली उपभोक्तावादी सरलीकरण कम या नहीं के बराबर हुआ है जिसका हर दूसरे-तीसरे दिन कोई न कोई राजनेता हिंदी जगत को उपदेश देता रहा है। निःसंदेह हिंदी की अर्थसंपदा न्यून हो रही है क्योंकि हर शब्द की समझ का मापदंड एक ऐसी भाषा को बनाया जा रहा है जो भारतीय भाषाओं और उनकी बोलियों को न कुछ दे सकती है न उनसे कुछ ले सकती है। इस घटना का प्रत्यक्ष प्रमाण दिल्ली से छपनेवाले दैनिकों में मिलता है जिनमें बहुधा वाक्यों का अंग्रेज़ी मूल जानने पर ही वास्तविक अभिप्राय प्रकट हो पाता है। अन्यथा आभास से ही काम चलाना पड़ता है। इसी अंदाज़न समझ के आधार पर नई हिंदी बन रही है क्योंकि अख़बार और उनकी नक़ल करनेवाले रेडियो-टीवी भाषा के व्यापक प्रचारक हैं। इस व्यापक प्रचार का जवाब घर, परिवार, परिवेश की भाषा के प्रचार से दिया जा सकता है। यह काम करने में संस्कृत को उसकी आधुनिकता मदद नहीं देगी। संस्कृत की वह परंपरा ही मदद देगी जो भारतीय भाषाओं और बोलियों में व्याप्त हो चुकी है। संस्कृत को सरलीकरण द्वारा लोकभाषा बनाने का अभियान अपने-आपमें अवैज्ञानिक, अनैतिहासिक और अस्वाभाविक है पर वह तो वही लोग कर सकते हैं जो लोकभाषा बोलते-बरतते हों और संस्कृति से पुरस्कार ग्रहण कर चुके हों। इसकी जगह पुरी के सदानंदजी लोगों को आधुनिक संस्कृत सिखा रहे हैं, जिससे उन्हें और भाषा की राजनीति के व्यवस्थापकों को किसी किस्म का संतोष हो जाए तो हो जाए पर लोकभाषा को कुछ नहीं मिलनेवाला। उसे तो संस्कृत से जो मिला है वह भाषा को बोलने-बरतनेवाले के जीवन में अर्थ के ऐक्य और द्वंद्व दोनों को व्यक्त करने की ऊर्जा देता रहेगा। इसमें जब कभी कमी पाई जाएगी तो भाषा के विश्व परिवार में किसी उपयुक्त स्रोत से हमें अनुभव जन्य शब्द लेने होंगे शब्दकोष के शब्द नहीं जैसा आज़ादी के चालीस साल से हम लेते रहे हैं। इसी भूल के कारण हम अपने भाषायी इतिहास के ऐसे बिंदु पर पहुंच गए हैं जहां हमारी संस्कृत और एक अनजानी भाषा अर्थात् अंग्रेज़ी एक ही चरित्र ग्रहण करने लगी हैं। संस्कृत और अंग्रेज़ी के संबंध पर अगली बार आगे चर्चा करेंगे।

[5.2.89]

एक नया शब्दकोश

भारतीय गणराज्य की स्थापना के बाद से भारतीय भाषाओं में परस्पर व्यवहार कम होता चला गया है। भारतीय भाषाएं संस्कृत भाषा पर निर्भर हैं—यह दावा ज़्यादा दोहराया जाता है। भारतीय भाषाएं एक-दूसरे पर निर्भर हैं, यह बात कम कही जाती है। जो इस्तेमाल इन भारतीय भाषाओं में एक-दूसरे के शब्दों, कहावतों, मुहावरों और अर्थों का आज भी हो रहा है उसे पहचानना तो क़रीब-क़रीब बंद ही हो गया है। नतीजा यह है कि हमारी शब्द-संपदा घट गई है और आज से पचास-साठ साल पहले की हिंदी में जितनी रचनाशक्ति थी उतनी अब नहीं रही है।

बोलियों से भाषा में और भाषा से बोली में शब्दों का आना-जाना जिस समाज में जारी रहता है, उसी से श्रेष्ठ साहित्य रचना संभव है। हिंदी में यह आना-जाना आज दूसरी जीवित भारतीय भाषाओं के मुक़ाबले कितना हो रहा है, इसकी जांच करने के लिए हमें समकालीन साहित्य की भाषा का विश्लेषण करना चाहिए। इन विश्लेषणों में विशेष रूप से यह देखना चाहिए कि विशेषण, संज्ञाओं और क्रियाओं के पदों की रचना में तीनों एक-दूसरे को कितना सहयोग दे पा रहे हैं। यदि हम केवल बोली से आए हुए शब्दों का कोश बनाकर संतुष्ट हो जाएंगे तो वह बहुत अधूरा विश्लेषण होगा। हिंदी में शब्दकोश पिछले कुछ बरसों में अनेक बने हैं, परंतु वे सिर्फ़ एक प्रकार की सीमित सूचना देते हैं। कोई शब्दकोश ऐसा भी होना चाहिए जो साधु भाषा के शब्दों का अर्थ लोकभाषा में बताता हो।

ऐसा शब्दकोश बनाने के लिए यह प्रयोग किया जा सकता है कि चुने हुए भौगोलिक क्षेत्रों में मौखिक भाषा का सर्वेक्षण किया जाए। इसी का पूरक प्रयोग होना चाहिए कि हिंदी साहित्य की मानक कृतियों की शब्द-संपदा को छानकर देखा जाए कि उनकी शब्दावली में कौन-कौन-सी अभिव्यक्तियां संभव हुई हैं। निरा मुहावरा या लोकोक्ति कोश बनाना भी अयथेष्ट होगा, क्योंकि सार्थक शब्दावली सिर्फ़ मुहावरा नहीं है। थोड़े में अधिक कह सकनेवाली संज्ञाएं, क्रियाएं और विशेषण भी एकत्र करने चाहिए।

पर इन सबको करके हम इनका क्या करेंगे ? क्या हम इन्हें अपनी रचनाओं में सजा देंगे जैसे दीवानख़ानों में हस्तशिल्प के नमूने सजे रहते हैं ? जैसे अपने इस्तेमाल करनेवालों की ज़रूरतों के लिए नहीं बल्कि बेचनेवालों की ज़रूरतों के लिए बनाया हुआ हस्तशिल्प सिर्फ़ सजाने के काम आ सकता है, वैसे ही शब्द-संपदा के ये संकलित नमूने भी इस्तेमाल न होने से सिर्फ़ नुमाइश की चीज़ बनकर रह जाएंगे। ऊपर जिन शब्दकोशों का सुझाव दिया गया है, वे रचना की कसौटी पर खरे उतरनेवाले शब्दों की खोज को आसान बनाने के काम आएं तभी इनका कोई

मतलब है। ऐसे तो बिना कोश की मदद के लोकभाषा के शब्द ज़बर्दस्ती अपने साहित्य में भर देनेवाले लेखक हैं ही पर ऐसे लेखकों ने साहित्य को एक नक़ली भाषा ही दी है। यह लोकभाषा की नुमाइश करनेवाली भाषा उतनी ही नक़ली है जितनी अंग्रेज़ी के हिंदी पर्यायों का कोश बनाकर उनके शब्द लेकर साहित्य लिखनेवाली भाषा है।

1947 के पहले लेखक को भाषा के विषय में उपदेश देनेवाले राजनेता नहीं थे। अगर कभी विदेशी शासकों ने दबावों के ज़रिए लेखक की भाषा-नीति बनाने की चेष्टा की थी तो बहुत साफ़ था कि वह भाषा के विरुद्ध है और साहित्य रचना से उसका संबंध अमित्र है। साहित्य 1947 के दौर में स्वाधीनता की आकांक्षा का पर्याय था। परंतु 1947 के पहले के दौर में स्वाधीनता की आकांक्षा नहीं स्वाधीनता का उपभोग साहित्य रचना का मुख्य प्रेरक बनता जा रहा था। आज़ादी के पहले लेखक को अगर कोई सलाह दी जाती थी तो वह वही सलाह होती थी, जो हर आदमी को दी जाती थी—यही कि आज़ादी की लड़ाई में शामिल हो। पर उसके बाद लेखक को बताया जाने लगा कि आज़ादी का उपभोग शक्तिशाली वर्ग के पक्ष में कैसे करो और जो गुलामी कमज़ोर वर्गों पर लादी जा सकती है उसे कैसे लादो। भारतीय भाषाओं के परस्पर निर्भर चरित्र को धीरे-धीरे नष्ट करना इसी जनविरोधी नीति का एक कार्यक्रम है। इसके विरुद्ध खड़े होने के लिए हमें लेखक के पास जाना पड़ेगा, क्योंकि राजनैतिक संगठन पिछले चालीस साल में इस भाषा-विनाश को रोकने में सहायता नहीं बाधा देते रहे हैं। इन्हीं चालीस वर्षों में भाषा की अपने काम को पुनर्जीवित करने की शक्ति भी इस्तेमाल न होने के कारण कम होती गई है। पर जिस तरह हम अपने अतीत को केवल इसलिए त्याग नहीं देते कि उससे जनविरोधी प्रयत्नों को भी बल देनेवाले तत्व निकाले जा सकते हैं, उसी तरह अपने लोक जीवन में भाषा के प्रमाणों को भी सिर्फ़ इसलिए असंग्रहित छोड़ देना सही नहीं होगा कि कोश में रखी हुई मुर्दा भाषा से साहित्य नहीं रचा जा सकता। कोश में रखी हुई भाषा रखे-रखे मुर्दा हो सकती है पर ज़िंदा लोगों के स्पर्श से वह जी भी उठती है। एक नए भाषाकोश की आवश्यकता इसी संजीवनी को सुगम बनाने के लिए है। मुर्दा लेखकों को तो उसकी ज़रूरत भी मालूम न पड़ेगी, परंतु जो जानते हैं उनकी भाषा मर रही है और यह भी जानते हैं कि उसे मरने नहीं देना चाहिए, वे नई स्फूर्ति लेने जीवन की ओर जाते हुए रास्ते में इस शब्द भंडार से भी होते हुए जाएंगे।

[6.3.88]

अर्थ है शब्द चाहिए

पिछले 'अर्थात्' में मैंने कहा था कि हमारा भाषाई समाज एक ऐसे बिंदु पर आ खड़ा हुआ है जहां संस्कृत और अंग्रेज़ी एक-सा चरित्र ग्रहण करने लगी हैं। दोनों प्रभुतासंपन्न वर्ग की भाषा हैं। इस वर्ग का बड़ा आदमी जब दावा करता है कि मुझे अंग्रेज़ी में लेख लिखना अधिक सार्थक और सरल जान पड़ता है पर मैं हिंदी में भी लिख सकता हूं तब उसकी लिखी हिंदी में इतनी उधार की संस्कृत होती है कि उसका गुमराह करनेवाला तर्क आडंबर के आवरण में छिप जाए। कुल मिलाकर यही आवरण अंग्रेज़ी भी बनाती है और अंग्रेज़ी की पोल को पूरने के लिए संस्कृत काम आ जाती है।

यह तो साधारण बात है। विशेष बात यह है कि एक तरह की संस्कृत का व्यापक प्रचार किया जा रहा है जो अंग्रेज़ी से अनुवाद करके बनाई गई है। आकाशवाणी के संस्कृत समाचार बुलेटिनों में आप इसे सुन सकते हैं। आकाशवाणी के समाचार कक्ष में लिखी हुई अंग्रेज़ी का जनता की धड़कनों से वैसे भी संबंध कम ही होता है, फिर संस्कृत जैसी भाषा में उसका अनुवाद तो और भी निस्तेज होगा जिसे इतने अल्पसंख्यक बरतते हैं कि उस बरतने से ही वह और संकुचित होती जाती है। अंततः संस्कृत में समाचार सुननेवाला भी समाचार समझने के लिए वैसे ही अंग्रेज़ी का सहारा लेता है जैसे लिखनेवाला ले रहा था। और यह दुष्चक्र पूरा हो जाता है। सुनने वाले को वस्तुतः अपनी व्यवहार भाषा में समाचार सुनना और समझना सार्थक हो सकता है, पर समाचार जिस भाषा में सुनाए जाते हैं वह अंग्रेज़ी में लिखे हुए पाठ की जटिलता को हिंदी में इस शर्त पर बदलने से बनी है कि हिंदी का शरीर सरल हो और आत्मा मूल पाठ की ही तरह क्लिष्ट।

इस तरह समाचार को समझने के लिए भी एक खंडित भाषा का व्यवहार इतनी बार होता है कि समझ को उसकी आदत पड़ जाती हैं और सार्थक समाचार को जाने बिना हम मानने लगते हैं कि हमने जो सुना है वह समझ लिया है—और चूंकि वह समझ लिया है इसलिए वही सार्थक होना चाहिए। सारांश यह है कि समझ की एक पनीली, पतली सतह हमारी संवेदना पर चढ़ा दी जाती है जिससे सीधा नुक़सान सामाजिक यथार्थ के अनुभावन में होता है। कुछ हिंदीपूजक संस्कृत के शब्दों को समाज-भाषा में व्यवहार करने का जब-तब आग्रह किया करते हैं। दो-एक परिवारों में बातचीत के दौरान संस्कृत शब्दों का व्यवहार होते हुए भी मैंने सुना है। तुरंत दीख गया है कि वे परिवार मेज, कुर्सी, गिलास, कमीज़ जैसे शब्दों के संस्कृत पर्याय बोल तो रहे हैं पर उनकी भाषा समाज-भाषा नहीं बन रही है, पुस्तक की या शब्दकोष की बल्कि पारिभाषिक शब्दकोष की ही भाषा बन रही है। सही तो यह होता है कि जो शब्द बोली में आ गए हैं उन्हें उसी रूप में इस्तेमाल

किया जाए। जहां बोली का कोई व्यावहारिक ज्ञान न हो वहीं संस्कृत की ओर लौटना रचनात्मक होगा अन्यथा वह लौटना व्यर्थ का विपर्यय बनेगा। बनारस को अभी तीस-पैंतीस वर्ष पहले ही हिंदीपूजकों ने वाराणसी कर दिया था और सरकारी-ग़ैरसरकारी प्रचार साधनों ने इस प्राचीन शब्द का जमकर प्रचार भी किया था। पर जनजीवन में बनारस आज भी बनारस बना हुआ है। बनारस से बने विशेषणों को इन पुरोहितों ने डर के मारे नहीं छेड़ा, पर यह जानने की कोशिश नहीं की कि उस डर का कारण समाज है जिसने लखनऊ के चिड़ियाघर का नाम बनारसी बाग रखा था और हिंदी के परमभक्त विद्वान का नाम बनारसीदास चतुर्वेदी।

अर्थों के शब्द कहां हैं ? आज हिंदी में जाने कितने अर्थों के शब्द लुप्त हो गए हैं या हो रहे हैं। उनके लिए हम आप्टे के शब्दकोश को खंगालें या अपनी स्मृति को ? जाने कितने वयस्कों की स्मृति में वे दबे पड़े होंगे जो पदार्थों के भी और भावों के भी महीन से महीन प्रत्यंतरों को समाज में व्यक्त करते रहे हैं, पर अभी पिछले चालीस-पचास साल में राष्ट्रभाषा के पूजने का चलन बढ़ने और बोली के बरतने का चलन घटने से अकर्मण्य हो गए हैं। और कुछ नहीं तो इतना तो किया ही जा सकता है कि श्रेष्ठ गद्यकारों के मानक साहित्य से उन शब्दों को चुनकर उनका एक शब्दसागर बनाया जाए और आज उनकी पीढ़ी के लेखकों और अनुवादकों को वह कोष उपलब्ध कराया जाए। इसकी मदद से वे उस मिट्टी में जड़ें डाल सकेंगे जिसमें से उनके पुरखे रस लेते थे : ये जड़ें बिल्कुल नई और सच्ची होंगी क्योंकि उनमें अर्थ है।

[19.2.89]

सरल भाषा के ख़तरे

हिंदी साहित्य की पत्रिकाओं का एक दौर था जिसमें पत्रिकाएं केवल साहित्य छापती थीं और तमाम छोटे-बड़े शहरों से निकलकर अकाल मृत्यु को प्राप्त हुआ करती थीं। इसी के समानांतर साहित्य में भी एक तेज़-तर्रार मानसिकता का उदय हुआ जिसमें विशेष रूप से कविता के मंच से भावुक बहसें उठाई जाती थीं पर विषय या तो आत्मदया होता था या यथास्थिति का स्वीकार या स्त्री-पीड़न। दिखाने भर के लिए एक पतनशील संस्कृति के दुखद यथार्थ का वर्णन भी कर दिया जाता था। अकविता के नाम से यह शैली प्रचारित की गई थी। अगणित छोटी पत्रिकाओं की तरह यह शैली भी कुछ समय बाद निबट गई।

अब पिछले कुछ वर्षों से छोटी पत्रिकाओं और साहित्य का एक दूसरा दौर शुरू

हुआ लगता है। इनमें आत्मदया का स्वर नहीं है, सामाजिक यथार्थ से असहमत वर्णन का है। आग्रह आधुनिक संवेदना का है जिसे खोजने की प्रक्रिया में ही बहुत-सी कविताएं लिखी जा रही हैं। इन पत्रिकाओं को उस अर्थ में छोटी पत्रिका भी नहीं कहा जा सकता जिसमें 1960-70 की पत्रिकाओं को कहा जा सकता था—यह अपेक्षया अधिक संगठित और समर्थित हैं।

पर आज की फुटकर कविता की एक विशेषता भी है जिसकी ओर आलोचकों का ध्यान कम गया है। वह सरलीकरण से उबरना चाहती है पर बनी-बनाई सरल भाषा को ही इस प्रयत्न में अपना साधन मानती है। यदि सरल भाषा भी सरलीकरण से बचने का एक साधन बने तो यह उचित है पर यदि वही एक साधन कवि के पास रह जाए तो सरलीकरण के नाटकीय होने की और कविता के सरल शब्दों में दुरूह होने की आशंका रहेगी। सरल शब्दों में दुरूह कविता का दृश्य आज की नई कविता में बार-बार उपस्थित हो रहा है पर जो कवि यथार्थ की किसी गूढ़ अनुभूति की कविता को सरल शब्दों में कह पा रहे हैं, वे सचमुच हिंदी कविता में नया काम कर रहे हैं।

सरल भाषा ने कविता में ही नहीं अख़बार, रेडियो और टेलीविज़न में भी समस्या पैदा कर रखी है। आज़ादी के बाद हिंदी के राजनैतिक वर्चस्व का नेतृत्व हथियाने के लोभ में हिंदी के ठेकेदारों ने पूरी पीढ़ी को अंग्रेज़ी से पारिभाषिक शब्दावली अनुवाद करने बिठा दिया और जिन विद्याओं को ये हिंदीभाषी जानते थे उनको हिंदी में लिखने से रोक रखा। यह तो जब अनुवाद की नौकरियों में 1963 के भाषा विधेयक के बाद कमी आई और अनुवाद सलाहकारी की प्रतिष्ठा घटी तब हिंदी के कर्मियों को अख़बार से लगाव शुरू हुआ क्योंकि हिंदी अख़बार का विकास अपने ही कारणों से इसी समय के आसपास होने लगा था। इसके पहले हिंदी को मुट्ठी-भर अनुवादकों तक सीमित रखकर भाषा को इतना गुलाम और ग़रीब बनाया जा चुका था कि गिने-चुने संपादकों को नए लेखक बनाने और उन्हें अंग्रेज़ी के मुहावरे की नक़ल से विरत करने में बहुत समय लगा। इसमें काफ़ी सफलता मिली ही थी कि अख़बारों के विस्तार का एक नया दौर शुरू हो गया जिसमें शक्ति अंग्रेज़ी के समर्थकों के हाथ में चली गई। परिणाम यह है कि अंग्रेज़ी की नक़ल से हिंदी को सरल बनाया जाने लगा है। इससे हिंदी सरल की जगह लंगड़ी और डुंडी हो रही है परंतु उसे अपनी भाषा की तरह बरतनेवालों की जगह नए अनुवादकों ने ले ली है और यह क्षति वे पहचान भी नहीं पा रहे हैं।

कविता में बनी-बनाई सरल भाषा जो समस्या पैदा कर रही है वह यह है कि यथार्थ को आत्मसात् करने के तनाव का जो दबाव भाषा पर पड़ सकता है और काव्य में गहराई ला सकता है वह उपलब्ध सरल भाषा के सतही अनुकरण से भटक जा रहा है। कवि इस बात को समझने में देर कर रहे हैं कि सरलता पूर्ववर्ती कवियों के अनुकरण से नहीं लाई जा सकती, यथार्थ के तनावों को खुद आत्मसात् करके ही मिलती है। हर दौर में कवि को अपनी सरल भाषा का स्वयं निर्माण

करना होता है और वह सिर्फ़ उसी कवि के काम आ सकती है जिसके भीतर वास्तविकता के दबाव से वह पैदा हुई है। इसलिए संतोष किया जा सकता है कि सरल भाषा की अधकचरी नक़ल कविता की परंपरा को कोई स्थायी या दीर्घजीवी क्षति नहीं पहुंचाएगी।

परंतु प्रचार माध्यमों में भाषा को मशीन की तरह और मशीन के द्वारा सरल करने की प्रक्रिया स्थायी नुकसान कर सकती है। प्रचार माध्यम कविता नहीं करते, कविता की नक़ल कभी-कभी ज़रूर करते हैं। वे इन अर्थायामों को भी चुरा लेते हैं जो कविता ने भाषा में पैदा किए हैं और उन्हें अपने उत्पादन के साथ जोड़कर उसका आकार-प्रकार और भार बढ़ा देना चाहते हैं। ऐसा नहीं कि इसमें वे सफल हो ही जाते हों, उलटे कभी-कभी तो इस हरकत में फ़ेल होकर एक बार फिर उनकी पोल खुल जाती है। परंतु कविता में जहां आत्मा की विश्वसनीयता की चिंता कवि को निरंतर रहती है, प्रचार में वस्तु या विचार की विश्वसनीयता की चिंता लाभ के हद से ज़्यादा घट जाने पर ही शुरू होती है—और वहां भी वस्तु का चेहरा बदलने की तरक़ीब सबसे पहले काम में लाई जाती है। भाषा की सच्चाई वहां अपने-आपमें कोई मूल्य नहीं है जैसे कविता में होती है।

प्रचार माध्यमों में, जहां तक विज्ञापन की भाषा का सवाल है, वह एक बिलकुल नए उखड़ेपन को झेल रही है क्योंकि अब वे रागात्मक मूल्य भी विज्ञापन का विषय बन गए हैं जिनका प्रचार पहले कविता मूल्यों के समान करती थी। भारत की आज़ादी का प्रचार करनेवाला विज्ञापन सचमुच की आज़ादी का प्रचार नहीं करना चाहता क्योंकि वह प्रचार आज़ादी के उपभोक्ताओं को भी आज़ाद कर देगा जबकि आज़ादी के निर्माता आज़ादी पर एकाधिकार रखना चाहते हैं। यहां तक कि वे उपभोक्ता की पसंद में कोई बदलाव नहीं आने देना चाहते।

कुल मिलाकर सरल भाषा एक छलावा है। भाषा को कुछ हाथों में क़ैद करके रखने वाले तंत्र ने सरल भाषा की जो परिभाषाएं बना रखी हैं वे एक कृत्रिम भाषा को शास्त्रीय मान्यता देने के लिए बनाई गई हैं, भाषा को जकड़न से मुक्त करने के लिए नहीं। कविता, अख़बार, विज्ञापन, रेडियो, टीवी में दिन-ब-दिन इस बनावटी सरल भाषा के उदाहरण बढ़ते जा रहे हैं। जिस तंत्र की छत्रछाया में भाषा का इस्तेमाल करनेवाले संस्थान बने हुए हैं वह परंपरा की स्वस्थ धाराओं से अपने जन-विरोधी चरित्र के कारण इतना घबराता है कि अपने को अंग्रेज़ी की छांह में सुरक्षित मानकर उसी भाषा को सरल मान लेता है जिसको अंग्रेज़ी के द्वारा हिंदी में समझा जा सके।

भाषा के सभी मोर्चों पर जो समस्याएं आज विकट हो गई हैं उनके मुक़ाबले के लिए एक नए अंग्रेज़ी हटाओ आंदोलन की ज़रूरत है। इसका पहला मोर्चा यह होना चाहिए कि हिंदी समझने के लिए अंग्रेज़ी न पढ़नी पड़े।

[5.6.88]

गद्य की दुर्गति

एक ज़माना था कि हिंदी के मानक रूप स्थापित करना एक बड़ा रचनात्मक काम माना जाता था। इस काम में एक साथ कई तरह के लोग रहते थे। कुछ शब्दों के तत्सम रूपों की पहरेदारी किया करते थे, कुछ वर्तनी के शुद्ध चलन पर आसक्त थे। कुछ और थे जिन्हें छुआछूत का भय सताता रहता था, इन्हें मिलावट से परहेज़ था। यह कहना ज़्यादती होगी कि ये सब शुद्धताप्रेमी लोग प्रगति-विरोधी थे, पर यह कहना ग़लत न होगा कि भाषा की शुद्धता का उपहास करनेवाले अगर अनपढ़ नहीं तो अधकचरे ज़रूर थे। विडंबना यह थी कि एक ओर शुद्धता के समर्थक एक ज़रूरी सुधार कर रहे थे जिसका संबंध कहीं न कहीं अपने को पहचानने से था, तो दूसरी ओर अस्मितावादी अपनी पहचान की पूरी संभावनाओं को देखकर घबराए हुए थे। दुख की बात यह थी कि रोग उधर भी था। जहां किसी को अंदेशा हुआ कि भाषा विकसित हो रही है, उसने शोर मचाना शुरू किया कि हिंदी क्लिष्ट की जा रही है। आज का गद्य लेखक पिछले वक़्त को शब्दशः देख पाए तो मानेगा कि कुल तमाशा यह था कि दोनों गिरोहों के सरदारों को हुज्जत का बहाना मिल गया था। एक कहता था संस्कृत के शब्दों से भाषा कठिन हो रही है, जबकि अरबी-फ़ारसी के शब्दों से वह आम-फ़हम हो जाएगी। दूसरा कहता था कि अरबी-फ़ारसी के शब्द विजातीय हैं, ये भाषा को भ्रष्ट कर देंगे। दोनों यह नहीं स्वीकार करते थे कि भाषा को अपवित्र करना और क्लिष्ट करना एक ही बात है। अच्छी भाषा का रहस्य यह है कि वह बोलचाल से निकले और बोलचाल को सुधारे।

यह कहना मुश्किल है कि ठीक-ठीक किस तारीख़ की बात है, मगर यों मान लीजिए कि मैथिलीशरण गुप्तजी और महावीर प्रसाद द्विवेदीजी दोनों ने पद्य और गद्य में अच्छी भाषा का रहस्य पहचाना था। उसे पहचाननेवाले वही अकेले नहीं थे। बहुतेरे और तब भी थे और शायद आज भी होंगे पर जब से सरल भाषा का अर्थ बदल गया है तब से अंग्रेज़ी से सरल अनुवाद को ही सरल भाषा माना जाने लगा है। अब हम क़सम खाकर नहीं कह सकते कि भाषा का रहस्य जाननेवाले आज भी बहुतेरे हैं। सच तो यह है कि भाषा के निर्माण की जिस पद्धति को राज़शक्ति और पूंजी से प्रश्रय मिला हुआ है वह बोलचाल की भाषा के विरुद्ध है। वह नीति केवल इस तथ्य को पहचानती है कि हिंदी राष्ट्रभाषा है, पर यह देखने से कतराती है कि राष्ट्रभाषा अपनी ऊर्जा गुलाम दिमाग़ों से नहीं प्राप्त कर सकती। सिर्फ़ हिंदी की पूजा करते रहने से दिमाग़ आज़ाद नहीं हो जाते। वे आज़ाद होते हैं भाषा को बरतने से और उस देश की भाषा परंपराओं को अपनी परंपरा मानने से जिस देश की वह राष्ट्रभाषा है। ऐसा करने का सीधा मतलब हिंदी का

एक मानक सामने रखकर हिंदी को बरतना है। वह मानक हमने संस्कारहीन कर दिया है क्योंकि वह समाज के व्यवहार की भाषा को एक ऐसी भाषा से अनुवाद करके तैयार कर रहा है जिसका संबंध हमारे राष्ट्र के कर्म से नहीं है। वह भाषा है अंग्रेज़ी। अंग्रेज़ी से अनुवाद की हुई भाषा हमारी समाज-भाषा बनाई जा रही है। जो लोग यह काम कर रहे हैं वे हिंदी का एक मानक बनाते चल रहे हैं जिसके आधार पर वे अपने को प्रामाणिक सिद्ध कर सकें। वे रेडियो, दूरदर्शन, अख़बार और ज्ञान-विज्ञान में भी इस मानक का व्यवहार करके बहुत बड़े पैमाने पर लोगों में इसका प्रचार कर रहे हैं। यह पैमाना इतना बड़ा है जितना मैथिलीशरण गुप्त, महावीर प्रसाद द्विवेदी के, यहां तक कि प्रेमचंद्र के ज़माने में भी नहीं था। यह न सिर्फ़ बहुत सारे लोगों को, जो भाषा का इस्तेमाल करते हैं, अपनी लपेट में लेता है बल्कि उनकी रोज़ी-रोटी पर हमला करके उस पर क़ब्ज़ा करने लगता है। इस हमले के कई रूप हैं पर उन सब रूपों में समानता यह है कि हिंदी के व्यवहार का मानक निर्माण दिन-ब-दिन ऐसे भारतीय लोगों के हाथ में होता जा रहा है जो बोलचाल की भाषा की ज़रूरत तो बताते हैं पर ज़ोर देते हैं कि वह बोलचाल की भाषा उन भारतीयों की लिखी हुई अंग्रेज़ी का सरल अनुवाद करके बनेगी।

सिद्धांततः अंग्रेज़ी से सरल अनुवाद संभव है और अंग्रेज़ी साहित्य से अथवा किसी विदेशी भाषा के साहित्य के अंग्रेज़ी अनुवाद से किया जाए तो बावजूद उस छीज के जो उस विदेशी भाषा के साहित्य के अंग्रेज़ी अनुवाद में हो चुकी होगी, हिंदी की समाज-भाषा तक अपनी ऊर्जा पहुंचा सकता है। पर यह काम न आत्यंतिक है न अनिवार्य है। यह बोलचाल की हिंदी के आधार की संपुष्टि कर सकता है, उसका नए सिरे से निर्माण नहीं कर सकता। यह काम हिंदी भाषा पर लादना आज़ादी के विरुद्ध है पर यही काम हिंदी की बोलचाल की भाषा को सरल करने के नाम पर किया जा रहा है। बोलचाल की भाषा को व्यवहार की भाषा बनाना तो ज़रूरी काम है ही और जब हमारे लेखकों और समाज-निर्माताओं द्वारा इस शताब्दी के 50 साल में हिंदी के मानक रूप के निर्माण के प्रयत्न हुए थे तो वे व्यवहार-भाषा और काव्य-भाषा में एक साथ हुए थे। इस निर्माण का संस्कार दोनों प्रकार की भाषाओं को मिला था। इसे जाने कितने लेखकों ने पहचाना और सरल भाषा का रहस्य जानकर हिंदी को बोलचाल की भाषा बनाने की लड़ाई जारी रखी। यह लड़ाई आज़ादी के कुछ बरस बाद तक चली, अर्थात् जब तक आज़ादी से मिले सत्ताधिकार के भारतीय उत्तराधिकारी शासक वर्ग की आज़ादी का अर्थ पहचानते रहे।

आज आज़ादी का मतलब यह नहीं समझा जाता है कि लोग अपनी सामाजिक-राजनैतिक आकांक्षा को प्रकट कर रचनात्मक जीवन जिएं। बल्कि यह समझा जाता है कि सत्ता के केंद्रों में शक्ति की प्रतीक अंग्रेज़ी जिस समाज-भाषा में सत्ता की आकांक्षाएं प्रकट करती हुई एक गुलाम नक़ली जीवन का प्रचार करती

है उसका सरल हिंदी में अनुवाद करें।

जब-जब हिंदी में गद्य की दुर्गति की ओर ध्यान दिलाता हूं, अधिकारसंपन्न केंद्रों ने यही सफ़ाई दी है कि अनुवादक अच्छे नहीं हैं। आज़ादी के बाद के कुछ वर्षों को छोड़कर दुर्गति लगातार जारी है और आज विशेष चेतावनी का कारण इसलिए है कि बोली हुई भाषा यानी रेडियो और दूरदर्शन में तो इसका हमला सफल हो चुका है। लिखी-छपी भाषा यानी अख़बार में ज़ोरों से हो रहा है। रेडियो-दूरदर्शन की भाषा में जब यह दुर्गति शुरू हुई थी तभी इसका प्रतिकार किया गया था, पर जैसे-जैसे राजनैतिक नीतियां बदलकर रचनात्मकता के विरुद्ध होती गईं, अंग्रेज़ी से अनुवाद का बंधन कठोर होता गया और स्वतंत्र अभिव्यक्ति के रास्ते संकरे होते गए।

अब यह बंधन अख़बार की दुनिया में ज़ोरों से कसना शुरू हुआ है। वहां अंग्रेज़ी से सरल अनुवाद का आग्रह एक ऐसी भाषा को सफल मानने लगा है जिसे कुछ अख़बार सरल बनाने के लिए जड़ से तोड़ रहे हैं। यह लेख उदाहरण देने के लिए नहीं लिखा जा रहा है, अगर पाठक को जड़ से टूटी हुई भाषा के उदाहरण ख़ुद नहीं दीखते तो उनकी लंबी सूची बनाकर दी जा सकती है। पर उस सूची को देखकर पाठक अंग्रेज़ी से सरल अनुवाद करना सीखना शुरू कर देंगे तो मेरा लिखना व्यर्थ होगा। सरल हिंदी लिखना और अंग्रेज़ी से सरल अनुवाद करना दो तरह के काम हैं। हां जो सरल हिंदी लिख सकता है अगर वह अंग्रेज़ी से अनुवाद न करे तो हिंदी गद्य की आज की दुर्गति पहचानने से कुछ सीख पाएगा।

[21.6.87]

जीवन स्तर उठाना या उन्नति करना

गांधी को गुज़रे छत्तीस बरस हो गए। जाने कितने नौजवानों ने इन छत्तीस बरसों में गांधी का नाम सुना होगा पर यह ज़रूरी नहीं कि उन्होंने गांधी वाङ्मय पढ़ा हो। हां दो अक्टूबर को उन्होंने अख़बरों में छपे दो विज्ञापन ज़रूर देखे होंगे। आधे-आधे पेज के इन दोनों विज्ञापनों ने हिंदी और अंग्रेज़ी में दिल्ली विकास प्राधिकरण की आत्मप्रशंसा की। अंग्रेज़ी में ऊपर बड़े-बड़े अक्षरों में लिखा था 'टू सर्विस आव सोसाइटी इज़ दैट व्हेयर बाई सोसाइटी दैट इज़ आल इट्स मेंबर्स आर अपलिफ्टेड'। इसके नीचे छोटे छापे में लिखा था—महात्मा गांधी। मतलब यह कि यह वाक्य मोहनदास करमचंद गांधी ने लिखा या कहा है। कहां और कब, इसका कोई उल्लेख

नहीं था। (उद्धरण चिह्नों के भीतर वाक्य लिखकर नीचे जो नाम दिया जाता है वह लेखक का होता है। यहां नाम है—महात्मा गांधी। यह लेखक का नाम नहीं, वह नाम है जिससे आप लेखक को पुकारना चाहते हैं। मो. क. गांधी ने अपने को महात्मा गांधी कभी नहीं लिखा) इस वाक्य को हिंदी में समझा जाए तो अर्थ यह है कि 'समाज की सच्ची सेवा वह है जिससे समाज की अर्थात् उसके सभी सदस्यों की उन्नति होती है।'

प्राधिकरण ने जो विज्ञापन हिंदी में छपवाया है उसमें लिखा है 'समाज की सच्ची सेवा इसके सभी वर्गों के जीवन स्तर को उठाने में है'—महात्मा गांधी।

'जीवन स्तर' शब्द पढ़ते ही संदेह होता है यह गांधी का शब्द नहीं हो सकता। यह नेहरू का शब्द है।

यह गांधी और नेहरू का अंतर दिखाता है और बताता है कि नेहरू गांधी के समाज चिंतन से बिलकुल उल्टी दिशा में सोचते थे। 'जीवन स्तर उठाना' उपभोक्ता सामग्री ख़रीदने और एक गुलाम दिमाग़ से ख़ुश रहने की सीख देनेवाला शब्द है, 'उन्नति करना' या 'अपनी उन्नति करना' जीवन जीने में समाज के साथ जुड़ने और अपनी और सबकी आज़ादी की रक्षा करना सिखानेवाला शब्द है। 'जीवन स्तर उठाना' और 'उन्नति करना' इन दोनों को एक ही बताने के लिए दिल्ली विकास प्राधिकरण ने अनुवाद की आड़ में भाषा का अर्थ खंडित कर दिया है।

गांधी के वाक्य का खंडित रूप वह है जो हिंदी के अख़बारों में छापा गया है। प्राधिकरण को आशा रही होगी कि लाखों लोग जो रोज़ हिंदी पढ़कर साक्षर हो रहे हैं और लाखों लोग जो साक्षर होकर हिंदी पढ़ रहे हैं हमारे विज्ञापन में गांधी के नाम से छपे वाक्य को गांधी का असली विचार मान लेंगे। न मानेंगे तो जाएंगे कहां क्योंकि हमने यह तो बताया ही नहीं है कि वाक्य कहां से लिया गया है। इस तरह प्राधिकरण सरकार की और समाज के सशक्त वर्गों की वह नीति गांधी के नाम पर चलाने में सरकार और सशक्त वर्गों को मदद पहुँचाएगा जो गांधी के ख़िलाफ़ और इन वर्गों के पक्ष में है।

यह काम गांधी का नाम लेकर किया जाएगा। इस विज्ञापन ने वही काम किया है जो छोटे-मोटे व्यापारी करते तो उस पर तुरंत निगाह जाती और गांधी का नाम विज्ञापनों में देने के विरुद्ध आवाज़ उठती। 'गांधी बीड़ी' या 'गांधी साबुन' छापने से गांधी के नाम का दुरुपयोग पकड़ लिया जाता, किसी और नहीं तो इस कारण कि विज्ञापनदाता ने चालाकी से काम नहीं लिया और मुंहफट हो गया। परंतु इन दोनों विज्ञापनों में गांधी का बेजा इस्तेमाल बड़ी होशियारी से किया गया है। मैं केवल इस होशियारी की निंदा नहीं कर रहा हूं। मैं तो यह बता रहा हूं कि गांधी के 36 साल बाद एक लंबी और क्रमिक योजना के अधीन सरकारी संस्थानों के दिमाग़ से गांधी की सही समझ पोंछकर मिटा दी गई है और अब इन संस्थानों के संचालकों को अपनी समाज-विरोधी समझ गांधी का नाम लेकर फैलाते हुए पता

भी नहीं चलता कि वे ख़ुद क्या कर रहे हैं। यह ख़तरनाक मासूमियत गांधी विचार को जान-बूझकर भ्रष्ट करने के मुक़ाबले कहीं अधिक निंदनीय है।

ज़रा दोनों विज्ञापनों पर एक नज़र दुबारा डालें। जीवन स्तर उठाना शराब की बोतल ख़रीदने से संभव है परंतु शराब पीने से उन्नति होगी ऐसा नहीं कहा जा सकता। इसके बाद कुछ और विज्ञापन आ सकते हैं जिनमें सब वर्गों का जीवन स्तर उठाने के लिए सबको टेलिविज़न पर आधुनिक जीवन की माया दिल्ली से प्रसारित दिखाने का श्रेय यह कहकर लिया जाएगा कि हम गांधी के बाताए रास्ते पर चल रहे हैं। ऐसा नहीं कि यह सिलसिला रोका नहीं जा सकता, लेकिन भाषा के जरिए गांधी के साथ यह बेईमानी और बदतमीज़ी करनेवालों को रोकने में अगर तमाम लोगों को लगा दिया जाए तो वे इस मोर्चे पर जूझते रह जाएंगे और अर्थव्यवस्था और समाज-व्यवस्था की उपभोक्ता संस्कृति पर ख़रीदने और बेचनेवाले क़ब्ज़ा करते जाएंगे।

जीवन स्तर उठाने और ऊपर से सभी वर्गों के जीवन स्तर को ऊंचा उठाने का अर्थ सिर्फ़ यह है कि सभी वर्गों के बीच रचनात्मक रिश्ते टूटते जाएं और सभी वर्ग जीवन में कर्म और आनंद पर अपने अधिकार को छोड़ते जाएं और उन्हें किसी अपाहिज करनेवाली शिक्षा, उत्पादन और उपभोग व्यवस्था के हाथों सौंपते जाएं। इसके विपरीत उन्नति एक ऐसी शिक्षा और उत्पादन व्यवस्था में ही संभव है जिसमें बराबरी हो और शोषण न हो क्योंकि समाज की उन्नति उसके 'सभी सदस्यों की उन्नति' है। ग़ैर-बराबरी के और शोषण के रहते हुए वह संभव नहीं है। हां अगर हम समाज के सदस्यों को बांट दें और कुछ के लिए एक तरह का जीवन 'विकास' बताने लगें तो आसानी से ग़ैर-बराबरी फैलाई और बढ़ाई जा सकती है। एक वर्ग विकास करेगा और उसके विकास से कुछ झूठन दूसरे वर्गों को खाने के लिए बचेगी जिसे वे अपना 'जीवन स्तर' उठाने के काम में लाते रहेंगे।

गांधी के अंग्रेज़ी वाक्य में भाषा के भीतर छुपे हुए अर्थ हैं इसीलिए उस वाक्य में अर्थ है। हिंदी में जो वाक्य प्रचारित किया गया है उसमें से बहुत-से अर्थ काट दिए गए हैं। जैसे अंग्रेज़ी के वाक्य में बताया गया है कि समाज की सच्ची सेवा क्या है और साथ ही बिना बताए कह दिया गया है कि सच्ची सेवा क्या नहीं है।

उसमें 'समाज' का भी अर्थ बता दिया गया है : समाज अर्थात् उसके सभी सदस्य, वर्ग नहीं। यही गांधी की भाषा है। इन अर्थों को काट देना एक चाल है और इसका विरोध होना चाहिए। चाहे यह आख़िरी दम का विरोध क्यों न हो।

[7.10.84]

सहमति का संयत संसार

बोलने की आज़ादी पर बहुत दिनों से कोई बहस नहीं सुनने या पढ़ने में आई। क्या उसके हासिल करने में अब कोई समस्या नहीं रह गई ? या कि उसके हासिल कर लेने के बाद अब कोई समस्या उठना बंद हो गई ? समस्या तो बोलने की आज़ादी पाने में भी है और रखने में भी है, बस उस पर सार्वजनिक बहस नहीं हो रही है। इससे ऐसा दिखता है कि सब ठीक है। परंतु ठीक है नहीं।

बोलने की आज़ादी उन लोगों को हमेशा हर तंत्र में रहती है जो सोचते नहीं। जो लोग सोचते तो हैं मगर ऐसी बातों पर नहीं सोचते जो बोलते ही नहीं, सोचने, बनाने, करने और दिखाने की आज़ादी को बढ़ाते हों उन्हें भी आज़ादी रहती है। उनकी वाणी को सत्ता पसंद करती है। सरकारी प्रचार माध्यमों के इस्तेमाल में उन्हें हिस्सा दिया जाता है। आजकल तो इतना ज़्यादा दिया जा रहा है कि सार्वजनिक जीवन में ऐसे लोगों की पूरी जमात बन गई है जो पूर्ण सहमति के वातावरण में जीते और पनपते हैं। असहमति का समाज में स्थान धीरे-धीरे हटाकर ऐसी जगह रख दिया गया है जहां उसके अंदर आलोचना और बहस नहीं होती। वह केवल विरोध की एक बनावटी कोशिश बना दी गई है। यह बनावटी असहमति आज बोलने की आज़ादी का रूप है और इसकी अभिव्यक्ति करनेवाले को पहले या बाद में कोई समस्या नहीं उठती। इसलिए आमतौर से बुद्धिजीवी वर्ग में यह आज़ादी बहस का विषय नहीं रह गई है।

बनावटी विरोध ज़्यादातर लोगों को आसान पड़ता है। सिर्फ़ उन मामलों में असहमति प्रकट करें जिनमें किसी नीति का विरोध न हो, केवल प्रबंध की आलोचना हो तो वे आसानी से व्यक्तिगत मामले बनाए जा सकते हैं। उन पर इसी तरह के व्यक्तिगत मामलों में अपना हित साधनेवालों का समर्थन भी मिल सकता है। कुछ ज़्यादा बड़ी संस्था में ऐसे लोगों का भी समर्थन मिल सकता है जो समाज की रचना में अपने को एक विशिष्ट वर्ग मानने लगे हैं, शिक्षा और संस्कार ने जिन्हें यह नहीं सिखाया है कि समाज और राष्ट्र उनकी बपौती नहीं हैं। ऐसे लोग हर समय होते हैं परंतु लोकतंत्र में उनके ऊपर समाज की अपनी अंदरूनी न्यायधर्मिता नैतिक दबाव डालती है। किसी समय जब अधर्म इतना बढ़ जाता है कि इस दबाव का उल्लंघन शक्ति के मद में डूबे लोग करते हुए डरें नहीं तब सच्चाई की पहचान भी वे ही बनाकर समाज पर थोपने लगते हैं। यदि उनके हाथ में प्रचार के साधन हुए तो उसी सच्चाई को वे प्रचारित भी करते हैं और उसकी आलोचना भी स्वयं करते-कराते हैं। यह आलोचना बनावटी आलोचना होती है।

आलोचना करने की और असहमति प्रकट करने की ऐसी क्या ज़रूरत है जो खुद ही बनाई व्यवस्था को बुरा बताया जाए ? बात यह मालूम होती है कि

विश्व इतिहास ने असहमति की अभिव्यक्ति, सत्य के शोध और निर्बल की पक्षधरता की एक परंपरा को हिंदुस्तानी दिमाग़ में पहचनवा दिया है और हमारी चेतना में यह बात पैठा दी है कि सत्य ही जीतता है। यदि बलप्रयोग से अधर्म को स्थापित भी कर लिया जाए तो हमारी ज़मीन पर वह पनप नहीं सकता। क्या यही परंपरा से मिला हुआ संस्कार नहीं है जिसे सत्ताधारी जनता में देखता है और डरता है। वह समय-समय पर उपाय निकालता रहता है जिससे इस भय की काट कर सके। आजकल का तरीक़ा यह है कि वह ख़ुद अपने को क्रांतिकारी बताता है और अपने पिट्ठुओं द्वारा असहमति के नमूने पेश करवाकर उनको शाबाशी देता है।

इस प्रवृत्ति की सैकड़ों मिसालें हैं। उन्हें सुनाते-सुनाते ढेर लग जाएगा और जो विश्वास न करने पर तुले हुए हैं वे हर मिसाल को रद्द करके रख देंगे। इससे अच्छा है मैं 1980 का एक किस्सा सुना दूं। जनता पार्टी की दूर तक न देख सकनेवाली दृष्टि के कारण जब पार्टी की सरकार में परिवर्तन हुआ और 1980 के चुनाव नतीजों में श्रीमती गांधी ज़बर्दस्त बहुमत से जीतीं तो कांग्रेस पार्टी के अटल समर्थक एक पुराने पत्रकार ने जीत का स्वागत किया। परंतु उसी क्षण उन्होंने यह भी भांप लिया कि इस जीत के बावजूद लोगों ने यह नहीं माना कि इमरजंसी और उसके अत्याचार सहित लोकतंत्र का दमन ठीक था। लोग यह भी नहीं चाहते हैं कि इंदिरा गांधी की इतनी बड़ी जीत हो कि जनता उनके सामने छोटी पड़ जाए और प्रतिपक्ष नंगा-बूचा रह जाए। इसलिए उन्होंने अपनी प्रिय पार्टी की साख बनाए रखने के लिए एक अजब-सा तर्क दे डाला। उन्होंने कहा, यह ठीक ही हुआ कि जनता ने विशाल बहुमत से अपना नेता चुन लिया। अब पार्टी के भीतर सत्ता के लिए छीना-झपटी न होगी जैसी जनता पार्टी में हो रही थी। देश का विकास जनता ने रोककर हमें पिछड़ जाने पर मजबूर कर दिया था। अब जिधर देखेंगे उधर प्रगति ही प्रगति दिखाई देगी। ऐसी हालत में प्रतिपक्ष का ही काम होगा कि वह सत्ताधारी दल को उसकी ग़लतियां बताता रहे पर कांग्रेस पार्टी का विशाल बहुमत है और प्रतिपक्ष दिशाहीन है। इसलिए कांग्रेस पार्टी को ही प्रतिपक्ष का काम करना पड़ेगा। उसे अपनी ही सरकार को चेताना पड़ेगा। संसद में अब कांग्रेस प्रतिपक्ष भी होगी।

यह सोच अपने-आपमें कपोल-कल्पना है और काम अपने-आपमें एक धोखा है। अपने को और दुनिया को एक भ्रम में रखने के अलावा इस सोच से और कुछ संभव नहीं है। इस तरह का प्रतिपक्ष मूलतः उसी नीति का समर्थन करता है जो सत्ता पक्ष की है, केवल इतनी भर बहस करता है कि इसके फ़ायदे बटें तो किसको ज़्यादा मिलें और किसको कम। यह लोकतंत्र की एक कामचलाऊ बहस हो सकती है पर असली बहस नहीं हो सकती। असली बहस तो यह होगी कि समाज को, लोकतंत्र को और अधिक योग्य बनाने के लिए नीतियां किस तरह की

हों। प्रतिपक्ष नीतियां बनाने के लिए सत्ता पर अंकुश रखता है न कि बनी-बनाई नीतियों का इंतज़ाम संभालने के लिए।

शुरू में मैंने कहा था कि बोलने की आज़ादी पर कोई बहस सुनने में नहीं आ रही है। हो सकता है ऐसे कुछ समाचार और वृत्तांत आए हों जिनमें किसी पत्रकार को पीटा गया हो या जान से मार डाला गया हो। पर ऐसा कुछ नहीं किया जा रहा है जिससे मालूम हो कि बोलने की आज़ादी पर क्या ख़तरा आया हुआ है। बात असल में यह है कि ख़तरा अदृश्य है और बड़े पैमाने पर गिरफ़्तारियों या सेंसर की कार्रवाइयों जैसा प्रकट नहीं है। परंतु चारों तरफ़ से अमीरी बढ़ाने की जो ख़बरें आ रही हैं उनको सुनकर यह लगता है कि इस नई असहमति की मानसिकता के लिए गुंजाइश कम होती जा रही है। लोकतंत्र के सही मायने में बने रहने की शर्त विरोध को प्रकट करते रहना ही नहीं है। नीतियों से असहमत होने की आज़ादी का आदर करना भी है। आज का 'जल्दी लूटो जल्दी पनपो' वाला समाज हर ऐसी राय को जो इस लूट-खसोट में सीधे-सीधे मदद नहीं पहुंचाती, अपनी मुख्यधारा के विरुद्ध मानता है। वह मुख्यधारा कहीं न कहीं इसके समर्थक को भी चेता जाती है कि वह मनुष्यता के और मानव जाति के प्रतिकूल है इसलिए इसमें नैतिक समर्थन यानी सहमति प्राप्त करना ही सत्ता बनाए रखने के लिए ज़रूरी है। लोकतंत्र के लिए इससे अधिक क्षयकारी बात और क्या होगी कि प्रत्येक असहमति को रोजी-रोटी के अधिकार से वंचित करने का अदृश्य डर दिखाकर दबाया जाए। पर लूटो और जल्दी अमीर हो की संस्कृति को वही लोकतंत्र चाहिए जहां 100 प्रतिशत सहमति हो और विवाद सिर्फ़ लूट के बंटवारे को लेकर हुआ करे।

यही संस्कृति स्वस्थ विवाद और आलोचना को पनपने नहीं देती है। जनता को प्रकट हो जाता है कि प्रत्येक भिन्न प्रकृति का चिंतन उसके प्रतिष्ठान के लिए ख़तरनाक है। इस संस्कृति में रचनात्मक गुंजाइश नहीं रहती है। नई-नई नक़लों की बिक्री खुलेआम होती है और संपत्ति पैदा करनेवाले संस्थान न जाने कब हमारे अनजाने ही सत्ता के पर्याय बनकर अपना अदृश्य सेंसर और खुफ़िया विभाग चलाने लगते हैं। कभी-कभी जब कोई पत्रकार मार डाला जाता है तब हमें एक समाचार मिलता है जिसे बनावटी असहमति के व्यापारी अख़बार दिलचस्प बनाकर छाप देते हैं। परंतु अदृश्य सेंसर जारी रहता है क्योंकि वह सनसनीखेज नहीं है।

[1.12.85]

स्व-सेंसर

सेंसर 1977 में उठा लिया गया था। तब से अब तक कई बार यह सवाल उठा है कि क्या वह वापस आयेगा, पर यह सवाल नहीं उठाया गया है कि क्या वह वापस आ चुका है। उसके वापस आने के कारण मौजूद हैं, उसके उठाए जाने के कारण ग़ायब हैं। मगर उसके 1975 में लगने और 1977 में हटानेवाले आयारामों-गयारामों की एक नई बिरादरी बन चुकी है जिनके बारे में कहना मुश्किल है कि वे किस जमात में हैं। देखा जाए तो 75 के बाद के और 77 के बाद के दोनों दिमाग़ आज सेंसर के पक्ष में हैं बस, यह बात वे खुलेआम बताते नहीं हैं। पूछो तो कहेंगे कि जब सेंसर है ही नहीं तो उसके हटाने या लगाने पर बहस क्या करें। मगर सेंसर है, यह बात वो जानते हैं जो सेंसर को कई प्रकार से लगाने की सभ्यता विकसित करते रहे हैं। वे यह भी जानते हैं कि अब किसी एक व्यक्ति, संस्थान, सरकार या पार्टी को लगाने का दोषी नहीं ठहराया जा सकता। दोष के दायित्व और दोष के लाभ दोनों में समाज के एक से अधिक वर्ग भागीदार हो गए हैं।

सेंसर लगाने का काम बंट गया है। जाने कितने नए प्रकाशन, प्रसारण, रेडियो, दूरदर्शन, राजनैतिक दलों की समितियां, पुरोहित-पंडे यह काम कर रहे हैं और ऐसा नहीं कि इनके पास वह साधन नहीं हैं जो राज्यतंत्र के पास हैं। रोज़ी-रोटी, सामाजिक अस्मिता, रागात्मक सुरक्षा जैसे विषयों से लेकर सशरीर व्यक्ति तक इन सेंसर केन्द्रों के आक्रमण के शिकार हो सकते हैं। इन शिकारों में भी बड़ा एक और शिकार है—व्यक्ति की आत्मा। कह सकते हैं कि स्व-सेंसर ही आज के सेंसर की पहचान बन गया है।

स्व-सेंसर कैसे काम करता है ? उसका दफ़्तर कहां है ? अपनी आत्मा पर हिंसा करना ही स्व-सेंसर है और स्पष्ट है कि उसका दफ़्तर कहीं भी हो सकता है। व्यक्ति को अपनी आत्मा पर आक्रमण करने को बाध्य करता है 'भय'। 'यदि मैं सत्य कहूंगा तो बुरा होगा'—यह आशंका हमें उन लोगों के साथ सहमति प्रकट करने को ललचाती है जो समाज में हमारे जीवन पर अधिकार रखने का दावा करते हैं। कभी-कभी हम इसे सहमति के वैचारिक या कलापरक कारण समझते हैं या समाज से इसकी मान्यता यह कहकर प्राप्त करते हैं कि भविष्य निर्माण करनेवालों के साथ है। कभी-कभी हम किसी संगठित दल या व्यक्ति के साथ जुड़ जाते हैं। कभी आज़ाद रहने के फेर में इतना भटक जाते हैं कि वर्तमान से कोई मतलब ही नहीं रह जाता। शाश्वत और अनंत ही हमारा लक्ष्य बन जाता है। आज वाणी को साधन बनानेवाले साहित्य और राजनीति दोनों माध्यमों में इन दोनों प्रकार के समझौतों की मिसालें देख सकते हैं। यह दोनों ही स्व-सेंसर के प्रमाण हैं। अपवाद अवश्य होंगे पर वे उनके कृतित्व से ही प्रकट होंगे।

आम साहित्य और राजनीति दोनों में कोई केन्द्रीय सेंसर काम नहीं कर रहा है। साहित्य और कलाओं में जाने कितने अज्ञात संपादक, सलाहकार, समीक्षक, परीक्षक, विश्लेषणकर्ता काम कर रहे हैं, सो कोई नई बात नहीं है। इन सबकी ईमानदारी पर संदेह करने का तत्काल कोई कारण भी नहीं है और इस लेख का वह विषय भी नहीं है। कहने लायक बात तो यह है कि आज की परिस्थिति में जहां चारों ओर एक सामूहिक सेंसर खुल्लमखुल्ला काम कर रहा हो, स्व-सेंसर से काम लेते हुए लेखक की छटपटाहट दीखती नहीं। वह इस तरह स्व-सेंसर करता जाता है जैसे यह रोज़मर्रा की बात हो। वह या तो छोटे-मोटे समझौते करता है या मुख्य बहस से बाहर रहता है और विवादास्पद विषयों को नहीं छेड़ता। लेखक शब्दाडंबर को या शब्दालंकार को माध्यम बना लेते हैं। और कोई-कोई विविध प्रकार की ऐसी साहित्यिक और बौद्धिक बहसों में उलझे रहते हैं कि जिनसे किसी भी शक्तिशाली वर्ग को आपत्ति न हो (हालांकि ऐसे विषय जल्दी ही बच नहीं रहनेवाले हैं)। आजकल के दौर में बहसों का बहुत होना मगर उनके विषयों का व्यापक से व्यापक होते जाना क्या दिखाता है ? बौद्धिक और ऐतिहासिक-वैज्ञानिक समझ की प्रगति ? या व्यापक विषय के मैदान में सत्य को खो देने का स्व-सेंसर ? मैं जानना चाहता हूं कि कहीं आज की बहसों के परस्पर असंबद्ध और विशाल शब्दाडंबरों के पीछे अपनी आत्मा पर ऐसा अंकुश रखने का स्व-सेंसर तो काम नहीं कर रहा है जो असहमति को प्रकट करने की जगह विचार को ही रेगिस्तान में बहा देता हो ?

सेंसर के विकेन्द्रीकरण के कुछ प्रसंग याद आते हैं। एक नई पत्रिका निकली जिसमें पैसा कहां से आया, यह अंतरंग जानकारों को मालूम होगा, हर एक को नहीं। जिन लेखकों से रचनाएं मांगी गईं उनमें से दो-चार नामी लेखक भी थे। इनमें से एक को स्व-सेंसर में मदद देते हुए उनसे निवेदन किया गया कि राजनैतिक दलों का नाम न लिखें तो अच्छा रहेगा।

मालूम नहीं यह निवेदन लेखकों ने माना कि नहीं माना और माना तो बिना नाम लिए कोई बात समझ पाना उन्होंने संभव पाया कि नहीं पाया, पर यह निवेदन अपने-आपमें आंख खोल देनेवाला है। यदि कोई लेखक अपने ऊपर इतना नियंत्रण कर ले कि वह नाम नहीं लिखेगा क्योंकि नाम लिखने से प्रकट होनेवाली असहमति अनावश्यक है तो असहमति प्रकट करने के दायरे को संकरा करते जाने का आरंभ हो चुका है। परंतु सेंसर और स्व-सेंसर के मिले-जुले अभियान में एक चरण वह भी आएगा जब सेंसर के पात्र के जीवन में, उस दफ़्तर में जहां वह नौकरी करना चाहता है, उस स्कूल में जहां बहन पढ़ाती है, उस कालेज में जहां उसकी बच्ची पढ़ती है और उस घर में जहां बेटी का विवाह होनेवाला है—इसी तरह की परिस्थितियां जुड़ने लगेंगी। तब मालूम होगा कि स्व-सेंसर एक ही जगह नहीं सब जगह करना पड़ता है और एक आदमी अगर सब जगह कतराकर बच निकलने का रास्ता टटोलता है तो वह यह न समझ बैठे कि अपनी आत्मा पर आक्रमण

कर एक-दो बार में उससे छुट्टी मिल जाएगी।

स्व-सेंसर की सबसे ख़तरनाक बात यह है कि सत्य-विरोधी समाज, जो सत्ता का केन्द्रीकरण और सेंसर का विकेन्द्रीकरण करता है, स्वतंत्र विचार और अभिव्यक्ति की कोई चौहद्दी नहीं बांधता और स्वाधीन विचार के समर्थक यह बात पसंद करते हैं। परंतु वही व्यवस्था जो सीमा पर बाड़ नहीं लगाती, बाड़ के पहरेदार भी नहीं बैठाती, इस मिली-जुली व्यवस्था में सीमा में सेंध लगाने पर मुजरिम को पकड़ सकेगी।

अंततः यह दायित्व लेखक और विचारक को ही उठाना पड़ता है कि अभिव्यक्ति और विचार की सीमाएं बराबर चौड़ी ही होती जाएं। लेखन, साहित्य, अभिव्यक्ति का यही दायित्व है कि वह बाड़ों को तोड़े और तोड़ती ही रहे। बजाए यह करने के जब लेखक अपने ही किए की जांच करता है, अपने को ही दंड देता है और अपने पर ही ज़्यादती करता रहता है तो उसके मन में चोर का निवास ही समझिए। मन में चोर पालकर कोई साहित्य नहीं लिखा जा सकता। स्व-सेंसर फिलहाल सस्ते छूटने जैसा दिखाई दे सकता है। मगर कुछ ही समय के अन्दर अलग-अलग लेखकों में आगे-पीछे, रचनाशक्ति मुरझाकर सूखती और सूखकर झर जाती है। जो लोग स्व-सेंसर का यह तर्क देकर समर्थन करते हैं कि इसमें बलप्रयोग नहीं है उन्हें देखना चाहिए कि मानसिकता में स्वयं कलाकार पर हिंसा का प्रयोग हो रहा है। यह हिंसा कलाकार के ही हाथों हो रही है। कोई भ्रांति न रह जाए इसलिए मैं यह भी कहना चाहता हूं कि रचना की श्रेष्ठता के हित में अपने कथ्य और कृति को काटना, छांटना बिलकुल दूसरी बात है। आत्मा की व्याकुलता, संशयग्रस्तता रचना की संपूर्णता के विषय में आश्वस्त न होने की स्थिति—ये सब बातें स्व-सेंसर नहीं हैं, जिसका यहां ज़िक्र हो रहा है। भारत में सेंसर का 75 से अब तक का अनुभव बताता है कि अब स्व-सेंसर लेखक से वह भी सेंसर करवा लेता है जिसे कहने या बोलने को किसी ने मना नहीं किया था अर्थात् स्व-सेंसर आदमी जितना गिरा हुआ था उससे भी ज़्यादा गिरा देता है। यह कोई आज़ादी नहीं है जैसा कि स्व-सेंसर शब्द से भ्रम होता है।

[27.9.89]

हंसी कि हिंसा

अमेरिका के राष्ट्रपति रेगन रेडियो पर बोलनेवाले थे। स्टूडियो में बैठकर अपना भाषण शुरू करने के पहले अधिकारियों ने उनसे टेस्ट देने को कहा। पाठकों को

बता दें कि यह टेस्ट असल में माइक्रोफ़ोन का नहीं, बोलनेवाले की आवाज़ का सुर देखने का टेस्ट होता है क्योंकि शब्दांकन मशीन को उसी के अनुसार काम करने के वास्ते तैयार कर लिया जाता है।

ख़ैर, श्रीमान रेगन ने आवाज़ का टेस्ट दिया। इसे न तो प्रसारित होना था न अंकित। जो शब्द वह बोलते वे केवल प्रसारण कार्यालय में सुन पड़ते। वहां काम करनेवाला एक-एक व्यक्ति भी उन्हें सुन लेता तो भी प्रसारित कार्यक्रम श्रोताओं की अपरिमित संख्या की तुलना में उनकी संख्या न के बराबर होती और जितना बड़ा प्रसारण तंत्र अमेरिका के पास है—देश-विदेश और अंतरिक्ष में फैला हुआ—उसे देखते हुए एक-एक प्रसारित शब्द एक-एक अस्त्र की-सी ताक़त रखता है।

चूंकि रेगन को अहसास था कि उनकी यह ताक़त इस समय काम में नहीं आ रही, ठीक वैसे जैसे उनके प्रक्षेपास्त्र चलाने का बटन अभी नहीं दबाया गया है। वह इसके आतंक से अपनी समझ में मुक्त हो गए और उनका हंसने का मन हुआ। आवाज़ का टेस्ट ही तो है, यह सोचकर उन्होंने कहा—"अमेरिकी भाइयो और बहनो, मैंने अभी-अभी एक क़ानून पास किया है जिसके द्वारा रूस को हमेशा के लिए 'दुनिया बाहर' कर दिया जाएगा। पांच मिनट में बमबारी शुरू होनेवाली है।" जो उन्होंने बोला वह किसी को सुनाने के लिए नहीं था और जो उन्होंने नहीं बोला और जो अपने मन में उन्होंने सुना होगा वह था "हा हा हा"।

तो ये आवाज़ का टेस्ट भी आधुनिक जीवन की एक परिस्थिति है। अपने मुंह से निकले शब्द को हम तुरंत "सुनने के लिए" और "न सुनने के लिए" इन दो भागों बांट लेते हैं, यह बंटवारा हम शब्द के प्रचार माध्यम पर नियंत्रण करके साधते हैं और इसकी ख़ामख़याली यहां तक पहुंचती है कि हम एक वाक्य को कहने के बाद और प्रसारित कर देने के बाद भी अपने को और दूसरों को यह समझाने की सीनाज़ोरी कर लेते हैं कि यह वाक्य तो देश के या विदेश के अमुक वर्ग, जाति या अमुक दल के उपभोग (राजनैतिक टिप्पणीकार जिसे अंग्रेज़ी में कहते हैं कंजम्पशन) के लिए था। ग़नीमत यह है कि शब्द के उपभोक्ताओं को बाज़ार में दो तरह के माल की तरह दो तरह के अर्थ देने की यह व्यापारिकता जब छपे हुए शब्द के साथ की जाती है तो तुरंत या देर-सबेर इस करतूत की पोल खुल जाती है। क्योंकि छपा हुआ शब्द बार-बार पढ़ा जा सकता है, उसका प्रमाण (छापे हुए की भूल न हो तो) सच्चा प्रमाण माना जाता है।

रेगन ने मुक्ति अनुभव करते हुए एक परिहास किया था ऐसा वह ख़ुद और बहुत-से ऐसे लोग जो दिमाग़ से काम लेना बंद कर चुके हैं, मानते होंगे। अब सोचने की बात यह है कि परिहास आख़िर है क्या चीज़ ? एक जानी-पहचानी परिभाषा को बहस के लिए काफ़ी मान लें तो परिहास विसंगति का ही दूसरा नाम है। परंतु रेगन के परिहास से हम यह भी पहचान रहे हैं कि विसंगति से तटस्थ रहने पर ही परिहास सुननेवालों को वह परिहास लगता है। यदि परिहास करनेवाले

के पास विसंगति को बदलकर अपने पक्ष में संगति बना लेने की शक्ति है तो फिर विसंगति से तटस्थ नहीं है, और उसका परिहास भय पैदा करेगा, हंसी नहीं। हंसी वह केवल उनके मन में पैदा करेगा जो उस विदूषक के पक्षधर हैं। आए दिन दिल्ली दूरदर्शन पर भिखारियों, औरतों, विकलांगों और साधारण मानवीय दुर्बलताओं के सामने झुक जानेवालों का मज़ाक़ उड़ाया जाता है। विशेष रूप से रविवार को 'आपके लिए' कार्यक्रम के ज़रिए। यह सुनकर किसी को जो कि हर कमज़ोर पक्ष में रहना चाहता है, गुस्सा आएगा, हंसी नहीं। मगर दूरदर्शन और उसको चलाने वाली व्यवस्था इन कमज़ोरों के पक्ष में नहीं है। इसीलिए वह देख नहीं पाती कि इन चुटकुलों में हिंसा है, हंसी नहीं।

अच्छा तो रेगनं महोदय अपने मन में "हा-हा-हा" बोलकर अमेरिकी भाइयों के लिए उपर्युक्त शब्दों की व्याख्या करने लगे मगर उन्हें पता नहीं था कि आवाज़ का टेस्ट मशीन की असावधानी से प्रसारण बन गया है। जब रूस में पांच मिनट में बमबारी होने की घोषणा लोगों ने सुनी तो एक और घटना घटी। गुस्सा नहीं आया क्योंकि सचमुच बमबारी करने की हिम्मत रेगन में है नहीं। तब हंसी आनी चाहिए थी क्योंकि यह तो विसंगति का उत्कृष्ट प्रमाण था। परंतु रेगन के चुनाव प्रतिद्वंद्वी ने कहा, "राष्ट्रपति को सोच-समझकर मुंह खोलना चाहिए।" पश्चिम जर्मनी में कहा गया, "बूढ़ा रेगन जिम्मेवार है" और नाटो-विरोधी ग्रून (अंग्रेज़ी में ग्रीन) पार्टी ने कहा, "यह विकृत मज़ाक़ है। इसे सुनकर हर समझदार आदमी का ख़ून सूख जाएगा।"

हंसी इतनी डरावनी हो सकती है। ज़रूरी नहीं है कि पारसी रंगमंच की तरह भयानक हंसी के ठहाके लगाए जाएं (पारसी रंगमंच से बात साफ़ न हो तो बंबइया हिंदी फ़िल्म कहने से चल जाएगा), सिर्फ़ अपने पास अतुलित शक्ति जमा कर लेना अपनी हंसी को हिंसा बना डालने के लिए काफ़ी है। परंतु हंसना-हंसाना परंपरा से समता का प्रतीक और लक्षण रहा है। इसीलिए आज की दुनिया में ज़बरदस्त भी उसकी नक़ल करके सभ्य दिखना चाहते हैं। हर बार जब वह यह कोशिश करते हैं, कुछ मुसाहिब 'हैं-हैं-हैं' करते होंगे। मगर अधिकांश लोग उनसे सतर्क हो जाते हैं, और यही आज की भयानक दुनिया में ईश्वरीय न्याय यानी जैसे को तैसा है।

पर यह परिहास जो कि शक्तिशाली के मुख से हमारा उपहास बनकर निकलता है, तभी तक संभव है जब तक एक आदमी भी इसकी पोल खोलने को "सहसा मुझे अकेला पाकर फिर से आप हंसे" कहने को बाक़ी न रहे।

[19.8.84]

कविजी, यह शब्द नहीं चलेगा

आकाशवाणी के किसी एक केन्द्र ने दिल्ली आकाशवाणी को संदेश भेजा था कि मेरी कुछ कविताएं रिकार्ड कराके भेज दी जाएं। मेरे पास वह अनुरोध आया और मैं दिल्ली केन्द्र में अपनी कविताएं रिकार्ड कराने पहुंचा। यहां यह बता देना ज़रूरी है कि कविता रिकार्ड करना और आकाशवाणी से उसे प्रसारित करना मेरे लिए उतना ही पुराना अनुभव है जितना मेरा कविता लिखना है। 1947 से मैं कविता लिखता रहा हूं और 1949 से उन्हें ख़ुद रेडियो पर पढ़ता रहा हूं। यह बता देना ज़रूरी इसलिए है कि बहुत-से कवियों को रेडियो पर कविता पढ़ना प्रतिष्ठा का विषय जान पड़ता है और वे इस सिलसिले में तरह-तरह की शर्तें रखते हैं, नखरे दिखाते हैं और यह सब उन्हें शोभा भी देता है, मगर मुझे शुरू दिन से यह काम बहुत सहज लगता रहा है (और मेरी शर्तें कुछ और हैं जिनमें से एक का आगे ज़िक्र होगा)। मगर इस बार जब कविता रिकार्ड करा रहा था तो एक नया अनुभव हुआ। जो अधिकारी बूथ में बैठे कविता रिकार्ड होती सुन रहे थे, सहृदय थे और अंत तक ध्यान से सुनते रहे। जब रिकार्डिंग ख़त्म हुई तो मेरे पास आए और नम्रतापूर्वक बोले, 'मुझे आनन्द आया। पर एक बात कहूं। आपने कुछ पंक्तियां ऐसी लिख दी हैं जिनसे हमारी नीति का मेल नहीं बैठता। ऐसा करें कि इन्हें छोड़कर दोबारा पढ़ दें।'

इसका क्या जवाब हो सकता था ? यही न कि मैं कविता के गठन में से और उसके समूचेपन में से कुछ शब्दों को निकालकर उसे अपनी कविता बताकर पेश करने पर राज़ी हो जाता। वह मैं नहीं हुआ, पर मैं राज़ी क्यों नहीं हूं, यह बताना भी ज़रूरी था। आख़िर जब एक व्यक्ति कह रहा है कि उसे आनंद आया तो उसे यह समझाना मेरा कर्तव्य हो जाता है कि नीति के पालन के लिए कविता में से कुछ शब्द निकालना आपके आनंद में बाधक होगा। फिर बातचीत इस विषय में होगी कि कविता बल्कि कविता ही नहीं कोई भी कृति अपने में एक पूरी इमारत होती है, उसकी कुछ ईंटें निकाल देने से वह भहराकर गिर पड़ेगी। उसमें नई ईंट लगाकर वह फिर से बनाई जाएगी तो वह दूसरी इमारत बन जाएगी। इससे कोई आपत्ति हो सकती है, नहीं भी हो सकती है। कवि को ही तय करना पड़ेगा कि वह किसी की नीति के कारण अपनी कविता की शक्ल बदलने को तैयार है या नहीं। मैं उस कविता की बात नहीं कह रहा हूं जो लोकजीवन में से लोक के मुहावरे में पैदा होती है। उसे तो लोकजीवन कवि के जीवनपर्यंत घटाता, बढ़ाता, जोड़ता, छोड़ता रह सकता है। यही वह करता है। लोकगीतों से लेकर रामकथा तक पर मेरी कविता में ऐसे परिवर्तन बर्दाश्त करने की ताक़त कहां ? यह तो कमरे में बैठकर भाषा के साथ लड़ाई-झगड़ा करके बनाई हुई कविता है और छापकर

दिखाई गयी है। लोगों ने एक-दूसरे को सुना-सुनाकर तो इसे जाहिर नहीं किया है। सुनाकर किया होता तो सुनाते-सुनाते इसमें परिवर्तन हो गया होता। अब तो यह छप चुकी, किताब की शक्ल में बिक चुकी, साहित्य में चाहे न पा सकी हो पर मेरे जीवन में स्थान पा चुकी। अब इसमें शब्दों को हटाना और दूसरे शब्दों को बैठाना या उनकी जगह खाली छोड़ देना ऐसा ही होगा जैसे किसी बहुरूपिए का अपना भेष बदल लेना।

इसलिए मैंने कहा, 'हां, नीति की बात है तो आप सोच लीजिए। पर कृपया बताइए कि नीति के विरुद्ध इसमें क्या है, जान तो लूं।'

उत्तर था, 'आपकी एक कविता में यह पंक्ति है : 'शिक्षा विभाग ने कुछ पहले ही घोषित किया है छात्रवृत्ति के लिए अर्हता में यह शामिल हो कि छात्र के पिता की हत्या हो गई है

सावधान अपनी हत्या का उसे एकमात्र साक्षी मत बनने दो

एकमात्र साक्षी जो होगा वह जल्दी ही मार दिया जाएगा।

अधिकारी ने कहा, इसमें शिक्षा विभाग का नाम न लीजिए। यह सरकार के विरुद्ध होगा। आजकल हम लोगों को बहुत सावधान रहने के आदेश हैं। और हां एक और पंक्ति है दूसरी कविता में जिसमें आप कहते हैं कि हो सकता है सब लोग अपने को आधुनिक बताने लगें। मगर बनिया बनिया रहे, कायस्थ कायस्थ रहे, और असल में दकियानूस बने रहें। तो जातियों के नाम आप इसमें रखेंगे तो हमें मुश्किल होगी। मेरे पास सिवाय यह कहने के कि दोनों कविताएं एक 1982 में और एक 1967 में मेरे संग्रहों में छप चुकी हैं और जो यह एकमात्र साक्षीवाली कविता है यह तो दूरदर्शन से मैं सुना भी चुका हूं इसलिए आप नीति संबंधी चिंता छोड़ दें। यानी इन दोनों कविताओं को जैसी ये हैं वैसी सुनवा दें या पूरी की पूरी छोड़ दें। यह सुनकर अधिकारी ने ऐसा भाव दर्शाया जैसे मैं बहुत ज़िद्दी और अड़ियल आदमी हूं और कोई समझौता नहीं करना चाहता। अब मैं उन्हें कैसे समझाता कि समझौता तो यही हो सकता है कि आप मेरी कविता प्रसारित करें या प्रसारित न करें।

बहरहाल बात यहीं ख़त्म हो गई। आशा है अंत में जो भी प्रसारित हुआ होगा, उसमें 'कुछ आपत्तिजनक शब्द' काट कर बाक़ी की मेरी कविता कहकर प्रसारित न किया गया हो। अधिकारियों में से जो साहित्य पढ़नेवाले हैं उनकी सुरुचि और समझ पर इतना भरोसा मुझे है और यह भरोसा ख़ाली नहीं जाता, इसका अनुभव भी मुझे तब से है जब से 1946 में मैंने प्रसारण के क्षेत्र में क़दम रखा। प्रश्न केवल यह है कि आपत्तिजनक शब्दों की नीति कौन बनाता है। मुझे पता चला है कि आपत्तिजनक शब्दों के कारण कार्यक्रम निर्देशक किसी पंक्ति में यह मुहावरा भी प्रसारित होने नहीं दे सकते कि 'पांडे जी पछताएंगे फिर वही चने की खाएंगे' क्योंकि इसमें ब्राह्मणों के विरुद्ध कुछ कहा गया है। ईश्वर जानता है कि इस मुहावरे

का पांडे जाट भी हो सकता है, मुसलमान भी। मगर बोलने की आज़ादी का ऐसा पतन तो अभी तक नहीं देखा गया था कि जिसमें लोकोक्ति को सामाजिक अभिप्राय से जुदा कर अफसर अपना भाषा ज्ञान साहित्य पर लादने लगे। यह एक नए ढंग का सेंसर है जो औरतों, बच्चों, ग़रीबों, बेसहारा भिखारियों का उपहास प्रसारित होने देता है, परंतु जहां कहीं भाषा में समाज को बंधनों से मुक्त करनेवाले किसी मानवीय अनुभव का वर्णन होता है, उस अनुभव को रद्दी में डालकर आपत्तिजनक शब्द खोजने लगता है। शब्द वही आपत्तिजनक हो सकता है जो मनुष्य को मुक्त करनेवाले अनुभव के विरुद्ध हो और उसे गुलाम बनाता हो। पर यह बात आकाशवाणी और दूरदर्शन की समझ में देर से आएगी।

सार्वजनिक वास्तविकता की कविता

सरकारी प्रचार साधनों ने अपने ऊपर जो नियम लागू कर रखे हैं उनमें एक यह है कि किसी व्यावसायिक संगठन के नाम का प्रचार हमारे माध्यम से नहीं होना चाहिए। इस नियम के पालन में वे अच्छी-ख़ासी सख़्ती बरतते हैं। जैसे ही मैंने अपनी कविता में यह वर्णन किया कि—

> **यहां पंचकुइयां से शीला सिनेमा तक थूक ही थूक है रात के दस बजे भीड़ अब नहीं है। वे सब कहां गए बीमार फेफड़े, हांफते लपकते हुए फेंक कर गए हैं जो दिल्ली के हाज़िरीखाते में दस्तख़त ज़रा-ज़रा दूर पर।**

वैसे ही रेडियो के एक कर्मचारी ने टोका : 'शीला सिनेमा कहां है और क्या वास्तव में है ?' मैंने कहा, है और इस कविता में पंचकुइयां से थोड़ी दूर पर है।'

कर्मचारी ने कहा, 'तब तो इसका नाम हम प्रसारित नहीं कर सकते क्योंकि यह एक व्यावसायिक केंद्र है।'

मैंने पूछा, 'क्या पंचकुइयां का नाम ले सकते हैं।'

उत्तर नहीं आया। यानी ले सकते हैं, क्योंकि पंचकुइयां नाम की कोई दूकान नहीं है। मेरी सहायता करने को शायद वह कर्मचारी उत्सुक थे, बोले, 'आप कोई और नाम कह दीजिए। कोई काल्पनिक नाम—वह चल जाएगा।'

'पर', मैंने कहा, 'किसी काल्पनिक नाम से तो फिर यह रचना मेरी कविता नहीं रहेगी।' मैं सोचने लगा, कविता में नाम वास्तविक होने से यह परेशानी रेडियो को हो रही है। काल्पनिक नाम उसके यहां चल जाएगा पर मेरी कविता में जो बीमार फेफड़े हैं वे पंचकुइयां से शीला सिनेमा तक हांफते-लपकते हुए कैसे चलकर आएंगे ?

रेडियो का यह प्रस्ताव अस्वीकार करते हुए मैंने पूछा, 'यदि मैं यह कविता ही

न पढ़ूं तो कोई हर्ज है ?' निश्चिंत उत्तर मिला, 'नहीं-नहीं, कोई हर्ज नहीं !'

अवश्य ही कोई हर्ज नहीं था। रेडियो का एक नियम नितांत मुंशियाना तरीक़े से एक कविता से छुट्टी पाकर सस्ते में पूरा हो रहा था। मैंने वह कविता नहीं पढ़ी क्योंकि अब तक मुझे लगने लगा था कि उसे पढ़ दूंगा और कर्मचारी महोदय से जवाब-तलब किया जाएगा तो वे उत्तर में यह नहीं कह पाएंगे कि दिल्ली में एक शीला सिनेमा है ज़रूर, मगर इस कविता में जो शीला सिनेमा है वह न दिल्ली में है, न सिनेमा है, न इससे किसी दूकान का विज्ञापन होता है, बल्कि यह रात के दस बजे भीड़ के लोप हो जाने से पैदा सन्नाटे में सड़क पर बचे रह गए उन प्रमाणों की तस्वीर है जो दिल्ली में लाखों की संख्या में काम की तलाश में आते-जातों में से कुछ लोग रोज़ छोड़कर जाया करते हैं।

यह सही है कि चित्रहार के गानों के साथ सिनेमाघरों के नाम पते सहित जो विज्ञापन दूरदर्शन दिखाता है उससे कहीं कम पैसों पर रेडियो-दूरदर्शन किसी सिनेमाघर का नाम प्रसारित नहीं करेगा, पर क्या कविता में सिनेमाघर के नाम को ज़बर्दस्ती एक विज्ञापन मानकर आकाशवाणी को यह ग्लानि भी हुई होगी कि वह कवि को सिनेमा मालिक के मुक़ाबले एक तो इतने कम पैसे दे रही है, ऊपर से कविता लगभग घलुए में लिए ले रही है। जो हो, उस ग्लानि से मुझे गरज़ नहीं।

पर विश्वास कीजिए ऐसी बात थी नहीं। सिर्फ़ समझ की और साहस की कमी थी जिसे व्यापकतर बनाते जाने में रचनाविहीन समाज में यथास्थिति बनी रहती है। और वह यथास्थिति बनी रहने से रचनाविहीनता बनाए रखने में भी मदद मिलती है। कहीं भी किसी को भी समझ का दायरा बढ़ाने का अवसर न देने में ही एक पतनशील संस्कृति की रक्षा है। हमें कृतज्ञ होना चाहिए कि जितनी अच्छी कविता लिखी जा रही है सब रेडियो या दूरदर्शन से प्रसारित होने पर आश्रित नहीं है, वह छपती है और किताबें बेहद महंगी होने के बावजूद पढ़ी जाती हैं।

वही मैदान है जहां कविता की रचना वास्तविकता को निरे तथ्यों की तालिका नहीं रहने देती। हर नाम अपने और अपने परिवेश के मनुष्यों के साथ मिलकर एक सार्वजनिक वास्तविकता की संज्ञा बन जाता है पर यह परिवर्तन कचहरी या आयकर विभाग के खातों में संभव नहीं, कविता में ही संभव है। वहां यह अभिज्ञान हर नाम को एक सामाजिक अर्थ देता है जो व्यक्तिवाचक नहीं रह जाता।

संज्ञा परिवर्तन की यह प्रक्रिया जीवित साहित्य में चलती रहती है। तथ्यों को उनके परिवेश से संपृक्त करके यथार्थ को देखने पर हम यथार्थ के अर्थ को व्यापकतर करते हैं—इतना व्यापक कि उसमें रचनाकार की जितनी गहरी सामाजिक चेतना हो उतने ही अधिक सामान्य जन हिस्सा बांटने लगें। क्रमशः इतने अधिक कि उनकी ख़ुद की कोई निरपेक्ष व्यक्तिवाचक संज्ञा न रहे।

[27.8.89]

ठहरिए, क्या हम ज़रा पीछे लौट सकते हैं

जिस समय यह लेख छपकर आपके सामने आया होगा आकाशवाणी का लखनऊ केंद्र अपनी स्वर्ण जयंती मना रहा होगा। सन् 1938 के पचास साल बीत गए। याद कीजिए कि पचास साल पहले आप कहां थे। अगर पैदा हो चुके थे और बहुत बड़े भी हो चुके थे तो आपसे यह याद करने को कहूंगा कि उस वक़्त आपके आसपास कहीं रेडियो था या नहीं। रेडियो स्टेशन नहीं बल्कि रेडियो सेट। मेरे तो घर में या पड़ोस में सन् 38 में कोई रेडियो सेट नहीं था। आज मेरी तब की उमर के लड़कों की जेब में रेडियो और पड़ोस में एक न एक रेडियो स्टेशन पाया जाता है। कसर सिर्फ़ इतनी रह गई है कि रेडियो स्टेशन खोलने के लाइसेंस अभी बंटना नहीं शुरू हुए हैं। वरना सारे प्रायोजित कार्यक्रम अकेले आकाशवाणी से नहीं सुनाई देते।

अंग्रेज़ों के राज में जो संस्थाएं शुरू हुई थीं उनकी जयंतियां आज़ाद भारत की सरकार ने अकसर मनाई हैं। सेना की, उसके विभिन्न अंगों की और विभागों की जयंतियां इस तरह मनाई गई हैं जैसे इन्हें आज़ाद भारत सरकार ने ही पचास या सौ साल पहले शुरू किया हो। इतिहास के सामने भौंचक खड़े और अतीत के सामने मुंह के बल पसरे 1947 की आज़ादी वालों ने पराधीनता के कलंक को मखमल, टमटम, ढोल, तोप और पगड़ी, छत्र, चंवर एवं जयजयकार के साबुन से धोकर रख लिया है। मालिकों की दी हुई संस्थाओं में सेना तो फिर भी ग़नीमत है जिसका कम से कम इतना भारतीयकरण तो हो गया कि कमान के शब्द राष्ट्रभाषा में बोले जाने लगे मगर पुलिस उन्हीं अंग्रेज़-प्रदत्त संस्थाओं में से एक है जिसका भारतीयकरण जितना अधिक होता है अमानवीकरण उससे कुछ ज़्यादा ही हो जाता है। पर इस शब्दजाल को यहीं छोड़कर काम की बात पर आएं नहीं तो कोई पाठक यह भी पूछ बैठेगा कि यदि अंग्रेज़ों की पुलिस से ज़्यादा अमानवीय आज़ाद भारत की पुलिस है तो यह तो अंग्रेज़ों की दी हुई आज़ादी और पुलिस दोनों के बहीखाते में बढ़ोतरी हुई। आज के लेख में काम की बात लखनऊ आकाशवाणी केंद्र की स्वर्ण जयंती है।

इससे भी ज़्यादा काम की बात यह है कि आकाशवाणी आल इंडिया रेडियो नामक अंग्रेज़-निर्मित संस्था के लिए आज़ाद भारत में यह संभव ही नहीं था कि वह अन्य केंद्राधीन संस्थाओं की तरह जन-चेतना से प्रकट रूप से विमुख रहती। इस कसर की जगह कुछ ज़्यादती ही रही। यही कि सन् 47 के बाद यह संस्था अदबदा कर भारतीय हो गई। आज़ादी के चालीस साल और आकाशवाणी लखनऊ के पचास साल का एक हिस्सा ऐसा भी है कि जब आकाशवाणी के शब्द नामक मुख्य साधन का रचनात्मक उत्कर्ष इसे एक प्रायः स्वतंत्र संस्था का स्थान दिलाने में सहायक हुआ था। लखनऊ

केंद्र हिंदी के साहित्य और उससे प्रभावित कलाओं का प्रेरक बना था और आल इंडिया रेडियो आकाशवाणी केंद्राधीन रहते हुए भी रचनात्मकता की स्फूर्ति के कारण उतना गुलाम नहीं रहा जितना आज स्वर्ण जयंती के अवसर पर पूरा आकाशवाणी तंत्र विचार और भावना के मामले में हो गया है।

पर आप मुझे यह छूट दें कि मैं कुछ व्यक्तिगत बातें कह लूं। यों इस स्तंभ में मैं यही कर रहा हूं और आप सौजन्यवश मानते रहे हैं कि किसी हद तक यह सच बोलने के लिए ज़रूरी होता है। मैंने 1946 में पहली बार रेडियो स्टेशन के स्टूडियो में माइक्रोफ़ोन के सामने अपनी रचना पढ़ी। इंटरमीडिएट कान्यकुब्ज कालेज से पास करके मैं विश्वविद्यालय में भरती ही हुआ था पर मेरे रचना पढ़ने का विश्वविद्यालय की पढ़ाई से कोई संबंध नहीं, बल्कि पढ़ाई से फ़ुरसत पाकर कुछ करने से था। जिस कार्यक्रम में मैं बुलाया गया वह बच्चों का कार्यक्रम था। गर्मी की छुट्टियों में एक कहानी लिखकर मैंने रेडियो स्टेशन को भेजी थी। अगस्त-सितंबर में कभी पांच रुपए फ़ीस का एक अनुबंध डाक से आया जिसमें उस कहानी के प्रसारण की तारीख़ लिखी हुई थी। यह सोचकर कि मैं कहानी पढ़ूंगा मैं सलीके से तैयार होकर रेडियो स्टेशन पहुंचा। सईदाबानो, जिन्हें वहां जाकर मैंने पाया सब लोग आपा कहते थे और जो बाद के वर्षों में जब मैं दिल्ली के समाचार विभाग में काम करने लगा, उर्दू में ख़बरें पढ़ती थीं, इस प्रोग्राम की प्रोड्यूसर थीं। उन्होंने मुझे स्टूडियो में औरों के साथ बिठा दिया मगर न मुझसे किसी ने कहानी पढ़ने को कहा, न पूछा कि मैं तैयार हूं कि नहीं। ज़रा देर में मालूम हुआ कि मेरी कहानी मेरे समवयस्क एक युवक पढ़ने की तैयारी कर रहे हैं। मुझे इस वक़्त याद नहीं कि इस पर मैं निराश हुआ कि नहीं हुआ। लेकिन बैठा सुनता रहा और जब मालूम हुआ कि पढ़नेवाले युवक का नाम युक्तिभद्र दीक्षित है तो खुशी हुई क्योंकि इनके पिता का नाम मैंने सुन रखा था। युक्तिभद्र से इस परिचय के कई वर्ष बाद 1948 में आई. पी. टी. ए. के लखनऊ सचिव की हैसियत से मुझे उनके साथ नुक्कड़ों पर गानों में शामिल होने का अवसर मिला और हम लोग आगे भी शायद काम करते बशर्ते कि कम्युनिस्ट पार्टी के राजनैतिक फ़ैसलों के अनुसार लखनऊ आई. पी. टी. ए. ख़त्म न कर दिया गया होता। बहरहाल बच्चों के प्रोग्राम से निकलकर मैं 'हमारा पंचायत घर' में पहुंचा जहां रेडियो स्टेशन के दरवाज़े पर से मुझे अर्जुनलाल नाम के एक सज्जन ले गए थे यह कहकर कि अवधी बोल सकते हो तो हमारे प्रोग्राम में चलो। अवधी तो मेरे घर की बोली थी। अर्जुनलाल के दफ़्तर में रमई काका से भेंट हुई और उनके अफ़सर द्विवेदीजी से भी। द्विवेदी ही अफ़सर थे और माइक्रोफ़ोन के सामने शायद ही कभी आते हों। मगर अर्जुनलाल और रमई काका एक घंटे के पंचायत घर कार्यक्रम में ज़िंदादिल अवधी का समां बांधे रहते थे। ज़ाहिर है कि देहाती भाइयों के लिए सारा सरकारी प्रचार भी इसी ज़िंदादिली के बीच हो जाया करता था। दरअसल यह इन्हीं दोनों बेमिसाल प्रसारकों का करिश्मा

था कि हमारा पहला कार्यक्रम बरसों तक लखनऊ का सबसे अधिक लोकप्रिय कार्यक्रम बना रहा। इस प्रेम में अगर कोई तीसरी चीज़ हिस्सा बांट करती थी तो वह अवधी बोली थी।

अब रमई काका नहीं हैं। अर्जुनलाल के विषय में मैं कहना चाहता हूं कि वह जहां कहीं हों मेरा उन्हें प्रणाम पहुंचे। वे मेरे गुरु समान ठहरे। उन्होंने मुझे माइक्रोफ़ोन पर बोलने की विद्या सिखाई जो वर्षों मेरे व्यवसाय में मेरे काम आई और आकाशवाणी से मेरे समाचार व्याख्या और वार्ता के नई दिल्ली कार्यक्रमों में मेरा अवलंब बनी।

फिर लखनऊ आकाशवाणी से वह संबंध शुरू हुआ जो साहित्यिक क्षेत्र में एक नए प्रकार की योग्यता के विकास में सहायक होता है। 1947 से लेकर कई वर्षों तक लखनऊ केंद्र में नई-नई प्रतिभाएं आती रहीं। गिरिजाकुमार माथुर तो वहां थे ही। नरेश मेहता और भारतभूषण अग्रवाल भी आए। उन दिनों वार्ताओं और नाटकों में नए साहित्य की नई प्रयोगधर्मी रेडियो रचनाएं लिखी और लिखवाई जा रही थीं। सिर्फ़ नई रचनाएं ही किसी रेडियो केंद्र का महत्वपूर्ण योगदान नहीं होतीं। पूरे साहित्यिक वातावरण में रचनात्मक रुझान की जो ऊर्जा होती है उसे पहचानना और उसके कर्मियों में से रेडियो शिल्प के योग्य कृतित्व को आमंत्रित और संकलित करना ही किसी रेडियो केंद्र के योगदान का परिचय दे सकता है।

लखनऊ अवधी बोलचाल का केंद्र है जैसे इलाहाबाद है। पर लखनऊ की अवधी बैसवाड़ी के नज़दीक है। और लखनऊ की खड़ी बोली में उसके लहजे की परिपक्वता है। एक नागर बोली को संवेदनशील खड़ी बोली बनाने के लिए लखनऊ की नगर की सभ्यता और अवधी की परिपक्वता दोनों की ज़रूरत है। लखनऊ रेडियो की स्वर्ण जयंती का उत्सव एक काम कर सकता है जो आगे की पीढ़ियों के लिए रास्ता दिखाएगा। खड़ी बोली का एक अर्थमय लहजा जो लखनऊ ने विकसित किया है, प्रसारण के नए कर्मियों को याद दिलाना और सिखाना या कम से कम बचाए रखना एक बड़ा काम होगा। स्वर्ण जयंती के अवसर पर आकाशवाणी सही ढंग से सही लहजे से हिंदी बोलने की इज़्ज़त करे और जितना अच्छा कुछ भुलाया जा चुका उसे फिर जीवित करे अर्थात् पीछे की ओर लौटे और अपनी जड़ें फिर सींचे तो बड़ी बात होगी।

गुमशुदा चेहरों का लापता हो जाना

आकाशवाणी और दूरदर्शन के कार्यक्रमों में एक है 'खोए हुए लोगों से संबंधित कार्यक्रम।' इसका परिचय वाचक या वाचिका इन्हीं शब्दों से देता या देती है जो ऊपर लिखे गए हैं। कभी-कभी जैसा मुझे याद पड़ता है इसे यह कहकर भी

विज्ञापित किया गया है कि 'अब आप खोए हुए लोगों के बारे में सूचना सुनिए।' यों तो यह वाक्य शीर्षासन कर रहा है क्योंकि वास्तव में कार्यक्रम का उद्देश्य खोए हुए लोगों के बारे में श्रोताओं को सूचना सुनाना नहीं बल्कि श्रोताओं से सूचना मांगना है, परंतु हिंदी वाक्य-विन्यास का जैसा सर्वनाश आकाशवाणी और दूरदर्शन करता रहता है (दूरदर्शन कुछ अधिक, आकाशवाणी कुछ कम) उसे देखते हुए दूरदर्शन का हिंदी गद्य एक अलग समीक्षा ग्रंथ का तकाज़ा करता है और उसे तनिक भी पूरा करना प्रस्तुत लेख के विषय के लिए रत्ती-भर जगह नहीं छोड़ेगा। इसलिए हिंदी शुद्ध लिखने और बोलने पर दूरदर्शनवालों से फिर कभी बात हो लेगी, अभी तो हम उन चेहरों के बारे में बात करें जो इस कार्यक्रम में दिखाए जाते हैं।

मुझे नहीं पता कि इस कार्यक्रम को कितने लोग देखते हैं और देखकर क्या करते हैं। अवश्य ही अभी तक किसी तेल-साबुन प्रतिष्ठान को उत्साहवर्धक नतीजे निकलते नहीं दिखे हैं तभी इस कार्यक्रम के साथ कोई विज्ञापन नहीं जुड़े हैं, केवल उन्हीं कोरे चेहरों के विज्ञापन दिखाए जाते हैं जो लापता हैं। मैं तो इस कार्यक्रम को रोज़ देखता हूं और हर बार ख़ुद भी लापता आदमी बन जाता हूं। इसमें खोए हुए व्यक्ति के बारे में वे सब आवश्यक सूचनाएं होती हैं जो फ़रार मुजरिम की तलाश के लिए न्यूनतम और अनिवार्य होनी चाहिए—उम्र, लंबाई, रंग और कभी-कभी उस कमीज़ का वर्णन जिसे पहने-पहने वह समाज से बिछुड़ गया था। चेहरे, जो इन सब तथ्यों के साथ दिखाए जाते हैं, व्यक्तियों की एक न एक पूरी कहानी कह जाते हैं। इनकी तस्वीरें कहीं स्कूल के दिनों के किसी क्षण में खिंची या नौकरी के दस्तावेज़ से बरामद या शादी के पहले देखुवाओं के लिए तैयार नमूनों में से बची कोई एक नमूना होती हैं और कुछ मध्यवर्गीय रहन-सहन की चीज़ और कुछ कस्बाई फोटोग्राफी के चलते धुंधली दिखाई देती हैं। जैसी उनके प्रतिरूपों की ज़िंदगियां थीं। हर तस्वीर में दिखाए जाने के वक़्त न जाने कहां से एक दर्द उभर आया करता है—हो सकता है वह उसके कर्ता के खो जाने के कारण उभर आया हो या हो सकता है वह मेरे ही अंदर से रिस निकला हो मगर अधिक संभव यह है कि वह पहले से ही उपस्थित था।

वाचिका कहती है इनके बारे में जानकारी मिलने पर सूचना अमुक-अमुक पते पर दी जाए और जैसे ही वह पता बताया जाता है गृहमंत्रालय के नियमों के अनुसार वह काफ़ी शानदार दीखता है (गुमशुदा तलाश विभाग या ऐसा हीकुछ)। पर मुझे लगता है कि चेहरे की तस्वीर ने इस व्यक्ति को अगर मेरे हाथ बढ़ाकर छू लेनेभर की दूरी पर खड़ा कर दिया था तो इस निर्जीव पते ने उसे अब सलाखों के पीछे धकेल दिया है। वह पता जिस पर मुझे विज्ञप्ति के अनुसार ख़बर करनी है किसी का घर नहीं है—एक बेघर को एक फ़ाइल में चसपा करने का ठिकाना है। वहां से वह छूटकर अपने घर या अनाथालय पहुंच तो निश्चय ही जाएगा पर

मैं उसे एक उखड़ी धुंधली उदास तस्वीर से अधिक जान नहीं पाऊंगा।

इस कार्यक्रम को देखकर मैं अपने को एक लापता आदमी क्यों मानने लगता हूं, इसकी वजह यही है कि वह पता मेरा नहीं है जिस पर सूचना देने का कर्त्तव्य मुझे दूरदर्शन ने बताया है। मुझे यह उम्मीद भी नहीं सिरजने का मौका दिया गया है कि कहीं किसी गली-मोहल्ले में मैं अचानक पहचान सकूं कि जिस अजनबी का हुलिया मुझे बताया गया है उसका भाई यहीं रहता है।

खोया हुआ आदमी, उसका भाई और मैं खुद, तीनों अजनबी बना दिए गए हैं। हम तीनों पर हावी होने के लिए एक तंत्र तैयार बैठा है। प्रकटतः वह प्रशासन का तंत्र है पर भीतर ही भीतर वह हम तीनों के रिश्तों को तोड़ने की व्यवस्था का छिपे-छिपे मजबूत होता हुआ पुलिस तंत्र है। उसे सब लापता लोगों की उम्र, लंबाई और खाल के रंग के ढक्कनों में बंद वस्तुएं बना देता है और उनकी ज़िंदगियों की कोई पहचान दिखने नहीं देता है—क्या पता कहीं इस बहाने हम उनके पतों पर जाकर उन्हें एकजुट न कर लें।

[18.11.90]

प्रायोजित लंगड़ापन

हमारी बोली को क्या हो रहा है ? वह इतनी गुस्सैल क्यों होती जा रही है ? अगर वह कड़वी होती तो और बात थी, मगर वह कड़वी नहीं है, सिर्फ़ गुस्सैल है। कड़वाहट में कई चीज़ें छिपी हो सकती हैं और कड़वाहट कहीं न कहीं मानवीय हो सकती है, परंतु गुस्सा तो एक सपाट चीज़ है। वह बोली को न दर्द देता है न सहानुभूति, सिर्फ़ हिंसा देता है। कुछ लोग, जिन्होंने जीवन को सपाट बना लिया है, कहते हैं कि 'मानवीय' अनुभव या तो सुख है या दुख, परंतु क्रोध भी मानवीय हो सकता है, यह नहीं जानते। हां, वह मानवीय तभी हो सकता है जब तक कि वह हिंसा न बने। हिंसा बनते ही वह तर्क के विपरीत हो जाता है और इसलिए मानवता के विपरीत भी।

लिखे हुए साहित्य में यह गुस्सैलपन आसानी से पकड़ा जा सकता है, क्योंकि भाषा के अपनी परंपरा से टूटते ही पाठक का माथा ठनक जाता है। पाठक आंखों से जो पढ़ता है उसे बिंब बनने के लिए पाठक के दिलो-दिमाग़ से होकर गुज़रना पड़ता है। वहां परंपरा की पहचान बार-बार भाषा की शिनाख़्त कराने के लिए भाषा के भीतर ही मौजूद रहती है। मानवीय परंपरा से साहित्य कहीं टूटा है, इसकी

पहचान भाषा में मौजूद रहने पर भी यदि किसी पाठक को नहीं दिख पाती तो समालोचक की मदद से दिख जाती है। दरअसल वह पहचान यही है कि जो साहित्य कहीं परंपरा से टूटा है वह परंपरा से ही कहीं और जुड़ा है या नहीं। यह पहचानना वहां जरा मुश्किल हो जाता है जहां आजकल के साधनों से श्रव्य और दृश्य दोनों मिलकर भाषा को बना रहे हों यानी जहां पाठक को अपने दिलो-दिमाग़ में बिम्ब बनाने का मौका बहुत कम मिल पा रहा हो। यह बिंब बनाना और कुछ नहीं शब्द के अगणित रिश्तों में से कुछ रिश्तों को चुनना और उनसे अर्थ की एक पूरी तस्वीर बनाना है। (पाठ्यक्रमों के पढ़ानेवाले अध्यापक लक्ष्य करें कि इसका बिंबवाद से कोई संबंध नहीं है। इसका संबंध भाषा के बहुआयामी चरित्र से है और हर वाक्य के साथ लगी हुई उन तहों से है जो अगले वाक्य तक पहुंचने के लिए पाठक को पार करनी पड़ती हैं)। पूरी तस्वीर न देख पाने से ही भाषा लंगड़ाने लगती है। अख़बार में या कहानी में यह लंगड़ाना दिख जाता है। आजकल के प्रचलित कार्यक्रमों में टेलीविज़न की भाषा, जिसमें श्रव्य और दृश्य दोनों शामिल हैं, इस लंगड़ेपन के नमूनों से भरी पड़ी है। यह लंगड़ापन ही वह गुस्सैलपन है जिसका ज़िक्र शुरू में किया गया था। इसे हम पहचान कर इसके जवाब में किसी क़दर भली-चंगी भाषा का इस्तेमाल टेलीविज़न कार्यक्रमों में करना चाहें तो वह तब तक न कर पाएंगे जब तक उसे टेलीविज़न पर दिखा पाने का निर्णय उन लोगों के हाथ में रहेगा जो चंगी भाषा को अपना शत्रु मानते हैं।

बीच का रास्ता संभव है यदि टेलीविज़न कार्यक्रम हमें, यानी उन्हें जो चंगी भाषा के पक्षधर हैं, ख़ुद बनाने का अधिकार हो और उन्हें दिखाए जाने का निर्णय सीधे हमारे और टेलीविज़न अधिकारियों के बीच बातचीत से किया जाए। अभी तो टेलीविज़न कार्यक्रमों के दिखाए जाने का निर्णय दिन-ब-दिन उन लोगों के हाथों में चला जा रहा है जो टेलीविज़न को कार्यक्रम दिखाने के लिए पैसे देते हैं।

आज वही कार्यक्रम दिखाए जा सकते हैं जिन्हें ख़रीदने के लिए सरकार नहीं बल्कि वे लोग तैयार हों जो दर्शकों को एक-दूसरे से तोड़कर अपने उद्देश्यों के मुताबिक समाज बनाना चाहते हैं जिसमें आदमी के रिश्ते अधूरे और अमानवीय हों। ऐसे समाज में ख़ुद समाज की परंपराएं या आदमियों के नए चंगे रिश्ते इस अधूरेपन को पूरा नहीं करते, बल्कि उपभोक्ता सामग्री उन्हें पूरा करने का बुलावा देती है। प्रायोजित कार्यक्रम अभी तक इसके अतिरिक्त किसी और उद्देश्य के लिए बनाए ही नहीं गए हैं। अगर टेलीविज़न अधिकारी इन कार्यक्रमों को स्वीकार करने के पहले कोई पैमाने निश्चित करें और लोगों को उन पैमानों की खुलेआम जानकारी दें तो बेहतर होगा। पर काफ़ी यह भी नहीं होगा। असल में तो यह बात भी खुलेआम बतानी होगी कि निर्णय करनेवाली कोई सार्वजनिक समिति है या सब फ़ैसले अफ़सरों और व्यापारियों के बीच हो जाया करते हैं।

किसी प्रायोजित कार्यक्रम का सामाजिक उद्देश्य है या नहीं, उसमें संविधान के

प्रति विद्रोह तो नहीं है, किसी वर्ग के लिए अपमान तो नहीं, अश्लीलता नहीं है—यही सब कसौटियां हैं जिन पर टेलीविज़न स्वनिर्मित या प्रायोजित कार्यक्रम को दिखाने से पहले कसता है। कोई कार्यक्रम सामाजिक रिश्तों को कितना मानवीय और प्रगतिशील बनाता है, यह टेलीविज़न के यहां कोई कसौटी नहीं मानी जाती। केवल एक उदाहरण देना यहां काफ़ी होगा : हंसी-मज़ाक़ के सारे कार्यक्रम चाहे वे स्वनिर्मित हों चाहे प्रायोजित, हमेशा कमज़ोर पर हंसने के लिए बनाए जाते हैं। आज तक एक भी कार्यक्रम ऐसा नहीं देखा गया जो लोगों को आक्रामक-अत्याचारी पर हंसने का मौक़ा देता हो। दरअसल जो आदमी कमज़ोर पर हंसता है, वह ख़ुद एक आक्रामक अत्याचारी है। जब वही आदमी कार्यक्रम ख़रीद रहा होगा तो वह ऐसे कार्यक्रम, जिनमें हम अपने पर भी हंस सकते हों, तब तक नहीं ख़रीदेगा जब तक कि फ़ैसला करने का अधिकार पूरी तरह उसके हाथ में रहेगा और इस अधिकार पर अंकुश रखनेवाली समितियों में सार्वजनिक प्रतिनिधि नहीं होंगे।

[12.4.87]

तस्वीरें बोलती हैं

तस्वीरें बोलती हैं मगर अत्याचार के शिकार के प्रति सहानुभूति और अत्याचारी के प्रति विद्रोह की भाषा वे उस वक़्त नहीं बोल सकतीं जिस वक़्त यह सहानुभूति और विद्रोह समाज के मन में कई अन्य माध्यमों से जगाया न गया हो। कला, साहित्य और राजनीति ने यह काम अगर ईमानदारी से नहीं किया है तो अख़बार में गरीबी के मारों की तस्वीरें ग़रीबी को न्यायोचित ठहराने लगेंगी और ख़ुशियों की तस्वीरें हर बार दिखाएंगी कि सबसे बड़ी ख़ुशी दूसरों को लूटने में है।

1975 और 1980 के बीच एक वक़्त आया था जब व्यवस्था के प्रति जनता के उत्साह को जागृत रखने के लिए डाकुओं की हत्या के समाचार धड़ाधड़ छापे जा रहे थे। शायद इनके पीछे यह विचार था कि दलीय राजनीति में उखाड़-पछाड़ की ख़बरों के बराबर मनोरंजन इन ख़बरों से भी पैदा हो सकता है। उन्हीं दिनों किसी अख़बार ने एक औरत की लाश की तस्वीर छापी। यह लाश नंगी थी। बताया गया कि औरत एक डकैतिन थी। जिस अख़बार में वह छपी थी उसके पाठकों को थोड़ी-सी निराशा ज़रूर हुई होगी क्योंकि आंख गड़ाकर देखने पर भी तस्वीर में वह सब कुछ साफ दिख नहीं पा रहा था जो ज़िंदा जली औरत में दिखता। मगर यह किसी को नहीं दिखा कि यह तस्वीर असभ्यता, बर्बरता और

नीचता की कहानी कह रही है जिसमें इस राजनैतिक विचार का समर्थन किया जा रहा है कि पुलिस के पास बेरोकटोक ताक़त रहनी चाहिए तभी यह समाज चल सकता है। क्यों नहीं दिखा ?

अक्सर संपादक यह तर्क देते हैं कि हमने असलियत दिखा दी है, पाठक अपने नतीजे आप निकालें, चुनांचे नंगी लाश देखकर पाठक यह नतीजा भी निकाल सकता है कि डकैतिन की सज़ा में मार डालना और नंगा कर डालना शामिल है। जिस समाज में ज़िंदगी की इज़्ज़त करना सिखाया जाता हो उसमें लाश की इज़्ज़त करना भी सिखाया जाता है। मगर ताक़त के केंद्र ने अपने पास जमा सारी क़ानूनी शक्ति से भी अधिक शक्ति झपटकर ले ली और मरी हुई औरत का अपमान किया तो क्यों ? क्या इसलिए कि वह समाज में ज़िंदा औरत के अपमान को बढ़ावा देती है और साहित्य, कला और राजनीति इस अपमान को सिवाय प्रतिष्ठित वर्ग के और सब वर्गों की स्त्रियों के लिए ठीक मानते हैं। संपादक ने यह चित्र एक ऐसे व्यक्ति के अपमान के प्रमाणस्वरूप छापा था जो प्रतिष्ठित वर्ग की सत्ता में हिस्सा बंटाना चाह रहा था—उस वर्ग की डकैती के समतुल्य तरीक़ों से—मगर पुलिस की चिंता थी कि संपन्न वर्ग की राजनैतिक प्रतिष्ठा उसे नहीं मिलनी चाहिए। इस चित्र को इस विश्वास से छापा गया था कि इसे देखकर ताक़तवर समाज का और उसके मुसाहबों का जी जुड़ाएगा। जब ख़ुर्दबीन से देखने पर भी उस लाश में कोई ऐसी ज़िंदा चीज़ बची न मिली जो औरत की देह का उपयोग करनेवाले संचार माध्यम दिखाते हैं तो दर्शक ने अपना पैसा वसूल किया औरत के प्रति अपनी घृणा को बढ़ाकर। यह घृणा किसी के डकैत होने के प्रति नहीं थी, डकैत स्त्री के विरुद्ध बल्कि स्त्री के विरुद्ध थी। इस तरह 'अपने नतीजे आप निकालें' वाले सिद्धांत के अनुसार डकैतिन की हत्या को न्यायोचित ठहराकर उसकी लाश को नंगा दिखाने का नतीजा यह निकला कि यदि यह औरत जीवित होती तो उसके नंगे शरीर का उपभोग करना भी इसके डकैतिन होने का दंड होता पर अब जब उस देह पे लार टपकाते हुए देखने लायक भी कुछ नहीं रह गया है, तो आओ इस राजनैतिक विचार को ही ज़िंदा रखो कि उससे कोई सहानुभूति नहीं रहनी चाहिए।

कभी-कभी संपादक लोग औरत को अपमान के लायक व्यक्ति सिद्ध करने के लिए बड़ी-बड़ी तपस्या करते या अपने संवाददाताओं से करवाते हैं। फूलनदेवी को 'दस्यु सुंदरी' कहा गया, जैसा सभी डकैतिनों को कहा जाता है (दस्यु और सुंदरी एक साथ कहने से औरत को दस्यु होने का दंड अपने सौंदर्य से चुकाना पड़ेगा—कितना मजा आएगा तब!) और उसकी तस्वीर की खोज में संवाददाता भेजे गए। किसी ने एक तस्वीर खींची और बता दिया कि फूलन तो मिली नहीं, यह उसकी बहन है। फूलन ऐसी ही होगी, अंदाज़ से माल देख लीजिए। फिर जब असली तस्वीर आई तो यह भी दुख प्रकट किया कि यह तो उतनी रूपवती नहीं है जितनी हम अपनी भोग्या वस्तु को देखना चाहते थे। फिर फ़िल्म के द्वारा बिल्कुल

संशोधित चरित्र बताकर फूलन को बड़े पैमाने पर बेचा गया। फूलन की वह पीड़ा बताना जो उसने राजनैतिक शोषण से भरे हुए समाज में अपमान बर्दाश्त करते हुए झेली थी, इस तस्वीरबाज़ी का उद्देश्य न था, न उसकी जो तस्वीर छपी उससे समाज के सुरक्षित और संपन्न वर्ग के अख़बार पढ़नेवाले लोग कोई संबंध बना पाए। 'अपने नतीजे आप निकालें' के सिद्धांत के अनुसार यही राजनैतिक संबंध बना कि यह एक अप्राप्य, संभवतः हमारे अयोग्य भी, परंतु हमारे दास वर्ग की संपत्ति और हमारी भोग्या है।

माया त्यागी की याद होगी। उसकी तस्वीर के साथ मानो बड़ी सच्ची और पक्की खोज करके उन उत्तरों को भी छापा गया था जो असल में पाठकों के सामने एक मनोरंजन भरी हिंसा की तस्वीर पूरी करने के लिए पूछे और दर्ज किए गए थे। एक अख़बार में तो संवाददाता यों प्रश्न पूछने लगता है मानो आंख के इशारे से कह रहा हो, 'हां हां शरमाओ नहीं, बता दो कि जब उसके कपड़े उतरवा लिए तो पहले कहां हाथ लगाया।' इसके बाद के सवाल-जवाब पाठक 'अपने नतीजे आप निकालें' के सिद्धांत के अनुसार सोच लें। क्या यह संपादक जिन्होंने माया त्यागी से भेंट छापी, अपने संवाददाता से आगरा में छपकर पटरी पर बिकनेवाली 'मुझे उसने आ दबोचा' क़िस्म की किताब लिखवा रहे थे ? शायद उस प्रतियोगिता में ठहर न पाने के डर से उसे धारावाहिक छापने का विचार छोड़ दिया होगा।

इन तस्वीरों को छापकर अख़बारों ने उस औरत को पहले से भी अधिक असुरक्षित करके उसी समाज में वापस फेंक दिया है जिसमें उस पर अत्याचार हुआ था। क्या इसके पीछे इस विज्ञापन की भावना नहीं होती कि यह औरत सामूहिक बलात्कार के लिए उपलब्ध है ? हम समाज में ऐसे अत्याचार का राजनैतिक-सामाजिक हल नहीं निकाल रहे हैं, हम इसके विरोध की चेतना नहीं फैला रहे हैं, हम अपने संपन्न वर्ग के पाठकों को उन नृशंसताओं से जोड़ रहे हैं जो उन्हीं के वर्ग की ताक़त के प्रतिनिधि करते हैं और निम्न वर्ग के पाठकों को उन्हीं के वर्ग पर हुए अत्याचार को दिखाकर उनकी औक़ात पहचनवा रहे हैं। उनकी असहायता का बोध कराना और उनमें उससे लड़ने की इच्छा न पैदा करना और क्या है सिवाए उनकी औक़ात याद दिलाने के।

तस्वीरें बोलती हैं ज़रूर पर दमन और पतन के दौर में ऐसा वक़्त भी आता है जब तस्वीरों को शीर्षक देना पड़ता है कि वे उसी को बोलें। नहीं तो वे गूंगी कठपुतली बन जाती हैं जिसके पीछे से कोई न कोई आक्रमणकारी अपना संवाद बोलने लगता है। 'अपने नतीजे आप निकालें' का सिद्धांत धोखे से भरा है। अगर अन्याय के शिकार के लिए समाज के मन में जगह नहीं बनाई जाएगी तो अन्याय की तस्वीर अलग-अलग रूपों में अन्यायी की ताक़त का और अन्याय के औचित्य अतएव अनिवार्यता का विज्ञापन बनकर ही आएगी। क्या पत्रकारिता की यह धारा जो खासतौर से 1980 के बाद से चली है, लोगों को अपने नतीजे आप निकालने

देने की नीति इसलिए अपना रही है कि उसे लोगों की सामाजिक चेतना के बढ़ने का भरोसा है या कि उसे उस समझ के नष्ट होते जाने का संतोष है। क्यों वह पाठक और अत्याचार के शिकार दोनों को अकेला छोड़ रही है और आज की पतनशील नागर संस्कृति को दोनों के बीच उपभोक्ता और उपभोग का संबंध बनाने के लिए मुक्त क्यों रहने दे रही है। जब संगठित राजनैतिक दल जीवन कर्म की विविधता से उदासीन और वर्तमान व्यवस्था के निहित अन्यायों का कोई भी विकल्प देने में असमर्थ हो गए हों तब अख़बार कम से कम इतना करें कि बुनियादी मान्यताएं रोज़मर्रा ज़िंदगी की ख़बरें देते हुए ख़ुद याद रखें, पाठकों को याद कराएं और कराते रहें। प्रत्रकारिता का विकास और कुछ नहीं, उस बोली का विकास ही है जो यह याद कराने की ज़रूरत पूरी करने के लिए ईजाद की जाती रहती है।

[3.6.84]

दूरदर्शन हमारा चेहरा मिटा रहा है

दूरदर्शन की आलोचना की जाती है कि उस पर इंदिरा गांधी और राजीव गांधी का चेहरा बहुत बार दिखाया जाता है। मेरी नज़र में यह आलोचना कोई आलोचना नहीं है। अगर सूचना मंत्रालय इस आलोचना का जवाब देता है तो अपना वक़्त ख़राब करता है। दरअसल उसे जवाब देने की ज़रूरत नहीं है क्योंकि ऐसे आलोचक सिर्फ़ कुछ इंदिरा-राजीव विरोधियों का चेहरा दूरदर्शन पर दिखा देने से खुश हो जाएंगे। सूचना मंत्रालय को ये चेहरे दिखाने में कोई एतराज़ भी नहीं है। संसद का सत्र आरंभ होने के पहले विरोधी दलों के चुनिंदा प्रतिनिधियों से सूचना मंत्री की बातचीत दिखाकर सूचना मंत्रालय उसका प्रमाण दे चुका है। सूचना मंत्रालय को इन दलों से शत्रुता भी नहीं है। उसका असल शत्रु है साधारण जन। उसकी तस्वीर वह नहीं दिखाएगा।

दूरदर्शन का एक कार्यक्रम है 'खोए हुए लोगों के बारे में सूचना'। हिंदी के भाषाभक्तों ने इसके कथ्य की तो दूर इसके शीर्षक तक की आलोचना नहीं की है। शीर्षक से जान पड़ता है कि जो लापता हैं उनके मिलने के बारे में कोई ख़बर मिल गई है और वह बताई जाएगी। पर कार्यक्रम देखने पर असलियत खुलती है कि लोगों ने किसी न किसी के लापता होने की ख़बर दी है और वही बताई जा रही है (लापता के मिलने की ख़बर नहीं बल्कि लापता होने की ख़बर)। उर्दू के चार शब्द आ जाने पर या हिंदी संस्कृति का प्रचार न होने पर हिंदीवाले बड़ा

गुलगपाड़ा मचाते हैं। मगर इस शीर्षक की भ्रष्ट हिंदी पर चुप हैं क्योंकि इससे उनकी महंतई पर आंच नहीं आती—बिगड़ती है तो जनता की बोली ही बिगड़ती है। दूरदर्शन में अच्छी बोली बोलने की परंपरा ही नहीं बनने दी गई है इसलिए उनके अफ़सर ख़ुद यह बात नहीं समझ सकते कि यह कार्यक्रम खोए हुए लोगों के बारे में सूचना नहीं है, लोगों के खो जाने की सूचना है और इस औंधे शीर्षक को उन्हें बदलकर यह शीर्षक बनाना चाहिए जो ऊपर लिखा गया है।

पिछले सप्ताह यह कार्यक्रम मैंने बहुत दिन बाद देखा। दूरदर्शन ने इसके शीर्षक को ही भ्रष्ट नहीं किया है, इसकी शैली को भी ऐसा बनाया है कि इससे ऊब पैदा हो। जो सहज उत्सुकता यह जानकर पैदा होती है कि कोई खो गया है उसका फ़ायदा समाज के हित में उठाना दूरदर्शन नहीं जानता। इसलिए नहीं जानता कि यह इसे अपना काम नहीं समझता। कुछ दिन पहले तक लोग इस पांच मिनट के कार्यक्रम को अगर किसी कौतूहल के कारण देखते भी थे तो वह संभावना दूरदर्शन ने ख़त्म कर दी है क्योंकि अब उसने यह बताना बंद कर दिया है कि जिसके खो जाने की ख़बर दी जा रही है वह जब नहीं खोया था तो कहां रहता था। पूरे कार्यक्रम में खोए हुए व्यक्ति का नाम और हुलिया जल्दी-जल्दी बता दिया जाता है जैसे पंसारी की दुकान पर सौदे की फ़ेहरिस्त लिखाई जा रही हो और पांच-छह व्यक्ति, जो कि इतनी देर में व्यक्ति से सिर्फ़ तस्वीरें बन गए हैं, तमाम दूरदर्शन देखनेवालों की ज़िंदगी में एक फ़ालतू चीज़ बनाकर छोड़ दिए जाते हैं। 'इनके बारे में जानकारी मिसिंग पर्सन स्क्वेड (टेलीफ़ोन फलां फलां फलां) को दीजिए' यह कहकर कार्यक्रम ख़त्म कर दिया जाता है। यानी नादान लड़का, जवान लड़की उजबक अधेड़ और हताश बुढ़िया जो घर से गुम होकर अपार भीड़ में खो गए हैं, टेलीविज़न की बदौलत साधारण जन के लिए अब कोई व्यक्ति नहीं रह गए हैं, पुलिस में दर्ज एक मामला बन गए हैं।

उनके पड़ोस से उनका संबंध पहले जो टूटा तो इसलिए कि वे घर से बिना बताए निकल गए थे, अब दुबारा तोड़ दिया गया है क्योंकि हमें बताया नहीं गया कि उनका घर कहां है ? हम किसी खोए हुए आदमी का नाम जानते ही स्वभाव से चाहने लगते हैं कि वह मिल जाए और हम यह भी जानें कि उससे हमारा क्या संबंध है। पर दूरदर्शन इस संबंध को बनने से रोक देता है। 'शायद मैं इस खोए हुए आदमी के घर के किसी व्यक्ति को जानता होऊं', मेरे मने में सहज ही उठने वाला यह सामाजिक भाव दूरदर्शन कुचल देता है क्योंकि मुझे खोए हुए आदमी के घर के किसी आदमी का नाम नहीं बताता, और उस घर का पता नहीं बताता जिसका कोई न कोई पड़ोस भी होगा। मुझसे कहता है कि इस खोए हुए की जानकारी पुलिस को दूं। यह भी नहीं कहता कि अगर यह आदमी कहीं दिख जाए या इसका कोई पता मिले तो पुलिस को बताऊं। एक 'अगर' तक वह अपने कार्यक्रम में शामिल नहीं करता क्योंकि इस अगर को संभव बनाने में किसी को

मदद देने की इच्छा उसके अंदर नहीं है। सत्ता, शक्ति, व्यवस्था का घमंड और साधारण जन के प्रति नफ़रत, ये बातें दूरदर्शन के मन में हैं और इन्हें दह असहाय, ख़ास तौर से सहायता की ज़रूरत जिन्हें है, ऐसे असहाय मनुष्यों पर लाद रहा है। इंदिरा-राजीव की तस्वीर लादने की शिकायत जो बड़े-बड़े नेता करते रहते हैं वे तो इन दोनों के साथ दूरदर्शन के समय में हिस्सा मिल जाने पर रोना बंद कर देंगे। मगर जो दमन यह कार्यक्रम हमारे ही लोगों की तस्वीर हमारे ऊपर इस तरह लादकर फैला रहा है कि हम अपने साथी नागरिकों के घर के लोगों (अभिभावक) का नाम और पता न जान पाएं वह हर शासक की हर तस्वीर की अपेक्षा अधिक राजनैतिक है क्योंकि वह लोगों को लोगों से काटकर पुलिस से जुड़ने को मजबूर करता है। चूंकि लोग पुलिस से यों ही कटे हुए हैं और एक दुर्घटना की रपट लिखाने तक इस डर से नहीं जाते कि कहीं उन्हीं पर दुर्घटना का इल्ज़ाम न थोप दिया जाए, वे किसी को खोजने नहीं जाएंगे।

यह कार्यक्रम ऐसा होना चाहिए कि लोग इसे देखकर खोए हुए की तलाश में शामिल हो सकें। वैसा होगा तो यह भी एक राजनैतिक काम होगा। हां, वह जनता के पक्ष में होगा। इसलिए इसका न होने देना एक राजनीति है।

दूरदर्शन की राजनीति यही है जो खोए हुए लोगों के बहाने चलाई जा रही है और उसकी आलोचना होनी चाहिए। इंदिरा गांधी की तस्वीर न दिखाने की आलोचना व्यर्थ की बहस है, साधारण जन की तस्वीर न दिखाने की आलोचना काम की बहस है। ख़ास तौर से इसलिए कि दूरदर्शन चालाकी से जनसाधारण की तस्वीर जनसाधारण को दिखाकर जनसाधारण का चेहरा मिटा रहा है।

महाभारत-रामायण

घर पर मिलने का समय मांगते हुए किसी ने पूछा, 'ग्यारह बजे आना चाहता हूं, पर वह तो आपके महाभारत (या शायद रामायण कहा था) देखने का समय होगा, बाद में आ जाऊं ?'

मैंने कहा, 'नहीं आप ठीक उसी समय आइए। उस समय मेरा टीवी बंद रहता है।'

आश्चर्य से उन्होंने पूछा, 'आप महाभारत (या रामायण जो भी रहा हो) नहीं देखते ?' और आश्चर्य की मुद्रा चेहरे पर टंगी रही मानो पूछ रही हो 'क्यों नहीं देखते ?' ताकि जब मैं कारण बताऊं तो उसको लेकर वे मुझसे बौद्धिक वार्तालाप शुरू कर सकें।

साप्ताहिक पत्रिकाओं और दैनिकों ने पाठकों को निठल्ला बनाने के अभियान में इन दूरदर्शन कार्यक्रमों को प्रचलित विषय बना दिया है। प्रायः हर पत्र इन दोनों कार्यक्रमों पर टिप्पणी करता है। विक्रय होते हैं कथानक का निर्वाह, घटनाओं का तारतम्य, प्रभावोत्पादकता, पात्रों का चरित्र-चित्रण आदि। एक ही विषय कभी विचाराधीन नहीं होता। वह है इनसे दर्शकों की कल्पना का क्षय।

मैं इन दोनों कार्यक्रमों को नहीं देखता। वे मेरी कल्पना का अपमान करते हैं। मैंने पुस्तकों में इन दोनों महाकाव्यों को पढ़ा है और रंगमंच पर इनके अनेक संस्करण देखे हैं। ये दोनों रचनाएं युग-युग से अपने को पुनर्जीवित करती चली आई हैं तो इसलिए नहीं कि ये शाश्वत मूल्यों का भंडार हैं या मानव जीवन के रहस्य के व्याख्यान हैं अथवा सनातन धर्म के दृष्टांत हैं, बल्कि इसलिए कि इनमें व्यक्त मानवीय रागानुरागों की अनुभूति हममें यथार्थ की कल्पनाएं जागृत करती है। आज से पहले भी ये दोनों कृतियां पढ़ी और सुनी और देखी जाती रही हैं। इनमें शब्द ही इन्हें दृश्य बनाता रहा। कथा करने की शैली बदलती रही है, परंतु ऐसा कभी नहीं हुआ है कि शैलीकरण से विहीन शिल्प द्वारा इनका निर्माण किया गया हो। हो सकता है कि किसी ने प्रयत्न किया हो, पर वह प्रयत्न कहीं कोई प्रमाण नहीं छोड़ गया है। लोक नाट्य के अनेक रूपों में ये कृतियां निरी चाक्षुष प्रतीतियां नहीं रहीं।

कई विचारक और समीक्षक अज्ञानवश मानकर चलते हैं कि फ़िल्म या दूरदर्शन चूंकि एक आधुनिक माध्यम है इसलिए दर्शकों को अनाड़ी बताकर तर्क किया जा सकता है कि इस माध्यम की बारीकियां समझकर ही इसकी आलोचना करनी चाहिए और ऐसी विरक्ति नहीं दिखानी चाहिए जैसी मैं इन दो अत्यंत लोकप्रिय कार्यक्रमों को देखने से इंकार करके दिखा रहा हूं। इसी स्थापना के आधार पर नए माध्यम की विशेषता की आड़ में एक ऐसा काम हो रहा है जो उन्हीं को कौतूहल से भरकर चकित कर सकता है जिन्होंने या तो टेलीविज़न पहली बार देखा हो या महाभारत/रामायण कभी पढ़ी न हो—बचपन में भी नहीं।

अवश्य कैमरा नया माध्यम है। इसीलिए और भी आवश्यक है कि इसकी परंपरा में जितनी उपलब्धियां अभी तक हुई हैं उनके आगे का शिल्प आविष्कृत किया जाए। कैमरे की भाषा बहुत विकसित हो चुकी है। शब्द के साथ उसने संगम के कई सफल प्रयोग किए हैं। कैमरे के पहले के माध्यमों ने शब्द को दृश्य बनाते हुए कुछ तो किया था जिससे प्रत्येक रंग अनुभव अपने भीतर शब्द की असीम संभावनाएं लिए हुए दर्शक के सामने आता था और दर्शक उनमें से जिस संभावना को अपनी कल्पना में प्रतिकृत कर पाता था वही सजीव हो उठती थी। नए माध्यम में ऐसा क्यों नहीं हो सकता ? गांव-देहात से लेकर वातानुकूलित रंगशाला तक महाभारत/रामायण का खेल करनेवालों की सहज चिंता रही है शैलीकरण, जो यथार्थ को उन्मुक्त करे। ये शैली के प्रयोग से दर्शक और श्रोता को लुभाते रहे हैं कि वह

कथ्य और कल्पना का सह-अस्तित्व स्वीकारे। दूरदर्शन का कार्यक्रम बनानेवाला ऐसा क्यों नहीं करता ? इस कैमरा-भाषा का विकास करने के बजाय वह ऐसी शैली का प्रयोग क्यों करता है जो दर्शक की कल्पना को मुक्त करने के बजाय कील देती हो ?

इस प्रश्न का उत्तर कोई यह कहकर देना चाहे कि ऐसा जनसाधारण के लिए निर्मित कार्यक्रम में संभव नहीं क्योंकि लोग कल्पना कर ही नहीं पाएंगे और करेंगे तो बहक जाएंगे, तो यह जनद्रोह है।

अगर यह कहा जाए कि नए माध्यम की दृष्टि सीमित है और वह श्रोता या पाठक को स्वीकार करनी पड़ेगी तो प्रथमतः यह झूठ है, दूसरे इसी से रहस्य खुल जाता है। इस तंत्र में ही कुछ ऐसा है कि रचना के नए प्रयोग करने से जहां विचार, संवेदना अथवा अनुभावन की स्वाधीनता सुलभ होती हो वहां यह रचना का विरोध करता है। इसकी राजनीति है कि अधिकाधिक व्यक्तियों की कल्पना का क्षरण होता रहे यद्यपि तंत्र को यह अनुमान भी है कि अपनी परंपरा से कुछ न कुछ पोषण बटोरकर लोग उस क्षरण को पाट लेंगे।

कल्पना की सार्वजनिक हत्या का पूरा जवाब शब्द ही देगा—वही शब्द जिसने कथा की सभी शैलियों और शिल्पों में कथ्य को दृश्य बनाया है। महाभारत और रामायण के साहित्य को छपी हुई किताब में जिन्होंने पढ़ा होगा वे इस बात को समझ सकेंगे। वे जानते हैं कि इन महाकाव्यों में प्रत्येक चरित्र का नाम एक चित्र प्रस्तुत करता है, प्रत्येक घटना एक अनुभव को जन्म देती है और प्रत्येक परिवर्तन जीवन के अर्थ को संपूर्ण करता है। परंतु जब मैं देव और दानव को परदे पर प्रभामंडल और सींग सहित संपूर्ण देखता हूं तो मेरी कल्पना के लिए अर्थात् मेरे लिए कोई गुंजाइश ही नहीं बचती। इन दोनों के अलावा मुझे भी कोई ठौर तो चाहिए ही जहां से मैं दोनों को देख सकूं। यह ठौर मैं जिस शब्द से नहीं पाता उसे नहीं सुनता—ख़ासतौर से जब अपना टीवी बंद करना मेरे हाथ में हो।

[2.7.89]

बोकाबक्स, सिनेमा और करिश्मा

किसी समय बहुत पहले यह बात ज़ाहिर हो चुकी थी कि भारतीय राजनीति में संगठित दलों का महत्व ख़त्म के बराबर है और उसमें एक नई शक्ति उभर रही है। आप सोचते होंगे कि युवाशक्ति की बात कर रहा हूं। नहीं, वह नई

शक्ति है प्रचार की शक्ति और ख़ासतौर से ऐसे प्रचार की जिसमें सिर्फ़ शब्द इस्तेमाल नहीं होते हों बल्कि प्रतीति के कई माध्यम एक साथ काम आते हों। तो क्या रंगमंच ? क्योंकि अनेक कलाओं का संपुंजन उसमें भी होने का सिद्धांत बताया गया है। परंतु वह भी नहीं, क्योंकि केवल अनेक कलाओं का होना जिस तरह की शक्ति रंगमंच को दे सकता है वह रंगमंच की ही कसौटियों पर कसी जाएगी और कभी-कभी निकम्मी भी साबित होगी। तब सिनेमा ही वह प्रचार-शक्ति बचती है जिसको राजनीति दल की जगह इस्तेमाल कर सकती है। इसे पूरी तरह से इस काम के लिए उपयोगी बनाने में ज़रूरी है कि इसकी कसौटियों को बदल दिया जाए ताकि इस माध्यम में अनेक कलाओं के सृजन की स्वाभाविक ताकत न रह जाए। इसी काम में आजकल वे आलोचक लगे हुए हैं जो राजनैतिक दलों पर लिखना छोड़कर सिनेमा पर लिख रहे हैं। लिख रहे हैं के माने यह है कि सिनेमा द्वारा राजनैतिक दल के एवज में जो काम किया जा रहा है उसका प्रचार कर रहे हैं। सिनेमा का एक रूप बोकाबक्स भी है (अंग्रेज़ी ने जो इडियट बाक्स शब्द आलोचना की भाषा को दिया है, उसकी जगह बंगला और हिंदी का यह वर्णसंकर शब्द मैंने बनाया है)। आज बोकाबक्स और सिनेमा की रूपवादी समालोचना होने लगी है जिसमें कसौटियां यह बनाई जा रही हैं कि किसने अपने को कितना उपयोगी बनाकर दिखाया और जब यह कसौटी भी बड़प्पन का फ़ैसला नहीं कर पाती तो यह कसौटी काम में लाई जाती है कि किसने कितना पैसा अपने सिनेमा से कमाया। अगर आप समझते हों कि यह निष्कर्ष आयकर देने की क़ानूनी या नैतिक ज़रूरतों पर आग्रह के लिए निकाला जाता है तो समझिए कि इस नई शक्ति का उद्देश्य सफल हुआ क्योंकि आप पूरी तरह धोखा खा गए। इसका उद्देश्य आप को आयकर जैसी एक टुच्ची-सी औपचारिता की नहीं, पैसे की ताक़त की याद दिलाना है।

सिनेमा या बोकाबक्स एक राजनैतिक दल के प्रचार का काम नई राजनैतिक ज़रूरतों के अनुसार करता है। इस माध्यम की अपने अंदर से पैदा कसौटियां रह नहीं जातीं, बल्कि यह साबित किया जाने लगता है (और अभी नहीं तो देर-सबेर किया जाने लगेगा) कि ऐसी कोई कसौटियां होती ही नहीं और कभी थीं नहीं। इस माध्यम से पूरा राजनैतिक फ़ायदा हासिल करने के लिए यह अवमूल्यन ज़रूरी है। पूरा फ़ायदा, उदाहरण के लिए, यह है कि जब विचार का प्रचार करने से लोग विचार बदलें तो इतना और ऐसा प्रचार न किया जाए कि नया विचार नई पीढ़ियों को भी बदलता जाए। इसी तरह जब विचार का दमन करना संभव न रह जाए तो प्रचार से ऐसा विचार बनाया जाए कि विचार की ज़रूरत ही न रहे।

झूठ यह है कि ऐसी कोई भी भारतीय या दक्षिण भारतीय प्रवृत्ति नहीं है। आदमी को भगवान का अवतार, देवता, करिश्मा या सिर्फ़ महापुरुष मानना बल्कि अनंतकाल तक मानते रहना, मनुष्य को अपनी धरती से (जिसमें मिट्टी, हवा और

इतिहास सब शामिल हैं) उखाड़ दिए जाने पर ही संभव है। यह उखड़ापन एक नियोजित ढंग से अनेक तत्व मिल-जुलकर चलाया करते हैं और इसका नेतृत्व एक जगह केंद्रस्थ होता रहता है। साम्राज्यवाद के रूप बनते-बदलते रहते हैं और अच्छी राजनीति धरती की ओर जाने की नई ताक़त पैदा करती है और जो है उसे पालती रहती है। राजनीति की परिभाषा यही है कि वह मनुष्यों को स्वतंत्र करे ताकि वे अपनी धरती को लौट सकें। पर इतिहास में ऐसे दौर भी आते हैं जब परिभाषाएं प्रचार के बल पर बदल दी जाती हैं, जैसे आज का दौर है, जिसमें एक पूरी नई पीढ़ी को सिखा दिया गया है कि राजनीति का मतलब जीवन के साधन पराधीन करके, छलछंद से लोगों को जमा करके उनकी ताक़त अपने पास रख लेना ही है।

जिसे भारतीय राजनैतिक प्रवृत्ति कहकर प्रचारित किया जा रहा है उसे उन्हीं लोगों ने ईजाद किया है जो लोगों को अपनी धरती और इतिहास से उखाड़ने की तरक़ीबें ईजाद करते हैं। यदि इस बौद्धिक षड्यंत्र का भंडाफोड़ न किया जा सका तो जैसे इसके राजनैतिक प्रचारक अतीत में, स्वाधीनता संघर्ष से लेकर 1947 के बाद की हर लड़ाई के बाद तक, आवाज़ उठाने की कोशिश करते रहे हैं कि लोकतंत्र बेकार की चीज़ है, वैसे ही एक दिन यह आवाज़ भी उठा सकते हैं कि आज़ादी बेकार की चीज़ है। इतना ही है कि लोकतंत्र सत्ता की वैधता का आधार है और तानाशाही को आधार बनाकर दुनिया में कहीं भी अनंतकाल तक रखा नहीं जा सकता। आज़ादी ही एकमात्र आधार रह जाता है जिस पर कभी तानाशाही और कभी लोकतंत्र या दोनों मिले-जुले रहकर किसी को सत्तासीन रख सकते हैं। इसलिए आज़ादी को बेकार की चीज़ घोषित करने का काम अव्वल दर्जे के प्रचार संस्थान भी नहीं कर सकते।

यह प्रचारित करके कि भारतीय जनता महापुरुष की अवधारणा को पूरी जीवन व्यवस्था का आधार मानती है, दक्षिण का दृष्टांत कुछ विचारक अपने तर्क का खोखलापन कुछ देर तक छिपाए रख सकने के लिए चाहें तो दे सकते हैं। पर इसके सार्वदेशिक प्रमाण देना आसान नहीं, बल्कि असंभव होगा। जितने प्रमाण जुटाए जाएंगे वे भारतीय स्वभाव से नहीं भारतीय राजनीति से ही उत्पन्न पाए जाएंगे और व्यर्थ सिद्ध होते जाएंगे। अपने पुरखों की ग़लतियों को हम इतनी प्राचीन कभी नहीं बता सकते कि उनकी उत्पत्ति अपनी मानसिकता में साबित कर दें। देशकाल के अनुसार परिवर्तन प्रकट होते होंगे पर मौलिकता भूगोल और इतिहास से ही आती है। क्या यह साबित किया जाएगा कि हमारे यहां कई भाषाएं हैं और देश बहुत बड़ा तथा जंगलों, पहाड़ों, रेगिस्तानों से भरा पड़ा है, इसलिए हम स्वभाव से फूट के तथा अलगाव के अभ्यस्त हैं। थोड़ी-सी और बरबादी हमारा क्या बिगाड़ेगी बशर्ते कि हम एक बार एक छत्र के नीचे गुलाम हो जाएं। सिर्फ़ एक महापुरुष को छत्र के तले बैठा देने की देर है।

सिनेमा और राजनीति के रिश्ते पर लिखनेवालों के लिए हाल में एक लिखने

लायक विषय उठा था। एम.जी. रामचंद्रन का निधन ही यह विषय था, पर सिने-समालोचना ने इसे शायद राजनीति का विषय मानकर राजनैतिक समालोचकों के लिए छोड़ दिया। अब राजनैतिक समालोचक इस तरह के तात्विक प्रश्न उठा रहे हैं कि एम.जी.आर. की दीर्घजीवी लोकप्रियता तमिल लोगों की किसी देसी प्रवृत्ति से उपजी है ? प्रच्छन्न प्रश्न यह है कि हिंदी प्रदेश में ऐसा कोई नेता क्यों नहीं पैदा हुआ और निहितार्थ यह है कि दक्षिण में तो (आंध्र में भी) हो चुका है इसलिए सिद्ध हुआ है कि सिनेमा के द्वारा करिश्मा-राजनीति दक्षिण का स्वभाव है। यहां तक तो यह तर्क रेंग लेता है पर इस अड़चन को लांघ नहीं पाता कि हिंदी क्षेत्र में और उससे भी बढ़कर पंजाबी में (जो बहुत तेज़ी से हिंदी में आ रही है) सिनेमा ने करिश्मा कर दिखानेवाला राजनैतिक नेता क्यों नहीं पैदा किया ? परंतु अपने तर्क को अंत तक ले जाने को ही अतार्किक घोषित कर उसे ठीक वहीं समाप्त कर देना, जहां वह अपनी मूर्खता या धौंस को आप पर लादने में सफल हो जाएं, ताक़त का तरीक़ा है। इसलिए कोई इस प्रश्न को विचारार्थ भी स्वीकार करना नहीं चाहता। स्वीकार किया तो माध्यम का बाज़ार ख़राब हो जाएगा। दस-बारह आदमी जो दलीय राजनीति के समाप्त हो जाने पर पैसा लगाकर सिनेमा बनाने की राजनीति के उम्मीदवार हैं, मंदी के शिकार हो जाएंगे और उन्हें बाज़ार में बढ़ानेवाले न मिलेंगे। यह मूल 'राजनैतिक' स्थापना छोड़ने का सवाल ही नहीं पैदा होता कि दलीय संगठन और विचार के बिना राजनीति होती है और भारतीय स्वभाव में वही स्वीकार्य है—वह तो आज के राजनैतिक समालोचकों ने सिद्ध कर दी है। इसे मान लें और आगे न बढ़ें नहीं तो स्थापना का झूठ साबित हो जाएगा।

[10.1.88]

यह फ़िल्म समीक्षा नहीं है

इंदिरा गांधी के प्रधानमंत्री बनने के बाद 1966 में कांग्रेस का वार्षिक अधिवेशन जिस जयपुर में हुआ था, वह आज बहुत बदल गया है। कोई कवि उसका वर्णन करना चाहे तो भीड़ की हलचल के योग्य नया छंद और नई लय खोजनी पड़ेगी। चूंकि मुझे एक दिन ही रहना था, मैं वापस अपनी जानी-पहचानी भीड़ में लौटने के लिए बस में बैठ गया जो दिल्ली जाती थी। बस चली ही थी कि उसमें एक फ़िल्म दिखाई जाने लगी। खिड़कियां बंद थीं। बाहर की दुनिया से बस में बैठे यात्री का संबंध सहयात्रियों की बदौलत बना रहता है। पर यहां किसी यात्री से कोई संवाद

न था। जो हो सकता था वह ख़त्म हो गया, क्योंकि सब यात्री फ़िल्म देखने लगे। जयपुर-दिल्ली बस में रोज़ यही होता है। साढ़े पांच या छह घंटे यात्री जहां से चले हैं वहां की स्मृति को मिटाकर और जहां जा रहे हैं वहां की स्मृति को वर्जित करके एक पराई दुनिया का आक्रमण अपने ऊपर स्वीकार करते हैं।

छह घंटे में दो फ़िल्में दिखाई जा सकती हैं। फ़िल्म दिखाने के पैसे टिकट के साथ ही वसूल कर लिए गए थे। उतने पैसों में दो फ़िल्में हो सकती थीं इसलिए दो दिखाई गईं। देखनेवाले ऐसे निरीह भाव से उन्हें देखते रहे जैसे वे फ़िल्म देखने के लिए बस में नहीं बैठे, दिल्ली जाने के लिए बैठे हैं। इसलिए जब तक उनकी दिल्ली यात्रा में विघ्न नहीं पड़ता, उन्हें मालूम नहीं होगा कि उनके साथ क्या हो रहा है। फ़िल्मों के अंदर क्या दिखाया गया यह तो मैं भी बता सकता हूं, पर मुझे मालूम था कि मेरे साथ क्या हो रहा है। दोनों फ़िल्मों की कहानी एक ही थी, दोनों में नाम और रूप का अंतर था। जैसे एक ही कारख़ाने से निकले दो उत्पादनों में होता है (बालों का झड़ना रोकने की अचूक दवा नंबर-1 और बालों का झड़ना रोकने की अचूक दवा नंबर-2 आर्निका केश रक्षक के साथ)। दोनों में अलग-अलग पहचाना जा सके, न मानवीय अनुभव, न मानवीय मूल्य, न अभिनय, न शब्द, न संगीत, न दृश्य। निष्कर्ष एक ही था, उद्देश्य एक ही था। यही कि सब मनुष्य धूर्त, कायर और विश्वासघाती हैं, समाज की सब संस्थाएं अक्षम और अर्थहीन हैं, हिंसा की पूर्ति सर्वोपरि है, उसी के प्रयोग से ऊपर बताए सब दोषों का निवारण हो सकता है। इसलिए मनुष्यों का मिलकर मानवीय मूल्यों की रक्षा, स्थापना और बिकास का प्रयत्न करना व्यर्थ है। उन्हें सर्वशक्तिमान हिंसा को अपना व्यक्तित्व समर्पित कर देना चाहिए और उसका तंत्र बना रहे।

छह घंटे के इस आत्मा-परिवर्तन के अंत में यात्री दर्शक एक ध्वस्त मूल्य संस्कृति से दूसरी ध्वस्त मूल्य संस्कृति में पहुंच चुके होंगे और उन्हें पता भी न लगा होगा कि उनके साथ क्या हो गया है, क्योंकि जब यह हो रहा था तो वे सुखद कारावास में थे—बस से कूदकर भाग नहीं सकते थे। टीवी, रेडियो दोनों सरकार नियंत्रित माध्यमों के बारे में मीनमेख निकालनेवालों को एक बार सरकारी जवाब यह कहकर दिया गया था कि पसंद नहीं है तो बंद कर दीजिए अपना टीवी-रेडियो, मत देखिए, मत सुनिए। जिस मंत्री ने आलोचकों को यह उपदेश दिया था, उसने अनजाने ही लोकतंत्र की आधारभूत मान्यता की याद भी दिलाई थी और साथ ही चुनौती भी दे दी थी कि 'प्रसारण माध्यम का नियंत्रण मेरे हाथ में है। तुम जनता को समझा सको कि मेरा बनाया कार्यक्रम न देखें तो मान लूंगा कि लोकतंत्र की यही मांग है। देखूं बिना अपने प्रसारण माध्यम के जनता लोकतंत्र की मांग कैसे कर लेती है।' अगर जयपुर-दिल्ली बस में बैठे यात्रियों में मैं यह प्रचार करूं कि बस मालिक से ये फ़िल्में बंद कर देने को कहें तो जब तक एक सिरे से सब यात्री सहमत न हों, बस में लोकतंत्र नहीं आ सकता, अर्थात् लोकतंत्र को भी नैतिक, रचनात्मक, सांस्कृतिक और राजनैतिक आदर्श

प्रचारित करने की शक्ति सरकार में अर्ज़ी देने अर्थात् सर्वसत्तावाद अपनाने से ही मिलेगी। लोकतंत्र को इस हालत में किसने पहुंचा दिया है ?

आप समझ गए होंगे कि मैं फ़िल्म बाज़ार की तरफ़ से या स्वयं भी दैनिक अख़बारों में लिखनेवालों की तरह फ़िल्म समीक्षा नहीं कर रहा हूं। यह लेख फ़िल्म के बारे में नहीं है। मैं यह तर्क भी नहीं दे रहा हूं कि एक शहर में स्थित सिनेमाघर या वीडियोघर में फ़िल्म दिखाने से लोकतंत्र बना रह सकता है, परंतु एक शहर से दूसरे शहर के रास्ते चलती बस में फ़िल्म दिखाने से लोकतंत्र में बाधा आती है। और यह तो मैं बिलकुल नहीं कर रहा हूं कि जो फ़िल्में मैंने जयपुर-दिल्ली बस में देखीं वे प्रतिबंधित कर देनी चाहिए। मैं सिर्फ़ यह कह रहा हूं कि लोकतंत्र की लड़ाई सिर्फ़ सिद्धांतों और संविधान के सहारे नहीं लड़ी जा सकती। इस लड़ाई में समाज के हिस्सों में रचनात्मक संबंध बनानेवालों के कामों का प्रचार शामिल होना चाहिए। एक व्यापक राजनैतिक-सांस्कृतिक मोर्चे की जरूरत होगी, क्योंकि ख़ाली राजनैतिक या ख़ाली सांस्कृतिक मोर्चों की नीयत आदमी और उसकी रचनात्मक आज़ादी के बारे में खोटी सिद्ध हो चुकी है। ऐसे एकांगी मोर्चे आदमी को वस्तु की तरह और इसी कारण पण्यवस्तु की तरह इस्तेमाल करते हैं। वे प्रेम, करुणा और क्रोध को कमनीय बनाते हैं, जैसा उन दो फ़िल्मों में बनाया गया है। सिनेमा जैसे सार्थक माध्यम को बनाने के और दिखाने के आर्थिक साधनों पर कब्ज़ा करके और वीडियो फ़िल्म के सरकारी नियंत्रण के अधीन छोटे परदे पर दिखाने की मजबूरी पैदा करके एक अलिखित राजनैतिक-सांस्कृतिक सेंसर कबूल करवाया जा रहा है। इस सेंसर में निषेध सिर्फ़ ईमानदार असहमति का है। तमाम गिरावटों को यथार्थ के नाम पर प्रचारित करनेवाला यह सेंसर उन गिरावटों से झूठा विद्रोह भी प्रचारित करता है। इस तरह यह उन दर्शकों को ईमानदारी का धोखा भी बेच लेता है जिन्हें वह प्रेम, करुणा और क्रोध की सच्चाई समझने में रोज़-रोज़ अक्षम बनाता चला जा रहा है।

लोकतंत्र की लड़ाई का मैदान हमारे सारे जीवन जैसा विस्तृत है। इसलिए एक बड़े राजनैतिक-सांस्कृतिक मोर्चे के बिना छोटी-मोटी जीत भी मुश्किल होगी। प्रतिरक्षा की तरक़ीबें तो हो सकती हैं, जैसे आप उस बस में जयपुर-दिल्ली यात्रा न कीजिए जिसमें वीडियो हो और जवाब में वे हर बस में वीडियो लगा दें तो या तो आप किसी बस में यात्रा न कीजिए या कीजिए तो आंख-कान बंद रखिए। पर जिस व्यवस्था में राजनैतिक-सांस्कृतिक विकल्प का अस्तित्व बनाए रखने का जन-समर्थन न हो, उसमें ये सारे प्रतिरक्षात्मक उपाय अपने किसी न किसी मौलिक अधिकार की क्षति स्वीकार करके ही संभव हैं। इसलिए वर्तमान के अत्याचार का जवाब किसी खंडित जीवन की शरण में जाकर नहीं मिल सकता। वहां जाकर आप महज एक और अत्याचार का राज पाएंगे।

[18.9.88]

तमस का उजाला

दूरदर्शन फ़िल्म माध्यम की विशेषता यह है कि वह बहुत बड़े पैमाने पर लोगों को कोई कार्यक्रम देखने पर मजबूर कर देता है। इसके नतीजे अच्छे भी हो सकते हैं। जैसे कि हुए। तमस का दिखाया जाना कई तरह से दूरदर्शन और साहित्य के रिश्ते के पक्ष में रहा। जितने कथानक आजकल दिखाए जाने लगे हैं उनसे उम्मीद नहीं बंधती थी कि किसी बड़े कथानक के प्रति दूरदर्शन न्याय कर पाएगा। फ़िल्म को दिखाने में देर के पीछे भी कारण रहे हैं। अब तो सिद्ध हो गया है कि गोविंद निहलानी जैसे निर्देशक यदि भीष्म साहनी जैसे लेखक के साथ मिलकर बनाएं तो बड़ी ऐतिहासिक रचना बन सकती है। मगर यह भी ज़रूरी है कि दूरदर्शन अपनी वह सहमी हुई दृष्टि छोड़े जिससे वह समाज परिवर्तन के लिए मन को हिलाने वाले मूल्यों को देखने और छूने से परहेज़ करता है।

फ़िलहाल तमस के कीर्तिमान को मापने के पैमाने कितने होंगे। इसने कितना पैसा घसीटा और कितने हफ़्ते तक चला सफलता का यह पैमाना नहीं लागू किया जाना चाहिए जैसा अभी तक पैसा देनेवाला व्यापारी और उसके साथ दूरदर्शन भी लागू करता रहा है। किसी कलाकृति की लंबाई कथ्य और कला के उचित मेल से तय होती है और यह अकाट्य नियम कविता से लेकर उपन्यास तक पर लागूहोता है। वही फ़िल्म के माध्यम पर भी लागू होगा। एक जगह आएगी जिस पर रचना को ख़त्म होना ही चाहिए, चाहे वह शब्दों में लिखी गई हो चाहे फ़िल्म में। तमस इस प्राकृतिक नियम का पालन करता दिखाई दे रहा है क्योंकि अभी तक कोई भी फ़ालतू फ़िल्मांकन नहीं किया गया है। यह अकेली अच्छाई नहीं है जो दूरदर्शन के इस अपूर्व अनुभव को ऐतिहासिक बनाती है : अच्छे से अच्छे अभिनेताओं को साथ लेकर इस रचना ने फ़िल्म अभिनय के और छायांकन के प्रतिमान बनाए हैं और भूमिकाओं को फ़िल्म माध्यम की लिपि में फिर से लिखते हुए साहित्य की इज़्ज़त की है। निश्चय ही ऐसा संभव हो सका तो इसलिए भी कि तमस के साहित्य में अनावश्यक फ़िल्म प्रयोग की न ज़रूरत थी, न बिना ज़रूरत सिर्फ़ प्रयोग के लिए प्रयोग की गुंजाइश। इस अक़्लमंदी की बहुत बड़ी वजह रही होगी लेखक और निर्देशक का पूरे समय सहयोग।

तमस के बारे में जो विवाद उठा है वह अगर और ज़्यादा लोगों को तमस उपन्यास को दोबारा पढ़ने की प्रेरणा दे तो दूरदर्शन का यह धारावाहिक पूरे मायने में सफल कहा जाएगा। हर धारावाहिक की एक कमी यह होती है कि वह समग्र प्रभाव ज़रा मुश्किल से डाल पाता है। और न चाहते हुए भी उसके खंडों को हम अलग-अलग संपूर्ण रचना मानने लगते हैं। एक अच्छे कल्पनाशील निर्देशक की तरह तमस के निर्देशक ने इस संभावना का भी पूरा फ़ायदा उठाया है। और ऐसे

चरित्रों की गहरी छाप छोड़ी है जो वृहद् कथानक के प्राण हैं। हरनाम सिंह उनमें से एक हैं, बल्कि प्रमुख हैं।

तमस में धार्मिक संप्रदायों के पक्ष-विपक्ष की बहस है। पक्ष उसमें सिर्फ धर्मप्राणता का लिया गया है, धार्मिकता का नहीं और धर्मांधता का तो बिल्कुल नहीं। सभी धर्मों के मर्म को इसी लोक में जीनेवाला प्राणी है हरनाम सिंह। यह बात पर्दे पर दिखाने के लिए लेखक और निर्देशक प्रार्थनासभा की तरह सूची नहीं बनाते। वे सिर्फ़ एक आदमी को संकट की घड़ियों से परीक्षा देते हुए गुज़रता दिखाते हैं। हज़ार उपदेशों से अधिक गहरा असर डालनेवाले इस व्यक्ति के पास पार्टी के प्रचार के और सर्वधर्म समभाव संगठन के कोई साधन नहीं हैं पर वह अपने चरित्र में ही परंपरा को बनाए रखता और जिलाता रहता है। फ़िल्म में इस भूमिका में भीष्म साहनी खुद उतरे हैं और जैसे उन्होंने असाधारण मनुष्य की सृष्टि की थी वैसे उसका अपूर्व अभिनय भी किया है।

तमस का महत्व राजनैतिक विचारों में नहीं है। विभाजन के दौर में संगठित राजनीति तो हर तरह की रचनात्मकता के वास्ते बेकार हो चुकी थी। मानवीय मूल्यों की पराजय से उत्पन्न कलुष को जिस समय हिंदू और मुसलमान ख़ून से रंगकर छिपा रहे थे, हरनाम सिंह उस वक़्त उन मूल्यों को जीकर बड़ा कर रहा था। तमस का मुख्य पात्र तो वही है, यद्यपि हम उसे महाभारत के मुख्यपात्र के पिटे-पिटाए लक्ष्णों से पहचान नहीं सकेंगे। उसे पहचानाने के लिए महाभारत के चरित्र को ही पहचानना पड़ेगा। वह एक रण था जिसमें हर भारतीय झोंक दिया गया था और झोंकने के पहले उसके स्वतंत्र निर्णय की संभावना को व्यर्थ कर दिया गया था। जरनैल, जिसने कहा था हिंदू-मुसलमान भाई-भाई हैं, पाकिस्तान मेरी लाश पर बनेगा, हम मिलकर रहेंगे, उसे मार डाला गया और हरनाम सिंह को, जिसने सोचा था कि जिनके साथ खेलकर बड़ा हुआ हूं, उन्हें मुझ पर हाथ उठाते गैरत न आएगी, जलता घर-दुकान छोड़कर बीवी को लिए दर-दर आश्रय मांगना पड़ा। पर वह ज़िंदा रहा और मनुष्य पर दृढ़ विश्वास लिए रहा, न भागा, न गिड़गिड़ाया। ये तमस में यथार्थ के दो पहलू हैं जो मनुष्यता पर आए संकट में दिखते हैं। भीष्म साहनी ने हरनाम सिंह को कभी रावलपिंडी के किसी शरणार्थी शिविर में पाया था। लेखक ने जो कुछ आंखों से देखा था उसके अलावा शिविर में सैकड़ों आदमियों के दुख-दर्द को सुना समझा था। यही सच्चाई तमस की ताक़त का रहस्य है। और यही उस टीका-टिप्पणी का रहस्य है जो इस ताक़त से घबराकर हो रही है।

[7.2.88]

‘आजकल’ बंद क्यों हो

यह ख़बर पढ़कर चोट लगी कि ‘आजकल’ नामक मासिक पत्रिका का प्रकाशन सरकार बंद करना चाह रही है। यह पत्रकारिता पर किसी तरह का दमन नहीं है क्योंकि पत्रिका सरकार की ही है, न किसी तरह का साहित्यिक सेंसर है क्योंकि जब से यह पत्रिका निकली है इसने अत्यंत सधे हुए सरकारी क़दम ही रखे हैं और इस पर सेंसर की ज़रूरत नहीं है।

परंतु एक मासिक पत्रिका जो नियम से छप और वितरित यानी कमोबेश टिक रही थी बंद हो जाए, यह आज की राजनैतिक-सामाजिक परिस्थिति में चिंता की बात है। आज के वातावरण में इस प्राथमिक उपचार की ज़रूरत है कि ‘आजकल’ को बंद करने के कारणों की जांच की जाए और उन्हें दूर किया जाए।

जो कारण प्रकट समाचारों से मालूम हुए हैं वे अत्यंत हलके हैं और 1947 से निकल रहे एक साधनसंपन्न पत्र को उनके आधार पर बंद कर देना कोई विश्वसनीय कारण नहीं है। बताया गया है कि ‘आजकल’ शुरू में ऊंचे साहित्यिक आदर्श स्थापित करने के लिए निकाला गया था और उसकी बड़ी प्रतिष्ठा मानी जाती थी परंतु चार दशक तक छपने के बाद आज उसकी बिक्री सिर्फ़ पंद्रह हज़ार है। आजकल हिंदी और उर्दू दोनों में छपता है। दोनों पर प्रकाशन विभाग जो इनका प्रकाशक है, सालाना आठ लाख रुपया ख़र्च करता है, कमाता तीन लाख से भी कम है।

इस छोटे-से लेख में उन सब कारणों की खोज करने का स्थान नहीं है जिनसे तीस वर्ष में ‘आजकल’ की बिक्री सिर्फ़ पंद्रह हज़ार हो पाई। एक बड़ा कारण यह है कि उसे लोगों तक पहुंचाया नहीं गया। यदि सिर्फ़ हिंदी ‘आजकल’ को ही लें, (उसके आंकड़े अलग से उपलब्ध नहीं हैं) तो हिंदीभाषियों की गांव-गांव तक फैली हुई संख्या को देखते हुए पंद्रह हज़ार का अर्थ सिर्फ़ यही निकलता है कि वह गांवों में पहुंच नहीं रहा है।

क्यों नहीं पहुंच रहा है ? सूचनामंत्री शायद सारे मामले पर विचार कर ही रहे हैं। तकनीकी, व्यवस्थापकीय और लागत संबंधी मामले तो वे देखेंगे ही, यह प्रश्न भी देखें कि शहर और गांव के बीच में, जहां तक प्रचार माध्यमों का सवाल है, एक नक़ली और स्वार्थी दीवार खड़ी कर रखी है। दूरदर्शन, रेडियो और शायद सरकारी पत्रिकाएं भी घोषित रूप से मानती हैं कि गांव का आदमी एक अलग जंतु है, शहर का एक अलग जंतु है। ये संस्थाएं इन दोनों जंतुओं की ज़रूरतें अलग-अलग बताती हैं। गांववाले को छोटे दिमाग़ का, संकीर्ण बुद्धि का और शेष संसार से मतलब न रखकर सिर्फ़ अपनी खेती से मतलब रखनेवाला बताती हैं। इन संस्थाओं की मूर्खता की हद यह है कि ये सोच ही नहीं सकतीं कि जब खेती का काम करने से गांववाले को वक़्त मिलेगा तो वह अपने को खेती की मशीन बनने

से रोकेगा और कुछ और रचनेवाला आदमी बनेगा। ये प्रतिष्ठान यह भी नहीं देखना चाहते कि यथार्थ क्या है—गांव में एक तरफ़ खुशहाली है मगर वह हिंसा पैदा कर रही है साहित्य नहीं। क्यों ?

इस पर सूचना मंत्रालय को सोचना चाहिए। सोचने का सूत्र मैं यहीं बता देना चाहता हूं ताकि कम पढ़े-लिखे सलाहकार खुशामद करने के लिए अपने-अपने सुझाव लेकर स्थिति को और अधिक बिगाड़ें नहीं। सच्चाई यह है कि जीवन में ऊंचे साहित्यिक मानदंडों की रचना और रक्षा दोनों साथ ही साथ होती हैं, सिर्फ़ जोश मलीहाबादी जिन्हें उर्दू 'आजकल' के प्रथम संपादक के रूप में याद किया गया और हिंदी 'आजकल' के संपादक अनंत मराल शास्त्री जिनका नाम ही नहीं लिया गया, पाठक संख्या नहीं बढ़ा सकते थे। पाठकों से उनका रिश्ता ही वह चीज़ है जो पाठक को पत्रिका से अपनापा दिला सकता है। इसके अभाव में 'सरस्वती' जैसी महान मासिक पत्रिकाएं जिनका हिंदी पत्रकारिता में योगदान विवाद का विषय नहीं, ऐसे संपादक के हाथ में पड़ने से जिसे जनता की ख़बर नहीं, विचार-विवाद तो दूर, विचार का विषय भी नहीं रह जातीं और धूमधाम से उनकी अंत्येष्टि कर देने में भी हिंदी के दिग्गज इतिहास में उल्लेख के दावेदार हो जाते हैं।

'आजकल' को बचना चाहिए। यह आज़ादी के बाद एक प्रतिष्ठित पत्रिका थी। अगस्त 1947 में (संख्या चार, वर्ष तीन, मूल्य साढ़े चार रुपया वार्षिक, एक प्रति छह आना) इसके संपादक श्री शास्त्री थे परंतु अनंतर देवेंद्र सत्यार्थी, चंद्रगुप्त विद्यालंकार और मन्मथनाथ गुप्त जैसे नाम भी इसके संपादन से जुड़े रहे (पूरी सूची उपलब्ध नहीं है)। बाद के वर्षों में सरकारी सूचना सेवा से तरक़्क़ी पाकर जो ऊपर आया, संपादक बना और वही इस सरकारी पत्रिका का जनता से संबंध भेद का कारण बना।

हिंदी में मासिक पत्रिका की एक गौरवमयी परंपरा है। 'विश्व व्यापार' को हिंदी पाठक अपने स्वभाव से ही अपना सरोकार मानता है। हिंदी राष्ट्रभाषा है तो इसीलिए, संख्या के बल पर नहीं अपने प्रांतीय सरोकारों से भी बड़े राष्ट्रीय और विश्व सरोकारों के बल पर वह अनेक प्रकार के भीतरघात के बावजूद समाज का दर्पण बनी हुई है और विश्व चेतना का माध्यम भी। 'आजकल' को ख़त्म कर देने की ज़रूरत क्यों ? उसे सुधारने की क्यों नहीं कोशिश करते श्रीमान गाडगिलजी। न तो संपादनकला की परंपरा की धारा सूख गई है, न विराट लेखक समुदाय उदासीन हो गया है। यदि 'आजकल' की बिक्री कम हो गई है तो उसके लिए वह सरकारी तंत्र ज़िम्मेदार है जो जीवन की धारा को, साहित्यिक परंपरा को और मानवीय चेतना को जानता नहीं है, जानता है सिर्फ़ अपने अफ़सरों की मनमानी नीतियों को। ऐसे में घाटा न होगा तो और क्या होगा।

अभी भी समय है। 'सरस्वती' ने एक संपूर्ण पत्रिका का कर्तव्य जो निबाहा था उसे आदर्श मानकर 'आजकल' का जीर्णोद्धार करना संभव है।

राममंदिर तोड़ा गया

पत्रकारिता की भाषा में परिवर्तन आता रहा है यह तो सभी जानते हैं, पर पत्रकारिता की पढ़ाई करानेवाली संस्थाओं और पत्रकारिता विद्यालयों के लिए पाठ्य-पुस्तकें लिखनेवाले विद्वानों को अभी तक यह नहीं समझ में आया कि यह भाषा क्यों बदलती रही है। इसमें बदलाव समाजभाषा में बदलाव के साथ-साथ आता है पर समाजभाषा और पत्रकारिता की भाषा दोनों में बदलाव काव्यभाषा में बदलाव के साथ जुड़ा चलता है। काव्यभाषा, अलंकारों के आधार पर नहीं, मानवीय संवेदनाओं को समृद्ध करने के साधनों के आधार पर निर्मित होती है। पर यहां इस विषय पर नहीं, पत्रकारिता की भाषा में इस काव्यभाषा के प्रतिबिंब के विषय पर बात की जा रही है। और इसमें भी विशेष रूप से हाल के सप्ताहों में छपी भाषा के एक नमूने पर अपने विचार रख रहा हूं।

एक समाचार छपता है जिसका शीर्षक है अयोध्या में राममंदिर तोड़ा गया। समाचार के शब्द पढ़ने पर कई घटनाओं का पता चलता है पर राममंदिर का कहीं नाम नहीं मिलता। शिलान्यास कुंड पर लगी छतरी का नाम आता है और शिलान्यास कुंड में रखी हुई किसी मूर्ति का उल्लेख होता है। पर मंदिर की संज्ञा का नहीं और उसके टूटने की क्रिया का भी नहीं। शिलान्यास कुंड में वास्तव में कोई मूर्ति कभी थी भी या नहीं, यह तथ्य भी विवादास्पद है। तब फिर दिखता है कि 'राममंदिर तोड़ा गया' नामक क्रिया का यथार्थ यह है कि मंदिर नहीं था, परंतु जब उसके टूटने की घटना को समाचार बनाना उद्देश्य हो तब उसके यथार्थ की सृष्टि उन खंड तथ्यों को जोड़कर कर ली जाए जो लिखनेवाले की कल्पना में मंदिर के चिह्न हैं। इन चिह्नों को जोड़ने से केवल इस समाचार लेखक के पूर्वग्रह में मंदिर की सृष्टि होती है। वास्तविकता के किसी नैसर्गिक नियम के अधीन मंदिर का स्थापत्य नहीं खड़ा हो जाता।

अब हम लेखक की इच्छा को लेखक तक सीमित छोड़कर पाठक का पक्ष देखें। समाचार के शीर्षक में यह पढ़ते ही कि राममंदिर तोड़ा गया, पाठक पूछता है कौन-सा राममंदिर था जो तोड़ा गया। शिलान्यास स्थल को मंदिर मान लिया जाए तभी यह कथन अशंतः सत्य हो सकता है कि मंदिर तोड़ा गया क्योंकि शिलान्यास कुंड पर से छतरी हटा दी गई थी। पर यह मानना तर्कसंगत नहीं क्योंकि जिस मंदिर के निर्माण के लिए शिलान्यास किया गया था उसका अस्तित्व होता तो फिर शिलान्यास कुंड न होता और उस पर छतरी न होती बल्कि मंदिर होता। सब तरह से सिद्ध है कि वास्तविकता यह थी कि मंदिर कोई था ही नहीं जो तोड़ा जाता। जिस घटना की ख़बर दी गई वह यही थी कि शिलान्यास कुंड पर से छतरी हटा ली गई थी और जहां तक मूर्ति के हटाए जाने का प्रश्न है मूर्ति हटाया जाना भी

उसके पहले से वहां होने पर निर्भर है और उसका वहां होना अनेक प्रमाणों के अनुसार संदिग्ध है। शिलान्यास स्थल पर मूर्ति स्थापना का कोई कर्मकांड नहीं विदित है।

इस शीर्षक की भाषा में भाषा के साथ बलात्कार किया गया है क्योंकि यह जिस बड़े यथार्थ का संक्षिप्त रूप है वह इस शीर्षक की व्याख्या करने से खुलकर सामने नहीं आता—वह केवल उसी पाठक के मन में नहीं आता है जो पहले से ही इस व्याख्या को जाने-पहचाने है और जिसे वास्तव में भाषा के द्वारा किसी यथार्थ से परिचय करने की आवश्यकता ही नहीं पड़नेवाली है। वह पाठक भाषा की ज़रूरत विचार को हृदयंगम करने के लिए नहीं मानता, केवल अपने पूर्वग्रहों को दूसरों पर थोपने के लिए उसका इस्तेमाल करता है। अपने अलावा दूसरे किसी को यथार्थ की समझ बनाने और बढ़ाने की अनुमति जो संस्कृति नहीं देती उसकी काव्यभाषा मानवविरोधी और दमनात्मक ही हो सकती है। इसी काव्यभाषा की उपज है यह व्यवहार भाषा जिसमें यह समाचार लिखा गया।

[16.12.90]

ख़बर के बारे में

ख़बर देना स्वतंत्र समाज का राजनैतिक अधिकार और कर्तव्य है। परंतु यह समाज के ख़बर देने के साधनों की दशा को समय-समय पर जांचते रहने से ही मालूम होगा कि हम इस अधिकार का उपयोग किस उद्देश्य से कर रहे हैं और हमारे इस कर्तव्य के पालन में क्या कमी रह गई है।

ऐसा समय भी होता है जब सिर्फ़ ख़बर देने से यह सिद्ध हो जाता है कि जिन तक यह पहुंचेगी वे इससे अपने कर्तव्य के प्रति सचेत हो जाएंगे। ऐसा समय हम देख चुके हैं। यह उसी समय की धारणा है कि हम ख़बर देते ही इस उद्देश्य से हैं कि उससे गिरते हुए प्रतिमानों को पतन से रोकने और निराशा के वातावरण में प्रयत्न का साहस बनाए रखने का बल मिले। पर ऐसा समय भी हम देख रहे हैं कि असलियत को बताने का परिणाम पतन के विरुद्ध नहीं बल्कि पतन के पक्ष में मत बनाना है और ख़बर देने के साधन को यथार्थ के इसी तरह के संप्रेषण के लिए प्रोत्साहित और पुरस्कृत किया जाता है जो यथास्थिति को बनाए रखने का संदेश देता है, अर्थात् हर पतन को शायद थोड़े-बहुत नखरे के बाद स्वीकृत एवं हर साहस को तिरस्कृत करता हो।

आज का समय वही है। ख़बर देने के जितने साधन हैं वे इस उद्देश्य से ख़बर दे रहे हैं कि ये साधन विकसित होते जाएं और ख़बर पानेवाले विपन्न होते रहें। साधन विकसित होते हैं भौतिक रूप में और खबर पानेवाले विपन्न होते हैं मानसिक, आध्यात्मिक और राजनैतिक रूप में। उनका संबंध एक-दूसरे से, अपने अतीत और वर्तमान से और भविष्य की आकांक्षा से टूट जाता है क्योंकि साधनों के राजनैतिक चरित्र के कारण ही यह संभव होता है कि समाचार वर्तमान में पैदा हो और वर्तमान में ही मर जाए। अर्थात् पाठक न पहचान पाए कि संस्कृति में समाचार का हर पहलू खा-पीकर बराबर कर देने का होता है, वह दुख हो या सहानुभूति हो, आनंद हो या आक्रोश हो।

यह छोटी-सी टिप्पणी आज की पत्रकारिता की विशद व्याख्या नहीं कर पाएगी। पर समाचार का एक नमूना देखने से ही बात समझ में आ जाएगी। समाचार है कि अमुक के घर में घुसकर आदमी गोली मारकर चला गया। एक पंक्ति का समाचार बनाकर छापना इस संस्कृति में आज भी पैसे लेकर पूरा काम न करना माना जाता है इसलिए दो सूचनाएं ख़बर से जोड़ दी जाती हैं। गोली लगने के बाद घायल को अस्पताल पहुंचाया गया तो यह बता दिया जाता है और मर गया हो तो यह बता दिया जाता है। अस्पताल जाने के बाद घटना का समाचार क्षेत्र आज के अख़बार में स्थानांतरित हो जाता है जैसे पुलिस का कार्यक्षेत्र अपराध के इलाक़े के भूगोल के अनुसार स्थानांतरित हुआ करता है। घायल के मर जाने पर पूरा समाचार ही मर जाता है।

जिस आदमी को घटना का मुख्य पात्र माना गया है उसका एक जीवन है : वह जीवन समाचार से बाहर रखना आज की पत्रकारिता की शैली में कौशल माना जाता है। यदि उस जीवन का कोई अंश समाचार में शामिल करना हो तो वही अंश करना चाहिए जो घटना के स्वरूप को बदलकर पाठक की चिंता को किसी इतर क्षेत्र में ले जाए, अर्थात् ध्यान बांट दे, अर्थात् उपभोक्ता को दिए जानेवाले माल में नयापन ले आए जैसा सभी उपभोक्ता संस्कृतियों में होता है, माल चाहे करुणा हो, चाहे क्रोध और उसकी बनावट चाहे संभोग हो या हत्या।

आज के समय में समाचार देने का उद्देश्य यथार्थ को कई खंडों में बांटकर उनमें से वह खंड या वे खंड चुन लेना है जो न तो कुछ याद दिला सकें न कोई कल्पना जगा सकें। यही नहीं कि यथार्थ के ऐसे उखड़े हुए टुकड़े होने चाहिए जिनको जोड़ने से एक कृत्रिम सृष्टि बनानी हो और वह भी दोबारा पैदा नहीं हो सके। बल्कि उसे बरतकर, खा-पीकर बराबर कर देने के बाद एक और नई कृत्रिम सृष्टि बनानी पड़े क्योंकि यही उपभोक्ता संस्कृति की वंश-वृद्धि के लिए आवश्यक है।

आज की पत्रकारिता में वास्तविकता पर जो आग्रह दिखता है उसे जांचने-समझने की ज़रूरत है। कसौटी यह है कि क्या वास्तविकता पाठक की अनुभूतियों को

सजीव और साकार कर रही है ? यदि कुंठित कर रही है तो यह वही समय आ गया है जिसमें यथार्थ का बताना यथास्थिति को बनाए रखने के काम लाया जा रहा है। क्या यथार्थ को बताने की पत्रकारिता वास्तकिवता का आग्रह लेकर इसलिए चल रही है कि मानव भविष्य में आस्था जागृत हो ? या उसका उद्देश्य मानव परिस्थिति का एक खंडित पक्ष बताकर सिर्फ़ हलचल पैदा करना है जो तुरंत ख़र्च हो जाए और नई हलचल निर्मित करने और बेचने के लिए समाचार उद्योग को काम मिलता रहे ?

वास्तविकता का सबसे प्रकट रूप वेदना ही है आनंद नहीं। परंतु वेदना में आनंद देखने के लिए आज की पत्रकारिता पाठक को मजबूर कर रही है। समाचार देने के साधनों पर पतन की संस्कृति का कब्ज़ा इस हद तक हो चुका है कि सिर्फ़ आस्था की हामी भर देने से कोई गुणात्मक परिवर्तन संभव नहीं है। उस परिवर्तन के लिए समाचार देने के काम में शैली या इसका परिवर्तन भी काफ़ी नहीं है। समाचार देने के प्रकार और शिल्प में नया कुछ कर देना भी अयथेष्ट है। समाचार देने से पहले उसे पाने के साधनों में परिवर्तन करने से स्थिति को बदलने की संभावना बन सकती है पर वह भी हमेशा के लिए काफ़ी नहीं हो सकती।

पर यह एक शुरुआत हो सकती है। हर शुरुआत बार-बार करने योग्य है और यह मानकर ही चलना हर शुरुआत के लिए आवश्यक है कि यथार्थ को देख सकने की दृष्टि वस्तुओं को देख सकने की क्षमता पर नहीं बल्कि वस्तुओं के आपसी संबंधों को देख सकने की क्षमता पर आधारित हो। तब उन संबंधों को बदलने की इच्छा के लिए गुंजाइश पैदा हो सकती है। वह यथार्थ नहीं है जो पराधीन और पराजित मनुष्य पर निरी शक्ति का वर्चस्व स्वीकार करता है। जब मैं ऐसा कहता हूं तो यह नैतिक उद्‌गार होता है। निस्संदेह यथार्थ की धारणा ही नैतिक है और नैतिक के अलावा वह और कुछ हो भी नहीं सकती।

वास्तविकता को बता देना ही यथार्थ को बता देना नहीं है। जब हम वास्तविकता को ऐसे बताते हैं कि किसी बड़े आक्रामक घटनाचक्र के बाद यथार्थ को समझने के मानदंडों को अर्थात् यथार्थ को बदलने के संघर्ष के तरीक़ों को हमने फिर से पहचाना न हो तो हम वास्तविकता के विभिन्न खंडों को यथार्थ मानकर अयथेष्ट और असंपूर्ण अर्थ निकालने लगते हैं और थोड़ी देर में मान लेते हैं कि ये निष्कर्ष निकालना बेकार है क्योंकि सभी शब्द और अनुभव बेकार दिखाई दे रहे हैं। संदर्भ के अभाव में हम बिना संदर्भ के देखना ही सही मान लेते हैं। ऐसे ही दौर से हम गुज़र रहे हैं। इसमें न अतीत की समझ है न भविष्य की। निरा वर्तमान है—बनाया हुआ कृत्रिम वर्तमान। इसमें कुछ भी रचना कठिन है।

[13.12.87]

1984-तंत्र में राजनैतिक विचारक

आजकल राजनैतिक लेखन में छायावाद का बड़ा ज़ोर है। बहुत-से राजनैतिक विचारक सिद्ध करने पर तुल गए हैं कि भारत का लोकतंत्र पश्चिम के लोकतंत्र से अलग एक माया है और भारत की जनता रहस्यमयी है। भारतीय आदमी लोकतंत्र की चक्की तो पीसता रहता है, पर असल में लोकतंत्र उसके स्वभाव में ही नहीं है। वह राजतंत्री मानसिकता में पगा हुआ है। इसलिए लोकतंत्र में संसद का चुनाव नेहरू के लिए किया जाता रहा। अब नेहरू के सही प्रतिरूप राजीव गांधी के लिए देशी लोकतंत्र ने एक संसद बना दी है। इतने दिन हम गांधी को भुला रहे थे और गांधी के मानसपुत्र नेहरू को स्वीकार कर रहे थे। जनता तो सिर्फ़ चक्की पीस रही थी।

इस अंतिम वाक्य में जो खोट है, आशा है वह पाठकों ने देख लिया होगा। गांधीजी नेहरू को राजनैतिक ताक़त दिलाने के काम आ सकते थे, इसलिए नेहरू को गांधी का मानसपुत्र घोषित कर दिया गया है। परंतु वह मानसपुत्र थे नहीं। होते तो गांधी को हम भुला क्यों देते। यही इस वाक्य का खोट है।

ऐसा खोटा तर्क देनेवाला विचारक पहले से कुछ निष्कर्ष निश्चित कर चुका है और रहस्यवादी कार्य-कारण संबंध बताकर भाषा में तर्क की हत्या करके उन निष्कर्षों को सिद्ध कर देना चाहता है जो सर्वसाधारण को दीन, दयनीय, कर्महीन घोषित कर समाज-संगठन के साधन उनके हाथ से छीन लेंगे। इसका दिमाग़ दो-तीन मुहों से एक साथ बोलता है। वह एक ओर कहता है कि हम जो कर रहे हैं, वह लोकतंत्र की हिन्दुस्तानी शैली है और दूसरी ओर मानता है कि इस हिन्दुस्तानी शैली की बदौलत संसद में प्रायः अयोग्य व्यक्ति पहुंच गए हैं और फिर भी राजीव गांधी को मिला विशाल बहुमत उनकी राजनीति का सार्वजनिक प्रमाण-पत्र है, परंतु इस बहुमत में अयोग्य व्यक्ति घुस गए हैं जो समर्पित नहीं हैं। तीसरी ओर कहता है कि यूरोप की आंखों से लोकतंत्र को देखनेवाले लोकतंत्र की हिन्दुस्तानी शैली को लोकतंत्र ही नहीं मानना चाहते, क्योंकि वे विदेशी हैं और भारत के अंग्रेज़ी विचारक उसकी नक़ल करके हिन्दुस्तानी लोकतंत्र का विरोध कर रहे हैं। यहां से सांप-सीढ़ी के खेल में अपने ही तर्क से सांप से लीले जाकर वह उस खाने में आ गिरता है जिसमें लिखा है, 'भारतीय लोकतंत्र राजतंत्र का ही दूसरा नाम है।' परंतु तर्क का आडंबर वह इतनी ज़बरदस्त पटखनी खाने के बाद भी नहीं छोड़ता। साफ़-साफ़ कहने की हिम्मत नहीं होती कि मैं लोकतंत्र-फोकतंत्र नहीं चाहता—इसके बजाए बहस करता है कि हम पश्चिमी समझ से हिंदुस्तानी लोकतंत्र को समझ नहीं पाएंगे क्योंकि पश्चिमी समझ हमारे हिन्दुस्तानी लोकतंत्र को स्वीकार नहीं करती : हमारा लोकतंत्रीय भारतीय मानस राजतंत्र में पगा हुआ है। इसके आगे का

स्वाभाविक तर्क हमारा चुनावोत्तर विचारक साफ़-साफ़ नहीं बताता, निहितार्थ से बताता है, वह यह है कि हम इस राजतंत्र की बुराइयों को बताकर आपको भ्रम में डालेंगे कि हम लोकतंत्र की बुराइयों को सुधार रहे हैं और वास्तव में एक ऐसा राजतंत्र बनाएंगे जिसमें संसद भी एक तरफ़ पड़ी रहेगी और उसी को लोकतंत्र कहा जाएगा। यह बात हिन्दी का यही लेखक यदि अंग्रेज़ी में कहे तो यही कुतर्क अंग्रेज़ी की बात को घुमाफिराकर दबी ज़बान कहने की शैली कहेगा। पर वह मालिकों को सहने लायक लगेगा, क्योंकि अंग्रेज़ी में होने के कारण ग़रीबों की समझ से परे होगा। ग़रीबों के लिए वही अंग्रेज़ीदां लेखक यही बात हिन्दी में लिखेगा तो भारतीय, हिन्दुस्तानी, देसी और परंपरागत ऐतिहासिक तथ्यों को तोड़-मरोड़ कर राजतंत्र के पक्ष में दिखाएगा और वर्तमान के बारे में हताश जनता को बताएगा कि इसे सुधारने के लिए जनता से और अधिक सत्ता छीनना ज़रूरी है।

भाषा को और तर्क को दो-चार पांचमुंही शैली में प्रस्तुत करना और उसे विश्लेषण का जामा पहनाना और लोकतंत्र की हिन्दुस्तानी शैली की दुहाई देकर गुलामी को क़बूल करवाना 1984 के चुनावोत्तर दौर में ही शुरू हुआ हो, ऐसा नहीं है। जब-जब आम चुनाव ने कुछ ज़बरदस्त नतीजे निकालकर दिखाए हैं, बुद्धिजीवियों के एक प्रभावशाली वर्ग ने समाज में असहमति का संतुलन शासक वर्ग के प्रतिकूल हो जाने पर लोकतंत्र के बरबाद हो जाने का रोना शुरू किया है (1977) और यह संतुलन शासक वर्ग के अनुकूल हो जाने पर लोकतंत्र को यों बदल देने का प्रचार शुरू कर दिया है कि जिससे असहमति की लोकतंत्रीय शक्ति दोबारा जागने न पाए (1984)। 1977 में यह बुद्धिजीवी लोकतंत्र के देसीपने का मज़ाक बना रहे थे। 1980 और 1984 में ये बुद्धिजीवी देसी लोकतंत्र को राजतंत्र कहकर उसकी सिफ़ारिश करने लगे। यह बात उन्होंने अंग्रेज़ी की राजनैतिक मदद से जनता पर थोप दी तो आज़ादी का अर्थ ही बदल जाएगा। इस वक़्त समाज ने अपने राजनैतिक अधिकार लोकतंत्रीय ढंग से पांच वर्ष के लिए सांसदों को सौंपे हैं। किसी वक़्त वे उन्हें वापस लेकर दोबारा स्वतंत्र निर्णय न कर पाएं, क्या इसीलिए संविधान को बदल देने की बात उठाई जा रही है? साथ ही जनता में राजनीति के प्रति अविश्वास पैदा किया जा रहा है। एक राजनैतिक लेखक ने लिखा है : 'देशवासियों को राजनेताओं की चालू क़िस्म पर भरोसा नहीं कि वे निस्पृह भाव से देश को ऐसा संविधान दे पाएंगे, जिस पर देश को यक़ीन हो।'

एक बार इस दोमुंहेपन को और देख लीजिए। यह वही संसद है जिसे राजीव गांधी के लिए चुना गया है और उसी के राजनेताओं पर अविश्वसनीयता का यह आरोप है। कहावत है कि एक म्यान में दो जीभें नहीं रह सकतीं। दुनिया जानती है कि कहावत यह नहीं है, बल्कि यह है कि दो तलवारें नहीं रह सकतीं, मगर क्या करें, आजकल बहुत-से निष्कर्ष प्रमाणों से नहीं मुहावरों और कहावतों से सिद्ध किए जा रहे हैं। यह नई कहावत क्या बुरी है।

मुझे संदेह हो रहा है कि जिस तरह का राजनैतिक लेखन 1984 में तेज़ी से पनपना शुरू हुआ है, आरवेल के 1984 की भारतीय शैली कहीं वही तो नहीं है ? इसमें किसी दल का आरवेल के कल्पित समाज पर आधिपत्य तो यूरोपीय ढंग से संभव नहीं है। इस दौर में ये राजनैतिक विचारक, जिनकी आस्था का पता नहीं, अवसरवादिता का पता है, हिंदीभाषी जनता में प्रचार करेंगे कि जनता भ्रष्ट है, कर्महीन है, मगर रहस्यमय होने के कारण एक लोकतंत्र भारतीय शैली में बनाए हुए है—अगर आप कहते हैं कि नहीं, जो बनाए हुए है वह ठीक नहीं है तो कोई बात नहीं, लीजिए हम बदलकर उसका चौरासीतंत्र बनाए देते हैं। शुद्ध भारतीय चौरासीतंत्र। आरवेल का तो यूरोपीय है।

[30.1.85]

ख़बर में क्या लिखा हमने ?

ख़बर थी कि मोदीनगर में तेरह बरस की एक लड़की ने गर्भ धारण किया। नहीं, ख़बर यह नहीं थी। ख़बर यह थी कि लड़की को स्कूल से निकाल दिया गया, क्योंकि समाज ने उसे अविवाहित कन्या का पाप माना। फिर पता चला कि गर्भ-वर्भ कुछ नहीं था, किसी जाहिल डाक्टर के कहने पर मान लिया गया था।

ये सब ख़बरें एक-एक कर नहीं आईं। आतीं तो शायद अच्छा रहता। एक साथ एक छोटे समाचार की शक्ल में आईं, जिसका शीर्षक था : 'डाक्टर का कमाल।' किसी अख़बार में इससे अलग कुछ शीर्षक रहा होगा तो 'नीम हकीम की करतूत या कारनामा' जैसा कुछ रहा होगा। लड़की को जो मानसिक यंत्रणा समाज में कलंकित करनेवालों ने दी थी, वह सब मानो 'डाक्टर का कमाल' शीर्षक के नीचे धुल गई। असली समाचार तो यही था कि समाज में संबंध इतने संवेदनशील हो चुके हैं कि उस लड़की के प्रति शक्तिशाली लोगों ने तिरस्कार का मन बना लिया और इसमें किसी पाप का अनुभव नहीं किया। था यह पाप ही—एक अबोध शिशु को अपनी बीमार मानसिकता से देखकर अपनी बीमार वासना को संतोष देना कि बच्ची ने अवश्य ही कुकर्म किया है। तभी तो विवाह किए बिना गर्भ धारण कर रही है। इतनी सुरसरी एक पतनशील समाज को चौंका देने के लिए काफ़ी है। स्कूल, मोहल्ला, शहर के सब पढ़े-लिखे, धर्मात्मा, सेठ, साहूकार जाग उठे और स्कूल ने किसी से एक सर्टिफिकेट प्राप्त किया कि लड़की के पेट में जो यह उभार है यह गर्भस्थित शिशु है। इसके बाद समाज की मशीनरी चालू हो गई। फ़िर ख़बर

आई कि गर्भ नहीं एक किलो की रसौली थी।

ख़बर खुद यही मशीनरी है। ख़बर है कि समाज की शक्तियां आज पतन की सूचना देती हैं, विनाश का प्रचार करती हैं, चोरी से यह पता देती हैं कि मनुष्य की गरिमा को लातों के नीचे से रौंदा जा सकता है। यही उन लोगों ने किया था जिन्होंने लड़की को अपवित्र बताकर स्कूल से निकाल दिया। यह सूचना देने के साथ-साथ ख़बर यह भी प्रचार कर देती है कि ऐसी प्रवृत्तियां ताक़तवर हैं। तुम आदर्शवादी, समझते क्या हो!

अख़बार का काम ही सूचना देना और प्रचार करना है। ये दोनों काम अख़बार एक ही क्षण में और एक साथ ही करता है। ऐसी कोई सूचना नहीं जो देने लायक हो और जिसमें प्रचार न हो। जब नीम हकीम डाक्टर के कमाल को हम ऐसी घटना की तरह बताते हैं जिससे हमारा लगाव उस लड़की की तरह या उसके बाप या मां की तरह नहीं है तो हम इस कमाल को प्रचारित करके लड़की के ख़िलाफ़ प्रचार करते-कराते हैं। प्रचार करनेवाला व्यक्ति छोटा या बड़ा कैसा भी पत्रकार हो, समाज के प्रति उत्तरदायी अवश्य होता है और ऐसा प्रचार करके वह न मनुष्य के प्रति जिम्मेदारी निभा रहा है न समाज के प्रति।

मुझे नहीं मालूम मोदीनगर की यह ख़बर किन सूत्रों से आई थी। जिन अख़बारों में इसे पढ़ा था उनमें सूत्र के दो परिचय दिए हुए थे : एक 'प्रेस ट्रस्ट' और दूसरा 'भाषा'। मुझे यह भी नहीं मालूम कि दोनों ख़बरें ठीक वैसी छपी थीं जैसी आई थीं या कि बदलकर लिख दी गई थीं। परंतु न्यायोचित होगा कि दोनों मजमूनों का अंतर यहां दिखा दिया जाए। एक में निर्दोष लड़की के अवैध गर्भ धारण करने के दोष और शर्म से सर झुकाए स्कूल छोड़ने की मजबूरी की बात थी। डाक्टर द्वारा गर्भवती घोषित किए जाने पर स्कूल के अधिकारियों ने उस पर गंभीर नैतिक दुराचार की कल्पना कर ली। दूसरी ख़बर में लिखा था कि लड़की कभी गर्भवती नहीं थी, पर यह कहीं नहीं लिखा था कि क्या स्कूल ने उसे निकाल देने का निर्णय करते समय निर्णायकों की (अवश्य कोई प्रबंध समिति रही होगी) असहमति का सामना किया था। ख़बर ने झलक तक नहीं दी कि स्कूल का कोई मोहल्ला भी था जहां लोगों में इस 'नैतिक दुराचार' के आरोप की सूचना मिलने पर सच्चाई का पता लगाने की इच्छा जागी थी। लड़की के माता-पिता निश्चय ही हैं, क्योंकि वे इस ख़बर में यथास्थिति से टकराते हुए उसमें हस्तक्षेप करते बताए गए हैं, पर यदि लड़की का कोई घर था तो उसका भी कोई परिवेश रहा होगा। 'कमाल' और 'कारनामा' जैसे शब्दों से युक्त शीर्षक से छपी इन ख़बरों में किसी ऐसे सूत्र से आनेवाले विरोध का जिक्र नहीं है, जिसमें एक निर्मम और बुद्धिहीन समाज की क्रूर जड़मति को सुधारने की या नहीं तो दंड देने की ही इच्छा रही हो। चारों ओर इस कमाल और कारनामे से मुग्ध होकर मुंह बाए बैठे मां-बापों की भीड़ क्लोज़अपों में मानो दूरदर्शन के किसी बंबइया सीरियल में दिखाई दे रही है।

इन शिकायत भरी पंक्तियों को पढ़कर बहुत मुमकिन है कि कुछ लोग मुझसे भी शिकायत कर रहे हों, क्योंकि आजकल किसी अन्याय पर उंगली उठानेवाले पर ख़ुद उंगली उठाने वालों की कमी नहीं, जैसा कि आप अगर बस में सफ़र करते हैं तो कंडक्टर के और मुसाफ़िरों के रिश्तों में अक्सर देखते होंगे। मुझसे शायद यह शिकायत होगी कि समाज में इतनी नपुंसकता फैली हुई है तो आप इंसानियत का पक्ष लेकर ही क्या करेंगे! सच पूछिए तो इस सवाल का कोई जवाब नहीं है, सिवाय इसके कि यह पक्ष तो हम लेंगे और हज़ार बार लेंगे और लेते रहेंगे चाहे हमें आंखों से देखने को मिले कि हमारे लिखने से कहीं नहीं कुछ बदला है। समाज की कट्टरता को बदलने और कठोरता को तोड़ने का यही उपाय है। निश्चित जानिए कि यदि हम ख़बर लिखने में उन लोगों की संवेदनाओं को थोड़ा बहुत भी शामिल करते हैं जो अत्याचार और अन्याय की मानसिक दरिद्रता को दूर करनेवाले काम करते हों तो चीज़ें बदलना शुरू हो जाती हैं।

हर ऐसा समाचार जिसमें इंसानी रिश्ते तोड़कर कुचल दिए गए हों, ख़बर लिखनेवाले को अवसर देता है कि उस ख़बर को जाने जो इन रिश्तों को बचाने और बनाने की ख़बर है। इसके लिए उन्हें जानने की कोशिश करनी पड़ेगी। और जब उनकी समझ में आ जाएगा कि ख़बर उतनी नहीं है, जितनी बने-बनाए सूत्रों से आई थी तो उन्हें पृष्ठभूमि में रचनाशील, स्वस्थ, सहृय व्यक्तित्वों का एक समुदाय दिखाई देगा। असली ख़बर इन्हीं लोगों के द्वारा मिली जानकारी से बनेगी।

जैसे मोदीनगर की ख़बर को ही लें। नीम हकीम के कारनामों को जो लोग चुटकुले या तमाशे की तरह जानकर खिसियाए हुए संतोष से सोच रहे होंगे कि आज के अख़बार में आख़िरकार एक मनोरंजक समाचार तो मिला, वे भी पाठक ही हैं। अगर हम मोदीनगर की क्रूर मानसिकता को लताड़ नहीं सकते तो कम से कम उसका पर्दाफ़ाश तो करें। बेहतर मगर यही होगा कि महज लताड़ और पर्दाफ़ाश पर हम बहुत उम्मीद न लगा रखें, क्योंकि जहां पर भीतर से ताक़त देनेवाली ख़बर नहीं होती वहां असलियत को नंगा देखकर भी कोई बदलता नहीं। इससे भी बेहतर होगा कि हम असली ख़बर दें। क्या 'प्रेस ट्रस्ट' या 'भाषा' किसी के भी संवाददाता ने लड़की की ख़बर प्रचारित करने के पहले यह भी जानना चाहा था कि नीम हकीम की संकरी अक़्ल के ख़िलाफ़ किसी पड़ोसी, शिक्षक, अभिभावक या नागरिक ने हिम्मत से कहा था कि लड़की को स्कूल से निकालना ग़लत है। और इससे हज़ार गुना ज़्यादा ग़लत है समाज के एक माननीय अबोध शिशु सदस्य को कलंकित करके अपनी दमित वासना को तृप्त करना—वह भी अख़बार में।

आम आदमी एक वस्तु था

साहित्य के शास्त्र में यथार्थ और रचना के परस्पर संबंध के विषय पर साहित्य प्रतिष्ठानों ने बड़ी-बड़ी बहसें आयोजित की हैं, पर अख़बार में यथार्थ को बताने में भाषा का क्या व्यवहार होना चाहिए, इस विषय पर विचार कम होता है। यह लम्बा-चौड़ा विषय है और इस छोटी-सी टिप्पणी में इसका विस्तृत विचार संभव नहीं, पर एक प्रत्यक्ष उदाहरण पर कुछ कहना आवश्यक होगा। हत्या एक यथार्थ है जो अख़बारों में सबसे अधिक जगह पा रहा है और संयोग है कि वर्तमान में अख़बरों में अधिकृत रूप से लिखनेवालों में काफ़ी बड़ी संख्या ऐसे लोगों की है जो भाषा का व्यवहार कविता-कहानी आदि लिखने में भी करते हैं।

तो जब मंडी हाउस के पास एक बिगड़ैल बस ने दो की जान ले ली और कइयों को घायल कर दिया तो यथार्थ यह था कि वे लाशें पिद्धल हुई पड़ी थीं और सड़क ख़ून से रंग गई थी। मगर यह आधा यथार्थ ही है। बाक़ी आधा यह है कि दोनों लाशों का उनसे क्या संबंध था जिन्होंने भाषा के द्वारा यह तथ्य दूसरों को बताया। ख़बर के छपने पर मालूम हुआ कि एक लाश की जेब से शिनाख़्त कार्ड मिला जिसे शायद पुलिस ने अख़बार के सामने प्रमाणित किया। एक की जेब में शायद कुछ नहीं था। उसकी अधिकृत शिनाख़्त कोई नहीं कर सका। अख़बार ने फैले हुए ख़ून और बिखरे हुए चनों को देखकर या अन्य साधनों से अनुमान कर बताया कि वह शायद चनेवाला था जो उसी बस अड्डे पर चने बेचा करता था।

समाचार के अनुसार बस अड्डे पर क्रुद्ध भीड़ में रोष था। अन्याय के प्रति रोष होना जीवित समाज का लक्षण है पर बस अड्डे पर इंतज़ार करनेवाले लड़के-लड़कियों और अधेड़ बाबुओं ने कभी तो या तफ़रीहन या भूख के मारे इस चनेवाले से सौदा लिया होगा। न भी लिया हो तो उसकी शक्ल तो देखी होगी। उसकी ज़िंदगी से किसी को कोई भी वास्ता रहा होता तो उसके मरे हुए चेहरे को भी पहचाना जाता। अंत में नतीजा यह निकला कि ख़बर बताने के लिए चनेवाले का नाम बताने की ज़रूरत नहीं हैं। अर्थात् उसके नाम का इस मृत्यु के यथार्थ में कोई आवश्यक स्थान नहीं है।

इस समझ का एक मतलब यह निकला कि हत्या का—और यह दुर्घटना स्पष्टतया दुर्घटना नहीं थी, एक उच्छृंखल ताक़त के हाथों हत्या ही थी—यथार्थ बताने के लिए आदमी से किसी नाते की ज़रूरत नहीं। उसकी लाश ही काफ़ी है।

यथार्थ के साथ यह व्यवहार सीधे-सीधे भाषा के साथ उस आदमी के रिश्ते का सवाल है जो मरे हुए आदमी की ख़बर बताने के लिए ज़िंदा बच गया है। क्या वह पूरी ख़बर अर्थात् पूरा यथार्थ है जिसमें आदमी का नाम न हो और जिसके परिवेश का उसके अस्तित्व के साथ कोई संबंध भाषा बता न रही हो—या इतना

ही संबंध बता रही हो जितना उसकी लाश से जुड़ा हुआ है ? क्या यही अख़बार में आम आदमी से जुड़ना है ?

गांव में विपन्नता बढ़ने के साथ-साथ हर साल अनेक गृहस्थ घर छोड़कर बाहर आते रहते हैं। शहर में जहां अख़बार में अपनी अभिव्यक्ति पाने का अवसर भाषा के जानकारों को मिल जाता है, उन बेघर लोगों की ख़बर लिखनेवाले भी अक्सर अपनी ज़मीन छोड़कर आए थे। फ़र्क़ ज़्यादातर इतना ही था कि उनकी ज़मीन खेती की नहीं थी, मगर एक ज़मीन तो रही ही होगी जिस पर खड़े होकर वे बाक़ी समाज को और जीवित मनुष्यों को देखते। उस ज़मीन पर से कम से कम इतना तो दिख जाना चाहिए कि अख़बार में भाषा का ऐसा इस्तेमाल वे न करें जो उन्हें अपनी ही तरह के विस्थापितों को सिर्फ़ वस्तु बनाकर छोड़ देने का षड्यंत्र करती हो। इस षड्यंत्र के पीछे भाषा के तंत्र से संगठन काम करते हैं और बड़ी पूंजी से काम करनेवाले ये संगठन भाषा को बरतने में सक्षम उन लोगों का उपयोग करते हैं जो सिर्फ़ अपने साधन से अपनी अभिव्यक्ति भाषा के ज़रिए दूसरों तक पहुंचा नहीं पाते। यथार्थ को बताने की जो शैली बड़े अख़बार विज्ञापित कर रहे हैं उसमें सन्नू चनेवाले की ख़ुद तो कोई जगह है ही नहीं, है तो सिर्फ़ उसकी लाश पर विलाप करती विधवा की तस्वीर की है जो हत्या के दो दिन बाद चनेवाले का नाम बताते हुए छाप दी गई थी और जिसके साथ कोई शब्द न थे।

[24.9.89]

तीसरा कौन था ?

साहित्य के प्रतिष्ठानों में विद्वानों ने यह मत प्रचारित किया है कि साहित्य और समाचार दो अलग-अलग चीज़ें हैं। इनकी भ्रांति को तोड़ने के लिए हम एक समाचार उदाहरणार्थ ले रहे हैं। देखना चाहिए कि इस समाचार में जो कुछ दिखता है उसके अतिरिक्त क्या है जो समाचार में नहीं शामिल किया गया जबकि वही असल समाचार है और जिसे जब भी कोई खोजेगा तो वह साहित्यकार ही होगा, चाहे वह समाचार न लिखे कुछ और ही लिखे।

झुग्गी में रहनेवाले एक दंपति अपने घर में मरे पाए गए। किसी तीसरे व्यक्ति के हत्या के समय मौजूद होने या हत्या करने का कोई प्रत्यक्ष प्रमाण नहीं दिखाई दिया। जो समाचार 3 मई के सवेरे अख़बारों में छपा उसमें पति-पत्नी के शरीर पर सांघातिक घावों का ज़िक्र है और पत्नी के बिछावन तथा कोठरी में फैले

हुए मिट्टी के तेल का ज़िक्र है। पुलिस ने पड़ोसियों से उस दिन तक जो पूछताछ की थी उसका भी ज़िक्र है—पुलिस को बताया गया कि पति-पत्नी झगड़ालू नहीं थे बल्कि पड़ोस की बिरादरी में झगड़े निपटाने में पहल भी करते थे। संवाददाता ने पुलिस के हवाले से यह भी बताया था कि पति और पत्नी के घरवालों के इलाक़ों में दोनों के बारे में पुलिस की पूछताछ जारी है। समाचार के अंत में एक पंक्ति उल्लेखनीय है—दोनों की हत्या करनेवाले को कभी सज़ा नहीं दी जा सकेगी।

इस पंक्ति के अर्थ में यह निहित है कि पुलिस ने जो पूछताछ की और कर रही है उसका उद्देश्य हत्यारे को खोजकर सज़ा देना है और प्रस्तुत साक्ष्य के आधार पर पुलिस ने निष्कर्ष निकाल लिया है कि दोनों एक-दूसरे के हत्यारे थे। अब दोनों नहीं हैं इसलिए सज़ा किसी को नहीं दी जाएगी। पुलिस का काम ख़त्म।

दोनों ने एक-दूसरे की हत्या कर दी, इस अपराध-रोमांच-रहस्य की पटकथा भी अख़बार के लिए पुलिस ने गढ़ दी है। वह इस प्रकार रची गई है। जब पति काम से दोपहर को घर लौटा तो पत्नी या तो सो रही थी या लेटी हुई थी। दोनों के कोई संतान नहीं थी। पति को पत्नी की सच्चरित्रता पर संदेह था। उसने मिट्टी के तेल का पूरा कनस्तर पत्नी पर उड़ेल दिया। वह माचिस जला ही रहा था कि पत्नी को पता चल गया कि मेरी जान ले लेगा और उसने कहीं से रसोईघरवाला चाकू प्राप्त कर लिया। पत्नी ने चाकू मारकर पति की आंतें बाहर निकाल दीं। बदले में क्रूर पति ने मरने से पहले पत्नी के सीने पर और पेट पर वार किया। दोनों ख़त्म हो गए। इसी पटकथा में या तो पुलिस ने या संवाददाता ने यह संशय भी जोड़ दिया है कि सच्चरित्रता की कमी स्त्री में न रही हो तो पुरुष में रही हो सकती है। बहरहाल पूछताछ से और साक्ष्यों से जो प्रकट नहीं था वह घटना की पटकथा में लिख दिया गया है—अर्थात् यह कि यह परस्पर हत्या पत्नी के पुंश्चली या पुरुष के लंपट होने का परिणाम थी। और यह अख़बारों में छपा दिया गया है।

एक बिल्कुल काल्पनिक तथ्य को यह मान्यता देना और सामने मौजूद कम से कम दो बड़े प्रमाणों को कोई महत्व न देना क्या दिखाता हैं? ये दो बड़े प्रमाण ये हैं कि दोनों के विवाह को आठ वर्ष हो गए थे और वे निस्संतान थे। आठ वर्ष (या किसी अख़बार ने कुछ कम लिखे हो सकते हैं) झुग्गी के संकरे स्थान में एक दूसरे के साथ जीवन काटनेवाले दो व्यक्तियों के जीवन में पुलिस को सबसे पहले तीसरा व्यक्ति दिखा जो उनके बीच में अलगाव कराने आ गया था मगर वह तीसरा व्यक्ति नहीं दिखा जो उनके जीवन में नहीं आ रहा था और उनका सारी दुनिया से अलगाव बढ़ा रहा था। यदि कल्पना ही करनी थी तो उस शिशु की कल्पना की जा सकती थी जो यदि होता तो अभाव, अकेलापन और असहायता की पीड़ा को शायद बांट देता या शायद बढ़ा देता पर दोनों हालतों में वह एक समृद्ध अनुभव की कल्पना होती।

चूंकि उपलब्ध तथ्यों में से दो तथ्यों को ही लेकर कल्पना कर रहे हैं और हमने यह लगभग सिद्ध कर दिया है कि तीसरे व्यक्ति ने हत्या नहीं की इसलिए स्त्री के सो रहे या लेटे होने और मिट्टी के तेल से तर किए जाने की कल्पनाएं छोड़ दें और एक नई पटकथा बनाएं संतान की इच्छा जिसके केंद्र में हो तो कैसा रहे। क्या कोई लिखने की कोशिश करेगा ? या हमारे समाज के चौकीदार हर समय सबसे आसान अनुमानों से अपने अनायास हाथ लगे तथ्यों को सजाते रहेंगे क्योंकि मानव जीवन और मानव व्यवहार के कुछ घिसे-पिटे नमूनों से ही उन्होंने समाज की पहचान बनाई है और समाज उनकी निगाह में ऐसी मान्यताओं पर टिका हुआ है। किसी व्यक्ति के कोई अंधेरे कोने हो ही नहीं सकते जहां उसकी पीड़ाएं प्रकट होने को व्याकुल होती हों और जहां पीड़ा के अतिरंजित ठोस रूपों से अलग कुछ साधारण सूक्ष्म पर घृणा से भरे समाज के रक्षक सोचते हैं कि होते भी होंगे तो वे झुग्गी में रहनेवाले सफाई कर्मचारी के घर में कहां से होंगे ? वहां तो केवल छिनारा जैसी मोटी हरकतें ही होंगी जो अक्सर हुआ करती हैं—औरतों द्वारा।

[21.5.89]

मध्यवर्ग : हिंसा में मनोरंजन का नया विषय

साहित्य के विद्वानों को शायद याद हो कि एक ज़माने में यथार्थ के समर्थक कहानीकार 'पतिता' स्त्रियों की कहानियां लिखना विद्रोह का प्रमाण माना करते थे। समाज की मार से स्त्रियों को मजबूरन 'पतिता' बनना पड़ता है और समाज से विद्रोह करने के लिए लेखकों को उनकी कहानियां लिखनी पड़ती हैं—यह कहते थे ये कहानीकार। पर वे ईमानदारी से मानते थे कि उनका उद्देश्य वेश्याओं के घर जाकर चटपटी कहानियां खोजना नहीं बल्कि समाज के ठेकेदारों के बनाए सत्साहित्य के उस परदे को खोलकर रख देना है जिसकी आड़ में वे सच्चाई को छिपाए रखना चाहते हैं। इसके बाद कुछ घटिया लेखकों ने सच्चाई को बेपरदा करने से यह फ़ायदा भी ताड़ लिया कि लगे हाथ एक किस्म के पाठक को वह सत्य भी दिखाया जा सकता है जो छिपा रहने के कारण मज़ेदार बन गया है। जिन लेखकों ने इस तरह की रचनाएं लिखीं वे तत्काल कुछ साहित्य बेच ले गए होंगे। पर साहित्य के इतिहास ने उनकी रचनाएं कूड़े के ढेर में डाल दी हैं। अभी हाल तक, इमर्जेंसी के दौर में भी कोशिश होती रही है कि यथार्थ के नाम पर वह

असलियत बताई जाए जिसे बदलकर बेहतर इंसानी रिश्ते बनाने की इच्छा न लेखक में थी न उस सत्ता प्रतिष्ठान में जिसने उस लेखक को संरक्षण दिया था।

इमर्जेंसी में यथार्थ के साथ जैसा बरताव होता था क़रीब-क़रीब वैसा ही आज फिर होता दिखाई दे रहा है। इस बार साहित्य नहीं अख़बार इसका साधन है। यह सिलसिला आज शुरू नहीं हुआ, इमर्जेंसी उठने के साथ ही पत्रकारिता से एक क़िस्म की सच्चाई को बताने की होड़ लग गई थी। रंगीन चिकनी पत्रिकाओं के मालिकों को यह सच्चाई पैसा कमाने का साधन दिखाई देती थी। यह समाज में अंदरूनी तोड़फोड़ करती थी सो अलग। इमर्जेंसी हटानेवाली सरकार अपने चरित्र के कारण इस तरह की पत्रकारिता के मन में समाज का डर नहीं बैठा सकी और जब और इमर्जेंसी-सी लगानेवाली राजनीति का उत्थान हुआ तो—कमोबेश 1980 से—समाज की हर टूट यथार्थ के वर्णन का मुख्य विषय वैसे ही बन गई जैसे एक ज़माने में बिक्री बढ़ानेवाले घटिया साहित्य में बनती थी।

हिंसा से मनोरंजन का एक भरपूर दौर तभी से जारी है। पत्रकारिता में इस हिंसा का पात्र कमज़ोर वर्ग माना जाता है। जिस वर्ग का पत्रकार समाचार, संपादकीय या संदेश लिख रहा हो उससे तुलना में कमज़ोर वर्ग पर आक्रमण किया जाता है और ताक़तवर वर्ग को अख़बार बेचा जाता है। इस षड्यंत्र के सफल होने का रहस्य यह है कि कमज़ोर वर्ग भी उस अख़बार को पढ़ने के लिए मजबूर है क्योंकि उसे अपने पर हुए आक्रमण की ख़बर भी उसी से मिलती है। कमज़ोर वर्ग के पास अपने खुद के साधन इतने नहीं जुट पाते कि वह असलियत की ऊपरी ख़बरें खुद जमा करे, छापे और इसी पैमाने पर वितरित करे जिस पर हिंसा में मनोरंजन प्रचारित करनेवाले उसके शत्रु कर रहे हैं।

मनोरंजन के शिकार इस कमज़ोर वर्ग में आज से 9-10 वर्ष पहले बहुत करके 'विपन्न दलित' नागरिक हुआ करते थे। पिछले कुछ महीनों से मध्यवर्ग को भी इस मनोरंजन की वस्तु बनाया जा रहा है। यह मध्य वर्ग के पाठकों ने देखा तो ज़रूर होगा, शायद अभी तक पहचाना नहीं है। गांव-देहात के बेघरबार लोगों पर जुल्म की ख़बरें शहर में रहनेवालों को रस देती रही हैं, ग़रीब पर बलात्कार में शहर में किसी को मानहानि नहीं दिखाई देती थी क्योंकि जिसका अपमान हुआ था वह कोई ग़ैर था। आज हम देखते हैं कि पिछले कई महीनों से शहरों के मध्य वर्ग के परिवारों में स्त्री-पुरुष संबंध की विकृतियों की ख़बरें लाई जा रही हैं। इनको खोजकर लाने और इनमें स्त्री के चरित्र पर बड़ी चालाकी से कीचड़ उछालनेवाले भी मध्य वर्ग के पत्रकार होते हैं पर वे पूरी ख़बर नहीं देते। पूरी ख़बर में स्त्री का पक्ष भी देना होगा। यह सोचकर हमारा पत्रकार उस पक्ष को खारिज ही कर दे रहा है। मध्य वर्ग के नागरिकों पर बलात्कार की ख़बरें देने के साथ स्त्री की चरित्र हत्या का इंतजाम भी किया जाता है। मध्य वर्ग में चरित्र का मामला अपने-आपमें एक रसभरा विषय है, उसमें अवैध

नर-नारी संबंध का संकेत देने से ही मनोरंजन हो जाएगा। बलात्कार की ख़बरों में स्त्री का नाम, पता, फ़ोटो छापना और साथ में आस-पड़ोस के लोगों से कहलवा देना कि यह स्त्री परपुरुषों से संबंध रखती थी, हिंसा में भी मनोरंजन की विकसित शैली है जिसमें ख़ून नहीं बहता पर हिंसा होती है।

[9.10.88]

मौत की ताज़ा ख़बर

पत्रकार जगत के बहुत-से सामयिक प्रश्नों में से एक है जिसके विषय में संवाददाता और संपादक यदि नए सिरे से सोचें तो शायद कोई सार्थक उत्तर सुझा सकते हैं। वह प्रश्न है मौत की ख़बर का हम क्या करते हैं ?

इसका उत्तर असल में राजतंत्र से आना चाहिए क्योंकि जनसाधारण की सुरक्षा का दायित्व अमन-चैन की और रोग निवारण की सरकारी संस्थाएं निभाती हैं। ईश्वर की इच्छा पर सरकार का बस नहीं परंतु जब तक ईश्वर अपने यमदूतों को भेजे तब तक अक्सर आदमी उसके इरादों में टंगड़ी मारकर आदमी को बचा ले जाता है। कुल मिलाकर मृत्यु का प्रबंध बड़ा उलझा हुआ मामला है। यह भी होता है कि किसी को मौत से बचाने के लिए सुरक्षा गारद और वाहन, निवास तथा शरीर पर कवच ही कवच उपलब्ध हो जाते हैं। दूसरी ओर ठीक जिस समय कोई व्यक्ति जनता की आवाज़ सत्ताधारियों तक पहुंचाने के लिए भीड़ से निकलकर सामने आ रहा होता है वह प्राकृतिक मृत्यु का शिकार हो जाता है। मगर मौत की ख़बर तो आख़िरकार अख़बार ही लिखता है। चाहे मृतक को मौत से बचाने के राष्ट्रीय प्रयत्न क्यों न किए गए हों मृत्यु के बाद ख़बर मृत्यु की होती है। जहां बचाने की कोई संभावना ही नहीं रही हो या जहां मौत आसमान से फूट पड़ी हो, वहां भी असल सवाल यही रह जाता है कि ख़बर इंसान के बारे में उसकी मृत्यु के अलावा और क्या बताती है। यही पत्रकार जगत के विचार का विषय होना चाहिए। मौत की ख़बर का हम क्या करते हैं। क्या हम मृतक को जीवित समाज से काटकर अलग कर देते हैं क्योंकि अब वह हमारा क्या कर लेगा ?

एक पत्रकार ने एक बार किसी गोष्ठी में कहा था कि मौत की इतनी ख़बरें आती रहती हैं कि अब मौत कोई ख़बर नहीं रह गई। मौत की ख़बर का यह पत्रकार क्या करते होंगे जो यह कह रहे थे मौत उनके लिए कोई ख़बर नहीं

रह गई थी। यदि इन पत्रकार महोदाय ने इतनी सारी मौतों से ऊबने के बजाय एक मौत को भी अपनी पड़ताल का विषय बनाया होता तो वह उसमें शायद बहुत अर्थभरी ख़बर देख पाते। पर वैसी पड़ताल स्वयं बहुत झकझोरनेवाली हो सकती है और उस पड़ताल से असली ख़बर निकल आने पर वह संवाददाता को ही नहीं पाठकों को भी झकझोर दे सकती है। ये दोनों बातें स्पष्ट रहें।

हम पिछले महीनों के दैनिक अख़बारों को पलटें तो मालूम होगा कि हत्या शब्द अख़बारों की भाषा में प्रतिदिन काम आ रहा है। ताज्जुब है अभी तक समाचारों पर नियंत्रण रखनेवाले किसी सुरक्षातंत्र ने लेखकों को यह सलाह क्यों नहीं दी कि वे इस शब्द को बदल देने जैसी एहतियाती कार्रवाई तो कर ही सकते हैं। मगर उसकी मुश्किल यह है कि हत्या का वही अर्थ देनेवाला कोई दूसरा शब्द भाषा में है ही नहीं। परंतु हम तंत्र की मुश्किल पर आजकल के राजनैतिक सलाहकारों की तरह विचार न करके यह देखें कि उस घटना के शिकार को हम भाषा से क्यों बाहर किए दे रहे हैं। मौत की ढेरों क़िस्में अख़बार के बाज़ार में पाई जाती हैं। सड़क दुर्घटना से लेकर योजनाबद्ध सामूहिक हत्याकांड तक सबमें ज़रा मुश्किल से ही पढ़ने को मिलता है कि जो आदमी मारा गया वह कौन था। मारने की विधि अथवा घटना के बार-बार वृत्तांत और कालक्रम के कमोबेश वर्णित होने पर भी हम समाचार से अक्सर गजमुक्त कपित्थवत निकल आते हैं अगले दिन फिर इसी हास्यास्पद शारीरिक प्रक्रिया से गुज़रने के लिए। सड़क दुर्घटना के ऐसे समाचार भी छपते हैं जिनसे पाठक नतीजा निकाल लें तो अजब नहीं कि जो मरा वह दुनिया में अकेला था और जो जन यह दावा करें कि वे उसके जीवन से संबद्ध थे, उन्हें मारो गोली। हम इस संगठित, नियोजित, नियमबद्ध व्यवस्था में दफ़्तर से भागकर ट्रैफिक कंट्रोल नहीं संभाल सकते। मगर तंत्र का अभी तक ऐसा अमानवीकरण नहीं हुआ है कि किसी त्रासदी का नामोनिशान इतनी जल्दी मिटा दिया जाए कि संवाददाता वहां पहुंचकर उस संसार में प्रवेश न कर सके। हां, जिस तरह से मृत्यु के अधिकांश समाचार लिखे या संपादित किए जा रहे हैं उससे अनेक त्रासदियों के नामोनिशान शायद मिट जाएंगे सिर्फ़ वे बचेंगी जिनको हिंसा को रोचक बनानेवाली संस्कृति ने अपनी प्रयोगशाला में फिलहाल रख लिया है। जो आदमी मारा गया उसका नाम नहीं मालूम हो तो भी उसे कोई वस्तु बनाकर तो न छोड़ दीजिए जिसकी अब कोई उपयोगिता नहीं रही।

[17.7.88]

मूल्यों पर हमला

यह समय बहुत कुछ वैसा है जैसा एक ग़ैर-कांग्रेसी के अपने कर्मों से गिरने के समय 15 बरस पहले था। 1975 में जब सत्तारूढ़ राजनैतिक दल में नया नेता चुनने की समस्या का हल पार्टी की सकत के बाहर था तब इमर्जेंसी लगी थी। पार्टी से बाहर के तत्व नागरिकों की संवैधानिक आज़ादी का इस्तेमाल न कर पाएं इस उद्देश्य से सेंसर लगा था। जिन लोगों ने सेंसर का फ़ायदा उठाकर जनसाधारण को बहस और विचार से विमुख किया उन्हें राजनीति का वह नक़्शा बहुत अनुकूल पड़ता था जहां किसी विचार का कोई विकल्प न हो। सेंसर उठने के बाद नए-नए अख़बारों की बाढ़ आई और इनमें बहस को भटकाने या दबाने की नई शैलियां उन्हीं ने विकसित कीं जिन्होंने सेंसर को अपनी राजनीति के धंधे में मुफ़ीद पाया था। आज अख़बारों ही में कुछ ऐसे हैं जो सेंसर की नई परिभाषा और शैली विकसित कर रहे हैं।

इन शैलियों में एक है, किसी व्यक्ति या संस्था के चरित्र पर लांछन लगाना, इस लांछन का प्रतिवाद करते हुए जब कोई लिखित वक्तव्य अख़बार को दिया जाए तो उसे भी छाप देना और साथ में यह टिप्पणी कर देना की निर्भीक पत्रकारिता की उन्नति के लिए हम मामलों की जांच जारी रखे हैं और समय आने पर और भी सामग्री एवं तथ्य प्रकाशित करेंगे, इसके बाद जब और भी अपुष्ट तथ्य प्रकाशित करें तब उनका प्रतिवाद भी छाप देना परंतु फिर कुछ और तथ्य प्रकाशित करने की धमकी भी दोहरा देना।

इस तरह तथ्यों का प्रतिवाद जारी रहता है परंतु तथ्यों के प्रकाशन के पीछे उद्देश्य कोई जानकारी देना नहीं बल्कि विचाराधीन प्रश्न का अर्थ जानने के इच्छुक पाठक को भटकाना ही होता है। सेंसर का असली उद्देश्य होता है अभिव्यक्ति पर अंकुश अथवा उसका निषेध। इस नई शैली में प्रकटतया न कोई अंकुश है न कोई निषेध है, पर इसका उद्देश्य तर्क और विचार की ईमानदारी को निरस्त करना है। इस निकृष्ट पत्रकारिता का सिद्धांत यह है कि प्रतिवाद छापो पर विचार मत छापो। विचार का वैविध्य तर्कसम्मत मत होने दो। विचार की जकड़बंदी के भीतर तथ्यों की बहुलता की अभिव्यक्ति होने दो और उसी को स्वतंत्र पत्रकारिता घोषित करो। पर कोई तथ्य ऐसा मत प्रकाशित होने दो जो जकड़बंदी में दरार डालता हो। इस शैली में बहुधा लांछनों, आक्षेपों और संदेहों का धारावाहिक प्रकाशन होता रहा है और अख़बार या पत्रिका उनके अयथेष्ट प्रतिवाद छापकर निर्भीक पत्रकारिता का प्रमाणपत्र अपने माथे पर चिपका लेती है। इस तरह सेंसर का उद्देश्य विचार पर प्रतिबंध लगाए बिना पूरा हो रहा है क्योंकि इसमें सोचने को प्रोत्साहन देना मना है।

'आरोप छापो प्रतिवाद छापो—परंतु विचार मत छापो' यह इस नई पत्रकारिता का मूल मंत्र है। इसमें तथ्यों को विकृत करने और फिर उसी विकृति को प्रतिवाद का विषय बनाने के बहाने से आरोप-प्रत्यारोप और खंडन-विखंडन की प्रक्रिया चलाई जाती है। इससे एक बार फिर विचार का भ्रम फैलता है।

किसी अख़बार में एक पृष्ठ पर प्रकाशित किसी समाचार या टिप्पणी का बाक़ी पृष्ठों से क्या संबंध है ? यह भी एक महत्वपूर्ण प्रश्न है। ऐसे अख़बार भी हैं जिनकी प्रकाशित सामग्री अपने पाठकों को किसी तरह के विचार-विमर्श के लिए तैयार नहीं करती। उसके पाठक सिर्फ़ अपने मन की ही बातें पढ़ते-पढ़ते समझना बंद कर देते हैं कि किसी विचार के कोई आयाम ऐसे भी हो सकते हैं जो उन्हें अभी तक न सूझे हों। जब ऐसे जड़ पाठकों को कोई नई बात बताई जाती है तो उनकी पहली प्रतिक्रिया एक नई समझ के आविष्कारक की नहीं होती बल्कि वह नई समझ उन्हें अपनी सुरक्षित गढ़ी पर आक्रमण जैसी जान पड़ती है और वे समझ के दरवाज़े आत्मरक्षा में बंद कर लेते हैं। यदि किसी अख़बार को विचारों के विस्तार से विरोध है तो उसके पृष्ठों पर प्रकाशित लांछनों, आरोपों या आक्षेपों के प्रतिवाद को सहज स्वीकार करनेवाले पाठकों की संख्या अधिक नहीं होगी। ऐसे अख़बारों से आरोपों-प्रतिवादों को निर्भीक पत्रकारिता बताने की चालाकी आसानी से चल सकती है क्योंकि उनमें छपे प्रतिवाद भी अपने पाठकों में निष्पक्ष भाव उत्पन्न करने में अक्षम पाए जाते हैं और निर्भीकता आरोप लगाने की उद्दंडता बनकर रह जाती है।

इस तरह प्रतिवाद और प्रति-प्रतिवाद का सिलसिला पाठक को सोच के दायरे से दूर भावना के दायरे में बांधता जाता है और यथार्थ की ऐसी भावनात्मक समझ उसके मन में बनती जाती है जो एक तरह के साहित्य के लिए गुणकारी हो सकती है पर समाज-निर्माण के लिए बहुत हानिकारक ही सिद्ध होगी। बहस की जगह यह पत्रकारिता अपने विचार पर अड़े रहना और उसे यथार्थपरक सिद्ध करना सिखाती है। चूंकि सभी पाठक स्वयं वह यथार्थ नहीं देख रहे हैं जो पत्रकार दिखाना चाह रहा है बल्कि पत्रकार की आंखों से उसे देखने पर निर्भर हैं। यह लेखन का गहरा और देर तक असर करनेवाला ज़हर समाज में भर देगा। चेतावनी किसी एक पक्ष को दूसरे के हित में नहीं दी जा रही। यह सभी के हित में है कि वे पत्रकारिता के प्रतिमानों की अगली गिरावट का मुक़ाबला अभी से करें क्योंकि अगली गिरावट के दौर में कवियों पर तो कम मूल्यों पर ज़्यादा हमला होनेवाला है।

1975 में मूल्यों के पक्ष में विचार आज की अपेक्षा स्पष्ट थे पर पक्षधरता प्रकट होने में देर लगती थी। आज पक्षधरता प्रकट होगी और मूल्यों के विचारों पर ही अस्पष्टता का भाषाई प्रचार अस्त्र के रूप में चलाया जाएगा। यह पहले से देखकर जो लेखक अपनी मूल्यों के प्रति पक्षधरता का विचार करेंगे वे ही भाषा का सार्थक

उपयोग करेंगे। कोशिश की जाएगी कि आज सेंसर व्यवस्था के अभाव में शक्तिशाली तत्व विचारों को दबाने की तरक़ीब छोड़कर विचारों को भटकाने के तरीक़े प्रचारित करें। इनके साधन इन तत्वों ने पिछले 15 वर्षों में बहुत विकसित कर लिए हैं।

[4.11.90]

तिलक ब्रिज पर सज़ा

तिलक ब्रिज पर मैं उपस्थित नहीं था। मैंने तो अख़बार से जाना कि रेलयात्रियों ने गुस्से के मारे पुलिस और होमगार्ड के सिपाहियों को पीट-पीटकर मार डाला। गुस्से की वजह यह थी कि एक मुसाफ़िर चलती ट्रेन में चढ़ते हुए गिरकर कट गया था। पुलिस ने उसे चढ़ने की कोशिश करते देखकर रोका था। मुसाफ़िर के हाथ से हैंडिल छूट गया था।

अख़बार के संवाददाता महोदय भी घटना के समय उपस्थित नहीं रहे होंगे। तिलक ब्रिज पर पहले से खड़े रहने का कोई कारण भी नहीं था। रेलगाड़ियां वहां से गुज़रती ही रहती हैं। उस दिन आरक्षण-विरोधी प्रदर्शन के कारण यात्रियों की भीड़ ज़रूर रही होगी। पर यह भी संवाददाता के लिए संभव नहीं था कि वह प्रदर्शन की ख़बर लेने एक ही जगह खड़ा रहे। उसने घटना के बाद पूछताछ करके मालूम किया होगा कि एक मुसाफ़िर कट मरा और दो सिपाही पीट-पीटकर मार डाले गए तो क्यों।

अख़बार में यह ख़बर दूसरे या तीसरे दिन छपी और पढ़नेवालों ने सिर्फ़ इतना जाना कि पुलिस और होमगार्ड ने 65-70 साल के उस आदमी को चलती गाड़ी में चढ़ने से रोका और आदमी पायदान या हैंडिल से छूटकर नीचे आ रहा। जिस डब्बे में वह चढ़ने की कोशिश कर रहा था वह जनाना डब्बा था।

चूंकि अख़बार ने यह नहीं बताया कि पुलिस ने यात्री को किस प्रकार रोका, हमारे जैसे साधारण पाठक मान लेते हैं कि चिरौरी नहीं की होगी। यह भी नहीं मालूम कि पुलिस की निगाह में उसका वह अपराध क्या था जिसे करने से पुलिस ने मना किया था। क्या अपराध चलती गाड़ी में चढ़ना था या जनाने डब्बे में चढ़ना था। दोनों में से कोई भी रहा हो उसकी सज़ा मौत नहीं थी। वह अपराध हो जाता तो किसी व्यक्ति का या समाज का इतना कुछ नहीं बिगड़ जाता कि नैतिकता और क़ानून का ताना-बाना बिखर जाए। नियम-क़ायदों की रक्षा करनेवालों को अगर यह मानवीय समझ रहती कि नियमों का पालन हिंसा के बूते कराना किसी

समय अमानवीय हो जाता है तो वे भीड़ से भरे स्टेशन पर गाड़ी पर चढ़ने की भगदड़ में उस ताऊ को हड़काते नहीं जो शायद बिना यह जाने हुए कि वह जनाने डिब्बे में चढ़ने का सांघातिक अपराध कर रहा है, पायदान पर पंजा टिकाकर दम ले रहा था।

यात्रियों को जब मालूम हुआ कि एक मुसाफ़िर पुलिस के डर के मारे चलती रेल से गिर पड़ा तो उन्होंने यात्री को दोष नहीं दिया क्योंकि वे तो समाज के साथ लेते-देते चलते हैं और व्यक्तियों के बीच आपसी रिश्तों की ज़रूरत पहचानते हैं। किसी ने भी, यहां तक कि जनाने डब्बे के यात्रियों ने भी एतराज़ नहीं किया होता कि मर्द जनाने डब्बे में क्यों आ गया। अगर उन्हें उस परिस्थिति का पता होता जिसमें वह चढ़ा था तो वे शायद यही कहते 'बैठ जाओ ताऊ, चुपचाप बैठे रहो'। यात्रियों ने अगर पुलिस को दोष दिया तो नियमों का मानवीयता के विरुद्ध पालन करने पर दोष दिया जबकि पुलिस समझ रही थी कि उसे अपनी ताक़त दिखाने का पुरस्कार मिलेगा।

पुलिस और नागरिकों पर कोई टिप्पणी यह कहे बिना पूरी नहीं हो सकती कि अपने प्रचार साधनों के बूते पुलिस तंत्र नागरिकों के मानवीय-सांस्कृतिक चरित्र को उसी तरह तोड़-मरोड़ रहा है जैसा उसने 65-70 साल के ताऊ को रेल के पायदान पर से हड़काकर किया। हर पड़ोसी, हर अतिथि अजनबी है और हर अजनबी ख़तरनाक है—यह संस्कृति पुलिस के विज्ञापनों से हर पढ़े-लिखे आदमी को सिखाई जा रही है। अख़बारों में उसी शैली में विज्ञापन छप रहे हैं जिसमें साबुन या साड़ी के सेल के विज्ञापन छपते हैं। उद्देश्य यह है कि जैसे सस्ते में मिलनेवाली हर चीज़ को हासिल कर लेना बाज़ार व्यवस्था में हर नागरिक की सफलता की कसौटी है, वैसे ही अपराध व्यवस्था में सुरक्षा हासिल कर लेने का यह सुनहरा मौक़ा नागरिकों को न छोड़ना चाहिए भले ही उसके बदले में पड़ोसी से हम अजनबी बन जाएं। मगर सुरक्षा व्यवस्था नाम की एक चीज़ हमारी सामाजिक चेतना बनकर हमें आधुनिक कर जाएगी।

आदमी को आदमी से लड़ाने की यह प्रक्रिया आगे बढ़ाने में अख़बार भी हाथ बंटा रहे हैं। उनके प्रति सदाशयता को मान लिया जाए कि ऐसा वे अनजाने ही कर रहे होंगे क्योंकि जिन ख़बरों के लिखने और छपने से अख़बार बनता है उनमें से कम से कम आधी तो मध्यवर्गीय परिवारों के पढ़े-लिखे लोग ही लिखते हैं और जिसके बारे में लिखते हैं वे भी लिखनेवालों से कोई बहुत भिन्न नहीं होते। पर तिलक ब्रिज वाली ख़बर में बताया गया है कि अगले स्टेशन पर यात्रियों ने पुलिस और होमगार्ड के सिपाहियों को पीट-पीटकर रेलगाड़ी में डाल दिया और उसके बाद साहिबाबाद पर अस्पताल में उन्होंने मृत घोषित किया। क्या ख़बर लिखनेवाले को एक भी यात्री ऐसा नहीं मिला जो पीटे हुए सिपाहियों को जानवरों की तरह रेल के डब्बे में डालकर आगे चल देने से दूसरे यात्रियों को रोकता। अगर हम ख़बर

को लिखते वक़्त समाज को ख़बर में शामिल नहीं करते तो हम उन्हीं तत्वों के हाथ का खिलौना बन जाते हैं जिनका उद्देश्य आदमी को अजनबी बनाना है ताकि वह आपस में कोई चीज़ बांट न सके, हर चीज़ उसे ख़रीदनी पड़े और उसकी क़ीमत हो उसकी सोचने, जीने और बदलने की आज़ादी।

[9.9.90]

पत्रकारिता की पढ़ाई

आज़ादी के साल-दो साल के अंदर हर नवयुवक लेखक के सामने यह प्रश्न आ खड़ा हुआ था कि यदि वह कोई रचनात्मक काम करना चाहता है तो उसकी जीविका से उसका कोई संबंध है या नहीं है। तब अख़बार में नौकरियां कोई बहुत नहीं थीं और जो थीं वे भी कोई बहुत सुरक्षा या पैसा नहीं देती थीं। पत्रकारिता में आने के इच्छुक रंगरूट से संपादक पूछते थे, 'क्या तुमने अच्छी तरह सोच-विचार कर तय किया है कि यह पेशा अपनाओगे क्योंकि इस धंधे में फ़ाक़े की नौबत भी आ सकती है।' उन वर्षों में कुछ हिंदीभाषी नवयुवक राजनीति में चले गए, कुछ शब्द-निर्माण के सरकारी कारख़ाने में जो केंद्र में 1951-52 में खुल गया था और जिसकी शाखाएं तेज़ी से मंत्रालयों और राज्यों में खुल रही थीं। अख़बारों का विस्तार बहुत धीरे-धीरे जारी था। विश्वविद्यालय से हिंदी में उपाधि लेकर अख़बारों में जाने से बेहतर अध्ययन में या तथाकथित हिंदी विकास अर्थात् पारिभाषिक शब्दावली निर्माण में जाना समझा जाता था। यह परिस्थिति बदली तो सबसे बड़ा कारण यह था कि राष्ट्रभाषा विधेयक ने 1963 में हिंदी में हिंदी के बूते पनपी नौकरियों के साम्राज्य में आसान उन्नति का भविष्य कुछ धुंधला कर दिया और नई प्रतिभा का अख़बारों की ओर मुंह करना व्यावहारिक माना। अख़बारों ने भी दरवाज़े खोले, लेखकों ने भी हिंदी सलाहकारी का दंभ छोड़ा और साहित्य में भी यथार्थ की खोज ने भाषा को वास्तविक जीवन से और अधिक जोड़ा। राजनीति में भी समाज परिवर्तन की भाषा को नई ऊर्जा मिली। इन सब घटनाओं का केंद्र हिंदी की राज्याश्रयी वृत्ति का अवमूल्यन नहीं था—इनके अपने-अपने ऐतिहासिक कारण थे। पर कुल मिलाकर हिंदी के नए लेखक को पत्रकारिता में सार्थक और अपेक्षया स्वतंत्र अवसर राज्याश्रय के इसी अवमूल्यन के साथ-साथ संभव हुए, इसमें कोई संदेह नहीं।

इसका एक प्रमाण यह है कि एक बड़े राष्ट्रीय दैनिक में जो सोलह साल से

दिल्ली से प्रकाशित हो रहा था, 1963 के पहले तक केवल एक विशेष संवाददाता से काम चल रहा था। अब जाकर यह ज़रूरत स्वीकार की गई कि राजनैतिक और सांस्कृतिक निर्णयों के केंद्रीय मंच पर राजधानी में बाक़ायदा विशेष संवाददाताओं का दफ़्तर होना चाहिए जो मंत्रालयों, राजनैतिक दलों और संसद के दोनों सदनों के प्रत्यक्ष समाचार संग्रह करे और अपनी हिंदी में उन्हें लिखे। आख़िरकार ऐसा ही हुआ और इससे स्पर्धा बढ़ी जो डेढ़ दशक से रुकी पड़ी थी। इस नए परिवर्तन के होते समय तक एक और घटना हो चुकी थी। संपादकों ने यह धमकाना तो छोड़ दिया था कि पत्रकारिता में आकर फ़ाक़े की नौबत आ सकती है इसलिए सोच लो। पर उन्होंने यह कहना शुरू कर दिया था कि वह ज़माना लद गया जब पत्रकारिता राष्ट्र-सेवा हुआ करती थी : अब इसका संसार बदल गया है, यह एक व्यवसाय है और इसमें विधि-कौशल सीखना ज़रूरी है। निरे आदर्श से काम नहीं चलेगा जैसा हमारे पुरखे चलाया करते थे।

इस उपदेश में चालाकी भरा खोट था। विधि-कौशल का तक़ाज़ा है कि यथार्थ को समाज के सामने समाचार के रूप में रखते हुए उसे तार्किक और वैज्ञानिक संदर्भ दिया जाए। पर उपदेशकों ने इस कौशल को बरतने का मतलब यह निकालना चाहा कि मानवीय समवेदना और सामाजिक उद्देश्य व्यावसायिक युग की पत्रकारिता से बेमेल हैं। इस नीति में वे सफल नहीं हुए, उलटे हिंदी पत्रकारिता में ऐसे प्रयोगों ने जो सामाजिक चेतना और रचनात्मक धाराओं के भीतर से यथार्थ, समाचार तथा विचार विश्लेषण के प्रतिमान बना रहे थे, नई पीढ़ी को पुरानी पीढ़ी की रूढ़िपथक प्रवृत्तियों का सार्थक अवमूल्यन करने में बड़ी मदद दी।

पत्रकारिता का एक नया दौर शुरू हुआ है। इसमें पत्रकारिता की पढ़ाई के बहाने एक नई योजना चलाई जा रही है—उद्देश्य का निरसन। एक के बाद एक पत्रकारिता विद्यालय खुल रहे हैं जिनमें आधुनिक मुद्रण प्रौद्योगिकी पर सबसे ज़्यादा ज़ोर है क्योंकि उस पर पूंजी का सबसे अधिक वश है और पूंजी ऐसे नए लोगों को अपने साम्राज्य में घुसपैठ नहीं करने देना चाहती जो इस प्रौद्योगिकी से भी बड़ी चीजें—सामाजिक सरोकार और व्यक्ति का सम्मान निबाह सकते हैं। इन विद्यालयों में जान-बूझकर सामाजिक चेतना और समाज-संरचना की प्रतीति जागृत करने का कोई शिक्षात्मक कार्यक्रम नहीं रखा गया है। ये विद्यालय उपाधि देकर जब नए पत्रकारों को नौकरी के मैदान में भेजेंगे तो वहां ये निहत्थे पाठकों पर मुद्रण के नए विचारहीन शिल्प द्वारा तोड़े-मरोड़े यथार्थ का आक्रमण करके नए पूंजीपतियों के सत्ता संचय में हाथ बंटाएंगे।

नई पत्रकारिता के पाठ्यक्रमों में एक सिद्धांत प्रतिपादित किया गया है जो पत्रकारिता को सामाजिक चेतना की रचनात्मक धाराओं से विच्छिन्न करने की आधुनिक कोशिश का भेद खोल देता है। सच्चाई यह है कि जैसे साहित्य रचना में पाठक और लेखक के बीच एक अंतरावलंबन होता है वैसे ही अच्छी मानवीय

और सामाजिक मूल्य निर्माण समर्थक पत्रकारिता में भी पाठक और पत्रकार के बीच एक नाता होता है। यह सिर्फ़ उत्पादक और उपभोक्ता का नाता नहीं है। पत्रकार, जिसे हम यहां संवाददाता, समीक्षक, व्याख्याकार आदि रूपों में अलग-अलग परिभाषित न करके संपादक कह रहे हैं, पाठक को जो चीज़ पढ़ने को देता है वह वस्तुतः पाठक की ही सामाजिक और सांस्कृतिक आकांक्षा की प्रतिमूर्ति होनी चाहिए और इतना ही नहीं, इस आकांक्षा को जागृत करने में संपादक के योगदान को पाठक और पत्रकार के बीच एक संवाद के अंतर्गत आलोच्य भी होना चाहिए।

इस आदर्श को घटिया स्तर पर उतारकर आज की नई पत्रकारिता यह प्रमाणित करने का षड्यंत्र कर रही है कि संपादक को वही छापना चाहिए जो संपादक माना करता है कि पाठक पढ़ना चाहते हैं। यह पत्रकारिता में पत्रकार और पाठक के अंतस्संबंधों को बिल्कुल फ़ालतू साबित कर देने का षड्यंत्र है। पत्रकारिता के विकास की पहचान तो यह होनी चाहिए कि किस संपादक ने या किस अख़बार ने अपने कितने पाठकों को अपने पत्र में अथवा किसी भी मानक पत्र में स्वीकार्य पत्रकार बनाया। पर इस धारणा को पत्रकारिता की दूकानें पूंजी के बल पर चलनेवाली पत्रकारिता के लिए घातक मानती हैं और पूंजी के हित में उनका अवमूल्यन कर रही हैं—अपने नाम में चाहे वह कितने भी बड़े पत्रकार पुरखों का नाम जोड़ लें।

[12.8.90]

नई पत्रकारिता का षड्यंत्र

1975 में जब सत्तारूढ़ राजनैतिक दल में तत्कालीन प्रधानमंत्री की जगह कोई नया नेता चुनने की नौबत आ गई थी तो इमर्जेंसी लगा दी गई थी और सेंसर लागू कर दिया गया था ताकि लोग इस विषय पर अपनी राय देने और दूसरों की सुनने से वंचित रहे। जिन लोगों ने सेंसर का फ़ायदा उठाकर जनसाधारण को जानने और बताने के अधिकार से बाहर कर रखा था उन्हें राजनीति का वह नक़्शा अनुकूल जान पड़ता था जहां विचार न हो, असहमति न हो, बहस न हो बस सहमति ही सहमति हो।

सेंसर हटने के बाद एकाएक नए अख़बारों की बाढ़ आई और जिन पत्रकारों को सेंसर से कोई शिकायत न थी उन्हें विचार को भटकने या दबाने की नई

शैलियां ईजाद करने का मौक़ा मिला ताकि सेंसर के बिना भी सेंसर का उद्देश्य पूरा होता रहे।

हिंदी पत्रकारिता अभी इसी दौर से गुज़र रही है। जैसे-जैसे नए अख़बार निकलते जाएंगे यह ख़तरा और अधिक मौजूदा होता जाएगा कि उनमें कुछ इन नकारात्मक शैलियों को अपनाएं। इनमें विश्वसनीयता का धोखा सबसे अधिक है।

यह नई पत्रकारिता निर्भीकता को एक निरपेक्ष मूल्य मानती है। इसके यहां हत्यारे का दुस्साहस भी निर्भीकता है, पत्रकार द्वारा किसी का अपमान करना भी निर्भीकता है, झूठ बोलकर सीनाजोरी करना भी निर्भीकता है। प्रच्छन्न लांछन, अस्पष्ट आरोप, अपुष्ट तथ्य, अतार्किक भावना को यह अभिव्यक्ति का आधार बनाती है मानो अभिव्यक्ति के अधिकार की रक्षा के लिए ये सब ज़रूरी हों। जब किसी व्यक्ति या संस्था पर किसी तरह का अपुष्ट आरोप वह प्रकाशित करती है तो प्रतिवाद होता है। पहले तो इस प्रतिवाद को वह प्रकाशित नहीं करती और इतनी देर हो जाने देती है कि प्रतिवाद प्रकाशित होने का अर्थ निरा प्रतीकात्मक रह जाए, फिर यदि प्रकाशित भी करती है तो साथ में यह टिप्पणी जोड़ देती है—हमने प्रतिवाद छापकर अपनी निष्पक्षता प्रमाणित कर दी है पर अभी हमारे हाथों मामले की जांच जारी है और उससे निकलनेवाले तथ्यों को हम किसी समय प्रकाशित करने को स्वतंत्र हैं। यह हमारी निर्भीकता के अतिरिक्त हमारी सत्यान्वेषण-प्रियता का भी प्रमाण है।

सिद्धांत की दृष्टि से यह संपादक का वैध अधिकार है कि वह किसी प्रतिवाद में निहित प्रत्यारोप को न छापे। उसे यह अधिकार भी है कि वह निरंतर सत्य की खोज में लगा रहे और नए-नए तथ्यों के आधार पर सत्य के विविध अभिप्रायों को उजागर करता रहे। परंतु जो वैध है वही नैतिक हो यह आवश्यक नहीं। वैधता के सिद्धांत के पालन में एक नैतिक दायित्व निहित है और वैधता का नैतिक अधिकार संपादक या उसका प्रतिनिधि तब प्राप्त करता है जब वह सत्य की परिभाषा विस्तृत करता है, तथ्यों की अपनी खोज की चिंता में मौलिक मानव-मूल्यों की चिंता शामिल करता है, और अपने प्रमाणों की खोज व्यापकतर सामाजिक क्षेत्र में करता है। इस नैतिक अधिकार के लिए इच्छा या प्रयत्न के अभाव में संपादक का सत्यान्वेषण छिद्रान्वेषण बनकर रह जाएगा। इसी तरह खोज जारी रखने की निष्पक्षता भी नए-नए लांछन लगाने की धमकी बन जाएगी और निर्भीकता सिर्फ़ इन स्थानों पर चोट करने की चालाकी साबित होगी जहां पत्रकार की दुम न दब रही हो।

अख़बारनवीसी की नई शैली में किसी पत्र में छपे तथ्यों की ग़लतबयानी का प्रतिवाद छापने के बाद जब उसी पत्र में उसी विषय पर अतिरिक्त तथ्य सामने लाए जाते हैं तो अक्सर उनका संबंध अभी तक उद्घाटित तथ्यों से न होकर किसी नए विषय से होता है जिसे कुतर्क से प्रासंगिक सिद्ध किया गया है। ऐसे तथ्यों के

प्रकाशन के पीछे उद्देश्य पाठक को, जो विचारधीन प्रश्न का अर्थ जानने को उत्सुक है, भ्रम में डालना और भटकाना ही होता है।

सेंसर का असली उद्देश्य था अभिव्यक्ति पर अंकुश अथवा निषेध। इस नई शैली में न कोई अंकुश प्रकट है न कोई निषेध घोषित है। पर उद्देश्य सेंसर के उद्देश्य से बहुत ज़्यादा मिलता-जुलता है। बल्कि प्रकारांतर से ठीक वही है। इस नई पत्रकारिता में सेंसर संपादक द्वारा प्रथमतः स्वयं अपने पर लागू किया गया है। संपादक किसी दूसरे की प्रस्तुत सामग्री को काटना-छांटना या रद्द करना ज़रूरी नहीं मानता, सिर्फ़ इतना काफ़ी मानता है कि वह ख़ुद चारों ओर से आंखें मूंदे रहे या कभी-कभी कनखियों से देख भी ले तो पाठक को उसकी ख़बर ऐसे दे कि पूरे दृश्य का कभी पता न चले।

किसी अख़बार में एक पृष्ठ पर प्रकाशित किसी ख़बर-टिप्पणी या लेख का बाक़ी पृष्ठों से क्या संबंध है, यह भी एक महत्वपूर्ण प्रश्न है जिसका विचार नई पत्रकारिता नहीं करती। आज के कई नए अख़बार हैं जिनमें प्रकाशित सामग्री का वैचित्र्य स्वयंसिद्ध है परंतु वह पाठकों को किसी प्रकार के विचार-विमर्श के लिए तैयार नहीं करती। पाठक को योजनानुसार एक वर्ग की संस्कृति की आकांक्षाओं और संवेदनाओं तक सीमित कर रखना इस सामग्री का लक्ष्य होता है। इसके पाठक अपने ही वर्ग स्वार्थ का पोषण करते-करते यह समझना बंद कर देते हैं कि किसी तथ्य के या विचार के कुछ ऐसे भी आयाम हो सकते हैं जो उन्हें अभी तक न सूझे हों। यहां मैं केवल नई जिज्ञासाओं को पहचानने और उनके उत्तर खोजने तथा पाठकों को इस खोज में शामिल करने का प्रश्न नहीं उठा रहा हूं, बल्कि नई संवेदनाओं और संवेगों का प्रश्न भी उठा रहा हूं। यह नई पत्रकारिता पाठकों को अपने वर्गचरित्र से उबरकर मानव-मूल्यों तक पहुंचने से रोकने का षड्यंत्र कर रही है। इसके पाठकों को अपने से कमज़ोर वर्ग से घृणा और अपने से ताक़तवर वर्ग से ईर्ष्या करना सिखाया जा रहा है और यह काम साहित्य के बहाने से उतना नहीं जितना समाचार के बहाने से हो रहा है।

यह ज़रूरी है कि साहित्य और पत्रकारिता में प्राध्यापकीय भेद करनेवाले बुद्धिजीवी इस परिस्थिति को समझें। बड़े पैमाने पर साक्षर और उत्सुक पाठकों का समाज अपने वर्गों के बीच परस्पर अपरिचय और अमानवीयता का प्रचार करने को क्या इसलिए मजबूर होगा कि पत्रकारिता की नई संस्कृति समाज में रचनात्मकता को ख़बर नहीं मानती ?

[4.3.90]

पाठक के विरुद्ध

उस दिन राजधानी में बहुत-से पत्रकार जमा होकर बहस कर रहे थे कि सत्ता और पत्रकारिता के बीच संबंध क्या होना चाहिए। उनकी बातें सुनकर लगा कि इनकी वास्तविक चिंता का विषय सत्ता और पत्रकार के बीच का सामाजिक-राजनैतिक संबंध नहीं बल्कि सरकार और अख़बार के मालिक के बीच का व्यक्तिगत संबंध है, मानो अख़बार में नियुक्त कोई लेखक यानी पत्रकार अपने मालिक और सरकार के बीच संबंध को सकुशल निभा ले जाए तो सत्ता और पत्रकारिता के संबंध की गुत्थी सुलझ जाएगी। इस विचार में यह निहित है कि पत्रकारिता करने के वे ही अधिकारी हैं जो अख़बार में नौकरी करते हैं। दूसरे शब्दों में, जो लोग अख़बार पढ़ते हैं वे केवल ख़रीददार हैं। उनका पत्रकारिता से कोई संबंध स्वीकार नहीं किया जा सकता। इस तर्क से सिद्ध है कि सत्ता और पत्रकारिता के संबंध की बात जब भी की जाएगी जनता की एक बहुत बड़ी संख्या को इस बहस से बाहर रखा जाएगा। यह तय कर दिया गया है कि पत्रकारिता का अधिकार सिर्फ़ कुछ मान्यताप्राप्त लेखकों को है और सत्ता से इन मान्यताप्राप्त पत्रकारों का संबंध क्या रहे यही चिंता और चर्चा का विषय है।

पर सत्ता और पत्रकारिता का संबंध है क्या ? नागरिक अपना-अपना अधिकार किसी प्रतिनिधि को सौंपते हैं कि वह सरकार के रूप में उन अधिकारों की रक्षा करे और नागरिकों के प्रति जवाबदेह रहे। पत्रकार उन नागरिकों के प्रतिरूप हैं जिनके प्रति सरकार जवाबदेह है। परंतु पत्रकार यह नहीं कह सकते कि नागरिक सरकार से, जिसे उन्होंने अपने अधिकार सौंपकर अस्तित्व प्रदान किया है, बिना पत्रकार नामक बिचौलिए के जवाबतलब नहीं करेंगे। वास्तव में जवाबतलबी का अधिकार प्रथमतया उन्हीं को है जिन्होंने अपने प्रतिनिधि चुने हैं और वे सब पाठक हैं।

सच तो यह है कि नागरिक ही हैं जिनके जवाबतलब करने के अधिकार के कारण पत्रकार अपने को उनके विशिष्ट प्रतिरूप बना पाते हैं। इससे भी बड़ा सच यह है कि हर नागरिक एक पाठक है और अख़बार को वह केवल पढ़ता नहीं इसको बनाता भी है। इसलिए वह उन्हीं क्षमताओं से पूर्ण है जो पत्रकार में है। विद्यालयी उपाधि, समाचारपत्र की शैलियों में लिखने का अनुभव, वर्ग-वंश-वर्ण की विशेषताएं ये सब अभिव्यक्ति के वास्ते अनिवार्य तो दूर प्रामाणिक भी कभी न माने गए न माने जाएंगे। प्रामाणिक केवल सत्य के प्रति निष्ठा है और वह अख़बार में नौकरी करनेवालों की बपौती नहीं है।

प्रत्येक पाठक जो समाज के प्रति सजग है पत्रकार हो सकता है क्योंकि भाषा का सामर्थ्य उसमें विद्यमान है। किसी पाठक में कम या अधिक सामर्थ्य हो सकता है पर तुलना का अधिकार भी पाठक को ही है और तुलना के प्रतिमान निश्चित

करने का अधिकार भी उसी का है। संपादक अधिक से अधिक एक सहायक की भूमिका निभाने का काम कर सकता है और पाठक को उदाहरण से अपने मनोनीत आदर्श की ओर प्रवृत्त कर सकता है। वास्तव में वह किसी पत्रकार के लिखे का संपादन करके पाठकों को किसी न किसी आदर्श की ओर प्रवृत्त ही कर रहा होता है और यह अवश्य उसका वैध कार्य है।

पर पाठक की भूमिका पत्रकारिता में फिर भी वही रहती है जो अख़बार में लिखनेवाले की है। हर रचनात्मक दौर में इस बात का प्रमाण मिलेगा कि अच्छे समाचारपत्र को पढ़कर लोगों ने अच्छी तरह से भाषा का व्यवहार करना सीखा। किसी पतनशील दौर में इस बात के प्रमाण भी मिल जाएंगे कि किसी अख़बार के रचनाविहीन आचरण से समाज में सत्य भाषा का कुत्सित व्यवहार प्रचलित हुआ। भाषा का व्यवहार निरा शब्द-चातुर्य नहीं है। वह सत्य को जानने और बताने की सार्थक इच्छा की अभिव्यक्ति है जिसमें शब्दों का संस्कार कमोबेश अनिवार्य है।

आज पाठक के इस अधिकार को प्रश्रय देनेवाली पत्रकारिता के कोई लक्षण दिख नहीं रहे हैं। नए-नए अख़बार पाठक को उल्टे यह बताने में जुट गए हैं कि अख़बार पढ़ना समझ को छोटा और हल्का करने के लिए ज़रूरी होता है न कि उसे गहरा और व्यापक बनाने के लिए। विचार में कोई मनोरंजन नहीं है, केवल हिंसा में है। यह प्रचार करके बहुत-से समाचारपत्र हिंसा का नित नए बहानों से स्मरण किया करते हैं जिनमें से एक बहाना यह है कि हम हिंसा के शिकार के प्रति सहानुभूति उपजाने के लिए हिंसा को मनोरंजक बनाते हैं और रंगीन चिकने काग़ज़ पर भी ताकि अधिक से अधिक पाठक उसे पढ़ें। कुछ अख़बार तो ख़ुलेआम अपनी गुणवत्ता यह कहकर बताते हैं कि हम पाठकों पर बोझ नहीं डालते क्योंकि अपने प्रतियोगी अख़बारों से हमारी प्रतिद्वंद्विता का आधार ही यह है कि कौन पाठक पर कितना कम ख़र्च और कितना कम बोझ डालता है। इन नए प्रकाशनों का उद्देश्य ही यह है कि पढ़ो, पढ़ो, जल्दी पढ़ो और फ़ौरन भूल जाओ। होड़ बदी हुई है कि कौन कितनी अधिक सुविधा पढ़े को भूल जाने की देता है। यह कुल मिलाकर नए पाठक के विरुद्ध एक अभियान है। यह सुनियोजित है क्योंकि इस वर्ग के अख़बारों की संख्या में यदि अभी नहीं तो शीघ्र ही बढ़ोत्तरी होनेवाली है। बात यह है कि यह पत्रकारिता उसी दौर की उपज है जिसमें सामाजिक-राजनैतिक जिज्ञासाओं को तुरत भोजन की तरह पैकेट बंद करके राजनीतिक चेतना को 'एक बार बरतो और फेंक दो' वस्तु बना दिया जा रहा है।

पर यह पत्रकारिता के अवमूल्यन की कहानी नहीं है। यह पाठक को अपने प्रतिरूप की ख़बर लाने, लिखने और जांचने से विरक्त करने के एक बहुत व्यापक षड्यंत्र का ख़ाका है जिसे सत्ता केंद्रों पर कब्ज़ा करने के इच्छुक वर्ग चुपचाप चला रहे हैं। सत्ता और पत्रकारिता के बीच आलोचना, तटस्थता, सहअस्तित्व, घृणा या भक्ति किसी भी संबंध की कल्पना के लिए आवश्यक है अख़बार का संबंध इसके

पाठकों से एक सहकर्मी का होना पर वह दिन-ब-दिन एकजुटता का संबंध बनता जा रहा है। इसके पीछे सोची-समझी योजना है कि पाठक को जो प्रेरणाएं अख़बार से मिलीं वे बाज़ार में ठहरनेवाली हों अर्थात् यदि आज़ादी या प्रेम या करुणा की समझ जगाई जाए तो उसका झूठ इतना ऊंचा न हो कि ग्राहक दूसरी दुकान पर चला जाए (और फिर माल तो कामचलाऊ होगा ही)। ऐसी मानसिकता का प्रचार करनेवाली पत्रकारिता को सत्ता से संवाद की स्वतंत्र मर्यादाएं निश्चित करने की भी क्या ज़रूरत है। वैसी स्वतंत्रता सिर्फ़ दिखाने की होगी जबकि भीतर तो दोनों में दांत काटी रोटी की दोस्ती है।

[13.5.90]

चित्रेजी का एतराज़

भोपाल में निराला सृजनपीठ के अध्यक्ष और कविता पुस्तकालय वागर्थ के निदेशक दिलीप चित्रे ने कहा है कि हमारे अख़बारवाले जितने अशिक्षित और असंस्कृत हैं उतने शायद ही कहीं हों और संभवतः यही कारण है कि हमारे समय में कविता जैसी चीज़ हेडलाइन नहीं बन सकती। उन्होंने कहा कि बैंक-लूट, डकैती, बलात्कार, अपहरण, दुर्घटना और राजनीति जैसी चीज़ें हर बार अख़बारों में हेडलाइन बनती हैं लेकिन यदि हिंदी या मराठी में एक अच्छी कविता छपकर आती है तो वह हेडलाइन क्यों नहीं बन सकती ? अख़बारवाले कवि के दायित्व की चर्चा तो बहुत करते हैं पर कविता के प्रति उनका क्या दायित्व है, यह उन्होंने कभी नहीं सोचा।

('नई दुनिया' : 2 फरवरी 84)

'यूनीवार्ता' को दी हुई एक विशेष भेंट में कही ये सब बातें हेडलाइन बन गईं। डबल कालम की हेडलाइन। पांचवें पृष्ठ पर। हेडलाइन थी 'कविता के सुर्खी नहीं बनने पर चित्रे को एतराज़।'

अब चित्रेजी को एतराज़ करना चाहिए कि यह ख़बर पांचवें पन्ने पर सिर्फ़ डबल कालम हेडलाइन क्यों बनी ? पहले पन्ने पर बैनर नहीं बन सकती थी क्या ?

कविता के पक्ष में चित्रेजी का यह उद्‌गार पढ़कर अच्छा लगा। अख़बार के बारे में अक्सर साहित्यकारों की राय यह रहती है कि वह एक घटिया चीज़ है और उसमें काम करनेवाले भी घटिया लोग हैं। कहां साहित्य-रचना और कहां पत्रकारिता! एक शाश्वत मूल्यों की, मानवीय करुणा की या क्रांतिकारिता की सृष्टि करती है, दूसरी सिर्फ़ आज की ख़बरें बताया करती है जो कल बासी हो जाएंगी। परंतु चित्रेजी

अख़बार को इतना बुरा नहीं समझते। उसमें यदि कविता बड़े-बड़े शीर्षक से छपे तो उन्हें लगेगा कि अख़बार कविता के लिए कुछ कर रहे हैं।

मुझे भी चित्रेजी की यह बात पढ़कर अच्छा लगा। मैंने छत्तीस वर्ष अख़बारों में भी काम किया और कविता भी लिखी। मुझे तो कविता की हेडलाइन बनने से खुशी होगी, मगर इसमें मेरी एक शर्त है। वह यह है कि कविता का संपादन न कर दिया जाए। एक कॉमा, फ़ुलस्टाप आपने इधर-का-उधर किया और अर्थ का अनर्थ हुआ। मैंने तो इसीलिए किताब में भी पिछले दस साल से कविता में कॉमा, फ़ुलस्टाप सब हटा दिया है। जिसको इतनी समझ न हो कि कविता पढ़ते हुए कहां थोड़ा रुकना है, कहां ज्यादा, उसको दो-तीन बार और ज़रूरत पड़े तो पच्चीस बार कविता पढ़नी चाहिए। समझ में आ जाएगा। तब कॉमा, फ़ुलस्टाप लगाकर मैं पच्चीस बार कविता पढ़नेवाला पाठक हाथ से क्यों जाने दूं ?

उपसंपादक हेडलाइन बनाते हैं। मान लीजिए कॉमा, फ़ुलस्टाप ठीक जगह लगाने के अपने अधिकार का उपयोग उन्होंने यह मानकर छोड़ दिया कि रघुवीर सहाय की कविता है, उन्होंने नया फ़ैशन चलाया है कि अर्ध और पूर्ण विराम नहीं होता। मगर वे कहीं कविता की हेडलाइन न बनाने लगें। मेरी एक कविता में ये पंक्तियां आती हैं :

> जब सीमा के उस पार पड़ी थीं लाशें तब सीमा के इस पार पड़ी थीं लाशें
> सिकुड़ी ठिठरी नंगी अनजानी लाशें

इसकी हेडलाइन अख़बार ने कहीं यह बना दी : 'सीमा के दोनों ओर लाशें !' तो मैं क्या करूंगा ? मैंने तो कविता की हेडलाइन बनाई थी 'पैदल आदमी'।

मैंने छत्तीस वर्ष तक कविता भी लिखी और अख़बार में भी काम किया, इसकी तारीफ़ नहीं चाहता, मगर ज़रा यह तो सोचिए, ये छत्तीस वर्ष मुझे कितने संघर्ष में बिताने पड़े। संघर्ष यही था कि कहीं मैं कविता में ख़बर या लेख न लिख डालूं। इतना ही होता तो ग़नीमत थी। संघर्ष यह भी था कि कहीं लेख और ख़बर में मैं कविता न लिख डालूं। ऐसा न करके मैंने कविता और पत्रकारिता के संबंध के बारे में ही लिखकर संतोष किया। साहित्य और राजनीति के संबंध के बारे में भी अक्सर लोग लिखते रहते हैं। पर वह बात और है। वे लेखक लोग साहित्य में राजनीति करने के लिए अक्सर ज़मीन तैयार कर रहे होते हैं। राजनीति में भी साहित्य किया जाता है, यह तो आप मानवता की रक्षा के लिए पुकार लगानेवाले राजनीतिज्ञों के भाषणों में देखते ही होंगे।

मैंने अख़बार की बात की थी, क्योंकि ये सब मेरे विचार चित्रेजी के उद्गारों की सिर्फ़ डबल कालम हेडलाइन देखकर ही तो पैदा हो रहे हैं। अभी तो ऐसा होने से मुझे सिर्फ़ दुख है। कहीं उपसंपादक ने सिंगल कालम बना दिया होता तो गुस्सा आ जाता। और सिंगल कालम बाक्स कर दिया होता, तो मैं तुरंत चित्रेजी को सहानुभूति की चिट्ठी लिखता। शायद तब मैं दो वाक्य यह भी लिखता कि चित्रेजी

बुरा मत मानिए, यह अख़बार ही घटिया, अशिक्षित और असंस्कृत है।

मेरी अपनी राय चित्रेजी से कुछ अलग है। सुसंस्कृत अख़बार वह है जिसे पढ़ने के बाद मालूम हो कि मैंने एक कविता पढ़ी—यथार्थ की कविता जिसमें वर्तमान की ख़बरें हो सकता है कल बासी हो जाएं, लेकिन मैं आज भविष्य की ओर बढ़ चुका हूँ, क्योंकि आज इस अख़बार ने मुझे जो वर्तमान बताया है वह भविष्य की ओर जाने का मन बना रहा है। यही तो कविता है, और अगर है तो वह सारे अख़बार में ही हो सकती है, हेडलाइन में नहीं। कवि का काम और ख़बरनवीस का काम अलग-अलग नहीं है। 1967 में 'आत्महत्या के विरुद्ध' नामक मेरा संग्रह छपने पर ज़बर्दस्त आलोचना की गई थी कि यह अख़बारी कविता है। शायद इन कविताओं में बहुत-सी घटनाओं का ज़िक्र था और घटनाएं अख़बार में छपती हैं, इसलिए आलोचकों ने इन कविताओं को अख़बारी कह दिया। पर वे घटनाएं कहां और कब घटी थीं, किसी को नहीं मालूम। बात यह थी कि कवि ने इनका देश और काल सब अपने मन से बदलकर एक नया विश्वसनीय देश और काल बना दिया था। असल में घटना एकदम से घटकर एकदम से ख़त्म नहीं हो जाती। वह लंबे समय तक एक से अधिक जगहों पर और एक से अधिक वक़्तों में घटती रहती है। और घटना तब बनती है जब असलियत इतनी बदल चुकी होती है कि हम एकाएक किसी एक समय उसे किसी एक स्थान पर देखने लगते हैं और एक असाधारण असलियत मान लेते हैं। उसका एकाएक असाधारण लक्ष्य कर लिया जाना कविता नहीं है, वह ख़बर है। कविता उसका घटते रहना है जिसके दौरान वह एकाएक ख़बर बन जाती है। इस तरह देखें तो कवि और पत्रकार दोनों एक ही काम कर रहे होते हैं। यानी कवि ख़बर के घटने को बता रहा होता है, पत्रकार ख़बर को। दोनों के औज़ार में फ़र्क है, लेकिन उद्देश्य में नहीं। जब कोई असाधारण घटना बन जाती है तो उसे लिखते हुए कवि उसमें असलियत का सिलसिला नहीं बदल सकता। जो सही सिलसिला है वह खोजकर ला सकता है। मगर उसे बताना वैसे ही पड़ेगा, जैसे वह है। कविता लिखने में यह ज़रूरी है कि कवि खुद एक घटनाक्रम बनाए, असलियत को इस तरह घटते हुए देखे जिस तरह घटने से वह एक नई असलियत बनकर सामने आएगी। यह नई असलियत ही कविता है। ख़बर वही नहीं है जो लोगों को घटना बताकर चौंकाती है। ख़बर वह भी है जो लोगों को भरोसा देती हैं, हिम्मत बंधाती है और समाज को अपनी बदलती हुई शक्ल की परछाईं देखने को देती है। कविता भी यही करती है दो अलग-अलग तरीक़ों से।

मगर कविता की हेडलाइन ? ज़रूर छापिए उसकी हेडलाइन, मगर मेहरबानी करके वही छापिएगा जो कवि ने कविता के साथ-साथ बना दी है। इतना ही है कि वह इसे हेडलाइन नहीं कहता है, शीर्षक कहता है। और यह भी सुन लीजिए कि कोई शीर्षक न हो तो भी कविता के अंदर वह चीज़ रहती है, जिसे चित्रेजी अख़बार की बोली में हेडलाइन कह रहे हैं।

[12.2.84]

पूर्वज स्मृति

पिछले दिनों मुझे दो-तीन अवसरों पर अपने पूर्वजों की स्मृति में आयोजित भाषण सुनने को मिले। वक्ताओं में उम्र के लिहाज़ से छोटे-बड़े कई तरह के सज्जन थे। वक्ताओं का आज से संबंध दो तरह का दिख रहा था। एक प्रकार के वक्ता अपने पूर्वज के अमरत्व, उनके मूल्यों के शाश्वतत्व और आज के हीनत्व का बार-बार उल्लेख कर रहे थे। प्रातःस्मरणीय पूर्वज के कर्मक्षेत्र में आज क्या हो रहा है इसका नाम इन वक्ताओं ने एक बार भी नहीं लिया, मोटे तौर पर प्रकारांतर से यही कहा कि तब का ज़माना अब नहीं रहा। यह बिना जाने हुए कह रहे थे कि हमारे पूर्वज जिनका हम स्मरण कर रहे हैं आज अप्रासंगिक हो गए हैं। पर यदि वह जान जाते कि वर्तमान के प्रति बातों से मतलब यही निकल रहा था तो शायद नवयुवकों से नाराज़ हो जाते या शायद स्पष्टीकरण करते कि उनका यह मतलब नहीं है, वे तो केवल युवकों को पूर्वजों के महान आदर्शों की याद दिला रहे हैं।

उदाहरण के लिए पत्रकारिता और समाज विषय पर उस गोष्ठी को लें जो पिछले महीने मध्य प्रदेश साहित्य परिषद ने भोपाल में बुलाई थी। स्वर्गीय माखनलाल चतुर्वेदी की स्मृति में इस गोष्ठी में पत्रकारिता और मूल्यबोध, पत्रकारिता और स्वतंत्रता और पत्रकारिता और साहित्य इन तीन विषयों पर विचार किया गया। इसमें सबसे विचारोत्तेजक विषय था पत्रकारिता क्या सोच या कर रही है। यह नहीं तो यह कि स्वतंत्रता से पत्रकारिता का क्या संबंध है। बातचीत का मुख्य विषय जाने-अनजाने यह हो गया था कि पत्रकार की स्वतंत्रता रह गई है या नहीं या कहीं उसका दुरुपयोग तो नहीं हो रहा है। परिषद के सचिव, गोष्ठी के संचालक श्री सोमदत्त गर्ग ने सभा को दो-एक बार याद भी दिलाया कि पत्रकारिता में स्वतंत्रता का विषय गोष्ठी के बड़े विषयों का हिस्सा ही हो सकता है परंतु कोई बात थी जिससे सभा में वह हिस्सा सबसे बड़ा हिस्सा होने का हुमास भरता रहा। इतना ही नहीं, पत्रकारिता और मूल्यबोध तथा पत्रकारिता और साहित्य विषयों पर बातचीत में भी इस तरह के सवाल उठ-उठकर आते रहे जैसे कि जो लोग साहित्य और पत्रकारिता दोनों में दख़ल रखते हैं उनको सरकार से पहले कितना सम्मान मिलता रहा है और आज क्या स्थिति है। पत्रकार की स्वतंत्रता और पत्रकार के साहित्यिक सम्मान की चिंता के आगे राष्ट्रीय स्वतंत्रता की और साहित्य और पत्रकारिता में गबड़-सबड़ न होने की चिंता मानो नगण्य हो गई थी। यह बात भी कई बार उठी कि पत्रकारिता आज पहले की तरह कोई सेवाव्रत नहीं है और उसके साधन आधुनिक हो गए हैं। यह दावा करनेवाले साफ़-साफ़ स्वीकार नहीं कर पा रहे थे, परंतु कहीं न कहीं उनके मन में यह विचार छिपा हुआ लग रहा था कि यदि पत्रकारिता कोई व्रत नहीं है तो साहित्य भी व्रत नहीं हो सकता, स्वतंत्रता की

आकांक्षा भी किसी राष्ट्र के लिए व्रत हो नहीं सकती। इसके बजाय पत्रकारिता और साहित्य व्यवसाय है। स्वतंत्रता राष्ट्र के मानस का नहीं सरकार की नीति का मामला है। जहां तक पत्रकारिता और स्वतंत्रता का सवाल है, जब राष्ट्र की स्वतंत्रता का सवाल ही नहीं है तो सरकार के स्थायित्व का सवाल ही एकमात्र सवाल है और स्वतंत्रता तो पत्रकार केवल अपनी नौकरी के संदर्भ में पहचान सकता है। जहां तक पत्रकारिता के आधुनिक साधनों का सवाल है, यह सवाल जहां-जहां जिस-जिस तरह उठाया जाता है उससे भेद खुल जाता है कि मन में चिंता साधनों की आधुनिकता की नहीं, पत्रकारिता व्यवसाय में भारी पूंजी लगाकर साधनों को थोड़ी पूंजीवाले लेखक और पत्रकार के हाथ में न रहने देने की है। पर किसी कारण से इन असली बातों पर बहस नहीं हो रही थी। क्या इसीलिए कि ये सब व्यवसायी पत्रकारिता की पोल खोलनेवाले सवाल थे ? पूर्वजों की स्मृति में वर्तमान को ढांक रखनेवाले तर्कों की पोल खोलने को परतंत्रता की सभ्यता जिसे हम जी रहे हैं, अशोभन मानती है।

तब पूर्वजों की स्मृति में इन विषयों पर विचार करते समय क्या करना चाहिए जो उनकी चिंता और कर्म के विषय थे। एक वर्ग के पास इसका उत्तर दन से मिल जाएगा। स्मारक बना हो, मूर्ति हो, ग्रंथ हों, संग्रहालय हो, कुछ भी हो उसमें अतीत की स्मृतियां, तालिकाएं, आंकड़े, फ़ोटो ही हों, उन सबकी सहायता से हम दिवंगत को स्मृति में क़ैद कर रख देंगे। पर यह उत्तर एक चाल है, इसका उद्देश्य यह बताया जाता है कि नई पीढ़ी पूर्वजों की याद रख सके, पर वास्तव में है कुछ और ही जो मध्य प्रदेश साहित्य परिषद के आयोजन में भाग लेनेवाले पत्रकारों का स्वतंत्रता की इतनी संकुचित समझ प्रदर्शित करना और सचिव के याद दिलाने पर भी पत्रकारिता और स्वतंत्रता नामक विषय में राष्ट्र की स्वतंत्रता पर आज की पत्रकारिता के कर्त्तव्य को दरकिनार करते रहना दिखता है।

क्या कोई दूसरा वर्ग भी है जो पूर्वजों से मिले दाय को पूजता नहीं बरतता हो, इसी में उनकी स्मृति की रक्षा मानता हो ?

मेरे विचार से है पर वह विचार-सभाओं में उपस्थित हो जाए, यह बहुधा संभव नहीं है। घटिया राजनीति और उससे भी घटिया संस्कृति से संपन्न व्यक्तियों का प्रकाशन साधनों पर दिन-ब-दिन बढ़ता हुआ कब्ज़ा और पत्रिकाओं और अख़बारों का घटता हुआ स्वर उन कर्मियों को अकेला करता जाता है जो परंपरा को बरतते और जहां ज़रूरी समझते हैं वहां वर्तमान से भविष्य में पहुंचने के लिए अतीत को तोड़ते-छोड़ते हैं।

पत्रकारिता और स्वतंत्रता के विषय के बारे में यह विशेष सार्थक है। माखनलालजी, प्रेमचन्दजी, गणेण शंकर विद्यार्थीजी और कितने ही पूर्वज हैं जो राष्ट्र की स्वतंत्रता की चिंता करते थे और उनका पत्रकारिता-कर्म उसी चिंता का सहजीवी था। इन सबसे अगली पीढ़ियों ने कुछ तो सीखा ही होगा पर क्या वजह

है कि स्वतंत्रता के सत्तासीन पक्षधर स्वतंत्रता की चिंता का वह अर्थ ही नहीं समझ पा रहे हैं जो इन पूर्वजों के जीवनकाल में नहीं प्रकट हो सकता था। नई पीढ़ी को राष्ट्र की स्वतंत्रता की चिंता है मगर पुरानी पीढ़ी की तरह वह एक विराट आन्दोलन के अंतर्गत एक झंडा, एक राष्ट्रगीत, एक राष्ट्रीयता लेकर अपने को किसी पन्द्रह अगस्त के इन्तज़ार में समर्पित नहीं कर सकती। उसका समर्पण पहले से कहीं अधिक निर्दिष्ट और कहीं अधिक विशिष्ट है, उसमें निहित अनेक कर्त्तव्य हैं और कहीं अधिक अधिकारों के लिए कहीं अधिक संघर्ष है। पूर्वजों का स्मरण करनेवाले जो लोग यह बात न समझ पा रहे हों वे उनके योगदान को एक बार और निष्ठापूर्वक समझने का प्रयत्न करें।

स्वतंत्रता के पर्व को चालीस साल बीते हैं, यही चालीस साल परतंत्रताओं के बचे-खुचे रूपों के नई शक्लें लेने के चालीस साल भी हैं। इसे स्वीकार करना स्वतंत्रता का एक रूप है जो बचा रहना चाहिए और बचा है भी। इसे स्वीकार न करना बची-खुची परतंत्रता का ही एक रूप है और खेद है कि वह भी बचा हुआ है।

[14.8.88]

गणेश स्मृति

गणेश शंकर विद्यार्थी 1931 के कानपुर के जिस हिन्दू-मुसलमान दंगे में मारे गए थे वह उस समय हो रहा था जब भगत सिंह की फांसी के शोक में हड़ताल कराई जा रही थी। विद्यार्थी की संक्षिप्त जीवनी में जो उनके बाद उनके बड़े भाई शिवव्रत नारायणजी ने लिखी, उल्लेख है कि हड़ताल में लोगों से कहा गया कि इक्का-बग्गी पर सवार होकर न चलें और दूकाने बंद रखें। दंगों का यही ऊपरी कारण था। भगत सिंह को फांसी 23 मार्च को लगी थी। हड़ताल 24 मार्च से शुरू हुई थी। 25 मार्च 1931 को भयंकर दंगा शुरू हुआ और चार दिन तक अराजकता रही। इसी बीच 25 को जब विद्यार्थीजी लोगों को समझाकर, उत्तेजना को रोककर लोगों की रक्षा कर रहे थे, न दंगाइयों ने उनकी बात सुनी न इन्होंने अपने बचानेवालों की बात सुनी जो इन्हें सुरक्षित स्थान में खींचकर ले जाना चाह रहे थे। विद्यार्थीजी ने कहा मैं भागकर जान नहीं बचाऊंगा। इस बात को इनके मारनेवालों ने भी नहीं समझा और एक साथ ही उन पर अनेक अस्त्रों से वार हुए। वे मारे गए। सवेरे जब जानें बचाने और लूटमार रोकने के लिए घर से नंगे पांव निकले थे तो पत्नी से कह गए थे, तुम व्यर्थ ही घबराती हो, जब मैंने किसी की बुराई नहीं की तब

मेरा कोई क्या बिगाड़ेगा। 'ईश्वर मेरे साथ है।'

1920 से 30 के दौरान देश में असहयोग आन्दोलन के मध्य गणेश शंकरजी पर ब्रितानी सरकार ने पहले से ज़्यादा सख़्ती शुरू कर दी। 'प्रताप' साप्ताहिक का प्रकाशन नवंबर 1913 में आरंभ हो चुका था। गंभीर संपादकीय लेख, अत्याचारियों के अत्याचार की निर्भीकतापूर्ण आलोचना, दीन किसानों और दीन-दुखी मज़दूरों की दर्दभरी पुकार के कारण 'प्रताप' लोकप्रिय होता जा रहा था और साथ ही अपनी कड़ी आलोचना के कारण अधिकारियों और पूंजीपतियों की आंखों में कांटे की तरह चुभने लगा था। जून 1918 में 'प्रताप' की ज़मानत ज़ब्त हुई, पर वह एक ट्रस्ट के अधीन फिर निकलने लगा। इसके बाद ज़मानतें मांगी जाने और जेल तथा मुचलकों का सिलसिला शुरू हो गया।

यह जानकारी विद्यार्थीजी की जीवनी से उद्धृत की जा रही है जो सुरेश सलिल ने उनकी 1922 की जेल यात्रा की डायरी का उद्धार करके पुस्तक रूप में संकलित की है। **गणेश शंकर विद्यार्थी की जेल डायरी** शीर्षक से यह पुस्तक 1981 में प्रवीण प्रकाशन, नई दिल्ली ने प्रकाशित की थी। 26 अक्टूबर 1890 को जन्मे विद्यार्थीजी की शत वार्षिकी की बेला में यह पुस्तक एक समग्र व्यक्तित्व का स्मरण कराती है जिसमें जनसंगठन, आंदोलन, स्वतंत्र पत्रकारिता, स्वाधीनता और त्याग की वह कारयित्री प्रतिभा थी जो बीसवीं शताब्दी के भारत की उपलब्धि है। इस प्रतिभा को इसी बीसवीं शताब्दी के अवसान के वर्ष में हमने बीसवीं शताब्दी की यूरोपीय पहचानों के आगे भुला दिया है और आधुनिकता को व्यावसायिक मैनेजरी की चिंता के रूप में देखा-दिखाया है। इस फेर में पड़कर इक्कीसवीं शताब्दी में यदि हम गणेश शंकरजी की स्मृतियों को अतीत के एक और प्रमाणपत्र की तरह ले जाना चाहेंगे तो वर्तमान के साथ छल होगा। गणेश शंकर विद्यार्थी हमारा अतीत नहीं है, वर्तमान है जिसमें उन्हीं मूल्यों और मानव संबंधों के लिए संघर्ष जारी है जो हमने बीसवीं शताब्दी में स्वाधीनता संग्राम के अंतर्गत किया है।

यह जेल डायरी 31 जनवरी से 17 मई 1922 तक लखनऊ जेल में लिखी गई थी। इस जेल प्रवास का विशेष कारण यह था कि 1920 में, जब 'प्रताप' दैनिक हो चुका था, अवध के किसानों पर ताल्लुकेदारों और ज़मींदारों के अत्याचार के कारण संघर्ष हो गया। किसान गोली के शिकार हुए। विद्यार्थीजी ने 'प्रताप' के द्वारा विरोध किया। विद्यार्थीजी और प्रकाशक शिवनारायण मिश्र को तीन-तीन महीने की जेल हुई। जेल तो निस्संकोच गए, पर मित्रों ने मई 1921 में ज़मानत देकर उनको छुड़ा लिया। ज़मानत और मुचलके से बंधे हुए रहने के कारण विद्यार्थीजी आंदोलन में शामिल नहीं हो पा रहे थे, इसलिए अक्टूबर 1921 में अपनी ज़मानत और मुचलके को रद्द करने की अर्ज़ी दी और आत्मसमर्पण कर दिया। नतीजा था अक्टूबर 1921 से मई 1922 तक जेल प्रवास। इसी बीच 31 जनवरी 22 से यह डायरी लिखी गई,

जो अंततः गणेशजी की पुत्री विमलाजी के सौजन्य से सलिल द्वारा प्रकाश में आई।

प्रकाशित डायरी में देश में असहयोग आन्दोलन के दौरान सेनानियों और सैनिकों के चरित्र का स्फुट तथापि सूक्ष्म अध्ययन झलकता है। विद्यार्थी गृहस्थ थे और आत्मत्याग को उन्होंने गृहस्थ योद्धा का कर्त्तव्य माना था। मन से वे भावप्राण थे, पर भाषा का अतिरेक उनके लिए वर्जित था। वे यथार्थ को निर्मम होकर देख सकते थे। पांच फ़रवरी 1922 को उन्होंने लिखा था कि बहनोई, भाई, मां, पत्नी और बच्चे मिलने आनेवाले थे पर 'दाई को बुखार आ गया इसलिए नहीं आ सके। कानपुर में प्लेग है इसलिए चिंता की बात हो सकती है। परंतु चिंता करने से क्या लाभ ? मेरे चिंता करने या बाहर होने से कोई होनेवाली बात टल तो सकती ही नहीं ···'

मानव व्यवहार के जो दृश्य उन्होंने जेल में देखे थे वे एक बड़े राजनैतिक आंदोलन में लगे हुए लोगों में उचित-अनुचित के विवेक की समझ या उसके अभाव को दिखाते हैं। एक जगह विद्यार्थीजी ने लिखा है, ··· मैंने सुना था कि क़ैदी वर्षों से जेल में होने के कारण निर्लज्ज और पाशविक हो जाते हैं ··· यहां आजकल विमेन आफ इंडिया (सचित्र) 'प्रभा' का फ़रवरी अंक और अनेक भद्दे रसीले चित्रों की पुस्तकें (साहित्यिक) रस कुसुमाकर मौजूद हैं। उसके चित्र पढ़े-लिखे लोग घंटों शौक से देखते हैं और निर्लज्ज भाव और वाक्यों को प्रकट करने में संकोच नहीं करते। सेंट्रल जेल के पुराने क़ैदियों और नए बाबू क़ैदियों में अंतर केवल कुछ थोड़ा सा ही सभ्यता का रह जाता है।'

फ़रवरी 1922 का तो पूरा पृष्ठ यहां उद्धृत करने लायक है, 'कल एकादशी का व्रत रखने के कारण आज चार लोगों को बेतरह भूख लगी हुई थी इसलिए बहुत सवेरे भोजन तैयार हो गया था। यह ख़बर थी कि डाक्टर इबराहीम हैई कल छूटेंगे। इसलिए हम लोगों ने उन्हें दावत दी थी। परंतु हैई के मुंह में खाना न धंसा। अंडा और मुर्गा खानेवाला आदमी साधारण अन्न और भात कैसे खा सके। की थी दावत और हो गई अदावत। अंत में बेचारा किसी तरह से चार कौर खाकर उठ बैठा। यह आदमी भी विचित्र जीव है। सदा जेलर की दाड़ी उखाड़ने और सबसे लड़ने-भिड़ने को तैयार। लड़कपन इसमें इतना कि हर काम में प्रकट होता है। न कोई ज़िम्मेदारी और न कोई संजीदगी। ज़बान बिलकुल बेलगाम। अब बाहर जाएंगे और बड़े भारी नेता कहलाएंगे। पब्लिक सम्मान की विचित्र महिमा है।' इस डायरी में आत्म-संघर्ष और आत्मालोचन के उद्‌गार मिलते हैं पर आत्मदया और परनिंदा के नहीं। वे इसमें हैं ही नहीं क्योंकि लेखक के व्यक्तित्व में वे नहीं हैं। स्वाधीनता संग्राम में चरित्र निर्माण का संघर्ष, जो प्रत्येक आंदोलनकारी को मांजता रहता है, गणेश शंकरजी को अपना और अपने समाज का विश्लेषण करना सिखा रहा था। उन्होंने लिखा : '11 फरवरी को कुछ स्वयंसेवकों ने जेलर पर हमला कर दिया और उसे जूता-थप्पड़ मारा। इसके बाद चार-पांच स्वयंसेवक पकड़े गये। बेड़ियां डालकर उन्हें

सेंट्रल जेल भेज दिया गया। यहां दो को वार्डर लोगों ने खूब पीटा। दोनों ओर से कायरता के कार्य हुए। जेल का शासन बिलकुल वैसा ही है जैसा कि देश का शासन होता है। धूर्तता और दमन का राज्य है। इधर वालंटियर जो आए हैं उनमें भी वही निकृष्टता है . . . '

5 मई 1922 को गणेशजी लिखते हैं : 'अपनी पुरानी विचार शैली पर ध्यान देते हुए बड़ा परिवर्तन दिखाई देता है। रायबरेली केस के दिनों में मुझमें घमंड सा था। ईश्वर के सम्मुख सत्पथ बने रहने का गर्व था। ख़्याल था जो हो अपना दोष नहीं इसलिए क्यों गिड़गिड़ाऊं। निश्चय था कभी नहीं गिड़गिड़ाऊंगा। आज वर्ष भर से अधिक से बहुत सा ऊंचा-नीचा देख लेने के पश्चात्, अपने पक्ष के सत्य और असत्य को जान लेने के बाद सारी शेखी हवा खाने चली गई। और, चारों ओर की मारामार ने निर्बल हृदय को और भी इतना निर्बल बना दिया कि न केवल वह बुरी तरह गिड़गिड़ाता भर है, परंतु किसी स्थल पर किसी समय स्थिर होने का नाम ही नहीं लेता। यह भी कैसी बुरी दशा है। भगवान दया कीजिए।'

इस जेल डायरी में गणेशजी ने भगवान की याद कई बार की थी। परंतु उनकी प्रार्थना इहलौकिक कर्तव्य के लिए आत्मबल मांगने की प्रार्थना थी। पत्नी और बच्चों के साथ अदृश्य रूप में वह प्रार्थना जारी रहती थी जिसमें उनके कुशल की चिंता अनिवार्य थी परंतु विघ्न मुक्ति का संतोष उन्हें बार-बार अपने धर्म की ओर ले जाता था। यह इहलौकिक धर्म था। 7 फ़रवरी 1922 को उनकी डायरी के पन्ने से गणेशजी का समग्र व्यक्तित्व उजागर हो जाता है : 'प्रकाश (पत्नी) का पत्र आज मिला। हरि (पुत्र) अच्छा है। परमात्मा के चरणों में अत्यंत विनय से बारंबार प्रणाम। बहुधा अपनी कमज़ोरियों और पापों पर दृष्टि डालते हुए यह मालूम पड़ता है कि मुझे जो कुछ भी प्राप्त है वह बहुत है और मैं इसके योग्य भी नहीं। इसलिए प्रकृति के जिस अंचल में जो कुछ मिले उसके लिए कृतज्ञता से सर झुकाना और जो कुछ छिन जाए उसकी शिकायत की बात मुंह से न निकालना अपना धर्म समझता हूं। इस धर्म का पालन कहां तक होता है वह दूसरी बात है। संसार में क्या होना चाहिए और क्या हो रहा है, यह विवेचन बड़ा कौतूहलजनक है। विचार और कार्य के भेद कम होने के लिए ईश्वर से प्रार्थना करना सच्चे आदमी का काम अवश्य है। ईश्वर सच्चे आदमियों की श्रेणी में होने के लिए बल प्रदान करे।

[19.11.89]

क्या भ्रष्ट सत्य लोकप्रिय हैं

मुझसे पूछा जाए कि इस देश में ऐसी कौन-सी शक्ति प्रबल हो रही है तो मैं कहना चाहूंगा प्रचार शक्ति। राजनैतिक दल महत्वपूर्ण नहीं रह गए हैं। दलों से बाहर लोकशक्ति महत्वपूर्ण नहीं रह गई है और दलों में वह लोकशक्ति केवल सीमित रूप में प्रकट हो रही है। वह या तो चुनाव में प्रकट हो रही है या व्यक्तियों के चरित्र के अन्वेषण में। लोकमानस का निर्माण और नियंत्रण तो प्रचार शक्ति ही कर रही है।

प्रचारशक्ति के साधन बहुत-से हैं। हम जब अपनी राय देते हैं तो वह भी हमारे बोलने की शक्ति का इस्तेमाल होता है। हम सच बोलते हैं तो हमें लगता है कि हमारी शक्ति का असर होना चाहिए, लेकिन जब हम अधूरे सच या झूठ बोलनेवालों की शक्ति का असर ज़्यादा होता हुआ पाते हैं तो माथा ठनकता है कि ऐसा क्यों हो रहा है। पता चलता है कि सच बोलने से ही काम नहीं चलेगा। अगर हम चाहते हैं कि सच को ज़्यादा लोग सच समझें भी और सच को समझकर उसके अनुसार आचरण भी करें, तो सच के व्यापक प्रचार के साधनों का इस्तेमाल भी करना पड़ेगा और यह इस्तेमाल काफ़ी हो। इतना काफ़ी हो कि सच या आधे झूठ के प्रचार के साधनों के मुक़ाबले ज़्यादा असर करे तो हम सच का ख़ूब ज़्यादा प्रचार करने की कोशिश करेंगे।

पता चलता है कि प्रचार के साधन उनके पास ज़्यादा हैं जिन्हें आधे सच का प्रचार करना है, और उनके पास कम हैं जिन्हें सच का प्रचार करना है। तब क्या किया जाए ? साधनों की इस छोटाई-बड़ाई के सामने क्या चुप होकर बैठ रहा जाए। ऐसा साबित हो रहा है कि ताक़त और प्रचार के साधनों की ताक़त का मुक़ाबला हो पा रहा है। सच और झूठ का या सच और आधे सच का मुक़ाबला हो नहीं पा रहा है। प्रचार के साधन सच के सामने आ जाते हैं कि हमसे मुक़ाबला कर लो, फिर अपने को बताने की ताक़त दिखा पाओ तो बताओ, नहीं तो चुप बैठो। सच के पक्षधरों को प्रचार के सामने साधनों की ताक़त बढ़ाने के लिए कौन-से रास्ते खुले हैं ? एक आदमी की जगह दो या दस सौ आदमी अपने गले का इस्तेमाल करें, अपनी लेखनी का इस्तेमाल करें या छापे का इस्तेमाल करें। मशीनी और इलेक्ट्रानिक साधनों का इस्तेमाल करना चाहें तो उसमें ख़र्च ज़्यादा है। वह हर एक के बस की बात नहीं है। तब फिर जो साधन हर एक के बस में हो उसको उपलब्ध और विकसित करना चाहिए।

इलेक्ट्रानिक साधन भी अब इतने महंगे नहीं रह गए हैं। उनका इस्तेमाल कुछ लोग मिलकर तो कर ही सकते हैं। हां, उन पर क़ानून के द्वारा कुछ बंधन हैं जो अपने गले का या क़लम का इस्तेमाल करनेवालों पर लागू बंधनों की तुलना में

अधिक कड़े हैं। जैसे आप एक वीडियो फ़िल्म बना सकते हैं, परंतु उसे दिखा आप सिर्फ़ अपने घर में सकते हैं। किसी ऐसी जगह दिखाना चाहें जहां प्रवेश का टिकट न हो तो वह प्रबंध की दृष्टि से कठिन है। और कठिन न भी हो तो सार्वजनिक प्रदर्शन पर सेंसर के नियम तो लागू होते ही हैं।

साहित्य को सत्य का वाहक माना जाता है, पर साहित्य का प्रचार अब की परिस्थितियों में सिर्फ़ छोटे और सरल साधनों तक सीमित रह गया है। रेडियो, वीडियो, टीवी जैसे साधनों से काम लेने में बहुत ख़र्च और संगठन की ज़रूरत अब भी पड़ती है। यह सच है कि इसे भी कम ख़र्च में करने के रास्ते खुलते जा रहे हैं। परंतु छपा हुआ साहित्य अब भी सबसे कम ख़र्चीला साधन है।

सच्ची बात यह है कि श्रव्य और दृश्य साधनों से किसी रचना को लोगों तक बड़े पैमाने पर पहुंचाने के लिए सिर्फ़ पैसा नहीं प्रचार के तंत्र की भी ज़रूरत पड़ती है और वह तंत्र बहुत महंगा है, ध्वनि या रूप दोनों के कैसेट थोड़े सस्ते भी हो जाएं, तो उन्हें दिखाने या सुनाने का तंत्र, जैसे रेडियो या टेलीविज़न या फ़िल्म उद्योग, बहुत पैसे मांगेगा। यह पैसे दे सकना ऐसे तमाम लोगों के बस के बाहर की बात हो जाएगी जो सत्य को अर्धसत्य बनाकर दिखाने या बताने को अच्छा नहीं मानेंगे। यह प्रचार का तंत्र जब तक अपने ही भीतरी दबावों से इतना दबता नहीं कि वह सच को जनता की पसंद के अनुसार बताए तब तक एक ओर वह सच को बिगाड़कर या तोड़कर बताएगा, दूसरी ओर यह बताएगा कि देखने या सुननेवाले ऐसे ही खंडित सत्य को देखना पसंद करते हैं। खंडित सत्य के प्रचार का एक पहलू यह है कि वह खंडित सत्य के लोकप्रिय होने का प्रचार करता है। इसलिए समझ लेना चाहिए कि संघर्ष सिर्फ़ सत्य और खंडित सत्य के बीच नहीं है, सत्य को लोकप्रिय बनाने और खंडित सत्य को लोकप्रिय बनाने के बीच भी है।

जो लोग, लेखक, नाटककार, कवि, फ़िल्मकार और फ़िल्म अभिनेता प्रचार साधनों का उपयोग करते हैं, अर्थात् अपनी अभिव्यक्ति को अधिक से अधिक लोगों तक पहुंचाना चाहते हैं, उन्हें इस असलियत को पहचानना चाहिए। क्या लोकप्रिय होने का मतलब सच को बिगाड़कर बताना ही है या दूसरे शब्दों में कहें तो सच बिना बिगाड़े बताना क्या लोक में प्रिय होना नहीं है। जिस संघर्ष का ज़िक्र ऊपर किया गया है वह सारे साहित्य और कला जगत के लिए निर्णायक है। यदि नतीजा निकलता है कि लोकप्रिय होना आवश्यक है, क्योंकि तभी सत्य को फैलाया जा सकेगा और सत्य को भ्रष्ट करना आवश्यक है, क्योंकि तभी लोकप्रिय हुआ जा सकेगा तो पूरी संभावना है कि समझौता भ्रष्ट सत्य को लोकप्रिय बनाने के पक्ष में हो। रचनाकारों के लिए यह परिस्थिति एक चुनौती है या वे अपने को भुलावा दे रहे हैं कि भ्रष्ट सत्य ही सही, लोकप्रिय होने से ही परिवर्तन हो जाएगा।

टूटी-फूटी कांग्रेस बनवा लो

दस साल पहले तक सोवियत संघ में जगह-जगह मरम्मत यानी रिमांत की दूकानें पाई जाती थीं। इनमें लोग अपने भारी ऊनी कपड़े, कैमरे, टेलीविज़न, घड़ियां और मेज़-कुर्सी तक मरम्मत करने के लिए दे आया करते थे और कभी-कभी कह दिया करते थे मरम्मत करके मेरी चीज़ अच्छे दाम पर बिके तो कमीशन काटकर बेच दीजिएगा। कैमरों की मरम्मत तो दस साल पहले पश्चिम जर्मनी में भी होती मैंने देखी थी। इससे यह समझ में आया कि दस साल पहले तक आधुनिक प्रौद्योगिकी के अंतर्गत चीज़ की मरम्मत करना फ़ायदेमंद माना जाता था—रूस में भी जहां विलास सामग्री पैदा करने पर बहुत ज़ोर नहीं था और पश्चिम जर्मनी में भी बढ़िया प्रौद्योगिकी के बावजूद पुरानी उम्दा चीज़ों की मरम्मत कराने का महत्व माना जाता था।

अब हालत कम से कम जर्मनी में बदल गई है। रूस की मुझे ख़बर नहीं। जर्मनी में अब घड़ी, कैमरा या ऐसी ही चीज़ों की एक क़िस्म ऐसी बनती है और ख़ूब बिकती है जिसके एक बार ख़राब होने पर मरम्मत नहीं कराई जाती, उसे फेंककर दूसरा माडेल ख़रीद लिया जाता है। यह छोटी-छोटी चीज़ों की बात है। बड़ी मशीनें जैसे शौकीनों की मोटरकार तो बहुत पहले इस कोटि में शामिल हो चुकी थी और यह विश्वव्यापी घटना थी—जर्मनी से लेकर जापान तक पुरानी मोटरों के ढेर के ढेर खड़े हो गए थे जिसकी मरम्मत कराना नई लेने से भी ज़्यादा महंगा पड़ रहा था।

अपने यहां अभी विकास की यह हालत नहीं हुई है। सुख-सुविधा और आनंद की वस्तुएं अब भी यहां जीवन-भर के लिए (उपभोक्ता के जीवन-भर के लिए, वस्तु के नहीं) प्राप्त की जाती हैं। वस्तु ही नहीं शादी-ब्याह जैसे मानवीय संबंध और रीति-रिवाज जैसे सामाजिक आचार भी जीवन-भर के लिए विचारे जाते हैं। फ़र्क़ यह हुआ है कि ये चीज़ें अब एक बड़े कारख़ाने में एक बड़े बाज़ार के लिए बनने लगी हैं। पहले ये हाथ से, मन से, स्मृति से और प्यार से बना करती थीं। थोड़े से ग्राहकों के लिए उनके संस्कारों और उनकी आवश्यकताओं के अनुसार एक निर्माता या एक परिवार या एक समूह द्वारा इन्हें बनाया जाता था। जब एक आदमी के उपयोग के लिए दूसरे का शिल्प काम आता था तो चीज़ में इस्तेमाल करनेवाले की भी छाप हुआ करती थी और बनानेवाले की भी। अब दूकानदार की छाप हुआ करती है।

अब बहुत कुछ बदल गया है। बाज़ार में प्रचार अब सिर्फ़ अपने माल की बड़ाई का नहीं होता, प्रतिद्वंद्वी के माल की बुराई का भी होता है। आज की सभ्यता का सबसे सफल प्रचार वह है जिसमें एक माल की ज़रूरत को इस तरह साबित किया

जाए कि दुनिया जानती रहे कि यह माल घटिया है पर ख़रीदे उसी घटिया माल को क्योंकि दूसरा माल इससे भी ज़्यादा घटिया है।

कई बरस पहले अख़बारों में धड़ाधड़ ख़बरें थीं कि लोग झोपड़पट्टी में चुआई शराब पी-पीकर मर रहे हैं। मरते हुए लोगों की, मरे हुए लोगों की, बिलखती विधवाओं की, भूखे बच्चों की तसवीरें पत्रकारों ने और उनकी पत्रिकाओं ने जैसी जिसकी श्रद्धा हुई उतनी सजावट के साथ छापीं। क्या साबित हुआ ? क्या यह कि शराब पीकर बरबादी करना बुरी बात है ? नहीं, साबित यह हुआ कि झोपड़पट्टी से नहीं हज़रतगंज से शराब ख़रीदो और घर में ले जाकर पियो। इसमें सुरक्षा है। इससे अगली सीढ़ी यह है कि अमुक छाप पियो। उसमें सुरक्षा और स्वाद दोनों है। कोई धोखा नहीं। मतलब यह कि लैसंस की शराब की लत डालने में कोई ख़तरा नहीं। यह उस शराब का सबसे बढ़िया विज्ञापन है जिसके बनाने और बेचने का लैसंस सरकार ने दे रखा है। यह बिना लैसंस के शराब बनानेवालों से कंपटीशन का रास्ता खोलता है, उन्हें शराब बनाने और बेचने से नहीं रोकता। रोके भी क्यों, लैसंसशुदा शराब का व्यापार भी शराब पीने से ही तो पनपता है चाहे वह ज़हरवाली शराब क्यों न हो।

कुछ समय पहले एक राजनैतिक पुरुष ने विज्ञापन दिया था कि वक़्त आ गया है कि सीमित तानाशाही देश में लागू कर दी जाए। जैसा कि बाज़ार में माल के बिकने की संभावना जांचकर देखने का रिवाज़ है, इस विज्ञापन में जिसकी शक्ल एक वक्तव्य की सी-थी, विज्ञापनदाता को जो दीखता था वह ग़लत था। असल में अभी इसका मारकेट नहीं बना और विज्ञापन छाप दिया गया। यानी विज्ञापन छपने पर पता चला कि अपना घिसा-पिटा संसदीय लोकतंत्र काम दे रहा है और अभी देता रहेगा। इसलिए सीमित तानाशाही लाने के लिए सरकार कोई संविधान संशोधन या प्रस्ताव नहीं लाई। बात यह हुई थी कि जो मारकेट सर्वेक्षण विपणन के पहले कराना चाहिए था वह विशेषज्ञों से न कराके निरे शुभचिंतकों से करा लिया गया था। यहीं भावी उत्पादक मार खा गए। तैयार माल के बनाने की नौबत ही न आई। हां उसका कच्चा माल पोटली बांधकर रख लिया गया। 1975 में उसमें से कुछ मसाले चुनकर लोकतंत्र की नौरतन चटनी बनाई गई।

कुछ और भी प्रयोग हुए हैं। यह बात बड़ी शिद्दत से फैलाई गई कि संसदीय लोकतंत्र बढ़िया काम नहीं कर पा रहा है। मगर साबित तो यह करना था कि संसदीय लोकतंत्र इस लायक रह गया है कि उसे कचरे में फेंक दिया जाए। सो नहीं हुआ। मालूम हुआ इसलिए कि उसकी जगह लगाने के लिए राष्ट्रपति प्रणाली की मशीन तैयार नहीं हुई थी। संसदीय लोकतंत्र की मशीन से कुछ काम लेना बाक़ी रह गया था। जहां तक पता है इस गणना में संगणक का हाथ नहीं था।

इस उदाहरण का सबक यह है कि कुछ माल ऐसे भी होते हैं जिसके बारे में कंप्यूटर से नहीं जाना जा सकता कि उनकी खपत बाज़ार में होगी या नहीं क्योंकि

कोई नतीजा निकालने के लिए जो जानकारी कंप्यूटर में डालनी होती है वह सब की सब गणित नहीं होती, उसका एक अच्छा-खासा हिस्सा संस्कार और परंपरा से बना होता है और हम जनजीवन के दिमाग़ से जो बात जान सकते हैं वह कंप्यूटर से नहीं जान सकते।

लोकतंत्र के नए-नए माडेल बेचने की कोशिशें जारी हैं। आविष्कारकों को परेशानी यह है कि भारत की जनता अड़ियल है। एशिया के और देशों की तरह समाज में शक्तिशाली लोगों की प्रधानता इतनी नहीं है कि वे ही अपने को देश घोषित कर दें। ताज़ातरीन किस्सा यह है कि चटपटी राजनीति के एक विक्रेता ने यह सुझाव दे डाला है कि प्रधानमंत्री राष्ट्रपति के मन मुआफ़िक बर्ताव नहीं कर रहे हैं इसलिए बजाय उनका अनादर करने के उनका पद ही क्यों न समाप्त कर दिया जाए। सौभाग्य से कटिया के इस चारे को किसी मछली ने मुंह में नहीं लिया।

अब कांग्रेस के अगले सौ साल के लिए मरम्मत का एक कार्यक्रम ख़ुद कांग्रेस ने घोषित किया है। इसमें ऐसा लगता है कि कांग्रेस को ठोक-पीटकर, कील-कांटा कसकर, गिरीस डालकर उसे चालू किया जाएगा। पर प्रोग्राम तो उसे ओवरहाल करने का बताया गया है। इसमें कितने पुर्ज़े घिसे पाए जाएंगे और उनकी मरम्मत नए पुर्ज़ों के मुक़ाबले कितनी महंगी पड़ेगी अभी नहीं मालूम। यह भी हो सकता है कि उन पुर्ज़ों की जगह नए पुर्ज़े लगे हुए हैं जो हमने नहीं बनाए हैं। सिर्फ़ उनके फ़िटर और मैकेनिक तैयार कर लिए हैं। आख़िर में जो कांग्रेस अपने कारखाने से बनकर निकलेगी उसमें संसदीय लोकतंत्र नाम का पुर्ज़ा होगा या नहीं, यह हम अभी जान ही नहीं सकते। मरम्मत के एस्टीमेट में कल-पुर्ज़ों को बदलने का ख़र्च तो जोड़ा नहीं गया है। मगर बड़ी कंपनियों में अक्सर रिवाज़ है कि शुरू में पूरा एस्टीमेट नहीं दिया जाता। बाद में मिल जाता है और चीज़ पालिश करी-कराई पैसे देकर घर ले जानी होती है। जो बात हम जान गए हैं वह यह है कि कांग्रेस को फेंक नहीं दिया जाएगा जैसा सठियाए गांधी ने चाहा था।

[24.11.85]

विशिष्ट टेलीफ़ोन

फ़ोन पर किसी से बात शुरू करते समय यह बताना ज़रूरी होता है कि बोलनेवाला कौन हैं। सीधी बात यह है कि जब आप कहीं फ़ोन मिलाते हैं और घंटी बजने पर कोई फ़ोन सुनता है तब आप जानना चाहते हैं कि क्या आपने सही नंबर पा

लिया है ? इसलिए जो फ़ोन उठाता है, उसे फ़ोन उठाते ही अपना परिचय देना चाहिए। इससे समय नष्ट होने से बचता है और बात जल्दी ख़त्म हो जाती है। मगर ऐसा लगता है, कुछ लोग घंटी बजने पर फ़ोन उठाकर अपना नाम बताना अपनी शान के ख़िलाफ़ मानते हैं। ऐसे लोग बड़े ज़ोर से 'हलो' या 'हां जी' चिल्लाकर इंतज़ार करते हैं कि जिसने फ़ोन किया है, वह उनके सामने अपना निवेदन प्रकट करेगा। जाने कितनी बार मुझे अनुभव हुआ है कि जहां घंटी बजी है, वहीं से किसी ने पहले चिड़चिड़ाई हुई या रोआबदार या बुझी हुई आवाज़ में 'हलो' कहा और फिर इंतज़ार किया कि उनसे पूछा जाएगा कि आप कहां से बोल रहे हैं। यह तो एक पक्ष की बात हुई। दूसरे पक्ष में भी लोग कुछ कम नहीं हैं। वे इतना तो जता देते हैं कि उन्हें अमुक से बात करनी है मगर यह नहीं पूछते कि अमुक इस फ़ोन पर हैं भी या नहीं। सीधे लट्ठ मारते हैं, 'शर्माजी को दो!' तब उधर से कोई बोलता है, 'कौन शर्माजी ?' फिर इधर से आश्चर्य प्रकट किया जाता है कि 'क्या यह शर्माजी का नंबर नहीं है!' तब उधर से डांटकर जवाब दिया जाता है, 'नहीं है!' मगर यह नहीं बताया जाता कि किसका है। फ़ोन रख दिया जाता है। इस सारी बात से सिर्फ़ एक फल निकलता है : जिसने फ़ोन किया था वह झुंझला जाता है कि फोन तो शर्माजी को ही किया गया था। मगर जाने क्या बात हुई जो यह नकारात्मक जवाब मिला। क्या शर्माजी का नंबर बदल गया है या शर्माजी इस वक्त घर पर नहीं हैं या हैं और उन्होंने कह रखा है कि फ़ोन आए तो बात मत कराना।

मन ही मन कुढ़ते हुए लोगों का इस तरह से बात करना फ़ोन का इस्तेमाल करनेवाले समाज में कुल मिलाकर इतना चिड़चिड़ापन और दबा हुआ गुस्सा पैदा कर रहा है कि अमेरिकी समाजशास्त्रियों ने अगर इस पर अभी तक कोई शोध न किया हो तो कर डालें। इस शोध का विषय होगा 'विश्व शांति के लिए टेलीफ़ोन का सही उपयोग, उन सबके द्वारा जिनके घर में टेलीफ़ोन हैं।' कुछ वर्ष पहले जब रूस और अमेरिका ने अपनी-अपनी राजधानियों को हरदम चालू टेलीफ़ोन से जोड़ दिया था तब कुछ आशा बंधी थी कि कम से कम दो आदमी न तो फ़ोन पर चिल्लाएंगे न झुंझलाकर टेलीफ़ोन पटक देंगे। इन दो में से एक अमेरिका के राष्ट्रपति होते और एक रूस के। मगर बाद में पता चला कि दोनों की फ़ोन पर कोई बातचीत ही नहीं हुई। दरअसल फ़ोन का तार जोड़ा सिर्फ़ इसलिए गया था कि जब एक राष्ट्रपति परमाणु प्रेक्षपास्त्र रवाना कर दे तो दूसरा टेलीफ़ोन करके पूछ ले कि क्या तुमने हमला कर दिया ?

जब मेरे घर में कोई बाईस साल पहले फ़ोन लगा था तब मेरे बच्चे काफ़ी छोटे थे। बिचारों को उन दिनों मेरे कारण बहुत मुश्किल उठानी पड़ी। बाद में तो बड़े होते जाने के परिणाम भुगतते-भुगतते बहुत कुछ सीख गए। मैंने उन्हें सिखाया था कि जब भी फ़ोन आए तो अपना परिचय देकर पूछो, 'आपका शुभनाम ?' कई

लोगों ने मुझसे शिकायत की कि आपको फ़ोन करते हैं तो कोई ठीक से बात ही नहीं करता। 'शुभनाम' जैसा जाने क्या बोलने लगता है। कुछ ने इस तरह ज़रूर कहा कि तुमने बच्चों को अच्छा सिखाया है, मगर उनके कहने में भाव या तो यह था कि तुमने बच्चों को बिगाड़ दिया है या यह था कि तुम्हारी सीख के कारण ये जीवन में बहुत भुगतेंगे। नतीजा यह हुआ कि मेरे ज़िम्मे यह काम बढ़ गया कि मैं निगरानी रखूं और जिस दिन मुझे अपने किसी बच्चे के मुंह से पहली बार सुनने को मिले कि 'कौन बोल रहा है ?' उस दिन से होशियार हो जाऊं कि आधुनिक सभ्यता का हमला मेरे घर पर हो गया है।

अब बच्चे तो बड़े हो गए हैं और उन्होंने सीख लिया है कि किससे 'आपका शुभनाम ?' कहें और किससे कहें कि आपको किससे बात करनी है। मगर अब मुश्किल मेरे लिए हो गई है कि मैं कहीं फ़ोन करता हूं और उधर से फ़ोन उठाए जाने पर अपना नाम बताकर पूछता हूं कि 'खन्नाजी हैं ?' तो यह कोई नहीं बताता कि हैं या नहीं। पूछता है 'आप कौन हैं ?' इस पर मैं मन से जितना हो सकता है उतना निरीह होकर अपना नाम बताता हूं क्योंकि यह मेरा परिचय है। उधर से एक भौंचक मौन सुनाई पड़ता है। फिर कुछ देर बाद ये शब्द आते हैं, 'आप कहां से बोल रहे हैं ?' अब क्षण-भर मौन रहने की मेरी बारी होती है। फिर मैं एक-एक शब्द साफ़-साफ़ बोलकर अपना पूरा पता बताता हूं क्योंकि यही तो पूछा गया था। कुछ असमंजस से भरा उत्तर आता है, 'हां, मगर कहां से ?' फिर पूछनेवाला खुद ही यह समझकर कि उसने अजब-सा प्रश्न किया है स्पष्ट करता है 'मेरा मतलब है कि आप किस दफ़्तर से बोल रहे हैं ?' यह बताने पर कि किसी दफ़्तर से नहीं, आवाज़ कहती है, 'मेरा मतलब है कि कोई तो आफ़िस, दफ़्तर, निगम, संस्थान, होगा जहां से आप बोल रहे हैं।' इस पर जरा तंग होकर कहता हूं कि नहीं इनमें से किसी भी जगह से नहीं बोल रहा हूं।

अब एक और छोटा-सा अंतराल आता है। इसके बीच उधरवाला आपसे क्या कहना चाह रहा होगा, यह मैं उसके मौन में ही सुन लेता हूं। वह कह रहा होगा तो फिर आप क्यों फ़ोन कर रहे हैं ? मत कीजिए क्योंकि जब आप किसी जगह से नहीं बोल रहे हैं, तब समाज में आपकी कोई जगह नहीं है। अब एक ही चारा रह जाता है कि मैं उसको बताऊं कि खन्नाजी से कह दो कि अमुक ने फ़ोन किया है और वो जैसा कहें वैसा करो।

आप ही बताइए कि अगर किसी आदमी का परिचय केवल उसका नाम हो तो क्या समाज में उसकी कोई जगह नहीं है, मैं तो अपना 'शुभनाम' बताने के लिए हर समय तैयार हूं। अगर जिनके पास फ़ोन आते रहते हैं, उन्होंने मान लिया है कि वे किसी जगह पर बैठे हुए हैं और बाक़ी लोगों को उनसे बात करने के लिए ज़रूरी है कि वे अपना नाम, पद या कोई ऐसा काम जिससे कि उनके पद का अनुमान मिलता हो बताएं।

टेलीफ़ोन जो कि फटाक से सीधे बात कर लेने का साधन है, समाज में एक विशिष्ट वर्ग के लोगों का यंत्र मान लिया गया है, जिसको केवल विशिष्ट लोग विशिष्ट लोगों के साथ विशिष्ट विषयों पर बात करने के लिए इस्तेमाल कर सकते हैं।

नुक्कड़ नटकही

भागलपुर के 'दिशा' नामक जन सांस्कृतिक मंच ने एक परचा छपवाकर बांटा है जिसका उद्देश्य नुक्कड़ नाटक के स्थापत्य या स्वरूप पर गंभीरता से विचार करने की प्रेरणा देना है। नुक्कड़ नाटक पर काम तो काफ़ी हुआ है और जनता की हिस्सेदारी और स्वीकृति ने इसे एक स्वतंत्र विधा की पहचान दिलाई है। इस विधा से जुड़े तमाम लोगों को एक-दूसरे के निकट लाने, नुक्कड़ नाट्य गतिविधियों की नियमित जानकारी देने-लेने और इसकी संभावनाओं पर नियमित बहस चलाने के उद्देश्य से एक पत्रिका निकालने की इच्छा 'दिशा' मंच ने की थी। परंतु जब अनेक संस्थाओं और रंगकर्मियों से संपर्क साधा गया तो आशाजनक जवाब नहीं आए। 'दिशा' ने नियमित पत्रिका निकालने का विचार त्याग दिया, परंतु जैसा कि 'दिशा' के एक परिपत्र में उदयकुमार ने लिखा, 'नुक्कड़ नाटक के क्षेत्र में कड़ी का काम करनेवाला कोई माध्यम होना अवश्य चाहिए।'

यह परिपत्र, जिसे 'दिशा' 'बुलेटिन' कहती है, वही कड़ी है। इसका पहला अंक 'नुक्कड़ नाटक क्या ? क्यों ?' को लेकर सितंबर में निकला है।

नुक्कड़ नाटक समाज की वह सार्वजनिक नाटक अभिव्यक्ति है जो अधिक से अधिक स्वतंत्र और कम से कम परावलंबी साधनों से कारगर रूप में हो सकती है और साथ ही साथ जिसमें दर्शकों की हिस्सेदारी उपभोक्ताओं की तरह नहीं, बल्कि सहभोक्ताओं की तरह होती है। नुक्कड़ अपने-आपमें इस नाटक के रूप को निर्धारित करता है। वहां हर कोई नाटक खेलने को स्वतंत्र है, बशर्ते कि वह रास्ते को कनात से घेरकर सीमित निमंत्रितों के लिए मनोरंजन न जुटाने लगे। इस मूल शर्त से शुरू करके नाट्य रूप के और शैली के अनेक और अनंत विधान उत्पन्न हो सकते हैं। परंतु जैसा कि भागलपुर की संस्था ने ज़ोर देकर कहा है, यह आवश्यक है कि इसका लक्ष्य जीवन की घटनाओं को हूबहू पेश कर दर्शकों में यथार्थ का आभास पैदा करना न हो, बल्कि प्रस्तुत घटना को समझना और उसका मूल्यांकन करना हो। इस प्रक्रिया में वह दर्शकों को हर बार समाज की समझ और उससे रिश्ते को नए और अधिक सार्थक धरातल पर ले जाएगा।

सामाजिक बदलाव में इस नाटक की भूमिका अनिवार्य है। यह नाटक के लिए नाटक नहीं है। जकड़बंद रंगमंच पर यह राजनैतिक कर्म नहीं सफल हो सकता, क्योंकि वैसे दायरे में बंधते ही दर्शक तैयार माल ख़रीदनेवाले और निर्माता माल तैयार करनेवाले हो जाते हैं, जबकि राजनैतिक नाटक (या कहें समस्या नाटक या विचार नाटक) दर्शकों को किसी बंधन से मुक्त होने और उससे आगे सोचने के लिए प्रेरित करता है। कथ्य के अलावा शैली में भी वह यही करता है—उसका पात्र अभिनय भी अमुक-अमुक बनकर दिखाने के लिए करता है, न कि यह दिखाने के लिए अमुक-अमुक है। पात्र एक घटना को दोहराते हैं तो दोबारा एक यथार्थ की सृष्टि करने के लिए नहीं बल्कि यह बताने के लिए कि जो यथार्थ है वह क्यों है और क्या है। इसी 'क्यों' और 'क्या' से 'कैसे' निकलता है और यहीं नुक्कड़ नाटक अपने दर्शकों के कारण अंतःपुर नाटक से भिन्न हो जाता है। नुक्कड़ नाटक के दर्शक अभिनय को किसी रहस्य या चमत्कार की तरह नहीं देखते। अपने ही संचित अनुभव के प्रमाण के रूप में देखते हैं : इस प्रक्रिया में कथ्य के अनुसार कल्पना और आविष्कार योग देकर कला को मांजते हैं। कोई शैली आयातित करने की ज़रूरत नहीं होती और की जाए तो बहुधा उसका जनजीवन से विच्छिन्न होना तुरंत दीख जाता है जिससे वह रद्द करने लायक सिद्ध हो जाती है।

अब प्रश्न यह है कि क्या सैकड़ों-हज़ारों (बल्कि अच्छा हो कि लाखों) नुक्कड़ों पर जो नाटक हो रहा होगा, वह अब स्थापत्य या स्वरूप के मामले में एक-सा हो सकता है ? मेरे मत से नहीं हो सकता और होना भी नहीं चाहिए। यदि किसी एकरूपता के लिए आग्रह किया जाएगा (कोई कर नहीं रहा है) तो हम नुक्कड़ नाटक को उसके रंगस्थल के परिवेश से अलग करने लगेंगे।

मेरा एक सुझाव है जो यहां लिख दे रहा हूं। नुक्कड़ नाटक की मंडलियों (या अधिक सही होगा, मंचों) को अपने-अपने यहां खेले गए नाटकों की विविधता और संख्या बढ़ानी चाहिए ताकि उनमें से कुछ को बार-बार और कम मोहलत पर अलग-अलग परिवेशों में दोहराया जा सके। जहां नुक्कड़ रंगकर्मियों ने यथेष्ट साधन जुटा लिए हों, वहां एक-एक सप्ताह के रंगशिविर किए जाएं। रंगकर्मी प्रतिदिन सवेरे बैठें और पांच मिनट से लेकर आध घंटे तक की कम से कम एक नई प्रस्तुति तैयार करें। शाम को इन्हें खेला जाए। पूरा कार्यक्रम एक घंटे का हो जिसमें अधिक से अधिक आध घंटे का समय अलग से संगीत और कविता को दिया जाए। बाक़ी नाटक को। आशा है यदि इस सुझाव पर कोई दल काम करे तो एक सप्ताह के अंत में उसके पास उसके अपने दल की एक-एक खेल पिटारी हो जाएगी। इसमें बार-बार दोहराने लायक कुछ खेल तो होंगे ही, जिनसे डेढ़-दो घंटे का एक कार्यक्रम सप्ताहवार किया जा सकेगा।

प्रतिदिन एक प्रस्तुति तैयार करने का विचार नुक्कड़ नाटक के संसार का

स्वाभाविक स्वस्थ विचार है, साधन की कमी ही इसे पूर्ण होने से रोकती है। साधनों में मुख्य है कथावस्तु और वह एक जागरूक अध्यवसाय से जुटानी चाहिए। इसी का उपाय ऊपर सुझाया गया है।

[28.10.84]

वृथाभावुकता की वापसी

कविता की वापसी का नारा कुछ बरस हुए किसी ने दिया था। इसके बाद से किसी आलोचक ने जांचने की कोशिश अब तक नहीं की कि कविता की आज क्या हालत है। आलोचना की राजनीति में शायद कोई अपने हाथ की बाज़ी दिखाना नहीं चाहता है। पर एक कवि, पाठक और विद्यार्थी के नाते जब मैं साहित्य पढ़ता हूं तो देखता हूं कि वापसी कविता की नहीं वृथाभावुकता की हुई है। वृथाभावुकता राजनीति और साहित्य पर छा गई है, यथार्थ और इतिहास को समझने के लिए इस्तेमाल की जा रही है और संप्रेषण की विधाएं उससे ओतप्रोत हो रही हैं, कथ्य में भी और शिल्प में भी।

कविता की यह वापसी उस घटिया राजनीति की उपज है जिसमें मनुष्य का अपने वर्तमान और भविष्य का निर्माण करने का अधिकार घटाया और साथ-साथ छीना जाता है और उसकी आविष्कार शक्ति गुलामी का प्रायोजित विस्तार करने में लगाई जाती है। यह राजनीति अनगिनत मंचों पर अनेक तरीक़ों से रचना के उन औज़ारों को कुंद करती है जो स्वाधीन आत्मा की बांहें हैं। कविता तो उनमें से केवल एक है।

वास्तव में यह कविता की वापसी का नहीं, वृथाभावुकता के प्रचार द्वारा रचना के सामने एक चौतरफ़ा चुनौती खड़ी करने का मामला है। अभी हाल में कविता के सुनाने और दिखाने के कुछ प्रयत्न इसी राजनीति ने एक महाबली प्रचार माध्यम की मदद से किए थे, जिस पर इस राजनीति के नियामकों का एकाधिकार है। दूरदर्शन के इन कार्यक्रमों का विशेष उपभोक्ताओं द्वारा उपहास किया गया, पर उपहास करनेवाले शिल्पविशेषज्ञों को इसमें छिपी राजनीति नहीं दिखाई दी। आलोचना का तंत्र दूरदर्शन को सहानुभूतिपूर्वक यही प्रयत्न बेहतर तरीक़े से करने के परामर्श चटपटी भाषा में देकर संतुष्ट हो गया। शैली में सुधार करने का आग्रह करनेवाले समीक्षक संप्रेषण के उद्देश्य की आलोचना नहीं कर पा रहे थे। वह उद्देश्य संप्रेषण के माध्यम ने अपनी संरक्षक राजनीति के प्रचार के लिए बनाया था, उन

कवियों ने नहीं जिनकी कविता का वृथाभावुक रूप उनकी रचना कहकर प्रचारित किया गया। ये कवि पिछली पीढ़ी के थे, पर वृथाभावुकता की वापसी के लिए रचना-विरोधी राजनीति को ज़रूरी मालूम हुआ कि वह कविता की बुनियाद पर हमला करे। वही दूरदर्शन के माध्यम से वह कर रही थी। यह हमला ख़त्म नहीं हो गया, कविता लिखने, बोलने, सुनने, छापने और अनेक प्रकार से संप्रेषित और प्रचारित करने के समकालीन संसार में वर्तमान और भविष्य की संभावनाओं को भी क्षतिग्रस्त कर गया। यही घटिया राजनीति का उद्देश्य था।

अब समकालीन कविता का दृश्य देखें।

हिंदी में आज जो कविता लिखी जा रही है, उसमें ऊपर से विविधता दिखती है लेकिन यह भी दिखता है कि बहुत-से कवि बहुत तरह के अनुभवों को कविता बनाते हुए आंखों में आंखें डालकर नहीं ताक रहे हैं, दाएं-बाएं झांक रहे हैं। जब पाठक या श्रोता कवि को एक ही साथ कविता का एक नया यथार्थ बनाने का दावा करते और बगलें झांकते पाता है तो कविता दुरूह हो ही जाती है। कविता का बहुत अधिक लिखा जाना और सरल भाषा में लिखा जाना और साथ में दुरूह हो जाना एक साथ जारी है। निस्संदेह जैसा हर दौर में होता है, बहुतों के बीच में कुछ कवि अवश्य हैं जिनकी कविता पाठक को कवि की आंख से आंख मिलाकर देखने को बाध्य कर देती है और हम अर्थात् पाठक उस कवि की एक कविता में ही नहीं, उसके पूरे कविकर्म में अपना प्रतिरूप देखने लगते हैं। जब यह प्रतिरूप देखकर हम अपने में विचार-भाव और रागानुराग का एक नया संसार देख पाते हैं तो हम वास्तव में कविता में रचना को देख रहे होते हैं। ऐसी कविता दुर्लभ है पर जिस घटिया राजनीति के लंबे दौर से समाज गुज़र रहा है उसमें कविता सुलभ और श्रेष्ठ एक साथ नहीं हो सकती। सुलभ वही वृथाभावुकता है जो मानवीय संबंधों को संस्कारहीन करके प्रायोजित उद्देश्य के लिए कविता को दूरदर्शन जैसे एकाधिकारी मंच पर प्रस्तुत करती है और कहना न होगा कि सत्ता से जुड़े इसके और मंच भी हैं।

घटिया राजनीति ने हिंदी में गीत और भजन को और उर्दू में ग़ज़ल को इस वृथाभावुकता के विध्वंसक आक्रमण का लक्ष्य बनाया है। इन तीनों विधाओं का आमने-सामने, मुख से बोलने और बोलकर सुनाने का एक संप्रेषण-संसार परंपरा से चलता आ रहा है। उसमें सन्निहित भावना और विचार का परस्पर मानवीय संबंध तोड़ना वृथाभावुकता का पहला लक्ष्य है। इस आक्रमण का दुष्प्रभाव इन तीन विधाओं पर सबसे पहले प्रकट भी होता है और सबसे देर तक बना भी रहता है। खड़ी बोली की श्रेष्ठ आधुनिक कविता को कीर्तिवान कृतियों के नाम के साथ इस्तेमाल करके उनकी कविता को ही नहीं, उनके बाद की कविता की निहित संभावनाओं को भी मिटाने का षड़यंत्र किया गया है। उद्देश्य है कि एक शून्य की स्थापना। वृथाभावुकता की वापसी की मान्यता के लिए घटिया राजनीति के नियामकों

को यह शून्य उपयोगी जान पड़ता है। परंतु समकालीन लेखन यह चुनौती पहचानता है। उसमें रचनाजन्य कई प्रकार की कृत्रिमताएं प्रवेश कर जा सकती हैं, पर वृथाभावुकता के प्रति वह जन्म से ही सशंक और सचेत है।

[13.9.87]

ज़रा चुप रहिए

ध्यान से देखो उन लोगों को जो कविता सुन रहे हैं। ये मुंह क्यों बाये हुए हैं ? इनके चेहरों पर स्थायी मुस्कान इतनी फैल गई है कि मुंह खुल गया है और ये खीसें काढ़े हुए लगते हैं। कविता में शायद हंसी की कोई बात नहीं है। इन श्रोताओं का चरित्र ही हर वक़्त दांत निपोरने को तैयार रहने का है। मुस्कराना तो ये भूल चुके हैं।

मुझे कविता सुनने से ज़्यादा इनको देखने में दिलचस्पी होने लगी है। और कवि इतना चीख-चीखकर क्यों पढ़ रहा है ? यह भी दिलचस्प बात है मगर ज़रा देर में यह दुखद हो जाएगी क्योंकि मुझे शक होने लगेगा कि चीखने का कारण शायद कवि का यह शक है कि उसे कोई सुन नहीं रहा है। वह उन अंशों को कभी गरजकर कभी समझा-समझाकर रेत रहा है जो उसे ख़ुद बहुत अच्छे लगते हैं। दो-तीन बार इन्हें दुहराकर फिर नई पंक्ति पर हुंकारते हुए आने के पहले एक बार वह इन सारी विलक्षण पंक्तियों को सरपट पढ़ जाता है मानो कविता नहीं सुना रहा हो, पाठ याद कर रहा हो। पर सुननेवालों ने इस खेल के क़ायदे सीख लिए हैं। कवि की इस हरकत से बेख़बर वे मौक़ा खोज रहे हैं कि कब कवि का आक्रोश सम पर आए और वे अपने खुले हुए मुंह में यथार्थ का हलवा गप कर लें। मुंह एक बार बंद हो जाएगा पर उसके अंदर इस वक़्त फास्ट फूड है, नए से नए संयंत्र में बना हुआ, जिसमें सारे रस स्टैंडर्ड हैं जैसे डब्बाबंद फलों में होते हैं इसलिए ख़ुद को कोई आविष्कार नहीं करना है—मुंह फिर खुल जाएगा और उसमें से एक वाह-वाह निकलेगी। एक बार मैंने डेढ़ घंटे तक एक के बाद एक कवियों को अपने मुंह से अपनी कविता सुनाते हुए सुना। जब सभा ख़त्म हुई तो दिखा श्रोता फिर खीसें काढ़े हुए थे। बरसों के अभ्यास से उनमें इस गुदगुदी की परीक्षा करते रहने का संस्कार बन गया है जो महफ़िली कविता उनके लिए करती रही है। खींसे काढ़े रहना उसी मज़े की अग्रिम रसीद है।

आज की कविता के श्रोता को जब गुदगुदी लगती है तो वह वाह-वाह करता

है, कविता नहीं सुननेवालों की तरह हंसता नहीं। निस्संदेह यह एक चुनौती है कि कविता कम से कम तीन काम एक साथ करे, सुननेवाले को सुनते वक़्त ही सोचने को मजबूर करे, बेहतर इंसान बनाए और हंसाए भी। पर होता ज़्यादातर वही है जो संस्कारहीन पिताओं के बच्चों द्वारा अपाहिज पशुओं और मनुष्यों को तंग किए जाने से होता है। हंसी अपाहिज को नहीं उस बेग़ैरत बच्चे को आती है जो माने बैठा है कि वह निशानेबाज़ी की प्रतियोगिता थी।

मगर इस वाह-वाह का क्या करें ? यह किस चीज़ की दाद है ? क्या शैली की, छंद की ? नहीं, उसके लिए तो किसी के पास वक़्त नहीं है—न कवि के, न श्रोता के। शायद कवि के पास तब था जब वह कविता लिखने पर आमादा हुआ था, पर घबराकर उसने यों ही शुरू कर दिया। माना कि तब वह नहीं जानता था कि कविता होगी तो छंद ज़रूर होगा—बल्कि नया छंद होगा, मगर लिखते-लिखते तो जान ही जाना था कि कविता की भाषा अंततः नया छंद ही होती है। अब उसने शायद जाना है कि जिसे वह कविता समझ रहा था वह भाषा की कोई और तरक़ीब थी और उससे न नया छंद पैदा हो सकता था न पुराना बचा रह सकता था। मैंने अभी कहा था कि कवि और श्रोता दोनों की मिलीभगत है। कवि चाहता है कि समय इसी क्षण से शुरू माना जाए क्योंकि पहले जो कुछ हो चुका है वह बाज़ार में नहीं चलेगा, श्रोता चाहता है कि साहित्य जैसी गतिवान संवेदना से गुज़रे मगर अपनी पुरानी जड़ता न छोड़े। क्या पिद्दी सी भावुकताओं पर रह-रहकर वाह-वाह करते जाना इसी हीनभावना को, जो दरअसल अपराध भावना है, कम करने का, बल्कि छिपाने का बहाना है ? मिलीभगत यह है कि दोनों दिमाग़ को उसकी बारी लेने न दें, किसी प्रतीति को, संवेदन को, अर्थ को या आकांक्षा को पतन से उबरने और बदलने न दें।

समूह में कविता सुनते लोगों को कविता से अलग दूसरे मैदानों में भी ऐसे ही नैतिक संकटों का सामना करना पड़ रहा है। इनमें से कुछ को वे डब्बों में मोहरबंद करके लेबल लगा देते हैं—सांस्कृतिक, राजनैतिक, आध्यात्मिक, वैचारिक, आदि-आदि। माल सब एक ही है। इस षड्यंत्र में भी उत्पादक, जो अपने को कवि और श्रोता को उपभोक्ता समझते हैं, शामिल हैं। वे मानते ही नहीं कि हर रचना एक नैतिक ज़िम्मेदारी का निर्वाह है। श्रोताओं को वे बताते हैं कि कविता में अनैतिकता की ख़बर सुनने में बड़ा मज़ा आएगा। रचना और नैतिकता के कर्तव्य से बेख़बर बाज़ारू श्रोताओं को परिवर्तन और यथास्थिति में कोई फ़र्क़ नहीं दिखाई देता और वे कहीं से प्रेरणा न पाने की घुटन में यथास्थिति के पक्ष में एक अघोषित समर्पण कर देते हैं—पर शायद उतना अघोषित नहीं : प्रत्येक आतुर वाह-वाह उस समर्पण की घोषणा ही तो है। कोई न चुप रहता है न मुस्कराता है, क्योंकि दोनों दशाओं में सोचना संभव है और इसी से अनिवार्य हो जाता है। इसीलिए खेल का क़ायदा यह है कि सब लोग दाद देने के बहाने शोर करते हैं।

और मैंने कविता सुननेवालों की अजब-अजब तरह की वाह-वाह भी सुनी है। एक ही समूह में से कभी-कभी ऐसी आवाज़ें आती हैं जैसे कवि से आग्रह किया जा रहा हो कि तुम संघर्ष करो हम तुम्हारे साथ हैं, कभी एक क्षणिक सीत्कार होती है जैसे अतृप्त वासना की शिष्ट पुकार हो, कभी-कभी महज एक मर्दाना चटखारा होता है—अलबत्ता उसमें दावा यही रहता है कि हम भाषा का चमत्कार समझ गए हैं इसलिए निज़ाम को हिलाकर रख देंगे।

[18.6.89]

यथार्थ को बदलो कला को बदलो

यथार्थ का उपहास करना काफ़ी नहीं है—उसे बदलना होगा। कला के जड़ और निष्क्रिय चरित्र को बदलना होगा। उसे बदलने के लिए उसकी सामग्री को अधिक मूर्त और विशिष्ट बनाने की जगह बेहतर हो कि उस प्रभाव को और ठोस बनाएं जो कला मनुष्य पर डालती है।

ये विचार यथार्थ और कला के विषय में बर्टोल्ट ब्रेश्ट के हैं। पर हम जानते हैं कि यही विचार जाने-अनजाने आज के उलझन भरे रचना-संकट में हर ईमानदार कवि के मन में भी उठते होंगे। यथार्थ को हमारी पीढ़ी के रचनाकारों ने रचना के संकट के हल के रूप में पाया था, परंतु आज के दौर में जहां यथास्थिति का चोरी-छिपे समर्थन सत्ता के हर स्तर पर हो रहा हो और समाज परिवर्तन के साधन सिमटकर सत्ता के अधीन विकृत हो गए हों, यथार्थ भी उन्हीं साधनों से पलटकर कवि को अपने कर्म के प्रतिकूल ले जाने का ख़तरा पैदा कर रहा है। इस ख़तरे से होशियार रहने का उपदेश देते हुए काव्य-हितैषी लोग रचनाकार को विचारधारा के आश्रय में ले जाना चाह रहे हैं। विचारधारा संगठित राजनीति के बिना समाज परिवर्तन के काम में कारगर नहीं हो रही है, मगर साहित्य और कला में, यहां तक कि प्रचार माध्यम में अपने सम्मान और प्रभुत्व के अवसर बढ़ा रही है। इस असंतुलन का परिणाम यह है कि साहित्य, कला और भाषा माध्यम के क्षेत्र में जहां-जहां सत्ता को रचनाकर्म से साबका पड़ता है वहां-वहां विचारधारा सत्ता की प्रच्छन्न एवज़ी करने लगी है। विचारधारा की हालत अपनी जगह ख़राब है—वहां सिर्फ़ अध्यापकी और प्रतिष्ठान की प्रतिष्ठा है, विचार की नहीं और विचारधारा की तो उसी हद तक है जिस हद तक वह सत्ता की सहचरी हो।

यह बताने का उद्देश्य साहित्य और कला जगत को याद दिलाना है कि रचनाकर्म

में लगे हुए कलाकार का धर्म, रचना के अनुशासन के नियम और आलोचना के मानदंड सजग रचनाकर्म के प्रतिमानों से ही स्थिर हैं। किसी तंत्र की अपनी अनुचित आवश्यकताओं को रचना की शर्त के रूप में स्वीकार करना कलाकार के लिए उतना ही घातक होगा जितना उदाहरण के लिए सेंसर को स्वीकार करना। जिस व्यवस्था में समाज निर्माण के सामाजिक-राजनैतिक माध्यम लोकतंत्रीय स्वाधीनता के साथ सक्रिय हों, उसमें रचना के समाज निर्माण संबंधी कर्तव्य रचना की विधाओं के नियमों और आदर्शों से अनुप्राणित होते हैं और राजनीति जैसे सहयोगी माध्यमों से बराबरी के स्तर पर शक्ति पाते हैं। पर वैसा आज के दौर में हो नहीं रहा है। रचनाकार के इस तरह अकेले पड़ जाने का परिणाम है कि शास्त्र, जीवन से विच्छिन्न शास्त्र, रचना की शर्तें बताने का दुस्साहस करने लगा है और अपने निर्माण में रचनाकर्म का सहयोग अस्वीकार करके अपना निरंकुश शासन चलाने को लालायित हो रहा है। यह और कुछ नहीं वाणी की स्वतंत्रता पर शास्त्र की आड़ में सत्ता के आक्रमण का ही एक तरीक़ा है।

शास्त्र और रचनाकर्म का परस्पर स्वस्थ टकराव दोनों के हित में है। आज़ादी के दिन, 1947 से वर्षों पहले आज़ादी की लड़ाई के दौरान यह टकराव हमने पहचाना था और यह भी जाना था कि साहित्य-कला-संस्कृति के सभी क्षेत्रों में इसी टकराव के भीतर से स्तरीय रचनाएं उपजीं और शास्त्रीय आदर्श प्रतिष्ठित हुए। आज़ादी के वर्ष के बाद यह परस्परावलंबन कुछ वर्षों तक अपनी गति उर्जा से जारी रहा पर जैसे-जैसे आज़ादी के मौलिक आधारों को संकुचित किया जाता रहा वैसे-वैसे वह विकृत होता गया और स्वतंत्रता सीमित होती गई।

इस प्रक्रिया के वर्तमान दौर में साहित्य, कला और भाषा माध्यम अभिव्यक्ति की अपनी विधाओं सहित रचना-विरोधी दबावों के तले होकर गुजर रहे हैं। सत्ता का केंद्रीयकरण इनको प्रकटतया दमित नहीं कर पा रहा है, परंतु अपने चरित्र से ऐसी परिस्थितियां उत्पन्न कर रहा है जिनमें रचना की स्वतंत्रता प्रच्छन्न रूप से कील दी जा सके। निर्णय के स्तरों पर एकाधिकार शास्त्रवेत्ता के पास सुरक्षित रहे और रचनाकार को उससे बाहर रखा जाए तो बिना प्रकट केंद्रीयकरण के और बिना किसी घोषित प्रतिबंध के रचना और अभिव्यक्ति को कुंठित किया जा सकता है।

इस लेख के शुरू में बर्टोल्ट ब्रेश्ट के विचार का सारांश दिया गया था। उसका प्रयोजन यही बताना था कि यथार्थ की निरपेक्ष शास्त्रीय व्याख्या में रचनाकार को पथभ्रष्ट करने की पूरी संभावना है। शास्त्र यथार्थ के बहाने कला की सामग्री को मूर्त और विशिष्ट बनाने पर जोर देता रहेगा, कला के पिट चुके, जड़ और यथास्थितिवादी रूपों को बदलने की प्रेरणा का दमन करेगा। इसके जवाब में कलाकार कला का जीर्णोद्धार विषयवस्तु में वैशिष्ट्य आरोपित करके नहीं मनुष्य को कला के प्रभाव से और गहरे तक बदलकर करेगा। मनुष्य के इस बदलाव में शास्त्र के

प्रतिष्ठान को दिलचस्पी नहीं है क्योंकि इस तरीक़े से शास्त्र की अपेक्षा रचनाकर्म और कवि एक-एक दर्ज़ा ऊंचे हो जाते हैं और व्यक्ति स्वतंत्र हो जाता है।

पर कोई चाहे या न चाहे हो यही रहा है। कवि रचना के संकट से उबरकर रचना के प्रतिमान बना रहा है जबकि शास्त्रीय बहसें रचना की वर्तमान उपलब्धियों को परे रखकर अपने-अपने प्रतिष्ठानों के बीच परस्पर जारी हैं।

[31.7.88]

हास्य रस का बुरा हाल

आजकल हास्य रस की हालत बुरी है। हर पत्रिका दो-चार छटांक हास्य रस छापने को उत्सुक है। मगर उम्दा माल मिल नहीं रहा है। एक संपादक ने अपने लेखकों को चालीस-पचास प्रश्नों की एक सूची भेजी और उनके एक लेखक ने जब शिकायत की कि सवालों का जवाब देते-देते तो कई लेख बन जाएंगे इसलिए इनका जवाब देने का समय मेरे पास नहीं होगा तो उत्तर आया, 'कुछ का जवाब तो आप सिर्फ़ हल्के-फुल्के ढंग से दे डालिए जिससे कुछ चटपटा मसाला छापने को मिल जाए।' एक संपादक ने फ़रमाइश की कि हम साहित्यकारों की माताओं की तस्वीरें और साहित्यकार पुत्रों द्वारा अपनी मां की स्मृतियों पर एक व्यक्तिगत लेखमाला शुरू करना चाह रहे हैं। एक लेखक महोदय ने जब अपना लेख भेज दिया तो उत्तर आया : आपकी चुभती हुई शैली से हम आशा कर रहे थे कि आप कुछ व्यंग्य-विनोद के लहजे में फड़कती हुई चीज़ लिखेंगे पर यह तो बहुत नीरस लेख है। हम लेख वापस भेज रहे हैं। आप हमेशा लिखते रहे हैं। असलियत यह है कि जिस लेखक से यह फ़रमाइश की गई थी वह अपने राजनैतिक विश्लेषणों के लिए प्रसिद्ध है और उसके लेखों की धूम थी तो कारण व्यंग्य-विनोद नहीं दोटूक असलियत का बयान था।

चूंकि किसी लेखक की यथार्थ की पकड़ और विश्लेषण-शक्ति आज सत्ता और लेखक के समीकरणों को उलट-पुलटकर रख दे सकती है, इसलिए संपादक भाषा की मड़ैती के नीचे ढांककर यथार्थवादी विश्लेषण का धोखा पैदा करने की कोशिश ज़रूर करते हैं। इस काम में अगर वह हास्य रस का इस्तेमाल कर ले जाए तो उन्हें उम्मीद बंधती है कि पाठकों को धोखा भी दिया जा सकेगा कि यथार्थ का विश्लेषण करा रहे हैं और अपनी झूठपरस्ती को छिपाए भी रखा जा सकेगा।

हास्य की समस्या यह है कि वह यथार्थ को सच्चाई से न पकड़ने पर हाथ से फिसल

कर कुत्सित बन जाता है, बहुधा वह कमज़ोर पर आक्रमण करने जैसे क्रूर विचार में प्रकट होता है या फिर शक्तिशाली की ख़ुशामद करने में और अपने को नीचा गिराने में। अख़बारों में हम देख सकते हैं कि जब एक हास्य स्तंभ चलते-चलते थक जाता है तो उसकी जगह मनोरंजन की यह शक्ल दिखाई देती है कि समाचारों के यथार्थ में से उन टुकड़ों को जोड़कर एक स्तंभ बना लिया जाए जो मिलकर यथार्थ की किसी अमानवीयता की शक्ल न दिखा पाए बल्कि दमन, शोषण और क्रूरता का केवल एक विचित्र मुखौटा ही सामने लाए। हास्य स्तंभ की जगह यही मनोरंजन का स्तंभ बन जाता है क्योंकि असलियत का पर्दाफ़ाश करते-करते हास्य कितनी बार भी धोखा क्यों न दे जाए, एक न एक किरण रोशनी की दिखा ही जाता है और आजकल कोई अख़बार ऐसा नहीं रह गया है कि इतनी भी रोशनी बर्दाश्त कर सके।

पर हास्य की समस्या सिर्फ़ यथार्थ को पकड़ने तक सीमित नहीं रह जाती। उसे एक पूरी नई दुनिया की कल्पना करनी होती है और वर्तमान की विसंगति को वह इसी नई दुनिया की संगति के संदर्भ में उजागर कर पाता है। इस तरह सही मायने में शुद्ध हास्य जैसी कोई चीज़ तभी सिर्फ़ उतनी देर के लिए संभव हो पाती है जितनी देर तक हम अपनी उस नई दुनिया को अपनी कल्पना में साकार कर रहे होते हैं, वह संपूर्ण संगति का क्षण शुद्ध हास्य का क्षण होता है—स्वास्थ्य का भी और जीवन की क्षणिकता के करुण अभिज्ञान का भी।

जिस तरह का हास्य पत्रिकाओं में मनोरंजन के लिए जुटाने पर संपादकों का ज़ोर रहता है वह स्पष्ट रूप से एक राजनैतिक आक्रमण है। इसका उद्देश्य विसंगतियों के प्रति अस्वीकार जगाना नहीं बल्कि पाठकों को यह सिखाना है कि हमें हंसते रहना चाहिए क्योंकि हमारे नियामक हमें रुलाते रहेंगे। संपादक सोचते हैं : हमें चूंकि पत्रिका के ग्राहक बनाए रखने हैं इसलिए हम इन्हीं नियामकों की क्रूरता की रक्षा करते हुए हास्य-विनोद की सामग्री जुटाते हैं तो यह ख़तरनाक काम है क्योंकि ज़रा-सी चूक होते ही असलियत की झलक सारे धोखे को बिगाड़ देगी। पर कुशल संपादक वही है जो मां के संस्मरणों को भी हास्य की चाशनी में लपेटकर परस सके।

[8.1.89]

आंचलिक रेखाचित्र

रेखाचित्र, संस्मरण, रिपोर्ताज और ललित निबंध ये चार शैलियां हिंदी आलोचना संसार में मान्यता प्राप्त करने की होड़ में पूरी तरह सफल नहीं हो पाई हैं। हास्य

और व्यंग्य लेखन भी इसी तरह के वंचितों की कोटि में पड़ा हुआ है। लोक जीवन का अर्थ आलोचना प्रतिष्ठान में ग्राम जीवन माना जाता है। मानो नगर जीवन में लोक नहीं होता। यदि नगर जीवन में लोक का होना कभी माना भी गया है तो लोकनृत्य और लोकगीत का नगर में प्रदर्शन होना ही उसका प्रमाण मान लिया गया है। यही विचित्र स्थिति ललित निबंध की है। इनके लेखकों में जब-तब यह दावा करने की इच्छा होने लगती है कि उनका संबंध गांव से है। शहर से संबंध रखनेवाले लेखकों को भी ललित निबंध लिखने का मन होता होगा पर जाने क्यों ललित का अर्थ कुछ ऐसे काव्यमय अनुभवों से जोड़ दिया गया है जो गांव के होने का दावा करनेवाले परंतु शहर की संस्कृति में प्रतिष्ठा पानेवाले वृथाभावुक लेखक दोहराते रहते हैं। गांव की पूंजी से निर्मित ललित निबंधों में गांव की समाज व्यवस्था के हिंसक व्यवहार के विरुद्ध चेतना जागृत करने की इच्छा शायद ही कभी दीखती हो।

आलोचना जगत के मानदंडों को पहचानकर ही शायद एक लेखक ने अपने निबंधों की पुस्तक का नाम सीधे-सीधे 'आंचलिक रेखाचित्र' रख दिया है। शायद उन्हें ठीक-ठीक विश्वास नहीं था कि इन्हें आलोचक कहानी मानेंगे या रेखाचित्र। वास्तव में यह मामला भी बहुत समय से साहित्य प्रतिष्ठान में लटका हुआ है और एक ओर कहानी, निबंध, रेखाचित्र और रिपोर्ताज में सबका अलग-अलग जातिनाम तय करने की ज़रूरत भी बताई जाती रहती है, दूसरी ओर इनके बीच परस्पर सीमा-रेखा का अस्पष्ट होना भी दिन-ब-दिन अधिकाधिक प्रकट होता रहता है। उत्तर प्रदेश के उन्नाव जनपद के गांव भगखेड़ा के जन्मे, लखनऊ विश्वविद्यालय से आचार्य पद प्राप्त करके फ़ैज़ाबाद के अवध विश्वविद्यालय में अध्यापन करनेवाले श्री चंद्रिकाप्रसाद शर्मा की यह पुस्तक लेखक के परिवेश से संकलित ग्यारह चरित्रों का वर्णन है। इस पुस्तक को अनायास अपनी डाक में प्राप्त करने के बाद मैं इसे एक ही बार में आद्यंत पढ़ गया। मेरे इतने लगाव का एक कारण यह भी था कि इन चरित्रों के पात्र उसी भूमि पर कभी जीवित थे (या हैं) जिस पर मुझे जन्म मिला था। अपने साहित्य और पत्रकारिता कर्म में आरंभ के अनेक वर्षों तक तो मुझे यह सचेत अनुभव भी न था कि इस क्षेत्र से ही मुझे अपनी भाषा मिली है। बीच के कुछ वर्षों में कभी-कभी यह सुखद अनुभव होता रहा है कि जो कुछ मैं लिख पा रहा हूं उसमें उसी जन्मभूमि की भाषा का और अधिक आविष्कार प्रेरक हो रहा है। इधर के कुछ वर्षों में इस अनुभव ने इस गवेषणा का रूप ले लिया है कि आज एक नागर संस्कृति और सभ्यता में बसी तीसरी पीढ़ी के सदस्य की हैसियत से मैं अपनी जन्मभूमि की भाषा से कितना और भी ग्रहण कर सकता हूं। विशेष रूप से क्रियाओं और क्रिया-विशेषणों की अभिव्यक्ति के लिए। भावार्थ मन में स्पष्ट होने पर भी उस खड़ी बोली में उनके पद नहीं मिलते जो मेरे पहले की पीढ़ी ने आजादी के बाद के वर्षों में हिंदी के विकास के नाम पर अंग्रेज़ी की दलाली

करके नष्ट कर दिए हैं। बार-बार मन होता है कि यह विनाश अवश्य वहीं हुआ है जहां बार-बार गांव और लोक संस्कृति में अपनी जड़ें बतानेवाले भाषाविद् जीवन में भाषा का व्यवहार नहीं, अंग्रेज़ी के विराट अनुवाद साम्राज्य में ख़िदमतगारी कर रहे थे। फिर भी यह विश्वास रहता रहा है कि कहीं न कहीं कोई सहयोगी लेखक होगा जो आज भी उन मानवीय संबंधों को उजागर करेगा जिनकी अभिव्यक्ति बनावटी अंग्रेज़ी अनुवादों से नहीं, जीवन से होती है। इन्हीं में वे संज्ञाएं, क्रियाएं विशेषण और क्रिया-विशेषण होंगे जो सामाजिक अनुभव को संपूर्णता देते हैं।

डॉ. चंद्रिकाप्रसाद शर्मा की पुस्तक का नाम है 'आंचलिक रेखाचित्र' और उन्होंने इसे शिखा प्रकाशन, सी-10 के रोड, महानगर लखनऊ से 1987 में प्रकाशित किया था। मदकची, चिनागिया, जगराना काकी, पांडे बाबा, टुनटुन पटवारी, बिटाना बुआ, स्थोले, सिपाही मंगलसिंह, महराजिन, मुंशीजी और प्रधानजी इन पात्रों में से अधिकांश अपना जीवन पूरा कर लेखक के सामने ही चल बसे थे। कुछ अपनी आस्थाओं को रख पाने के संघर्ष में जीवन के मैदान से खदेड़े जाकर अज्ञातवास में चले गए थे और कुछ निरीह जीवन अब भी बिता रहे हैं। एकाएक मैंने पहचाना कि जिस भाषा संसार में दोबारा अपना ही अनुसंधान करने के लिए मैं जाना चाहता हूं उसमें ये पात्र जो अब स्वयं उपस्थित नहीं भी हैं, मुझे घुमा लाए हैं। पर वह तो मेरे स्वार्थ की बात हुई। अपनी-अपनी जन्मभूमि में दोबारा जाने की इच्छा जीवनप्रद है क्योंकि इन ग्यारह चरित्रों के प्रतिरूप कहीं न कहीं आज भी होंगे—भले ही अपने पूर्वजों की तुलना में कहीं अधिक क्षत-विक्षत हो गए होंगे।

आंचलिक रेखाचित्र के ये पात्र विशेष रूप से मानवीय हैं तो शायद उसका एक कारण यही है कि इनके और लेखक के बीच बराबरी का संबंध है। शहर में रहकर गांव की याद करनेवाले बहुत-से लोग गांव के पात्रों को अब भी अपने से हीन मानते हैं—जाति, संपत्ति, पद या किसी भी प्रकार से दोनों के बीच बराबरी का संबंध नहीं होता। इन रेखाचित्रों में वैसा असमान भाव नहीं है जैसा इस शैली में लिखनेवाले बहुत लेखकों के यहां मिलता है—वे अपने घरेलू नौकरों या उपेक्षित रिश्तेदारों को समाज से बहिष्कृत अथवा परित्यक्त दूरियों का विषय बनाते हैं। इस बहाने से, अनजाने सही, वे अपनी सुरक्षित और संभ्रांत नीति को रेखांकित करते जाते हैं। डा. शर्मा ऐसा नहीं करते। उनका लिखा वर्णन ही पाठक को उस भरे-पूरे समाज में ले जाता है जहां उनके पात्र-विशेष का भी स्थान है। शहराती शैली में दुखी पर दया करने और इस बहाने पाठक की समवेदना अर्जित करने में डा. शर्मा को कोई रुचि नहीं—अवश्य ही यह उनका संस्कार है कि वह विचारधारा और प्रतिबद्धता के बिना ही समता की दृष्टि से संपन्न हैं।

[4.6.89]

छंद के बंधन

एक कविमित्र ने एक बार मुझसे पूछा, 'आप छंद में बंधी हुई कविता बहुत कम लिखते हैं, ऐसा क्यों ? क्या छंद में बांधकर लिखना कठिन जान पड़ता है ? या आप कुछ ऐसी बात कहना चाहते हैं जो छंद में बांधकर ठीक-ठीक नहीं कही जा सकती ? छंद में बंधी और छंद से मुक्त कविता में अंतर क्या है ? आप जब कविता लिखते हैं तो शुरू कहां से करते हैं ? छंद शुरू से आता है तो किस रूप में ?'

मैंने कहा, 'आपके प्रश्न बहुत कठिन हैं और मैं उनके कोई आसान उत्तर देना नहीं चाहता। हां जहां तक शुरू करने का सवाल है सच बात तो यह है कि वह कोई सवाल ही नहीं है क्योंकि शुरुआत कई बार होती है और यह कहना मुश्किल है कि कविता कहां से शुरू होकर कहां ख़त्म होती है क्योंकि कभी-कभी तो वह, अगर अंत से नहीं शुरू हुई तो, मध्य से हो लेती है। छंद भी कभी बिना मेरे जाने कभी मुझे चेताकर आता है।' मुझे आशा थी कि यह जवाब सुनकर मित्र इतना काफ़ी बौखला गए होंगे कि आगे प्रश्न पूछने से बाज आएंगे मगर उन्होंने जिद्दन पूछा, 'तो कविता को छंद में बांधने का कारण क्या होता है ?' मैंने कहा, 'कोई नहीं। हर कविता छंद में बंधी होती है। छंद के बिना कविता होती ही नहीं। छंद होता है तभी कविता लिखने की ज़रूरत पड़ती है।' इतना कहकर मित्र को आश्वस्त करने के लिए यह भी जोड़ दिया कि छंद मगर ऐसी चीज़ है कि उसे कोई कवि सुन पाता है कोई नहीं सुन पाता। पता नहीं वह आश्वस्त हुए या उद्विग्न ही हुए। जिज्ञासु मित्र को मेरी बातों पर गुस्सा आ गया और उन्होंने कहा, 'शायद तभी आपकी कई कविताओं में निबंध का-सा गद्य है जिसमें छंद आपको सुन पड़ता है परंतु पाठक को नहीं सुन पड़ता।'

'हां,' मैंने कहा, 'जिसे आप निबंध का-सा गद्य कहते हैं उसमें विचार है और तर्क है। विचार तर्क से टकराता है और अर्थ के कुछ ज्ञात पहलुओं को अर्थ के कुछ कम या अधिक ज्ञात पहलुओं के संपर्क में लाकर पाठक से व्यापक काव्यानुभव की अपेक्षा करता है। वास्तव में वह पाठक को बने-बनाए भाव-तत्व का व्यंजन न परोसकर उसे कुछ कंद-मूल और कुछ अन्न की खिचड़ी परोस देता है जिसे सिद्ध करके पाठक कविता बना लेगा।' यह रूपक मैंने इस आशा से बांधा कि आजकल की आसान चिंतापद्धति में यह सुगम होगा। पर अभी एक प्रश्न बाक़ी था। मित्र ने पूछा, 'तो क्या आप पाठक को आधी कविता देते हैं और आधी वह बनाता है ?'

समझौते की भावना से मैंने स्वीकार किया, 'हां, इसमें हर्ज क्या है। और यह कोई नई बात भी नहीं। यह ज़रूर है कि इस तरह की कविता में जो छंद होता है

वह किसी और कविता के छंद से सोलह आने मेल नहीं खाता। कवि और पाठक के मिले-जुले काव्य संसार में छंद के परखे हुए नियम काम आते भी हैं, नहीं भी आते। पर इतना तय है कि वे नियम ही कविता नहीं हैं। यदि कवि ने अपने पाठक को इतना उकसा लिया है कि वह कवि की रची कविता में पूर्णता का आभास पा सके तो उसे छंद सुन पड़ेगा चाहे किसी छंदशास्त्र में उसका असंदिग्ध प्रमाण मिले या न मिले।' इस तरह यह वार्तालाप संप्रति यहीं समाप्त हुआ।

अब अपने सहृदय कवि पाठक से मैं और भी कुछ बातें कह सकता हूं। देखिए, कविता की पहचान कोई बनी-बनाई पहचान नहीं होती और इसलिए वह एक से अधिक होती है। यही नहीं, कोई बिना छंद की, कोई छंद में बंधी, कोई तुकबंदी और कोई बेतुकी होती है; कोई आसान और कोई कठिन भी होती है। पर आसान कविता भी कम से कम दो तरह की तो होती ही है। एक, जिसे पढ़कर या तो एकाएक कोई नई समझ जग उठे और दूसरी जिसे पढ़कर वह नई समझ धीरे-धीरे जागने लगे। पर जो एकाएक समझ में आ जाए वह कोई नई समझ नहीं भी हो सकती है और यहां फिर पाठक का काम है कि वह उसे अच्छी कविता ही न माने। वास्तव में कविता तो कविता तभी होती है जब वह बनी-बनाई समझ को तोड़ती है और पाठक के साथ मिलकर उसे फिर से बनाती है—इस बार पाठक में। वह श्रोता या पाठक को इस बनाने में हिस्सा लेने को उकसाती चली जाती है—एक बार लिखी जाने के बाद बहुत लंबे समय तक। यही अच्छी कविता के कठिन होने का तात्पर्य है।

जाने-पहचाने छंदों में बांधकर लिखने को जो कवि आसान मानते हैं उन्हें शायद पता नहीं होता कि वे छुरे की धार पर चल रहे हैं और वह आसान काम हो नहीं सकता। तनिक तिरछे हुए तो लहू-लुहान हो जाएंगे।

जिन छंदों को उन्होंने आसान मान लिया है वे अपने साथ शब्दों की शक्ल में अनेक प्रकार का साध्य ले आए हैं, उनके शिल्प में ये शब्द कवि के स्वतंत्र आशय के प्रतिकूल भी कुछ आग्रह खपा देते हैं। प्रतीक, बिंब, उपमा, रूपक आदि जो वास्तव में मानव संबंधों के चिह्न हैं, छंद के बंधनों के साथ पहले से बंधे चले आए हैं और अब छंद के बंधनों को निरे शिल्प की तरह स्वीकार करना दुष्कर हो गया है—उनको बरतने के साथ वे मानव मूल्य भी स्वीकार करने का ख़तरा मोल लेना पड़ता है जो कवि के अभीष्ट नहीं हैं। जब महाकवि ने छंद के बंधन तोड़ने की पुकार दी थी तो वह यह रहस्य सूत्र रूप में जानते रहे होंगे पर अब हम इसे व्याख्यायित कर सकते हैं। यदि छंद में बंधकर लिखना सुगम है तो उसके दो ही कारण होंगे—या तो कवि ने समग्रता की अपूर्व क्षमता अर्जित की है और वह रूपशिल्प के प्रति भितरघात साधनेवाली रचनात्मक भाषा को क्षण-भर में एक साथ तोड़ और बना पाया है।

इसी को पुराने कवि कहते थे 'कविता बन पड़ी है' या वह प्रचलित और बहुधा

साहित्येतर कारणों से किसी समय लोकप्रिय छंदों में आश्रय लेकर संतुष्ट है। पर यदि वह छंद के साथ सचमुच रचनात्मक रिश्ता बनाना चाहता है और सचमुच बहुत बड़ा कवि होने का दंभ करके बैठा नहीं रहता बल्कि छंद की प्रबल शक्ति के सामने अपनी नगण्यता पहचानता है तो उसे नया छंद खोजना होगा—वह 'गद्य' में मिलेगा या 'पद्य' में यह निरा किताबी सवाल है मगर उसका कवि जानता है कि वह नए नैतिक मानव संबंध में मिलेगा।

[26.8.90]

चुनौती साहित्य देता है

कई दिनों से यह प्रश्न मन में उठता रहा है कि हिंदी काव्य साहित्य की परंपरा में आज हम कहां खड़े हैं। ठीक-ठीक पूछें तो यह पूछेंगे कि कहां चल रहे हैं। खड़े रहना तो परंपरा नहीं है। पर 'कहां चल रहे हैं' भी अपूर्ण वाक्य है। होना चाहिए कहां से चलकर कहां जा रहे हैं और कहां नहीं जा रहे हैं।

परंपरा की पहचान बहुत लोगों को होती है, पर उसे बता कम लोग पाते हैं। बताने का काम विशेषज्ञों ने अपना कर्तव्य और अधिकार मान लिया है। जैसे किसी युग में वेद पढ़ने का अधिकार सबको नहीं था, वैसे ही परंपरा को बताने के अधिकार को भी परंपरा विशेषज्ञों ने अपने लिए एक विशेष विभाग बनाकर अपने पास रख लिया है। वे ही बताते हैं कि आज जो कवि कुछ कविताएं लिखकर दम लेने को ठहर गया है, वह किस कविता परंपरा में है : स्वयं बेचारे कवि को वे यह जानने की आज़ादी नहीं देते। साहित्यिक पत्रकार और विश्वविद्यालय प्रतिष्ठान परस्पर सहयोग से स्वयं यह तय कर लेंगे। वे मानते हैं कि तब तक नया कवि भी परंपरा के नामों में से कोई एक चुनकर अपने को उसके नाम से जोड़ने का फ़ैसला कर चुका होगा।

इस वक़्त नाम पहले से ज़्यादा पाए जाते हैं। चार दशक पहले तक प्रगतिवाद और प्रयोगवाद, ये दो ही बड़े-बड़े नाम थे। फिर नई कविता से लेकर टटकी, ताज़ी और अकविता तक कई नाम आए। सब नाम किसी को याद न हों तो स्मृति का दोष है, कविता का दोष नहीं। एक वक़्त तो ऐसा आया था जब हिंदी कविता और उर्दू कविता तक का वह भेद, जो प्रतिष्ठान ने झूठे ही बना रखा था, नए कवि ने मिटा दिया था। मगर वह वक़्त अब जारी है या ख़त्म हो गया, कुछ समझ में नहीं आता है। जो हो, यह भेद अगर आज फिर बढ़ रहा है तो कल फिर ख़त्म

भी होगा, क्योंकि यह काव्य भाषा का मामला है जिसमें कोई आलोचक या अध्यापक शब्दावली का चुनाव नहीं करा सकता, कवि स्वयं ही कर सकता है।

पर कविता की परंपरा की क़िस्में बेची भी जाती हैं, जैसे विज्ञापन देकर चीज़ें बेची जाती हैं। चीज़ों के साथ चेहरे को चिकना, गोरा, जवान बनानेवाले उबटनों और ब्लेडों का रिश्ता है, मगर परंपराओं के साथ रिश्ता बड़ी चीज़ों का बताया जाता है जैसे राष्ट्रीयता का, एकता का, धर्म का और जनता का। हां, ये बड़ी-बड़ी चीज़ें बेची जा ही नहीं सकतीं। ये इतनी व्यापक हैं कि आलोचक और अध्यापक इन्हें बेचने योग्य बनाना चाहें तो इन्हें छोटा करने को मजबूर हैं। वे जब बेचना चाहते हैं तो राष्ट्रीयता को राष्ट्रवाद और जनता को जनवाद बना लेते हैं।

आलोचना के बाज़ार में कौन-सी परंपरा किस वक़्त बेचने में मुनाफ़ा है यह अंतरराष्ट्रीय बाज़ार को देखकर मालूम किया जाता है। कुछ मामले में अंतरराष्ट्रीय बाज़ार का भाव जल्दी मालूम न होने के कारण देर लग जाया करती है, तब नए कवि को जो आढ़त घसीटकर ले जाए, वह ले जाए। इरादा रहता है कि नए निर्माता को स्वयं निर्णय का अधिकार ही न रहे। उसे अधिकार रहेगा तो साहित्य-प्रतिष्ठान के लिए समस्याएं ही पैदा होंगी। सच तो यह है कि हर कवि प्रतिष्ठान के नियमों को उलट-पुलट कर देने की जन्मजात कामना रखता है। प्रतिष्ठान के लिए तो फ़ायदे की बात यही है कि जब कवि अपना विकास कर रहा हो तो उस पर कंपनी के थोक विक्रेता नज़र रखें और उसे आज़ाद न होने दें। दरअसल कंपनी मानती ही नहीं कि कोई कवि आज़ाद भी रह सकता है। वह मानती है कि आज़ादी एक झूठ है और तर्क से या कुतर्क से हमारे द्वारा किसी वक़्त यह सिद्ध किया जा सकता है कि रचनाकार बिका हुआ है। तब श्रेष्ठता का पैमाना यही रह जाता है कि उस पर किसके हाथों बिके होने का बिल्ला चिपकाया गया है, चाहे रचनाकार उसे माने या न माने।

यह सवाल कोई हलका-फुलका सवाल नहीं है। आधुनिक साहित्य का एक महत्वपूर्ण सवाल है। यह नहीं कि आज ही यह फ़ैसला हमेशा के लिए हो जाएगा कि कौन रचनाकार कहां खड़ा है (या जैसा मैं कहूंगा 'कहां से आकर कहां जा रहा है'), पर जब तक वह रचना करता रहेगा यही प्रश्न बार-बार पूछने और हर बार उपलब्ध कृति कर्म के आधार पर जांचे जाने को मौजूद रहेगा। इस जांच में निर्णायक देसी या विदेशी बाज़ार भाव होगा या रचनाकार का समाज से संबंध ? यही सवाल है जो हमेशा के लिए तय हो सकता है, पर रचनाकार का जनता से रिश्ता बदलने पर वह रचना बदल सकती है, जो अभी हुई नहीं है। जो हो चुकी है वह न रचनाकार को बदल सकती है न रचना को; वह किसी को बदल सकती है तो प्रतिष्ठान को ही बदल सकती है, चाहे वह विश्वविद्यालय का हो या साहित्यिक पत्रकारिता का, आलोचक का या दोनों का।

यह चुनौती प्रतिष्ठान के सामने हर समय रहती है कि नए रचनाकार आलोचना

और मूल्यांकन के मानदंड बदल देंगे। रचनाकार तो इस चुनौती का अपना पक्ष निभाते रहते हैं, चाहे वे युग-प्रवर्तक न हो पाएं, युग के व्याख्याता ही रहें। पर प्रतिष्ठान के पास बल है, इसलिए वह आराम से विलासिता में रहता है और चुनौती को हमेशा निभाता नहीं है। अचानक किसी समय अपनी विश्वसनीयता पर संकट आसन्न देखकर वह जम्हाई लेकर जाग उठता हैं और मनपसंद परंपरा का चुनाव साहित्य के लिए करने लगता है। कहना न होगा कि यह चुनाव न रचनाकार की अपनी ज़रूरत होता है, न साहित्य की। वह परंपरा की न सामाजिक पहचान बनाता है न साहित्यिक, बस उसकी व्यावसायिक उपयोगिता दिखाकर उपभोक्ता सामग्री तैयार कराता रहता है। इस सामग्री के विज्ञापन के लिए राष्ट्र, धर्म, एकता, यहां तक कि आज़ादी पर ख़तरे आते हुए दिखाए जाते हैं जैसे विज्ञापित साबुन बरतने पर बाल झरने के ख़तरे बताए जाते हैं, जबकि सबसे बड़ा ख़तरा स्वयं प्रतिष्ठान के सर पर मंडरा रहा होता है क्योंकि नए साहित्य ने उसकी विश्वसनीयता को चुनौती दे रखी है और उसे डर है कि चांद गंजी न हो जाए।

लेखक का बुढ़ापा

किसी ने कभी कहा था कि लेखक अपनी सर्वश्रेष्ठ रचना चालीस वर्ष की उम्र तक कर चुकता है। चालीस के बाद वह अपने को दोहराता रहता है और इस दोहराने की सफ़ाइयां दिया करता है। किसी और ने एक अन्य गूढ़ रहस्य बताया था कि यदि उपन्यास लिखना हो तो साठ वर्ष की उम्र में बढ़िया लिखा जा सकता है। एक और राय यह सुनने में आई थी कि बाईस वर्ष की उम्र में कवि जैसी कविता लिख देता है वैसी जीवन में फिर कभी नहीं लिख पाता है।

लेखन कर्म के बारे में और भी कई लोकोक्तियां होंगी। कम से कम इन तीन के बारे में जो ऊपर कही गईं, कुछ विश्वास के साथ कहा जा सकता है कि ये सत्य हैं भी और नहीं भी हैं। मेरे विचार से बाक़ी भी आधी सच आधी झूठ ही होंगी। पर एक बात शायद पूरी सच है : यह कि लेखक बार-बार अपने अतीत में लौटता रहता है। अब यह वर्तमान और भविष्य से उसके संबंध पर निर्भर है कि अतीत में लौटकर वह क्या करता है। कोई ऐसा भी कर सकता है कि युवावस्था में उसने आसक्ति का जो अनुभव किया था उसकी याद में डूब जाए और पाठकों को बताने लगे कि वह अनुभव कितना सुखमय था, कितना दुखभरा था। तब तो वह अपनी जवानी की फ़ोटो दिखाकर यही बता रहा होगा कि देखो तब मैं कितना सुंदर दिखता था या तब मैं कितने कष्ट में था। इससे तो कोई रचना नहीं होगी।

पीछे लौटना रचनाकार के लिए अर्थमय तभी हो सकता है जब उसकी जवानी की फ़ोटो में सिर्फ़ वही या उसकी प्रेमिका नहीं, उस वक़्त की दुनिया भी उसके या उन दिनों के साथ खड़ी हुई दिखे।

पर यह भी काफ़ी नहीं होगा। उस फ़ोटो को छाप देना केवल एक ज़्यादा बड़ी फ़ोटो छाप देने जैसा हो जाएगा। लेखक को तो हाथ से अपनी कल्पना की एक तस्वीर आंकनी होगी और बताना होगा कि जवानी की उस फ़ोटो में झांकती दुनिया के तथा हाथ की बनी तस्वीर में अंकित दुनिया के बीच अंतर क्या है। वही अंतर लिखने का कारण है और अनुभव में पीछे लौटने की सार्थकता भी उसी अंतर को पहचान पाने में है। दूसरे शब्दों में लेखक के केवल बूढ़े होते जाने का कोई महत्व नहीं है, न पुरानी यादों में खो जाने का कोई महत्व है। अपने को दोहराने का तो है ही नहीं। एक नई दुनिया बनाने का महत्व है। पर लेखक की वह नई दुनिया सचमुच कोई अर्थ रखती है या नहीं यह आज वे लोग जाँचेंगे जो लेखक की जवानी के दिनों में नहीं थे। अर्थात् लेखन एक परीक्षा है जिसके परीक्षक किसी सिफ़ारिश को नहीं सुनना चाहते।

लेखक होने की यह शर्त है कि इस परीक्षा में पास होते रहना पड़ता है। विश्वविद्यालय की सेमेस्टर प्रणाली जैसी है यह परीक्षा। मगर चूंकि यह एक 'खुले विश्वविद्यालय' में ली जाती है, इसमें एक पुराने ढंग की परीक्षा की भी गुंजाइश रहती है अर्थात् लेखक ने साल-भर कुछ नहीं पढ़ा मगर सालाना इम्तहान में एक अद्भुत निबंध लिखकर नंबरों की कमी पूरी कर ली तो पास हो जाएगा। ऐसी गुंजाइश न रहे तो लेखक के कृतित्व में उमंग का, साहसकिता का और आश्चर्य का कोई स्थान ही न रहे और वह रोज़ एक निबंध लिखकर जमा करता रहे जो वास्तव में सब के सब एक से हों। असल में रोज़ लिखना नहीं, रोज़ एक अलिखित सवाल का अलिखित उत्तर देना ज़रूरी है। अंतिम हिसाब तो एकाएक किसी दिन भी दिया जा सकता है। वह अकस्मात फूटकर प्रकट हुई ऊर्जा रचनाकर्म की विशेषता है। उसे जमा करते रहना लेखक के व्यक्तित्व की विशेषता है।

उम्र बीतने के साथ लेखक के संग एक घटना और घटती है : वह अपने घर लौटना चाहता है। उस ज़मीन को फिर से छूना और उस पर खड़े होना चाहता है जिस पर उसे अपनापा मिलेगा। दिल्ली में बरसों रहने के बाद भी वह दिल्ली का नहीं हो सका है, वह किसी न किसी अर्थ में अपने शहर, क़स्बे या गांव का आज भी है और वह अर्थ एकाएक 25 साल बाद उसे महत्वपूर्ण लगने लगा है; वह अपने छोटे से शहर, क़स्बे या गांव में लौट जाएगा। उसकी जगह वहां अब भी है।

मगर वह जगह कितनी बदल गई है। संकरे-बूचे घुटन भरे दरबेनुमा मकान बन गए हैं, मोहल्ले के नुक्कड़ों पर कचरे के ढेर स्थायी रूप से लगे रहते हैं, नगर के नेताओं में कभी हिंसक उजड्डपन दिख जाता है और एक भोंडी समृद्धि घर-घर में

छाई हुई है। नगर सभ्यता का यह हाल 25 वर्ष में हो गया है। शहर में ही नहीं क़स्बे में और गांव में भी इसी के अनुरूप ज़िंदगी और भूगोल के ऊपर लूट-खसोट मची है। लेखक के मन में घर लौटने का मतलब है दिल्ली की आपाधापी से दूर पेड़ों के तले एक हवादार घर हो जिसमें एक साफ़-सुथरे कमरे में एक चौकी और लैंप रखा हो, उसका लेखक हो और उसका वह नया संसार हो जो उसे काग़ज़ पर रचा देना है।

अफ़सोस कि एक बार दिल्ली में एक पीढ़ी-भर का समय बिता लेने के बाद लेखक किसी नगर, क़स्बे या गांव में लौटकर वहीं टिक नहीं सकता। वह दिल्ली छोड़कर सारे देश में नहीं तो कम से कम अपने प्रदेश में, और वह भी नहीं तो अपने जनपद में लगातार घूमते रहने को बाध्य है। दिल्ली ने उसे 25 वर्ष में एक रंगमंच दिया जिस पर उस जैसे अनेक लोगों ने कुछ करतब कर दिखाए, मगर घर नहीं दिया। दिल्ली में उसका घर भारत-भर के हस्तशिल्प से सजा हुआ था मगर बहुत छोटा था। उसमें उम्र के आख़िरी हिस्से में क़ैद रहकर वह रचना को जड़ कर देना नहीं चाहता है, मगर अपने नगर में उसका जो घर था वहां ज़िंदा रहने की आज़ादी कम हो गई है। अब घर उसके लिए घर तभी हो सकता है जब वह कम से कम भारत जितना बड़ा हो। आज़ादी आज ज़िंदगी के विविध रूपों को अपनी आंखों से देखने और सकारात्मकता के छोटे-छोटे प्रमाणों को एक जगह जुटाकर उनमें जुड़ने में है।

[14.10.84]

आज का संकट

लेखक की एक विशेषता यह है कि वह सब समय संकट की खोज करता रहता है। संकट तो हर समय होता ही है, खोज करने का विषय यह रहता है कि वर्तमान संकट सभ्यता और संस्कृति के ऐसे कौन-से हिस्से का है जो एक ही साथ एक बड़ी दुनिया का अंश भी है और अपने में भी पूरा है। संकट काहे का है, यह पहचानना लेखक की निरी सामाजिक चेतना पर और इतिहास की समझ पर निर्भर नहीं होता, अपने लोगों के आपसी रिश्तों की रचनात्मकता पर भी निर्भर होता है। इसी पर इस संकट को लानेवाले और इसका उपभोग करनेवाले सबसे पहले धावा बोलते हैं।

तमाम ऐसे लोगों को जो लेखक को एक फ़ालतू आदमी या अधिक से अधिक

तमाशबीन जुटानेवाला एक मदारी मानते हैं, यह फ़िजूल की बात मालूम होगी कि हर वक़्त संकट क्यों रहे। आए और चला जाए, हम चैन से बैठें। फिर आएगा तो देख लेंगे कि क्या करना है। मगर चूंकि ये लोग ज़िंदगी में कुछ बनाते नहीं हैं—बहुत हुआ तो पुराने डब्बों और ढक्कनों को जोड़-जोड़कर बैठकखाने में रखने की कोई सुंदर चीज़ बना लेते हैं—इसलिए ये समझ नहीं पाते हैं कि संकट आता भी नहीं है, जाता भी नहीं है, सिर्फ़ अपनी मार और पहुंच बदलता रहता है। इसे भी शायद कुछ लोग भांप लेते होंगे मगर वे इसके जवाब में संकट के नए दायरे को और उसमें निहित पराधीनता के नए रूप को फिर भी नहीं पहचानना चाहते। वे सिर्फ़ विरोध के प्रदर्शन के रूप को नई सूरत देना चाहते हैं। बहुधा इसके पीछे ईमानदारी जितनी होती है उतनी ही बेवकूफ़ी भी होती है। अक्सर उद्देश्य में बेईमानी नहीं होती लेकिन एक तरह का मूर्ख भोलापन होता है जो मानव नियति को दमन और पराधीनता की जकड़ में डालनेवाले कारणों को जानने की ज़रूरत नहीं समझता क्योंकि संकट के व्यवसायीकरण की अर्थात् वेदना में मनोरंजन और आत्मरति में कला की सभ्यता मनुष्य की गरिमा और स्वतंत्रता को नष्ट करनेवाली एक संस्कृति तेज़ी से बना रही है—इतनी तेज़ी से कि हम अनजाने ही सिर्फ़ दो दिन पीछे को देख पाते हैं, एक बरस आगे को नहीं।

कहना न होगा (बल्कि शायद कहना पड़ेगा) कि इस तुरता संस्कृति में लेखक को साझेदारी करने के लिए मजबूर भी होना पड़ता है और विरोध करने के लिए तैयार भी। 'कहना पड़ेगा' मैं इसलिए कहता हूं कि संकट की थोड़ी-सी पहचान मिलते ही मध्यवर्गीय बुद्धिजीवी की पहली प्रतिक्रिया अपने वर्ग को मुंह चिढ़ाने की होती है और बहस का विषय यह बन जाता है कि वह जो बड़ा क्रांतिकारी बनता है असल में क्रांतिविरोधी है। ऐसे मध्यवर्गीय विचारकों को सबसे पहले समझना और समझाना पड़ेगा कि क्रांति अपने से परे होनेवाले किसी रोमानी 'एक्शन' का नाम नहीं है। कुछ बरस पहले तक कविता में जैसे खोज प्रकट करना और राजनीति में गुस्सा निकालना क्रांति की अभिव्यक्ति माना जाता था, वैसे ही मध्यवर्गीय क्रांतिकारिता में हथियार का इस्तेमाल सारी व्यवस्था को जड़ से बदल देने का परम ईमानदार साधन बताया जाता था। अपने कुछ प्रिय लेखक मित्रों को इस साधन की ख़तरनाक परिणतियों पर ध्यान देने को कहते हुए मुझे जवाब में कई ऐसे दृष्टांत सुनने को मिले जो उस समय तो बुद्धिजीवी को दूर से 'अवस देखिए देखन जोगू' जैसे लगते थे परंतु कुछ ही समय बाद उसी व्यवस्था के भयंकरतम हथियारों के सामने अपनी राजनैतिक सार्थकता खो बैठे और इस बीच में क्रांतिकारी के हाथ में हथियार का विकल्प भी नहीं रह गया। विजय हथियार के हाथों पराधीनता पोषक अमानवीय संस्कृति की हुई और पुलिस, सेना और गुंडे की संयुक्त शक्ति पहले से सौ गुनी प्रबल हो उठी। ऊपर से उन लोगों का, जो सब समय संकट के उपस्थित रहने को एक दिमाग़ी फ़ितूर मानते हैं, राजनैतिक

मत पुलिस पर (और आज तो स्वाधीन नागरिक पर नियंत्रण रखनेवाले संगणक यंत्रों पर भी) और अधिक आस्था रखने के पक्ष में हो गया।

यह सिलसिला आज भी चल रहा है। सिर्फ़ इसका तरीक़ा बदल गया है। यह चुपके-चुपके हो रहा है--मीठे-मीठे भी। इमर्जेंसी उठने के बाद के दिनों में भी यह सिलसिला जारी रहा था, मगर तब प्रचार के साधनों पर जिस वर्ग ने झपट्टा मार कर कब्ज़ा किया था वह उन्हीं तरीक़ों को बरतता था जो प्रायः सबको सुलभ थे—कम से कम आशा ऐसी ही की जा सकती थी। 1977 में पत्रिकाओं की बाढ़ ने सेंसर को बहा नहीं दिया, घोलकर सारे पानी में मिला दिया। फिर भी, छापे हुए शब्द का सरेआम अपमान होते हुए भी बहुजन समुदाय इस विश्वास से भरा रहा कि वह भी इस साधन का स्वामी हो सकता है।

आज वह आशा क्षीण से क्षीणतर होती जा रही है। बोला हुआ शब्द जो कम से कम पूंजी और कम से कम प्रतिबंध वाला साधन बन सकता था, पूंजी के इतने विराट उपयोग से ही संभव रह गया है कि अब उसकी स्वायत्तता एक क्षीण स्वर बनकर रह गई है। कहने को तो इस परिस्थिति में भी एक रोमानी बलिदानी भावना के दर्शन किए जा सकते हैं, परंतु वास्तविकता यह है कि सड़क पर गाने की परंपरा छिन्न होकर सड़क पर ट्रांज़िस्टर हाथ में लेकर चलने की परंपरा बन गई है। सड़क पर गाना एक पेशेवर कौम का काम नहीं, एक वर्ग के आंतरिक अनुशासन और उद्वेग की मिली-जुली अभिव्यक्ति है। यह वर्ग बड़े पैमाने पर मध्य वर्ग है। इसके भीतर वह उद्वेग न है, न हो सकता है जो विराट भीड़ों की आवाज़ में आवाज़ मिलाकर इस वर्ग में पैदा हो सकता है—हुआ था मगर नहीं मालूम कि अब हो सकेगा या नहीं।

पर अपनी किताब छापने और बेचने की परंपरा को आगे बढ़ाने के लिए इतने बलप्रद सामुदायिक समर्थन की ज़रूरत नहीं पड़नी चाहिए जितनी गीत और नाटक या कविता पाठ के लिए पड़ेगी। लिखी हुई भाषा और छपा हुआ शब्द अपने में उत्तेजक है जो हर बार नई ताक़त दे सकता है—अगर वह लेखक की भाषा में हो तो।

पुरस्कार का मतलब

यह तो आपने सुना ही होगा कि साहित्य अकादेमी ने 1984 के पुरस्कारों में मुझे भी शामिल किया है। जब से यह निर्णय घोषित हुआ है, अनेक प्रकार की बधाइयां सुन रहा हूं। इनमें एक स्वर मुख्य है : 'देर से मिला, लेकिन ख़ैर ठीक है।' यह

बात कई तरह से कही जाती है। कोई ऐसे कहता है जैसे मेरे ऊपर तरस खा रहा हो, कोई ऐसे जैसे समय से मिलता तो ठीक भी होता, अब क्या रखा है इस पुरस्कार में! किसी को इस शिकायत से सहानुभूति होती है, जैसे अब तो तुम पुरस्कार के योग्य नहीं रहे, किसी समय थे। मगर दे दिया गया है तो ले लो, काम आ जाएगा।

किसी ने फ़ोन पर कहा, बधाई (फिर कुछ तरस खाते हुए), कोई बात नहीं 'देर आयद दुरुस्त आयद।' 'देर आयद' क्या माने ? मैंने पूछा। 'मतलब यही कि बहुत पहले मिल जाना चाहिए था।' उन्होंने कहा। 'यानी कब ?' मैंने पूछा। 'पंद्रह साल पहले।' उनका जवाब था। इससे मेरी समझ में यही आया कि पंद्रह साल पहले शायद उन्होंने मेरी कोई चीज़ पढ़ी होगी और पंद्रह साल से कोई चीज़ नहीं पढ़ी है। एक और व्यक्ति, एक प्राध्यापिका ने यही बात कही कि देर आयद दुरुस्त आयद। फ़र्क़ सिर्फ़ यह था कि उनके स्वर में न कोई तरस था न कोई उलाहना, एक पराजय का स्वीकार था कि अब हमें मानना ही पड़ेगा कि जो कविता हम 25 साल से रद्द करते आ रहे थे उसको राष्ट्रीय सम्मान दे दिया गया। इसी तरह की कई भाव-भंगिमाएं पुरस्कार के सम्मान के साथ प्रकट हुई हैं। ये प्रश्न जो मुझसे पूछे गए हैं, एक विचार पर केंद्रित हैं कौन-सी त्रुटि कहीं पकड़ी जाए। यह मुखौटा कि बेचारे को पुरस्कार मिल तो गया (क्योंकि वह क़लम पकड़ना सीखने के साथ ही पुरस्कार की आस लगाकर बैठ गया था) यह कुरेदने का बहाना है कि वह बरसों से कौन-सी और किन-किन के प्रति कुढ़न पाले हुए था।

इस तरह की पत्रकारिता बड़े-बड़े साहित्यकार, प्राध्यापक, प्रबंधक, आदि सभी कर रहे हैं। आकाशवाणी और दूरदर्शन भी यही कर रहे हैं। आकाशवाणी ने किसी कवि को बाहर से यह पत्रकारिता करने के लिए बुलाया था। उन्होंने भेंटवार्ता में पूछा : आपको इतनी देर से पुरस्कार पाकर कैसा लगा। मैंने कहा, 'मेरे लिए तो बड़ी मुसीबत खड़ी कर दी अकादेमी ने,' तो कवि-पत्रकार के चेहरे पर ज्योति झलकी कि अब कुछ पत्रकारिता हो जाएगी। 'क्या मुसीबत, बताइए।' उन्होंने पूछा। मैंने कहा, 'यही कि अब मुझे बहुत कुछ ऐसा लिखना पड़ेगा जो अब तक मेरे लिखे से भी श्रेष्ठ हो।' यह सुनकर भेंटवार्ताकार का मुंह लटक गया। यह तो कोई जवाब ही न हुआ। अपनी पिछले तीन-चार वर्ष में सीखी पत्रकारिता पर ज़ोर डालते हुए उन्होंने एक सवाल खोज निकाला, 'यानी आप ऐसा कुछ लिखना चाहते हैं जिसमें आपको भारतीय ज्ञानपीठ पुरस्कार मिल जाए ?'

इसके बाद क्या बातचीत हो सकती थी! इस वार्तालाप के कुछ ही देर पहले मैं पुरस्कृत लेखक गोष्ठी में वाणी को हिंसा से मुक्त करने के सृजन कर्म पर भाषण करके आया था। अब पछताने लगा कि इस व्यक्ति को हिंसापूर्वक यह कहना चाह रहा हूं कि तुम यदि इतने क्षुद्र हो कि पहले से अच्छा लिखने का अर्थ पहले से बड़ी रकम का पुरस्कार जीतना ही मानते हो तो तुमसे संवाद नहीं हो सकता।

यों ऐसे व्यक्ति आज के समाज में बहुतायत से पाए जाते हैं जो 'राष्ट्रीय पुरस्कार

को राजनैतिक प्रतिष्ठा से और राजनैतिक प्रतिष्ठा को पैसे से मापना ही यथार्थवादिता मानते हैं। पुरस्कार घोषित होने पर एक पड़ोसी ने दूर से आवाज़ देकर पुकारा, 'सहाय साहब, बधाई! दस हज़ार रुपए मिल गए आपको।'

इतना लिख देने के बाद इस टिप्पणी में मेरे विचार से कुछ जोड़ना शेष नहीं रह जाता। परंतु जहां संवेदना सपाट, संक्षिप्त और लट्ठमार होती जा रही हो वहां एक कवि को और अधिक कविता लिखने के साथ-साथ और अधिक प्राथमिक कक्षाएं लेनी पड़ेंगी। जैसे इस टिप्पणी में यह जोड़ना ही पड़ेगा कि अकादेमी पुरस्कार किसी पुस्तक प्रतियोगिता में जीता हुआ पुरस्कार नहीं है, बल्कि कवि के आज तक के कवि कर्म से साहित्य को योगदान की मान्यता है। पैसे के बूते पर जो पुरस्कार इसकी बराबरी कर सकते हैं या इसे पीछे छोड़ जाते हैं, वे इससे तुलना के योग्य नहीं हैं। यदि अकादेमी पुरस्कार के किसी को देर से मिलने की शिकायत की जाती है तो उसके पीछे व्यक्तिगत ईर्ष्या से लेकर अनुचित निर्णय तक अनेक कारण हो सकते हैं। पर शायद सबसे बड़ा कारण साहित्य का समाज पर प्रभाव क्षीण हो जाना है। यह भी, मैं स्पष्ट रूप से मानता हूं, केवल साहित्य की निर्बलता के कारण नहीं हुआ है, समाज के प्रबंध के माध्यमों पर समाज-विरोधी तत्वों के कब्जे ने संवेदनाओं को पटरा करने का बीड़ा उठा रखा है—वे सपाट भाषा का, आक्रामक मानव संबंध का और सुंदरता और गरिमा के विरुद्ध उपहास का अभियान चला रहे हैं।

तो उन सब मित्रों से 'जो देर से' पुरस्कार घोषित होने पर मेरे साथ सहानुभूति प्रकट कर रहे हैं, धन्यवाद जताते हुए शिकायत कर रहा हूं कि उनमें से किसी ने भी नहीं पूछा कि आजकल क्या लिख रहे हैं या कल क्या लिखनेवाले हैं। वे इसमें रुचि नहीं रखते कि साहित्य में क्या हो रहा है। उनकी रुचि साहित्य से मिलनेवाले लाभों में है। इन्हीं से मुझे यह भी कहना है कि न तो मुझे दस हज़ार रुपए की रकम थोड़ी होने की शिकायत है, न पंद्रह साल पहले पुरस्कार न मिलने की शिकायत है। मैंने हिसाब लगाकर देखा पंद्रह साल पहले मेरी केवल दो कविता पुस्तकें थीं : उस समय अकादेमी पुरस्कार पाने से मुझे कोई सुख भी नहीं होता, क्योंकि तब अकादेमी पुरस्कार पुस्तक पर ही पुरस्कार कहलाता, कवि कर्म पर नहीं। मेरे लिए वे दो पुस्तकें कितनी भी तृप्तिकर और पाठकों के लिए कितनी भी उत्तेजक होतीं, उन्होंने रचना की संघर्षमयी और आनंददायी संभावनाओं का पूरा परिचय तो मुझे तब तक नहीं कराया था। वह अब भी पूरा नहीं कराया है, जब कविता पुस्तकें दो से अधिक हो गई हैं। यह आशा करते रहना कवि के लिए कितना जीवनप्रद है कि उसका श्रेष्ठ कृतित्व अभी प्रकट होना बाक़ी है। प्रश्न यही रह जाता है कि अपने जीवन का वह क्या करता है और साहित्य रचना उसके लिए कितनी जीवनप्रद बनी रहती है।

ये बदमाश भिखारी

'लिखे हुए साहित्य में समाज को बदलने की इच्छा सच पूछो तो पाई जा नहीं सकती, क्योंकि यह साहित्य ऐसे लोगों द्वारा लिखा जाता है जिनको समाज को बदलने में फ़ायदा नहीं, नुकसान है'— यह विचार पिछले दिनों नाटक का सामाजिक और राजनैतिक संकट और उसके उपाय पर एक बहस में विख्यात समीक्षक रमेश चंदर ने प्रकट किया। इसके साथ ही मेरे मन में यह सवाल उठा कि क्या हमारा लगभग सारा लिखित साहित्य इसी वर्ग से आए लेखकों ने लिखा है ? क्या वजह है कि इसी साहित्य ने बहुत-सी सामाजिक मान्यताओं को बनाया है जो समाज से न्याय और राजनैतिक अधिकार के पक्ष में कम से कम तीन नहीं तो दो पीढ़ियों को आज़ादी के पहले से तैयार करती रही हैं ?

मध्य वर्ग शोषण और अत्याचार के फ़ायदों में हिस्सा पाता है, इसमें कोई शक नहीं। मगर यह कैसे मान लिया जाए कि वह निडर होकर ग़ैर-बराबरी, दमन और अन्याय का प्रचार करता रहा है ? अगर उसने चुपके-चुपके भी ऐसा किसा है तो उसकी आलोचना करने को मध्यवर्ग के ही आलोचक तैयार रहते हैं। इन्हीं के डर का नतीजा है कि साहित्य को अपनी एक आदर्शवादी छवि बनाए रखनी पड़ी है और यह सही है कि वह उतनी दूर तक परिवर्तन करने से परहेज़ करता रहा है जहां उसका स्थान ही नष्ट हो जाए, मगर यह सही नहीं है कि उसने मानवीय शक्ति को पीड़ित और वंचित वर्ग के हित में नई चुनौतियों के मुक़ाबले संगठित नहीं किया।

परंतु यह मानना पड़ेगा कि लेखक पर समाज के दलित और वंचित वर्ग के हित में सोचने और लिखने का दबाव सब का सब लेखक कर्म से नहीं आया। राजनैतिक कर्म से भी आया है। यह राजनैतिक कर्म वहीं ईमानदार रहा है जहां लोकमानस में जनमाध्यम से प्रचारित सत्य और न्याय की मान्यताएं पनपी हैं, परंपराएं बनी हैं और संगठित होकर राजनैतिक संगठन का रूप ले सकी हैं। जनमानस में ऐसे किसी विचार को फैलाने में योग देने से, जो शोषित वर्ग को उसके अधिकार से वंचित करता हो, लोक साहित्य ने हमेशा इनकार किया है और यह साहित्यकारों को सीधे रास्ते पर रखने में बहुत सहायक हुआ है। लोक में प्रचलित जाति-धर्म के विद्वेष के छोटे-छोटे नमूने अनेक चुटकुलों और क़िस्सों के रूप में प्रचलित रहे हैं, इसमें भी शक नहीं, परंतु उनको फैलानेवाले माध्यम कभी इतने शक्तिशाली नहीं हुए कि वे बहुत बड़े समुदायों के मन में यह विद्वेष बैठा दें।

आज स्थिति कुछ भिन्न है। संचार के विशाल साधन कुछ लोगों के हाथ में संगठित हैं। वे एक सूक्ष्म तरीक़े से कोई अमानवीय विचार चाहे तो फैला सकते हैं, जो मनोरंजन की आड़ में सहज बनाकर स्वीकृत कराया जा सकता है। रेडियो, दूरदर्शन,

फ़िल्म यह काम औरतों, बच्चों, बूढ़ों, ग़रीबों, भिखमंगों और अपाहिजों को अपने कथानकों का विषय बनाकर किए जा रहे हैं। इनका विरोध नहीं होता, क्योंकि पढ़ा-लिखा वर्ग इन्हें इन माध्यमों की अपनी शर्तों पर देखने लगता है। माध्यम का इस्तेमाल इस मध्य वर्ग की पहुंच में है और दलित वर्ग की पहुंच में नहीं। हम इस माध्यम को साध सकते हैं, यह गर्व पढ़े-लिखों को यह संतोष दे जाता है। माध्यम को जानना ही एक विशेष काम है जो हम ही कर सकते हैं। परिणामतः रेडियो, दूरदर्शन और फ़िल्म पर जो अमानवीय और घृणामूलक प्रचार होता है उसको एक सामाजिक कार्रवाई न मानकर, यह वर्ग माध्यम को इस्तेमाल करने की शैलियों के आधार पर देखने लगता है। रेडियो पर जो होता है वह रेडियो कार्यक्रमों की शैलीगत सफलता या विफलता की जांच और फ़िल्म का कथ्य तो और भी ज़्यादा तकनीकी समीक्षा का विषय बना दिया जाता है—क्योंकि यह मान लिया जाता है कि जैसे इन माध्यमों पर कार्यक्रम बनाना एक विशेषाधिकार है, वैसे ही समीक्षा करना भी एक विशिष्ट काम है और शैली पर बात करना तो और भी विशिष्ट है।

रविवार को सवेरे मनोरंजन का एक कार्यक्रम दूरदर्शन पर दिखाया जाता है। हर हास्य कार्यक्रम का उद्देश्य कुल मिलाकर किसी की कमज़ोरी दिखाना ही होगा क्योंकि वह कमज़ोरी एक असंगति है और असंगति हंसाती है। परंतु हर हंसी में एक गुस्सा छिपा होता है और जिस समाज में सार्वजनिक प्रचार के माध्यम कमज़ोर वर्गों के लिए हंसी की आड़ में गुस्सा फैला रहे हों, वहां और कुछ नहीं सभ्य और आधुनिक कहे जानेवाले समाज में नफ़रत को स्वीकार्य बनाया जा रहा है। इस सभ्य समाज की एक बड़ी मजबूरी यह है कि वह कमज़ोर पर व्यक्तिगत तरस और राजकीय कृपा दिखा कर चाहे तो उसका सामाजिक अवमूल्यन कर ले मगर खुलेआम नहीं कह पांता कि इन कमज़ोरों को मार डालो या ग़ुलाम बनाकर ज़िंदा रखो। देश के एकमात्र प्रसारण संस्थान से, जिसे स्वायत्तता न देने के पक्ष में तर्क यह दिया जाता है कि राष्ट्रीय नीतियां प्रचारित करने के हित में उसे सरकार के हाथ में रखना चाहिए, भिखमंगों की मक्कारी की कलई खोलनेवाला एक कार्यक्रम दिखाया गया था। इसमें एक खाते-पीते घर की मोटी-ताज़ी गृहिणी पैसे मांगनेवाले एक मंगते से कहती है कि मैं तुम्हें खाना खिला दूंगी, पैसे नहीं दूंगी। मंगता पैसे ही लेने पर ज़िद करता है और बातों-बातों में उसका राज खुल जाता है। उसने कई दयालु व्यक्तियों से भूख का बहाना करके पैसे मांगे थे और सबने उसे खाना खिला दिया था, पैसे नहीं दिए थे। अब वह सिर्फ़ पैसे लेना चाहता था। कह रहा था कि सबका दिया खाना खाने से मेरा पेट बहुत भर गया है, अब तो पैसे ही चाहिए। गृहिणी ने पूछा जब पेट भर गया तो भूखे कहां से हो। इस पर भिखमंगा बोला, वह तो मेरा धंधा है। हमसे आशा की गई कि हम हंसें। उद्घोषक ने भी यह मानकर कि सारी दुनिया हंस रही है मैं भी कार्यक्रम को रोचक बनाने के लिए इस हंसी में शामिल होऊं, हंसते हुए आकर कहा, 'तो आपने देख लिया इनका हाल।' वह कहना चाहता था, तो आपने इस साले बदजात की मक्कारी देख ली। इसी

तरह ये भिखमंगे हम संभ्रांत परिवारों को लूटते हैं। मगर यह वाक्य वह सभ्यता के डर के मारे नहीं कह सका। विश्वास कीजिए, हमारे-आपके डर के मारे। यह आधुनिक समाज हिंसा को छिपाने को ही सभ्यता मानता है, ख़ासतौर से जब तक वह पासोपेश में हो कि शायद सारा समाज अभी भ्रष्ट और पतित नहीं हुआ है।

यह कार्यक्रम शायद फिर नहीं दिखाया जाए। यह नहीं तो इसके जैसे और कार्यक्रम दिखाए जाएंगे। इसी रविवारी कार्यक्रम में कुछ महीने पहले एक चुटकुला बताया गया था, जिसमें मजाक 'बहू' को भस्म कर डालने के लिए दियासलाई की ज़रूरत पर था। वह क्यों दुबारा दिखाए जाने से रोक दिया गया, इसका एक ही कारण हो सकता है कि कुछ लोगों ने इस हंसी में छिपे औरत के लिए तिरस्कार और हत्या को मजाक का विषय माननेवाले की क्रूरता पर आपत्ति की हो, क्योंकि स्त्री को जीते जी भस्म कर डालना एक सामाजिक आक्रोश का विषय बन चुका है। भिखमंगे शहर के खाते-पीते लोगों के लिए एक सरदर्द बन गए हैं, क्योंकि उनकी शक्ल उनको बेघर करनेवालों की असलियत पर हथौड़ा मारकर बताती रहती है। भिखारी को ज़लील करना, उसकी पोल खोलना संभ्रांत समाज को राहत देता है। भिखमंगों को क्या राहत दी जा रही है, यह पूछनेवाला कोई मध्यवर्गीय सहृदय भी बचा न रह जाएगा, पूरे समाज में निर्ममता और घृणा फैल जाएगी।

हंसी में गुस्सा छिपा रहता है। पर असल सवाल है, यह किसके प्रति होता है। किसी के प्रति गुस्सा न हो, सब कुछ निष्पक्ष और निरीह हो तो हास्य नहीं हो सकता। हास्य जिस असंगति से पैदा हो रहा है वह यदि अन्याय की, अनैतिकता की पोल खोलती है तो वह हास्य भी है और अन्याय के प्रति असहमति भी। वह असहमति ही शब्द की सीमा के भीतर बंधा हुआ गुस्सा है और हिंसा नहीं है। पर भिखमंगों के ढोंग पर हंसने के बजाय दयालुओं के ढोंग पर हंसने को अधिकांश भारतीय अधिक मानवीय, अधिक स्वस्थ हास्य मानेंगे।

[10.6.84]

परिवर्तन की कविता

कुछ समय से अनुभव कर रहा हूं कि साहित्य और संगीत आदि में परस्पर सहयोग के आधार पर जो नई भाषा हमारे समाज ने पिछले पचास-साठ साल में बनाई थी, वह मानवीय मूल्यों के नए दौर में बाज़ार में बिक नहीं रही है। परत-दर-परत अर्थ खोलनेवाली इस भाषा में धीरज था। विशेषण यथार्थ के खूंटे से रस्सा तुड़ाकर

भाग नहीं जाते थे और क्रियाएं अपना पूरा वक़्त लेकर शांत होती थीं। भावनाएं तर्क के साथ क़दम से क़दम मिलाकर चलने की कोशिश करती थीं और इसके नतीजे कभी भाषा में, कभी अनुभव में नए आविष्कार करते हुए प्रकट हुआ करते थे। आज देख रहा हूं कि भावुकता बहुत बढ़ गई है, तर्क बहुत कम हो गया है, धीरज रह नहीं गया है। यहां तक कि दुकानदार भी इस अंदाज़ में बोल रहा है कि मेरे पास वक़्त नहीं है। असल में उसकी भाषा अभी तीन-चार साल पहले की जगह अब यह कहने लगी है कि लेना हो तो लो, नहीं तो ग्राहक बनाने के लिए मुझे अपने माल को अच्छा बताना ज़रूरी नहीं है। यह है नई अर्थव्यवस्था का भाषा पर प्रभाव। व्यवस्था रद्दी माल बनाकर बेच रही है और भाषा को मानवीय संबंध की परवाह नहीं है।

बीसवीं शताब्दी में भाषा यथार्थ को बारी-बारी से समझने और समझाने का काम करती रही है। यह काम तेज़ी से तब हुआ जब भीतरी-बाहरी यथार्थ से आमना-सामना मनुष्य के राजनैतिक अधिकारों की रक्षा के लिए ज़रूरी हुआ। पर जब वह तात्कालिक ज़रूरत निपट गई, तब भी इस दौर की दी हुई ऊर्जा देर तक काम आती रही। तभी तो हम देखते हैं कि कोई शैली सिर्फ़ एक ढंग ही नहीं थी। वह एक सत्य थी। क्योंकि शैली की बनावट के अंदर भाषा की जाने कितनी स्मृतियां लिपटी पड़ी होती हैं। रूप भी एक यथार्थ है, यह बात हमारे गुटवादी साहित्य के पंडे पचा न पाएंगे, पर संसार की श्रेष्ठ साहित्यिक रचनाओं से इसी बात के सच होने का प्रमाण मिलता है।

फिलहाल मैं एक कविता का दृष्टांत लूंगा। यह किसी भारतीय भाषा की कविता नहीं है। यह ऐसी यूरोपीय भाषा की एक कविता है जिसके लोगों ने अपनी अस्मिता, यहां तक कि अस्तित्व के लिए अपने अतीत को निरंतर खोजा और इस तरह पहचाना जैसे वह समकालीन इतिहास में आज भी जी रहा है, कभी जड़ नहीं होगा और जीता ही रहेगा। हर राष्ट्र को अपनी पहचान नए सिरे से खोजने में ग़लत जगह से शुरू कर बैठने का जोखिम उठाना पड़ता है। हंगारी कविता के उदाहरण से मैं यह समझ पाया हूं कि खोज शुरू करने की सही जगह साहित्य है और साहित्य में भी कविता। सिर्फ़ एक कविता का दृष्टांत इसलिए ले रहा हूं कि इस लेख का विषय काव्य चर्चा नहीं है, समाज का साहित्य के माध्यम से पुनः प्रत्यक्ष है और कविता यहां निमित्त है, प्रतिपाद्य नहीं।

यह कविता 1928 में जन्मे फेरेंस युहाश ने 1955 में लिखी थी। 1955 हंगरी के इतिहास में महत्वपूर्ण है। तब दूसरे महायुद्ध के बाद समाजवादी विकास का लक्ष्य लेकर जो कार्यक्रम शुरू किए गए थे, उनके एक ओर तो दिखता था कि राष्ट्रीय आय पहले से पचास सैकड़ा, औद्योगिक उत्पादन एक सौ इकतीस सैकड़ा और भारी उद्योग छह सौ सैकड़ा बढ़ गया है। कुछ ही दिन में दिखने लगा कि निरे औद्योगिक विकास के ज़रिए समाजवाद लाने का यह तरीक़ा ग़लतियों से भरा

हुआ है। तमाम कार्यक्रम और लक्ष्य हवाई साबित होने लगे। पूंजी का जो निवेश हुआ था वह राष्ट्र की हैसियत के बाहर था, उद्योगों पर ध्यान बेहिसाब दिया जा रहा था। इधर किसानी पिछड़ रही थी, उधर किसानों से फ़सल ज़बर्दस्ती वसूल हो रही थी। वे बोझ से दब रहे थे। नतीजतन कंगाली आने लगी, लोग फटेहाल हो चले। जब यह सब हो रहा था हंगरी के और विश्व के समाजवादी नेतृत्व में भी समस्याएं फैल रही थीं। आर्थिक और राजनैतिक ग़लतियां सुधारने की कोशिश हंगरी की साम्यवादी पार्टी में शुरू हुई। उस समय पार्टी के भीतर लोकतंत्र और सामूहिक नेतृत्व को दबाया गया, पार्टी और कार्यकर्ता के बीच का संबंध कमज़ोर किया गया और मज़दूरों और किसानों का नाता टूट चला।

युवा फेरेंस युहाश ने इस दौर के दर्द से भरकर कविता लिखी। चार सौ पंक्तियों की लंबी रचना है यह। मैंने तो इसे हंगारी भाषा में नहीं पढ़ा है (इस भाषा के जाननेवाले सारे संसार में थोड़े-से हैं। हंगरी देश यूरोप में पानी नहीं, मिट्टी से घिरा हुआ एक द्वीप है। हंगारी भाषा ने शायद इसलिए अपने को हर समय स्पंदित बनाए रखने की शक्ति विकसित कर ली है)। अंग्रेज़ी में बड़ी लगन और ईमानदारी से कुछ बहुत अच्छे अनुवाद अंग्रेज़ी कवियों के सहयोग से हुए हैं। इन्हीं में मैंने युहाश की कविता पढ़ी : मां अपने बच्चे को बुला रही है, बच्चा वापस आ नहीं सकता। कविता एक रूपक है। युवा बेटा बदलकर आदमी से बारहसिंघा बन जाता है। रहस्य के संसार के द्वार पर खड़ा वह पुकारता है कि उस घर में प्रवेश कर नहीं सकता जिसमें वह पला है, क्योंकि वह घर उसके सुंदर सींगों की चोट से क्षत-विक्षत हो जाएगा। यहां मैं उस संपादक के शब्द उद्धृत करूंगा जिसके द्वारा संकलित और संपादित अंग्रेज़ी संग्रह में हंगारी के वरिष्ठ कवियों के साथ युहाश की यह कविता छपी है।

संपादक मिकलोश वायदा के शब्द हैं : 'बारहसिंघा नामक कविता से मनुष्य की यह परिस्थिति सीधे भावोत्तेजक बिंबों से प्रकट होती है, साथ ही वह सार्वजनीन है। युहाश अपने शब्दों के चयन से भाषा में सशक्त बिंब बनाते और गतिशील छंद उत्पन्न करते हैं। उनके बिंब मानो झरने की तरह बहते चले आते हैं। ये बिंब मृत्यु के, क्षय के, परिवर्तन के, सौंदर्य के, भय के और पीड़ा के हैं। फिर भी कवि के हाथों में ये आशा और निर्माण के प्रेरक बन जाते हैं···

'···इस भाषा और शैली का जन्म कवि के अपने व्यक्तिगत जीवन के स्रोतों से हुआ है। परंतु पीड़ा सार्वजनिक है। कविता में ग्राम जीवन को, जो सामाजिक पिछड़ेपन और लोककला के सौंदर्य का उत्स है, समृद्ध रूपकों के बहाने से बताया गया है। साथ ही इस जीवन के क्षरण और उन्मूलन का वृत्तांत भी कहा गया है। यह घटना राष्ट्र के ही नहीं, स्वयं कवि के और उसके परिवार के जीवन में भी घटित होती है। कवि का समाजवादी संसार से गहरा नाता है। इसलिए कविता समाज निर्माण के दौर में होते हुए उन परिवर्तनों को, जो भावी पीढ़ियों के लिए

महत्व के होंगे, समझती और बताती है, चेतावनी देती है, विरोध करती है।

यह हंगारी कविता मैंने अंग्रेज़ी में पढ़ी, परंतु पढ़ते हुए ऐसा लगता रहा मानो मैं उसे अवधी में, जो मेरी मातृभाषा है, सुन रहा हूं। मैंने एक और अनुभव किया और उसे यहां बताना आवश्यक है। गीत का कविता में विशेष स्थान है। उस गीत का नहीं जो अनुभूति के पिटे-पटाए रास्तों से होकर भाषा को कुंद करता और बिंबों को जड़ बनाता है, बल्कि उस गीत का जो परिवर्तन की पीड़ा को समझने के साथ-साथ भाषा में हलचल जगाता है। उस गीत में तुक नहीं होते जो घूम-घूमकर टेक बनाते हों जैसे युहाश के 'बारहसिंघा' में नहीं हैं, बल्कि जो बिखरे हुए बिंबों को चुन-चुनकर एक लय में बांधते हैं। ऐसे अलिखित तुकों की प्रतिध्वनि होती है। यह लय लोक साहित्य से होड़ बदकर चलती है उसका अनुकरण नहीं करती। इस होड़ में वह साहित्य के किसी बीते दौर में लौटती नहीं, आगे ही जाती है।

[24.5.87]

पाठक की लिखी हो जाती थी उनकी कविता

किसी ने भवानी भाई के बारे में कहा कि उनकी कविता में सहजता थी। इसका क्या मतलब ? यह बात तारीफ़ में कही गई है क्या ? अगर हां, तो भवानी भाई की कविता के बारे में समझना और समझाना चाहिए कि सहजता क्या चीज़ होती है। जिसे आलोचक आसानी से किसी सांचे में ठूंस नहीं पाते मगर जो लोगों को, यानी असल आलोचकों को महान कविता लगती है, उसे सहज के सांचे में बैठाकर साहित्य का ठेकेदार जगत समालोचना की अपरिपक्वता पर पर्दा डाल लेता है। नहीं तो भवानी भाई की जो कविता 'सहज' बताई जाती है, वह पीड़ा की कविता कहकर क्यों न पुकारी जाती, जबकि उसकी श्रेष्ठतम उपलब्धि समाज की पीड़ा है। वह पीड़ा आत्मदया की कविता नहीं पैदा करती। क्या इसीलिए व्यावसायिक आलोचना-जगत उसमें उपभोक्ता साहित्य नहीं देख पाता ? पीड़ा का क्या इस्तेमाल किया जाए, यह न समझ पाने के कारण उस कविता को एक फ़ालतू ख़ाने में जब मरज़ी जैसे इस्तेमाल कर लेने के लिए डालकर छोड़ देता है। समालोचना के कर्तव्य से भागने की उस सुविधा का शीर्षक है सहज कविता।

भवानी भाई अपने पर तरस खाने की कविता नहीं लिखते थे। ऐसी कविता बहुत कठिन होती है—विडंबना यह है कि वह लिखने में कठिन होती है, समझने

में कठिन नहीं। लिखने में कविता होने के पहले वह जीने में कठिन होती है। पर उस कवि से संगठित साहित्य संसार कैसे पार पाएगा जो अपनी जीने की और लिखने की प्रक्रिया को दिखाने योग्य नहीं मानता, केवल उसी अनुभव को बताता है जो अंत में बच रहता है। एक ही रास्ता है ऐसे कवि को जानने का—उसका लिखा साहित्य यदि पाठक को वही जीवन जीने की पीड़ा की समझ दे जाता है तो कवि की सबसे अधिक अर्थमय व्याख्या हो गई समझिए। दूसरे शब्दों में भवानी भाई की हर कविता पाठक की (बल्कि उनके संदर्भ में तो श्रोता की भी) लिखी हुई कविता हो जाती है। आलोचक अपनी कलाओं में साहित्य के ख़ाने बांटने का धंधा चलाता रहे और जहां-जहां अपने व्यवसायीकरण के अनुसार कोई ठीक-ठाक लाभजनक शीर्षक न सोच पाए वहां 'सहज' शीर्षक लगाता रहे—कोई परवाह नहीं।

भवानी भाई उस परंपरा के व्यक्ति थे जिसमें कला जीवन से अतिरिक्त कोई विशेष सिद्धि नहीं मानी जाती, जैसे संगीत की साधना करनेवाला साधक स्वयं इस बात को जानकर अलग से बताने योग्य नहीं मानता कि उसने यह संगीत रचना कैसे की—वैसे ही भवानी भाई अपनी रचना प्रक्रिया को अपने से अलग रखकर दिखलानेवाले व्यक्ति नहीं थे। उन्होंने लिखा ज़रूर है :

जिस तरह हम बोलते हैं उस तरह तू लिख
और उसके बाद भी हमसे बड़ा तू दिख।

पर जानना तो हमारा काम है कि कवि हमसे बड़ा है। इसकी जगह हम कहते फिरते हैं कि कवि हमारी तरह है—यानी सहज है। भवानी भाई ने लिखा था : 'बनाना तोड़ने से कुछ बड़ा है।' उन्होंने यह भी लिखा था :

वाणी की दीनता अपनी में चीन्हता,
कहने में अर्थ नहीं, कहना पर व्यर्थ नहीं,
मिलती है कहने में एक तल्लीनता।

दूसरा सप्तक के अपने वक्तव्य में उन्होंने लिखा : मैं भगवान की बात कम करता हूं, जब करता हूं तो रहस्य की तरह नहीं।'

यही तो हमारे साहित्य जगत के प्रबंधकों की मुश्किल है। कवि रहस्य को चुपचाप ऐसे बताए दे रहा है कि वह सबका हो जाए, कवि के भगवान का दर्शन कराने के लिए कोई पंडा-पुरोहित दरकार न रहे। कवि सीधे अपने प्रतिरूप, अपने पाठक के साथ खड़ा हो गया है। दोनों मिलकर कविता लिख रहे हैं। भवानी भाई ने पाठक को उपभोक्ता नहीं बनने दिया है, सहयोगी बना लिया है।

उपभोक्ता शब्द तो उस समाज की भाषा से लिया गया है जिसके प्रतिकूल एक समाज भवानी भाई अपने भीतर से निकाल कर लोगों के बीच बना रहे थे। यह शब्दावली वास्तव में उनकी कविता को समझने में काम नहीं आ सकती है। वह रचना को न रहस्य रहने देते थे, न उस रहस्य की व्याख्या का किसी को अवसर देते थे। साधक की यह परंपरा साहित्य में उन्होंने श्रेष्ठ रीति से निबाही। उनके

निधन से हमने क्या खोया ? इस प्रश्न के उत्तर में हठात् मुंह से निकलता है एक महान व्यक्ति। वह व्यक्ति कवि-कलाकार-साधक था, सिर्फ़ सरल भाषा में सहज कविता लिखकर आलोचकों का काम आसान करनेवाला साहित्यकार नहीं।

राहुलजी की एक पुरातात्विक यात्रा

हिंदी साहित्य सम्मेलन प्रयाग की 'सम्मेलन पत्रिका' (त्रैमासिक) के एक पुराने अंक में कुछ खोजते हुए मुझे एक लेख मिला जो 'आज़मगढ़ की पुरातात्विक यात्रा' का वृत्तांत है और यह यात्रा स्वयं राहुल सांकृत्यायन ने की है। पत्रिका पर भाग-43, संख्या-3, आषाढ़ शुक्ल प्रतिपदा संवत् 2014 लिखा देखकर और यात्रा वृत्तांत में फ़रवरी के दूसरे सप्ताह और निर्वाचन की धूम का उल्लेख पढ़कर बूझा कि राहुलजी की वह यात्रा 1957 में हुई थी जब भारत को आज़ाद हुए दस साल हो चुके थे। राहुलजी के वृत्तांत में बार-बार नई सड़कें बनने, बिजली के नलकूपों और पंपों से सिंचाई होने, स्कूल-कालेज खुलने और समाज में छुआछूत न मिटने या सार्वजनिक व्यवस्था में नागरिक सुविधाएं उपेक्षित रहने का उल्लेख है। इस यात्रा के दौरान उन्होंने आज़मगढ़ के नागरिकों को अपने क्षेत्र के पुरातत्व को पहचानने और सुरक्षित रखने की समझ दी और वर्तमान में साझा खेती करके प्रदेश की आर्थिक उत्पादकता को बिखरने से बचाने को प्रेरित किया। राहुलजी बनारस से रोडवेज़ की बस से चले थे। आज़मगढ़ ज़िले में साइकिल रिक्शा, खचड़ा जीप सही—कार पर घूमे, पैदल भी और छह दिन की तूफ़ानी यात्रा के बाद आज़मगढ़ की रबी की फसल से ढंकी हरी-भरी भूमि को पीछे छोड़ते शाहगंज से हवड़ा-देहरा एक्सप्रेस पकड़कर देहरादून पहुंच गए।

सम्मेलन पत्रिका के पुराने अंक मैंने कुछ और संदर्भ खोजने के लिए निकाले थे—भाषा संबंधी कुछ पुरानी गवेषणाएं देखना चाहता था। पर यह लेख जीवन की गवेषणा निकला। अपने समय के बड़े लेखक अपने जन्मस्थानों को दोबारा देखने जाएं और सारा परिवेश दोबारा पहचानकर आएं, तभी ऐसा लेख लिख सकते हैं जैसा राहुलजी ने आज से तैंतालीस वर्ष पहले लिखा था। आज़मगढ़ ज़िले में पंदहा राहुलजी का जन्म का गांव है। लिखते हैं : 'निज़ामाबाद से पंदहा तीन मील से अधिक नहीं है और सड़क भी पक्की है। जीप को वहां पहुंचने में कितनी देर लगती ? रास्ते में मेरी आंखें गंधोई के वन को ढूंढ़ रही थीं। कैलाश ने बतलाया, वह तो कब का खेत बन चुका है ··· गांव के सबसे वृद्ध लौहार नाना (मुझे) देखकर कहने लगे—'अरे भागत जाएं और भगइया गिरत जाए'। हां लड़कपन में

अपनी छोटी धोती (भगई) संभालना मेरे लिए मुश्किल बात थी। उस समय अभी जांघिया का रिवाज नहीं था। लौहार नाना उसी का स्मरण दिला रहे थे। उनकी आंखों से बरबस आंसू निकल आए थे। वह अपने केदार के बारे में जाने क्या सोच रहे थे ··· गांव भर के लोग—पुरुष ही नहीं स्त्रियां भी मौजूद थीं। पर्दे में रहनेवाली औसारे के भीतर बैठीं थीं ···मुझे तो घूमते समय पंदहा की सारी भूमि छोटी मालूम होती थी ··· फिर भोजन के बराबर ही जलपान क्या ब्रह्मभोज हो गया जिसमें दर्जन से ऊपर मेहमान शामिल थे। मैंने अपनी तीनों मामियों—रामदीन मामा, सूर्यबली मामा और नरसिंह मामा की पत्नियों के दर्शन किए। लोगों के सामने यही कहा कि साझा पट्टी की खेती करो, यह छोड़ दूसरा रास्ता नहीं है।'

पूरे वृत्तांत में मुझे भाषा और अतीत के अनेक संबंध देखने को मिले। खजुरी नामक क़स्बे में पहुंचकर हमारा पुरातात्विक यात्री लिखता है : 'खजुरी नाम विशेष महत्व रखता था। खजुरिका नाम के गांव प्राकृत अपभ्रंश काल में बहुत हुआ करते थे। उस समय भी आजकल की तरह की कठखजूर हमारे यहां होती थी या पिंडखजूर, यह नहीं कहा जा सकता।' डोभाव नामक गांव में जो पुराने डीह पर बसा है, भाव सिंह के गढ़ पर गए। राहुलजी ने लिखा, 'प्राचीन वस्तुओं के प्रति उठती तीव्र जिज्ञासा का समाधान करनेवाले लाल बुझक्कड़ हर जगह मिल जाते हैं। डोभाव में से डो हटकर भाव का भावसिंह बनाया गया और फिर यहां के सारे राजपूत जो शायद पंवार हैं—उन्हें अपना पूर्वज मानकर स्थान का श्रेय लेने लगे। मैंने कहा डोभाव में से डो निकालना इतना आसान नहीं है। डोभाव की व्याख्या उसी तरह से हो सकेगी जैसे डोभी की। डोभी भी बहुत प्रसिद्ध इलाक़ा है।' हथियादह में चुनार के पत्थर का पाषाण स्तंभ गहड़वार महाराज गोविंदचंद (1114-54 ई.) की रानी गौसल्लदेवी के ठक्कुर ने स्थापित किया था, यह लिखते हुए राहुलजी टिप्पणी करना नहीं भूलते कि 'ठक्कुर (ठाकुर) राजपूत का आज पर्यायवाची माना जाता है पर उस समय बड़े कारपर्दाज (वकील) की यह उपाधि थी।' इसी तरह की अनेक टिप्पणियां इस वृत्तांत में नगीनों की तरह जड़ी हुई हैं जैसे 'मऊ संस्कृत मकुट (क़स्बा) का अपभ्रंश है। कई मऊओं के होने के कारण इसको मऊनाथ भंजन कहा जाता है।' आदि।

कनैला राहुलजी का पितृग्राम है। यहां जाते हुए उन्हें खेतों के किनारे पगडंडी के रास्ते की जगह जिसे जाने कितनी बार उन्होंने अपने पैरों से नापा होगा, अच्छी कच्ची सड़क मिली। कनैला में महाकाल की खंडित मूर्ति के, जिसे राहुलजी चौदह साल पहले की यात्रा में देख आए थे, दो टुकड़े सर और पैर बच रहे थे। सर को वहां छोड़ना सुरक्षित नहीं था इसलिए उसे साथ ले आए। राहुलजी ने अपनी स्मृति में पहचाना कि महाकाल के मुख की रचना वैसी ही थी जैसी तिब्बत में ज्वालमाल से मंडित महाकाल मूर्ति की होती है। उन्होंने लिखा 'वज्रयान का यह महान देवता कनैला में आज से आठ-नौ शताब्दियों पहले परमपूज्य माना जाता था पर आज

मेरे सिवाए उसे कोई पहचाननेवाला भी नहीं है। कितना परिवर्तन!'

अपने घर जाने पर राहुलजी ने सबसे वृद्ध नोमी कहार को जीवित पाया जो अस्सी बरस के ऊपर रहे होंगे। नौबत राउत दूसरे वृद्ध थे और तीसरे रजबली चूड़िहार। उनके सामने भी राहुलजी ने कहा, 'बिखरे हुए खेतों को इकट्ठा करके साझे की खेती करो। सारे गांव की एक जगह खेती करने की ज़रूरत नहीं है। पहले गांव की चार-पांच साझी खेतियां होनी चाहिए और पिछले सौ वर्षों के बंटे हुए खेतों को इकट्ठा कर देना चाहिए।' पंचायती खेती की बात उन्हें समझाने पर शायद ये न समझें, यह राहुलजी को संदेह था पर अगले दिन बहुत लोगों में से गांव के सबसे ज़्यादा खेतवाले पुरुष ने गंभीरता से कहा कि एक बार और आप कुछ समय के लिए आ जाएं तो हमारे यहां ज़रूर पंचायती खेती हो जाएगी।

राहुलजी के वृत्तांत में खंडित मूर्तियों, गांवों में शिक्षा, खेती और विकास की समस्याओं से सरोकार के साथ कहीं एक दबी हुई व्यक्तिगत पीड़ा भी मिली। बचपन की यादों के प्रतीक वृद्ध ग्रामवासियों और समवयस्क सहपाठियों के साथ उनकी पत्नी भी वहीं थीं जिन्हें वह छोड़कर संन्यास लेने गए थे। इस लेख में उनका भी नाम आता है। राहुलजी ने लिखा था : 'कनैला छोड़ने के पहले अपनी प्रथम परिणीता को देखने का निश्चय कर चुका था। वह अब चारपाई पकड़े थी। देखकर करुणा उभर आना स्वाभाविक था। आखिर मैं ही कारण था जो इस महिला का आधा शताब्दी का जीवन इतना नीरस और दूभर हो गया। मैं प्रायश्चित करके भी उनको क्या लाभ पहुंचा सकता था ? एक बार देखा। वह अपने आंसुओं को रोक नहीं सकी। फिर मैं घर से बाहर चला आया।'

[10.6.90]

शमशेर बहादुर सिंह

शमशेर बहादुर सिंह को देखने के लिए मंगलवार को दिल्ली में जितने साहित्यकार एकत्र हुए, उतने शायद उपस्थित कवियों में से किसी की कविता सुनने एकत्र नहीं होते। शमशेर उस खोज का नाम है जो पिछले चार दशकों से हिंदी साहित्य में नई समझ और पहुंच के लिए जारी है और अध्यापकों और आलोचकों की पकड़ में नहीं आती। सिर्फ़ कवि आशा कर सकते हैं कि वह संवेदना और शिल्प, जिसकी साधना शमशेर ने की है, अपनी छटपटाहट में उन्हें परंपरा से जोड़ पाएगी।

गरमी के दिनों की शाम ठंडी होने से पहले बंद कमरे में अपनी तपिश को

धीरे-धीरे कम कर रही थी। वाणी पुरस्कार के समारोह में जब शमशेर के बोलने की बारी आई तो शमशेर से ज्यादा उनके मित्रों को चिंता थी कि वे कैमरों की तेज़ रोशनी में थक चुके होंगे और उन्हें ज़्यादा बोलना नहीं चाहिए। उन्होंने जो कहा वह ख़बर बनाने के लिए बोलनेवालों की भाषा में नहीं था—वे कह रहे थे कि दुनिया को चारों तरफ़ और ध्यान से देखो। पर इस बात को पूरी ईमानदारी के साथ कहने के वास्ते शमशेर को सच्चे कवि की तरह अनुभवों के कई आयामों को टोहना था। यही वह अपनी कविता में करते रहे हैं। विश्व साहित्य और कला को वे संवेदना के विस्तार के लिए कलाकार की ज़रूरत मानते हैं और सतही अनुभूति से बचना सिखाते हैं। 23.11.1949 को मेरे नाम लिखे उनके एक पत्र को मैं बार-बार पढ़ता और गुनता हूं। उन्होंने पूछा था, यह बताओ कि तुम्हें क्या चीज़ दबाती रहती है। इसको हम समझ लें। इसी पत्र में उन्होंने मुझे सीख दी थी : 'तीन चीज़ें हमारी ज़िंदगी में बहुत ज़रूरी हैं बेहद, प्राणवायु, मार्क्सिज़्म और अपनी वह शक्ल जो हम आवाम में देखते हैं। अच्छी तंदुरुस्त सांस से अच्छी शायरी पैदा होती है और अच्छी शायरी में हम अच्छे इंसान को पाते हैं जिसके नक्श शायर जनता में ढूंढ़ता है।'

मैं मानता हूं कि कवि शमशेर की यह सीख उन दो पीढ़ियों को उनके अपने दबावों के साथ-साथ और उनके बावजूद याद आती रहती है जिन्होंने उनके बाद कविता लिखना सीखा और आज ईमानदारी से लिखना चाह रहे हैं। इसी अर्थ में शमशेर कवियों के कवि हैं, जैसा कुछ आलोचक उन्हें मानते हैं। वे अपनी कविता को आदर्श अनुकरण के लिए नई पीढ़ी के सामने नहीं रखते, सिर्फ़ अपनी खोज की ईमानदारी को, बेचैनी को सामने रखते हैं बने-बनाए रास्ते भी नहीं बताते। जो समझ सकते हैं वे उनकी प्रवृत्तियों और लयों में छिपी गहराइयों को पहचान लेंगे और अपने संस्कारों के बूते उन्हें अपने लिए सिरजने की कोशिश करेंगे।

भीड़ जब 35 फिरोजशाह रोड के छोटे-से मैदान में निकल आई तब मालूम हुआ कि वह आज के कविता दृश्य की ही तरह विविध थी और कवि उसमें हमेशा की तरह अपने में पूर्ण था। हरी घास पर खुलेपन में शमशेर बंद कमरे के मुक़ाबले ज़्यादा स्वस्थ दिख रहे थे। निश्चय ही वे मैथिलीशरण गुप्त पुरस्कार समारोह के दिनों से कहीं अधिक रोगमुक्त हो चुके हैं। तब जिन्होंने उन्हें देखा रहा होगा, वे इसकी पुष्टि करेंगे। सुरेंद्र नगर से दिल्ली तक की यात्रा की थकान न चेहरे पर थी न मन में; हां भीड़ से हमेशा दूर रहनेवाला उनका स्वभाव निमिष-भर के लिए कभी-कभी झलक दिखाकर छिप जाता था।

यह स्वभाव और कवि की काव्य साधना दोनों एक गहरे निश्छल प्यार से भरे हुए व्यक्तित्व की देन हैं। यही प्यार है जो शमशेर की तरफ़ देखने को हमें बाध्य करता है। और यह प्यार भी उसी ईमानदारी का दूसरा नाम है जिससे शमशेर ने सारा जीवन जिया है और अपनी शक्ल जनता के आइने में बार-बार देखने की

कोशिश की है।

सभा के बाद जब अतिथि निमंत्रण खाने और घर लौटने की सवारी ढूंढने में लग गए थे, कवि थोड़ी देर अंतरंग मित्रों से बात करने के लिए मैदान के एक कोने में कुर्सी पर बैठे रहे। सहसा उन्हें अपने एक उपक्रम की याद आई, जो उन्होंने हिंदीभाषियों को उर्दू सिखाने के लिए मेरे अनुरोध पर 'दिनमान' के कई अंकों में चलाया था। हज़ारों पाठकों ने शमशेरजी के साप्ताहिक पाठों की मदद से उर्दू लिखना और पढ़ना सीखा था और वह भी इतनी लगन से कि शमशेरजी के दिए हुए अभ्यासों को पूरा करके समय पर लौटाने में शायद ही किसी पाठक ने कोताही की हो। शमशेरजी का भाषा सिखाने का ढंग भी नया था। उन्होंने अक्षर ज्ञान के साथ ही साथ शब्दों के चलन और बर्ताव के रहस्य भी बतलाए और जब वे बीस-पच्चीस पाठ पूरे हुए, भाषा और साहित्य की समसामयिक संवेदना में एक और आयाम ताज़ा हो गया। यह रचनात्मकता किसी निरे भाषाशिक्षक के बस की न थी।

थोड़ी देर पहले जब शमशेरजी विश्व-साहित्यों से अपनापे की बात कर रहे थे, तो उन्होंने एक यह वाक्य भी कहा था कि कोई कभी भी इतना बुढ़ा नहीं सकता कि सीखना बंद कर दे। स्वयं उनके बारे में बहुतों को मालूम है कि वे जब-तब मन होने पर कोई न कोई भाषा सीखते रहे हैं। उनका उर्दू सिखाना और वह भी पत्रिका और डाक के माध्यम से—जनसाधारण के जीवन में अपने विकासशील यथार्थ को पहचानने का ही एक रूप था। अब भी वे अपने और भाषा के उस नाते को बरकरार देखते हैं—सिर्फ़ उर्दू से ही नहीं, बल्कि सभी भाषाओं से, जो हिंदी के और मनुष्य के लिए संवेदनाओं के नए आयाम खोलती हैं।

[22.5.88]

विपिन अग्रवाल

विपिन अग्रवाल के चले जाने से एक आसान वाक्य यह ज़बान पर आता है कि समय एक-एक कर हमारे लेखकों को उठाए ले रहा है। इस दुख से हताश हम क्षण-भर को एक महत्वपूर्ण सत्य भूल जाते हैं। वह यह कि जिनके चले जाने पर हम समय को कोस रहे हैं उन सबने एक बड़े ऐतिहासिक दौर में प्रकट-अप्रकट परस्परावलंबन के साथ रचनाकर्म अवश्य आरंभ किया था पर उनके अलग-अलग व्यक्तित्वों को यदि हम शुरू से नहीं जानते थे तो उनके विकास के साथ-साथ जानने

लगे थे। आज उनकी मृत्यु के समय इतिहास से हम यह बेईमानी कर रहे हैं कि उन सबको एक वर्ग में बांधकर दाख़िल दफ़्तर किए दे रहे हैं। यह साहित्य के विकास को गंवारों की तरह समझना तो है ही, ख़ुद साहित्य को अपढ़ों की-सी व्यावसायिक जल्दी से निबटा देना भी है।

ऐसे ही क्षणों में साहित्यकारों को व्यक्तिगत संबंधों की फिर से याद करनी चाहिए और ख़ुद अपनी यात्रा में अपने सहयोगियों से व्यक्तिगत के अलावा साहित्यिक रिश्तों की भी जांच करनी चाहिए। हिंदी के लेखक के मरते ही शोकांजलियों और श्रद्धांजलियों द्वारा जो पुरस्कार वितरण होने लगता है कम से कम आधुनिक चेतना के कवि तो उसमें साझेदारी न करें।

विपिन इलाहाबाद में एक दिन पैदल चलते-चलते अचानक भयंकर थकान के मारे आधे रास्ते पर बैठ गए थे।

हिंदीवालो, यह कोइ रूपक नहीं है, ठोस वस्तुस्थिति का बयान है। तुरंत उन्हें अस्पताल ले जाया गया, मशीनों ने कोई त्रासद अवस्था नहीं बताई। पर वह थकान बनी रहने पर चिंतातुर घरवालों और मित्रों ने अन्य परीक्षण कराए और बाईपास सर्जरी के लिए विदेश जाने का विचार होने लगा। दिल्ली में डा. उमेश गुप्त के अस्पताल में जांच हुई तो मालूम हुआ कि दिल का एक हिस्सा क़रीब-क़रीब बिलकुल निष्क्रिय और दूसरा अशंतः काम कर रहा है। शामक औषधियां देकर बाईपास सर्जरी के लिए विपिन के शरीर को सहारा दिया गया और पत्नी एवं लड़कों के साथ डा. गुप्त सहित विपिन अमेरिका रवाना हो गए। जिस वार को उनका जहाज़ उड़ा उसके एक दिन पहले तीन घंटे मुझसे बातें करते रहे पर अपने पर यह अत्याचार दो दिन से कर रहे थे और मित्रों को फ़ोन से ख़बर करके मिलने बुला चुके थे। अप्रैल के शुरू में पहला आपरेशन सफल हुआ और टांके सी दिए गए पर उसके बाद लगभग तीन सप्ताह कभी कृत्रिम सांस, कभी कृत्रिम हृदय स्पंदन की सहायता से पलटे खाते, बूड़ते-उतराते जीवन को रखे हुए प्राणरक्षा के हित में इन तीन सप्ताहों में ही दो बार और आपरेशन कराना पड़ा तो विपिन ने पत्नी को इशारे से कहा मैं थक गया हूं अब रहने दो।

हिंदी के अख़बारों में जो दिल्ली में मैं प्राप्त कर पाता हूं इस जीवन संग्राम में सहानुभूति जुटानेवाला कोई समाचार अप्रैल से अब तक पढ़ने को नहीं मिला था। हां उमेश गुप्त को खोजकर उनसे अमेरिका के अस्पताल में रोगी विपिन की जीवन यात्रा का वृत्तांत मिला। पर यह सब निरा समाचार है, ऊपर से अधूरा भी हो तो अजब नहीं। इतना और बताना ज़रूरी है कि विपिन का दाह संस्कार वहीं अमेरिका में ही किया गया। उनकी अस्थियां इलाहाबाद में विसर्जित की गईं। पुत्री ने जो अमेरिका में रहती है, इलाज की सारी व्यवस्था की।

कहा नहीं जा सकता कि यह हमारी कविता की दुरवस्था है या पत्रकारिता की कि एक विख्यात कवि के मारक रोग, उपचार और अंत, तीनों की कोई सूचना

समाचार माध्यमों तक पहुंचाने का कोई कारगर उपाय नहीं दिखा ज़बकि इलाहाबाद से लेकर दिल्ली तक अख़बारों में अनेक कवि लोग रोज़ी के वास्ते पत्रकारिता करते पाए जाते हैं।

विपिन अग्रवाल की भाषा में हमारे दौर के यथार्थ की सूक्ष्म समझ थी। उसके रहस्यों को वह यथार्थ के स्तर पर ही कविता में खोल देते थे, दर्शन और विज्ञान में जाकर यह उद्घाटन करने की उन्हें ज़रूरत न थी। क्या इसी से कठमुल्ला यथार्थवादियों ने और वृथाभावुक क्रांतिकारियों ने उन्हें पहचाना नहीं था ? सिर्फ़ इतना ही था कि साहित्य की राजनीति में वह अपने को उपयोगी बनाकर दिखानेवाले आदमी नहीं थे। विपिन अग्रवाल वैज्ञानिक थे और कल्पनाहीन वैचारिक व्यक्ति नहीं थे जो हर सत्य को अंतिम समझता है। परंतु उनके विचार और आचरण में दूसरों के लिए संस्कारजन्य समझ थी और मानवीय धीरज था। उनके घर के सरल स्वच्छ निराडंबर परिवेश में उनके परिवार के व्यक्तित्व की प्रतिच्छायाएं रहतीं परंतु अतिथि की आज़ादी में हस्तक्षेप नहीं करतीं। विपिन मानो अपनी चिरपरिचित प्रबुद्ध मुस्कान के सहजभाव से विलय हो जाने पर पूछते हुए लगते और कुछ कर सकता हूं आपके लिए तो बताइए।

वह मुझसे उम्र में दो साल छोटे थे जैसे हमउम्र लोग अक्सर शरारतन कभी बड़े कभी छोटे पैदा हो जाया करते हैं। यह मज़ाक हम दोनों चुपचाप समझते थे मगर इस पर बात कभी नहीं होती थी। आख़िरी भेंट में जब उन्होंने अपने साहित्य कर्म के एकांत का अविचलित भाव से वर्णन किया तब भी उम्र का कोई ज़िक्र नहीं आया। दिल्ली में मेरे से विदा लेते वक़्त उनका देर तक हाथ में हाथ दबाए रहना ही एक मात्र संदेश था, उसमें आयु का कहीं अपराधबोध नहीं था। विपिन सच्चे सर्जक थे। कालातीत अनुभवों को अपने को बताए बिना जी सकते थे। पर उसका जितना कुछ साहित्य में वह दे गए हैं वह हिंदी की बहुत-सी संप्रदायवादी (हिंदू-मुस्लिम नहीं) धाराओं से परे एक लौकिक धारा की परंपरा है जिसकी आधुनिकता को भी हिंदी का प्रतिष्ठान समझ नहीं पाया है क्योंकि कवि में आधुनिकता का पाखंड नहीं है। कविता की समझ, उनमें इस दौर के सब कवियों से अधिक सूक्ष्म और प्रखर थी। कुछ महीने पहले अपनी किसी दिल्ली यात्रा में मेरे घर पर बैठकर मेरी पांडुलिपि से कई कविताएं सुनकर उन्होंने अनेक में बड़े-बड़े संशोधन सुझा दिए थे। पांडुलिपि प्रेस में देते समय उनमें से कुछ को अंतिम रूप देने के विचार से अपने साथी कवि से दोबारा मिलना संभव नहीं हुआ। पर इतना मैं फिर एक बार समझ पाया कि कविता में फ़ालतू अर्थ कम होते हैं फ़ालतू शब्द ज़्यादा। उदाहरण के लिए मेरी एक कविता की प्रथम पंक्ति में यह पढ़कर कि 'नब्ज़ देखता है। एक बूढ़ा और अपने को सदा सच माननेवाला हकीम।' उन्होंने कहा कि पंक्ति में से 'एक' निकाल दो और 'हकीम' हटा दो क्योंकि इन शब्दों का अर्थ कविता में चाहिए पर इनके न रहने पर ही कविता उसे ग्रहण और प्रेषित कर पाती है।

वह बहुत-से सभ्य लोगों की तरह निरामिष भोजन करते थे पर बहुत कम आधुनिक लोगों की तरह जानते थे कि वह ऐसा क्यों करते हैं। कुछ वर्ष पहले जब लंदन के कुछ गांधी अनुयायियों ने कहा कि मांस न खाने से धर्म का कोई संबंध नहीं, यह वर्जना मांस के व्यापार में निहित फ़ासीवाद के विरुद्ध है तो विपिन ने अपनी थाली की दाल का मज़ा लेते हुए कहा मुझसे पूछो कि मैं मांस क्यों नहीं खाता। कारण यह है कि हमें सृष्टि की संरचनाओं में से किसी न किसी को क्षुद्र या महान उद्देश्यों का नाम लेकर कभी न कभी विसर्जित करना पड़ सकता है। जीव इन संरचनाओं में से सबसे अधिक समग्र और संश्लिष्ट संरचना है और उसमें से भी देह में वास करनेवाला जीव अद्वितीय है। मुझे हरी पत्ती को भी नष्ट करते दुख होता है पर जानवर को (या फिर मनुष्य को) नष्ट करना तो परम अवैज्ञानिक है।

[30.7.89]

अप्रकाशित मलयज

अभी एक किताब की भूमिका के कुछ अंश किताब के प्रकाशन-पूर्व छापते हुए अख़बार ने बताया कि यह किताब मलयज के संपूर्ण लेखों और डायरी के आधार पर तैयार की गई है।

पढ़कर एक समाचार मिला कि मलयज का अप्रकाशित लेखन टिप्पणियों, लेखों, डायरियों के रूप में नष्ट नहीं हो गया। पर हर समाचार के साथ एक प्रश्न होता है : तो वह इस समय कहां और किसके पास है ? मलयज की बड़े मन से और मेहनत से डायरी लिखने की आदत से मैं वाक़िफ़ था। अपनी डायरियां ही नहीं अपनी बड़ी बहन प्रेमाजी के लिखे हुए लंबे वृत्तांतों को जो शायद उन्होंने विदेश से लिखे थे, मलयज सुलेख में उतारकर रखते थे। भाषा और शब्द के प्रति उनका आदर और धीरज देखकर अपनी हड़बड़ी पर ग्लानि होती थी। ख़ुद वह धीरज के अवतार थे। मृत्यु के डेढ़-दो महीने पहले एकाएक मिले, मेरे दफ़्तर से चलने का इंतज़ार किया, रास्ते में जहां से उनका रास्ता अलग होता था, रुककर अपनी बीमारी के बारे में देर तक बात करते रहे। उस दिन मैंने उनको सलाह दी कि खान-पान में परहेज़ क्या और कैसे रखना चाहिए और उन्होंने अपने अभी तक के प्रयोगों के गुण-अवगुण बताए। इसी तरह कुछ ही दिन बाद रास्ते में ही रुककर एक और मुलाकात ठीक इसी तरह की बातचीत में गुज़र गई।

भोपाल में किसी विचारगोष्ठी में उनके साथ दो दिन रहने की याद है। दोनों स्मृतियों में उनके एकांतप्रिय और स्वल्पभाषी होने की याद है। इसके और भी पीछे दिल्ली की गोष्ठियों में या और पहले इलाहाबाद के उस छोटे-से दौरे में जो 'प्रतीक' मासिक की ओर से मैंने किया था, एक छोटे-से भारतीय घर के भीतर उनके स्वभावतः पारिवारिक व्यक्तित्व की झलक अभी भी याद है, पर यह तो मेरे जैसे हज़ारों आदमियों का क़िस्सा है कि वे आदमियों से मिलते, घटनाओं से जूझते और कभी लहूलुहान होते, कभी बेदाग़ निकल आते हैं। मगर याददाश्त में सिर्फ़ एक व्यक्तिनिष्ठ राग को छोड़ और कुछ नहीं रखते। कवि-आलोचक ऐसा नहीं करता। वह हर अनुभव को अपने व्यक्तित्व के सामाजिक अभिप्राय के संदर्भ में जो दर्ज करता है वह बहुमूल्य होता है—अर्थात् उनके बचाव के लिए जो समाज में मंदमति के प्रचार के आक्रमण को अभिशप्त हैं।

मलयज ने जो लिखकर छोड़ा है उसका सलीक़े से प्रकाशन होना चाहिए। क्या कारण है कि उस सामग्री को जब जो चाहे हस्तगत करके जो चाहे सिद्ध करने के लिए इस्तेमाल कर ले रहा है ? मलयज स्वयं हरदिलअज़ीज़ आदमी थे। मगर उनके बाद उनके नाम का बेजा इस्तेमाल करनेवालों की कमी नहीं होगी। तजुर्बा बताता है जीते-जागते लेखकों के उद्धरण संदर्भच्युत करके विद्वान अपना मतलब निकालने के काम में लाया करते हैं, तब फिर वह विचारशील सुलझा हुआ लेखक, जिसके चिंतन में भावुकतापूर्ण कुतर्क की झलक भी न हो, अपने तर्क की सतत संगति का निश्चय ही धनी होगा।

यह बहुत ज़रूरी है कि मलयज की डायरियां, लेख और टिप्पणियां एक न्यास के सुपुर्द की जाएं। प्रकाशकों और साहित्य के महंतों पर अब भरोसा नहीं किया जा सकता। मित्रों पर तो और भी नहीं क्योंकि उनका आलस्य और लापरवाही कभी-कभी बिना मतलब भी नुक़सान कर सकती है। न्यास में ऐसे साहित्यिक हों, जिनकी विश्वसनीयता असंदिग्ध हो, मलयज के परिवार के प्रतिनिधि हों और कापीराइट क़ानून के विशेषज्ञ हों।

मलयज के उत्तराधिकारियों के जीते जी उनकी संपत्ति की इतनी चिंता करना क्या कुछ अजब नहीं लगता ? ज़रूर लगता है पर आजकल साहित्य के पुनर्मूल्यांकन की उत्सुकता बढ़ रही है और उसके लिए मलयज को खूंटी बनाकर अपना तामझाम लटका देना ज़्यादा आसान है बनिस्बत ख़ुद मेहनत करके तर्कसिद्ध निष्कर्ष निकालने के। इसलिए यह चिंता जो अभी की गई है, न केवल उचित है बल्कि साहित्य और समालोचना के हित में है।

इस न्यास संबंधी प्रस्ताव का एक पक्ष और है। मलयज का कृति साहित्य हमें सामने लाना चाहिए। क्या वह कविताएं लिख रहे थे ? क्या वह उपन्यास लिख रहे थे ? क्या मालूम। सिर्फ़ बहुत जानदार अतरंग मित्र इसका जवाब दे सकते हैं। पर एक बार सब सामग्री एकत्र कर उसमें से नितांत व्यक्तिगत की छंटनी करने

के बाद बाक़ी को घोषित कर देने की ज़रूरत है। उस हिस्से में से कृति साहित्य के प्रकाशन की व्यवस्था न्यास किसी मान्य प्रकाशक को सौंप दे और कापीराइट मलयज के उत्तराधिकारी के पास रहे, तदनुसार उसका पावना भी।

मलयज के न रहने पर साहित्य अकादमी में आयोजित शोक सभा में जितने लंबे भाषण हुए थे, आज तक अकादमी की किसी शोक सभा में नहीं हुए। तभी लग रहा था कि मलयज के शोक से अधिक वक्ताओं को कोई बहस उठाने की इच्छा है। शोकसभा का यह दस्तूर नहीं है पर मलयज का यानी दिवंगत मलयज का भविष्य कहीं न कहीं वक्ताओं के मन में रहा होगा। तब से अब तक मलयज पर या उनके अप्रकाशित-प्रकाशित साहित्य को लेकर काफ़ी कुछ छपा है, उसे भी संकलित कर पुस्तकाकार छापना चाहिए। यह किसी के श्रद्धांजलि समारोह ग्रंथ जैसी बात नहीं हो रही है। दस्तावेज़ की बात हो रही है। आजकल दस्तावेज़ और संदर्भ सहित दस्तावेज़ किसी तर्क की प्रामाणिक कसौटी रह गए हैं। बाक़ी सब विचार वृथाभावुकता की लपेट में कहां से कहां बहाकर पहुंचा दिए जा सकते हैं। यह निश्चित रूप से कहा जा सकता है कि मलयज के जीते जी उनके विचारों के साथ ऐसा कोई नहीं कर सकता था।

[9.10.87]

इतिहास के विदूषक

यूगोस्लाविया के नोबेल पुरस्कार विजेता इवो आंद्रिच ने 'दरीना नदी का पुल' नामक एक उपन्यास लिखा है। इसे पढ़कर मन भारतीय समाज के विषय में उद्वेलित हो उठता है, जबकि इसमें भारत का उल्लेख तक नहीं है। जब मुझे यह अनुभव हुआ तो अपने समाज के लिए कई सवाल उठाने के साथ-साथ साहित्य के लिए भी एक सवाल उठा : जब यूरोपीय समाज और भूगोल और इतिहास से बना 'दरीना नदी का पुल' पढ़कर मैं उसके पात्रों को भारत में देख सकता हूं तो क्या मानना नहीं पड़ेगा कि यह उपन्यास भारतीय पाठकों के लिए भी लिखा गया था। अगर आस्ट्रोहंगारी साम्राज्य की तुर्की जनता की, ईसाई धार्मिकता की और यहूदी चरित्र की मिली-जुली कहानी भारत के पाठक को आंदोलित कर सकती है तो आलोचकों का यह आग्रह क्या झूठा नहीं है कि लेखकों को पाठक के वर्ग-विशेष को ध्यान में रखकर साहित्य लिखना चाहिए और इसी के साथ-साथ यह प्रचार क्या धोखा नहीं है कि समाज में जनवादी परिवर्तन लाने को प्रतिबद्ध लेखक पहले अपने

पाठकवर्ग को पहचानें, फिर उसके लिए साहित्य रचें, तभी उनका साहित्य क्रांतिकारी साहित्य हो पाएगा।

'दरीना नदी का पुल' में पुल ही नायक है—बल्कि पुल नहीं पुल पर से गुज़रता हुआ इतिहास और इतिहास में बनता और बिगड़ता पुल। इस पर से होकर चार शताब्दी तक समाज व्यवस्था की झांकियां एक-एक कर गुज़रती हैं। आज जिस दृष्टि से चाहें उनको परिभाषित कर सकते हैं—समाज संगठन की दृष्टि से और व्यक्तित्वों की दृष्टि से। पुल जब बनवाया गया तो एक वज़ीर के मन में अपनी निजी वेदना के कारण थे और उनके निवारण के पीछे सुलतान की राज्य और सैन्य शक्ति थी। यह वज़ीर बचपन में ईसाई था। 10 बरस की उम्र में इसे पहली बार दरीना नदी के पार ले जाया जाता है। उन दिनों सुलतान अपनी ईसाई प्रजा से हर साल इस उम्र के स्वस्थ बच्चे उगाहकर उन्हें मुसलमान बनाने बुलवा लिया करता था। मां-बाप से बिछुड़ते हुए एक बच्चे ने अपनी जाति के वयस्क स्त्री-पुरुष अपने बच्चों के लिए बिलखते और ठुकराए जाते देखे। यह बच्चा बड़ा होकर योद्धा, विजेता और राजनेता बना और एक के बाद एक तीन सुलतानों की सेवा में रहकर उसने तुर्क साम्राज्य को विस्तीर्ण किया। उसी ने दस बरस की उम्र से लगातार सीने में पैठी पीड़ा को मिटाने के लिए निर्णय किया कि दरीना पर पुल बंधवाऊं : नाव से नदी पार करनेवालों की सारी शारीरिक पीड़ा को उसने अपनी मानसिक पीड़ा से एकाकार देखा, क्योंकि जब वह धर्म और देश परिवर्तन के लिए ले जाया गया था, तब नदी पार करने के शारीरिक कष्ट के साथ उसके राजनैतिक और सामाजिक कष्ट को भी उसने भोगा था। यह कष्ट था इस भव्य विराट पुल के बनने का कारण। पर यह कारण कष्टदाता के साम्राज्य-विस्तार में शामिल भी होता है और यह भी मानता है कि ऐसा करने से उसका प्रतिशोध भी होगा।

यहां उपन्यास की कहानी सुनाने का अवसर नहीं है, यद्यपि वह साहित्य रचना की मेरी व्याख्या को सिद्ध करने के लिए आवश्यक है। संक्षेप में यही कहना काफ़ी होगा कि पुल बना, बनते समय उसका विरोध हुआ। विरोधियों की हत्याएं और निर्माण के समय की दुर्घटनाएं पुल की नींव में गईं। जब पुल बन गया तो उसकी सुंदरता और सुविधा ने नगर को एक आयाम दिया और नगरवासी पुल पर फ़ुरसत का समय अपनी परंपरा में जीवन का समारोह करते हुए बिताने लगे। पुल समाज संगठन के प्रयोगों, सत्ता के रूपों और विद्रोह, विलास, पतन, पागलपन और पीड़ा के अनुभवों से गुज़रता है। या यों कहें कि ये उस पर से गुज़रते हैं। ये अनुभव समाज व्यवस्था में पुराने को तोड़ते हुए आर्थिक-राजनैतिक परिवर्तनों से जनमे अर्थहीन तनावों और टकरावों के प्रतिबिंब हैं और साथ ही जीवन के मूल्यों को सिरजने के अर्थमय संघर्ष के भी।

यह तो कथा की बात हुई। अब ज़रा शिल्प को भी देखें। मैंने इस उपन्यास का अंग्रेज़ी अनुवाद ही पढ़ा है। तो भी समर्थ अनुवादक ने वाक्य-विन्यास में नामों,

विचारों और घटनाओं को इतना संश्लिष्ट किया है कि उसकी मूल संवेदना साफ़ समझ में आती है : वह संवेदना अंग्रेज़ी भाषा की नहीं है, बस अंग्रेज़ी में इस तरह खपा दी गई है कि विदेशी न रह जाए, मगर अंग्रेज़ी को भी अछूता न रहने दे। इतिहास में परिवर्तन के कारणों को और मानव जीवन पर उनके प्रभावों को समझा सकने के कारण लेखक उपन्यास को सिर्फ़ यूगोस्लाव होने से बचाकर सार्वजनीन और हमारे लिए भारतीय भी बना देता है। लेखक हमें एक ओर मानव चरित्रों के द्वारा इतिहास के आचरण को और दूसरी ओर इतिहास द्वारा मानव चरित्र को समझा देता है। उसमें भारत के वर्तमान और भविष्य को भी दिखा देता है। यही हर महान लेखक का कर्म है। मैं कह सकता हूं कि साहित्य लिखने के लिए विश्वजनीन होना पड़ता है, न कि अपने-अपने पाठक खोजना और उनके बाड़े बनाना।

यह सब काम लेखक कैसे करता है ? आंद्रिच ने जैसे किया, वह उनकी विशिष्ट शैली है, अन्य लेखकों की अपनी-अपनी होगी। पर एक बात का उल्लेख ज़रूरी है। आंद्रिच ने पुल पर जहां रोती-कलपती घुटती, अपने को बिखराती, धूम मचाती भीड़ें दिखाई हैं, वहां हर दौर में उसके विदूषक भी दिखाए हैं। ये सब के सब बदलते वक़्त के साथ न चल सकने के कारण हास्य के प्रणेता, उपहास के पात्र और परिहास के विषय बने हैं। परंतु उनका उपहास करनेवालों को हम एक हद के बाद क्षमा नहीं करते, और इनको लेकर होनेवाले हास-परिहास को एक हद के बाद जहां वह क्रूर हो जाता है, अप्रासंगिक मानने लगते हैं। यह लेखक की जीत है। सत्ता का इतिहास जिन्हें नाली में बहकर आए कचरे की तरह मानता है, उन्हें लेखक उठाकर फैंक नहीं देता। वह उनके प्रति सहानुभूति रखता है। वह उन्हें पिछले वक़्तों के मानसिक वैभव की रक्षणीय वस्तुओं का दर्पण मानता है, जिसमें नए वक़्त में हम अपना पूरा चेहरा नहीं देख पा रहे हैं। पर जितना नहीं देख पा रहे हैं, उतना अपने भीतर खोजने को मजबूर हो जाते हैं।

आंद्रिच का यह इतिहास-दर्शन या कहना चाहिए साहित्य-दर्शन हमारे लिए महत्वपूर्ण है। इतिहास की हमारी आधुनिक समझ में कहां से (शायद अपने जनजीवन की अयथेष्ट पहचान की पूर्ति अतीत के प्रच्छन्न गुणवान से करने के कारण) यह दोष आ गया है कि हम टूटते हुए को या तो संग्रहालय में रख देते हैं या सड़क पर फेंक देते हैं, जीवन में खपा नहीं पाते। आंद्रिच ने यह काम हर दौर के परिवर्तन के साथ किया है। उनकी रचना में लोग नए को स्वीकार करते हैं, परंतु पुराने से उसका विनिमय नहीं कर लेते। यही परंपरा है और यह भारतीय इतिहास-दर्शन भी है—और यह जो एक यूरोपीय ने देखा है, कुछ उजड्ड और उखड़े आधुनिक भारतीयों के लिए कौतूहल दिखाने और योगपंथियों के लिए शाबाशी देने का नहीं, बल्कि समालोचकों के लिए महान लेखक का धर्म समझने का विषय होना चाहिए।

कविता के विचार

भारतीय कविता के फ्रांसीसी भाषा में अनुवाद के पांच दिन पेरिस में इस तरह आए और गुज़र गए जैसे पेरिस की दूकानों में कोई नया माल आए और उसका बाज़ार न होने से वापस ले लिया जाए। यह शहर हद दर्जे का व्यावसायिक शहर है और यहां हर चीज़ की क़ीमत इस आधार पर जांची जाती है कि उसकी खपत कितनी हो सकती है। उदाहरण के लिए बेंजामिन मोलाइज की खपत पेरिस के कविता के बाज़ार में नहीं है। पांच दिन के कार्यक्रम में उसकी हत्या ने कोई फ़र्क़ नहीं पैदा किया। न एक शोक प्रस्ताव हुआ, न एक प्रदर्शन, न एक विरोध। फ्रांसीसी स्वभाव और समाज की नफ़ा-नुकसान देखनेवाली दृष्टि कविता की प्रकृति के ही प्रतिकूल है और बेंजामिन की हत्या फांसी का क़ानूनसम्मत रूप धरकर कविता का यानी न्याय और मानवीयता का और भी प्रबल विरोध करती है।

न्याय की आड़ में हत्या का कार्यक्रम नस्लवादी सरकार ने बना रखा है। इसमें अब मोलाइज की फांसी के बाद कोई शक नहीं रह जाता है। फांसी चढ़नेवाले क्रांतिकारी कविता के हथियार से लड़ते हैं। यह हथियार बंदूक से ज़्यादा दूर तक और गहरी मार करता है। इतनी गहरी यह मार है कि उससे अपनी दौलत और राजशक्ति को बचाने के लिए सरकार के पास उस कवि की हत्या के अलावा कोई रास्ता नहीं रह जाता। सेंसर लगाने, इमर्जेंसी लगाने और नौकरी छीन लेने या जेल में डाल देने के रास्ते इसके मुक़ाबले मामूली हैं। हत्या ही एकमात्र कारगर उपाय ये सरकारें देख पाती हैं।

पर कारगर यह भी नहीं है। पेरिस के सेंटर पांपिदू में भारत उत्सव ज़रूरी है, इससे सिद्ध नहीं हो जाता कि मोलाइज को फांसी देकर दक्षिणी अफ्रीकी सरकार ने आज़ादी की आवाज़ का मुंह बंद कर दिया है। पर एक कवि भी यदि इस फांसी के विरोध में सवाल उठाता है तो यह प्रमाणित होता है कि मोलाइज कविता से जो कर रहे थे, उसकी कविता के लिए और मानव जाति के लिए सार्थकता थी। पर पेरिस में कविता पढ़ने के अलावा कवियों ने कविता के विषय पर कोई बहस नहीं की और कविता के और आदमी के ज़िंदा रहने के अधिकार के बारे में कोई विचार नहीं प्रकट किए। यही क्यों, कविता कार्यक्रम में कवियों की अपने कोई भी विचार प्रकट करने की योजना नहीं थी।

कविता के बारे में विचार कविता के आदान-प्रदान का एक ज़रूरी हिस्सा है। कविता पढ़नेवाले कवियों के कविता संबंधी विचार प्रस्तुत करना कविता के चरित्र और उस देश के चरित्र का परिचय देता है जिस देश की वह कविता है। भारत उत्सव के 5 दिन के कार्यक्रम में विचारों के लिए कोई जगह न होना अपने में एक अधूरापन दिखाता है।

मोलाइज की हत्या एक तात्कालिक प्रश्न ही नहीं है। यह सभ्यता और संस्कृति का प्रश्न है। इसी तरह समाज व्यवस्था, आर्थिक आज़ादी और प्राकृतिक साधनों का उपयोग भी सभ्यता और संस्कृति का प्रश्न है। लोकतंत्र इस प्रश्न का केवल एक पहलू है।

जब नौ भारतीय कवि फ्रांसीसी भाषा में अपनी कविताएं पढ़ रहे थे, यहां भारत में मोलाइज की हत्या पर विरोध प्रदर्शन हो रहे थे। भारत ने अपनी आवाज़ इस विरोध में उठाई है, यह प्रमाण है कि आदमी की क़ानूनी हत्या और लोकतंत्र की क़ानूनी हत्या में जो संबंध है, उसे भारत देख रहा है। जो कवि इस विरोध में शामिल है वह कविता और लोकतंत्र के ज़्यादा बड़े अर्थ पहचानता है। लोकतंत्र में बोलने की आज़ादी ही एक विषय नहीं है। उस हद तक जीने की आज़ादी चाहिए जिस हद तक सरकारों को कवि की बोली अन्याय के संगठित साम्राज्य के विरोध में बर्दाश्त करना असंभव हो जाए।

कविता एशिया

भारत भवन में अभी एशिया के कवियों की चार दिन की गोष्ठी हुई तो मालूम हुआ एक शुरुआत बहुत देर से सही मगर हो रही है। जो कवि बुलाए गए थे और आ पाए थे सब अपने-अपने देश के समकालीन कृतित्व का प्रतिनिधित्व कर रहे थे। कविता एशिया नामक यह गोष्ठी इतने बड़े पैमाने पर पहली बार हुई थी इसलिए यह माना जा सकता है कि प्रतिनिधि चुनकर बुलाने में कहीं कमी रह गई हो तो वह अगले कविता एशिया के आयोजन के समय दूर कर ली जाएगी। गोष्ठी की कार्रवाई में शामिल होकर यह अनुभव हुआ कि जो कवि आए थे वे अपनी-अपनी जगह अपना सर्वश्रेष्ठ आदान-प्रदान के लिए सबके सामने रख रहे थे। फ़िलहाल यही एक बड़ी उपलब्धि है क्योंकि अगर इन सब कवियों के एक जगह मिलने, कविताएं सुनाने और कम से कम दो विचारोत्तेजक विषयों पर अपने विचार बताने से एक जड़ता टूटी तो आगे चलकर एशिया के विभिन्न कृतित्वों का और भी सार्थक समागम हो सकेगा।

एशिया भारतीय चेतना का छत्र नहीं है जबकि भारतीय अस्मिता को स्वभाव से उसी छत्र के नीचे अपनी सच्ची पहचान मिल सकती है, पर पहचान से विश्व चेतना कुछ जोड़ सके तो स्वागत है पर विश्व की समझ उस पहचान में से कुछ घटा नहीं सकती। जब 1946 में आज़ादी के एक-डेढ़ साल पहले कांग्रेस पार्टी ने एशिया सम्मेलन का आयोजन भारत में किया तब आज़ाद भारत के भविष्य की

कल्पना में एशियाई देशों से संबंध की आवश्यकता प्रमुख थी। आज के जो साहित्यकार उस समय 1947 की आज़ादी का इंतज़ार कर रहे थे, उन्हें एशिया में भारत की आज़ादी का महत्व मालूम था। एशिया के देशों की विदेशी पराधीनता से मुक्ति विश्व के इतिहास को उस दौर में रचनात्मक ऊर्जा दे रही थी। रचनात्मक से अभिप्राय यहां केवल साहित्य से नहीं है यह स्पष्ट करना ज़रूरी है क्योंकि हमारे यहां ज़्यादातर साहित्य प्रेमी और साहित्य व्यवसायी यही अभिप्राय जानते हैं। आर्थिक गुलामी, वैचारिक नक़ल और राजनैतिक विश्वयारी से छूटने की तड़प एशिया में अनेक प्रकार से प्रकट हो चुकी थी और हो रही थी। हिंदी कविता में कोई प्रमाण मानें तो कम से कम दो सिद्ध कवि एशिया के जागरण का संदेश जन-समुदायों तक पहुंचा रहे थे। यदि किसी ने एक भी नाम लेने लायक क़स्बाई या महानगरीय कवि सम्मेलन में कविता सुनी होगी तो उसे गिरिजाकुमार माथुर और शिवमंगल सिंह 'सुमन' की वाणी याद होगी।

एशिया का जागरण तो वर्षों पहले अपने-अपने ढंग से पराधीन देशों में शुरू हो चुका था पर दूसरे महायुद्ध ने उपनिवेशों को मुक्त करा दिया। इससे कोई यह न समझे कि महायुद्ध इसी उद्देश्य को लेकर हुआ था। यह मुक्ति विश्व परिस्थितियों का परिणाम थी यद्यपि उन परिस्थितियों के निर्माण में एशियाई देशों की भूमिका गौण थी। उपनिवेश से स्वतंत्र राज्य बनते ही यह आत्मविश्वास और दायित्व प्रकट हुआ कि हमारे राष्ट्र की रचनात्मक शक्तियां नई ऊर्जा के साथ अपने को अभिव्यक्त करेंगी और प्रत्येक राष्ट्र के भीतर छिपे हुए आंतरिक संबंध फिर से जांचे और बनाए जाएंगे।

कविता समाज के आंतरिक संबंधों की वाहिनी बनती है। लोकतंत्र इन आंतरिक संबंधों का निष्कर्ष है। एशिया में दूसरे महायुद्ध के बाद स्वाधीन देशों ने लोकतंत्र और संसदीय लोकतंत्र को अपनाया था। यह निर्णय इन देशों की परंपरासम्मत काव्य पद्धति को पुष्ट और परिमार्जित कर गया है। जिस तरह लोकतंत्र का उपयोग एशियाई देशों में उनके विदेशी शासकों ने एक सीमित शिक्षित वर्ग बनाने में किया था वैसे ही विदेशी शासकों से संवैधानिक मुक्ति के बाद इस शिक्षित वर्ग ने साहित्य को भी कब्ज़े में करने का उपक्रम जारी रखा है। लोकतंत्र की भी और काव्य की भी भीतरी टकराहटें इन देशों के भीतर इनकी आज़ादी के बाद से लगातार जारी हैं। एशिया की कविताओं का यदि पिछले चालीस वर्ष में संगठित या असंगठित रूप में एक-दूसरे के यहां आना-जाना जारी रहा होता तो लोकतंत्री संघर्षों का कविता पर और कविता का लोकतंत्री संघर्षों पर असर पड़ा होता। पर जैसा कि पश्चिमी औपनिवेशिक शक्तियों ने चाहा था, आज़ाद एशियाई देशों का नेतृत्व उन्हीं के हाथ में आया जो यूरोप के विकसित उपनिवेशवादी देशों को आदर्श मानने के लिए तैयार किए गए थे। भारत प्रत्यक्ष उदाहरण है। आज आज़ादी की चालीसवीं वर्षगांठ

पर हम एशिया को याद कर रहे हैं पर ये चालीस साल हमारी अपनी कविता के लिए कितनी बड़ी दुनिया खोल चुके होते बशर्ते कि हमने अंतरराष्ट्रीय राजनीति में और साहित्य में अपने पड़ोस से रिश्ते बनाए होते। आज संयोग से यह नई शुरुआत करते समय इस पिछड़ेपन की याद और भी आती है। क्योंकि मार्च के महीने में इन्हीं तारीख़ों में राममनोहर लोहिया का जन्म दिन है जिन्होंने भारतीय राजनीति में दूसरे परिवर्तनों के साथ-साथ एशिया से रिश्ते जोड़ने का जीवन-भर प्रयत्न किया।

विश्व इतिहास से परिचय आज के हिंसा में मनोरंजन बेचनेवाले प्रचारतंत्र के हमले के कारण सामान्य पाठक के लिए निरा किताबी रह गया है। इसलिए मैं थोड़ा ठहरकर पाठक की यह आवश्यकता भी पूरी कर देता हूं। एशिया के जागरण के आंकड़े इस प्रकार हैं। क्रम से चलें तो फिलिपीन द्वीपसमूह को सबसे पहले 1946 में पूरी आज़ादी मिली। वैसे इसका देना अमेरिका ने कई वर्ष पहले स्वीकार कर लिया था। फिर हमारा नंबर आता है। विभाजन के साथ भारत और पाकिस्तान दो अलग राष्ट्र बने। बर्मा और श्रीलंका 1948 में आज़ाद हुए। इंडोनेशिया 1949 में और हिंदचीन के देश 1954 में। मलेशिया 1957 तक पराधीन रहा। इस वक़्त कविता एशिया के आयोजन से इन चार-पांच चिरपरिचित एशियाई देशों के अलावा संयुक्त अरब गणराज्य, कुवैत, अफ़ग़ानिस्तान आदि की पश्चिम एशिया से सहभागिता होनी चाहिए थी। इनमें से कारणवश वीयतनाम और कंबोज उपस्थित नहीं थे। चीन से दो प्रतिनिधि थे। भाग लेनेवालों की सूची पर नज़र डालने से आज के एशिया से परिचय बनाने के लिए दिलचस्प जानकारी मिलती है। भारत के बंटवारे के बाद उर्दू और बंगला को अपने-अपने राज्य मिले हैं। पाकिस्तान से दो कवि थे (दोनों स्त्रियां), नेपाल से दो कवि (इनमें से एक स्त्री) और श्रीलंका से दो कवि थे—एक तमिल और एक सिंहली। स्त्री कवियों की संख्या और हिस्सेदारी कुल मिलाकर अच्छी थी। जापान से दो, सिप्रस से एक और फिलिपीन से एक तथा भारत से मनजीत टिवाना (पंजाबी) और नवनीता देव सेन (बंगला) को मिलाकर सम्मेलन में एशिया का कम से कम एक विकास प्रत्यक्ष हो रहा था, यह कि स्त्रियां कहीं पुरुषों के साथ और कहीं उनके बिना लिख रही हैं। फिर भी 'कविता और स्वतंत्रता' विषय पर एक गोष्ठी में ज़्यादातर स्त्रियों से यही आग्रह सुनने को मिला कि उन्हें पुरुष के हाथों होनेवाले शोषण से मुक्ति चाहिए। एक स्त्री कवि से सभा कक्ष के बाहर की गपशप से मालूम हुआ कि वह ग़रीबों के लिए लिखती हैं। मगर उनकी कविता ग़रीबों तक पहुंच नहीं पाती क्योंकि वे निरक्षर हैं।

कुआलालुंपुर का कविता मंच

पिछले महीने मलेशिया की राजधानी कुआलालुंपुर में अंतरराष्ट्रीय कवि सभा हुई। स्वतंत्र राष्ट्रों को अपने आर्थिक-राजनैतिक महत्व के बढ़ने पर याद आता है कि उनकी एक सांस्कृतिक पहचान भी दुनिया को मालूम होनी चाहिए। प्रौद्योगिकी के मामले में तो अक्सर स्वतंत्र पहचान का धोखा हो जाता है और व्यापार के या पर्यटन के लाभ प्रकट होकर समृद्धि का अभास देते हैं। पर कविता में आयातित शिल्प और कच्चा माल तुरंत अपनी कलई खोल देता है इसलिए वह खांटी राष्ट्रीय होना ज़रूरी है। मलेशिया ने अंतरराष्ट्रीय मंच पर अपनी कविता सुनाने का पहला आयोजन 1986 में किया था। दो साल बाद उसी तरह का यह दूसरा आयोजन हुआ जिसमें कविता पढ़ने का निमंत्रण पाकर मैं चार दिन कुआलालुंपुर में बिताकर लौटा हूं।

यदि मैं उन शब्दों को पढ़कर अभिभूत हो गया होता जो मलेशिया में संस्कृत भाषा की याद दिलाते हैं तो शायद मैं यह लेख न लिखता। मलेशिया की भाषा का ही नाम बहासा मलयेशिया है। बहासा यानी भाषा। जिस सरकारी संस्था ने यह विश्व कविता पाठ रखा था—अर्थात् 'दीवान बहासा तान पुस्तक'—उसमें 'पुस्तक' शब्द पढ़कर मैं भारतीयता के उल्लास से भर उठता और 'वाचा पुई सी' यानी कविता वाचन के 'वाचा' में मुझे सांस्कृतिक संतुष्टि मिल गई होती। कविता के भीतर संबोधन, भूमिपुत्र, नगरी, मनुष्य, सरोज, पुत्र जैसे शब्दों का होना भारतीयता के साम्राज्यवाद के पक्षधरों को गर्व का अनुभव करा सकता है पर जो भारतीय निरी कविता की दुनिया में नहीं रहते वे समझते हैं कि दक्षिण-पूर्व एशिया में एशिया की जातीय धाराओं और यूरोप की विजातीय धाराओं का टकराव और मेल दोनों लंबे समय तक चला है और जिस तरह भारत संस्कृतियों की मिलनभूमि रहा है उसी तरह दक्षिण-पूर्व का प्रायः हर देश एक जीवंत अलबत्ता कुछ सीमित मिलनभूमि रहा है। कुआलालुंपुर में अरबी, फ़ारसी, तुर्की, डच, पुर्तगाली और अंग्रेज़ी प्रभावों की झलक मिलती है। संस्कृत की झलक शायद हमें जल्दी दीख जाती है क्योंकि दूसरी भाषाओं से हमारे जीवन का परिचय अब अलग से पहचानने का विषय नहीं रह गया है। साधारण जीवन में हम कमरा, कमीज़, बटन, साबुन जैसे शब्दों के पुर्तगाली या स्पानी मूल की याद भी नहीं करते।

बहरहाल मलेशिया के समाज की उसी तरह की विविधता भरी एक तस्वीर है जैसी हम भारत में जानते हैं। फ़र्क़ यह है कि भारतीय मानस में अपने देश की विशालता का गौरव इतना कूट-कूटकर भर दिया गया है कि वैविध्य के राजनैतिक और नैतिक महत्व को हम बार-बार भूल जाते हैं। समय-समय पर जब यह महत्व अपने को प्रमाणित करने के लिए कालक्रम में हुमास मारता है तो ज़रूर हम में से

कुछ चिंतित हो उठते हैं कि देश टूट रहा है और कुछ उदास हो उठते हैं कि यह नैसर्गिक परिवर्तन भी इतनी देर तक स्थगित रहा कि अब असाध्य हो चुका है।

आज मलेशिया की स्वतंत्र सरकार के साथ भारत सरकार जब सांस्कृतिक संबंधों का हवाला देना चाहेगी तो उसे अवश्य ही शोषण और पश्चिमी सभ्यता के दबाव से भरे एक ऐसे देश की संस्कृति की बात करनी पड़ेगी जिसमें चीनी, इंदोनेसी और भारतीय मूल के लोग शामिल हैं—ये मलेशिया की भूमि पर वाणिज्य और व्यापार से उत्पन्न नौकरियों से जीवन निर्वाह करते हैं। जहां तक भारतीयों का प्रश्न है, तमिल लोगों की बहुतायत है और जहां तक भारतीयों के मलेशिया के जीवन से घुलने-मिलने का प्रश्न है, उनकी एक सांस्कृतिक पहचान भी मलेशिया सरकार स्वीकार करती है। यहां तक कि कुआलालुंपुर काव्यवाचन में कविताओं के बीच-बीच में मलेशिया के अपने नृत्यगीत-संगीत के जो नमूने दिखाए गए उनमें मलेशिया की भूमि पर विकसित देशज भारतीयता की झलक़ बार-बार दिखी। स्वभाव से भी मलेशिया के कवि परंपरा और आधुनिकता के बीच उसी तरह ऊहापोह में उलझे दिखाई दिए जैसे भारत के कवि हैं। यह अवश्य दिखा कि आधुनिकता की खोज में अंग्रेज़ी उनके लिए दुनिया की ओर खुलनेवाली खिड़की बनी हुई है वैसे ही जैसे व्यापार-वाणिज्य में वह ठेठ व्यापारिक भाषा के रूप में बाज़ार-हाट-प्रतिष्ठान में सभी जगह प्रचलित है। व्यापक जीवन में अर्थात् खानपान, मानव संबंध और आचार-विचार में पूर्व की पहचानें कई स्तरों पर अब भी जीवित हैं। स्त्रियां सार्वजनिक जीवन में इस्लाम की नैतिक मान्यताओं का आदर करती हैं पर व्यवहार में उन्होंने बीच का रास्ता निकाल लिया है। काव्यपाठ के प्रबंध में लगी हुई लड़कियों में से कुछ सर पर दुपट्टा डाले हुए थीं, कुछ नंगे सिर थीं। एक ने मुझसे कहा आप लोग जब हमारी बस से उतरकर सामने की मस्जिद देखने जाएंगे तो मैं यहीं बस में बैठी रहूंगी क्योंकि मैं जिस शारीरिक स्थिति में हूं उसमें मस्जिद में प्रवेश करना पाप होगा। पर मैंने दुपट्टा सिर पर नहीं डाला है क्योंकि वह मेरा व्यक्तिगत निर्णय है। कारण यह था कि दुपट्टा, जो कि नक़ाब की तरह डाला जाता है, इस बात का प्रतीक है कि लड़की इस्लामी वैवाहिक जीवन के लिए प्रस्तुत है और मैं उससे जुड़ी शील-व्यवहार की मान्यताओं के लिए कभी अपने को तैयार नहीं पाती। मुझे पढ़ाई पूरी करनी है, नौकरी करनी है और पुरुषों के साथ उन्नति के रास्ते में संघर्ष करना है।

काव्यपाठ समारोह में पुरातनपंथियों की दुनिया के सिर्फ़ बहुत सतही प्रमाण दिखे। प्रायः प्रत्येक मलेशियाई कवि ने रहमान रहीम को याद कर बिसमिल्लाह की। मलेशियाई साहित्य में आधुनिकता का दौर सामाजिक जागरूकता के विकास के साथ यों तो 1939 के क़रीब शुरू हुआ मगर 1950 के बाद की पीढ़ी में ब्रितानी साम्राज्यवाद के विरोध के साथ वह गहरा और प्रखर हुआ। 1988 के काव्यपाठ समारोह में इस पीढ़ी के प्रमुख नेता भी मौजूद थे। उस्मान अवांग और मसूरी

सालिकुन इनमें से दो प्रख्यात नाम हैं।

यह देखकर अच्छा लगा कि समारोह में नई पीढ़ी की प्रधानता थी। उस्मान अवांग और मसूरी सालिकुन का सम्मान बहुत स्पष्ट था, पर मलेशिया के कवियों में बड़ी संख्या तीस-चालीस वर्ष के युवक-युवतियों की थी। खुद समारोह के अध्यक्ष अनवर रिज़वान और सचिव अहमद कमाल अब्दुल्लाह उम्र में 50 से नीचे के ही हैं। दोनों कवि और गद्यकार हैं। कमाल ने इस अवसर पर 'बहासा तान पुस्तक' के लिए मलेशिया कविता का एक परिचयात्मक संकलन भी तैयार किया है और इसमें 1975 से 1985 तक की कविताएं शामिल की हैं। इस पुस्तक में बहासा मलेशिया से अंग्रेज़ी अनुवाद हैं पर काव्य-समारोह में रूसी, अरबी, फ्रांसीसी और हिंदी आदि सभी विदेशी भाषाओं के अनुवाद भी बहासा मलेशिया में पढ़े गए। कुल 28 कवियों ने पाठ किया जिसमें कि अक्सर यह विचार आया कि चार दिन में ऐसे समारोह समाप्त करने से अच्छा शायद यह होगा कि विभिन्न देशों के कवियों को आपस में बात करने के लिए एक सप्ताह का समय देना चाहिए और काव्य-पाठ के लंबे-लंबे सत्रों की जगह गोष्ठियों के छोटे-छोटे दौर होने चाहिए। कहा जा सकता है कि जिन कवियों से उन चार दिनों में परिचय हुआ उनसे भी संवाद जारी रखने की ज़रूरत थी पर अब यह केवल पत्राचार से ही पूरी हो सकती है।

[18.12.88]

●●●